纪念张载诞辰一千周年

新订关学编

〔明〕冯从吾　原编
〔清〕王心敬
〔清〕李元春
〔清〕贺瑞麟等　补续
魏　冬　新订

西北大学出版社
·西安·

本书是西北大学关学研究院
"中华关学"系列丛书之一

乾隆赵刻本《关学编》冯从吾《关学编叙》手迹

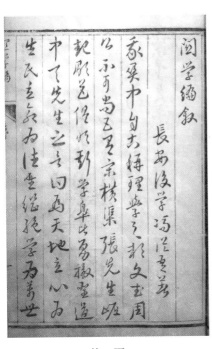

第一页

第二页

第三页

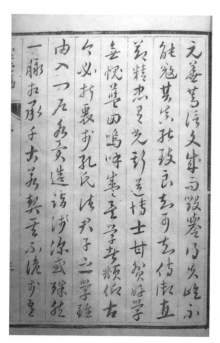

第四页

魔地玉步康德上承庭训小啓光
禄与光祚与宗伯司马童名相望
铜于至贵一时学者新姚两州而
奥中之学盖火颛步天六举奏
集传湾于大宗而直檽檠之传
公宗伯龙为独步无如宗伯个人
桨遁海内而樟里连工郡为惠肯

第五页

元蓑蒿洁文牌勿毁寒乃失吃不
能挽其氣独致良志可去佑衛直
薪精杰号光彭莬博士甘贺好学
泰悦萱两鳴怦集李颇佑右
台必封裹步孔氏传夫子之学隹
两八八石器黄造诗沙源威殊枝
一脈相承子光先契亏不陳步亳

第六页

孔氏之道为一如条不肯私渊是
日吃山中堂子两渚夫子守寔僻
为蔡次题四奥学绸级以後五奥
中理学之大哥云焚夬传夫子隹
奎桎子不云亚克舜亳心玉台圭
夬克舜亳心玉台主传夫子玉台
其心亟如学者能诵诗读出亩人作

第七页

世悦祐先读夫子之心而因以自
见亜心公主源湾发一盆美橫
渠湾夫子特异萱亚之亳不柱而
佳足湾奇格庸咳口号以疆起湾
夫子舆之生晤一堂伊萱戎
弟磨秦左两年九月彩日書於野
親堂

主要刻本版页对比
《关学编》

《冯少墟集》
明天启冯刻本《关学编》版页

《冯恭定全书》
清康熙洪刻本《关学编》版页

《关学编》
清乾隆赵刻本版页

《关学编》
清嘉庆周刻本版页

《关学编》
清道光蒙刻本版页

《关学编》
清同治刘刻本版页

《关学编》
清光绪柏刻本版页

自　序

关学之有史，肇于宋之横渠先生张载；然关学之有编，则创自明少墟先生冯从吾。明万历三十四年（丙午，1606），冯少墟于长安撰成《关学编》。次二年（戊申，1608），陕西巡按新安余懋衡刻之长安，先后李维桢、余懋衡有序，是为《关学编》明代单行本。后冯少墟对此本予以补订，复与原编并张舜典后序，收于万历四十年（壬子，1612）陕西巡按毕懋康刻本《冯少墟集》卷二十一、二十二，而天启元年（辛酉，1621）冯嘉年增益刻本《冯少墟集》仍之矣。此大略为明季《关学编》刊刻版本情况。

入清以来，关中学人皆以少墟原编为基础补续关学，近乎三百年，赓续不绝，然其初脉流，大略分为两系。一者，二曲高弟丰川先生王心敬，于雍正、乾隆间取《少墟集》中之原编予以补续，泾阳逊功先生王承烈亦参订也，而三原勉斋先生周元鼎嘉庆七年（壬戌，1802）为之刊刻且续入丰川。此一系大抵在雍正、乾隆、嘉庆之间，流之不远，因丰川居功甚伟，简称"王编"。二者，先是朝邑大儒王建常门下上官汝恢弟子赵君廷璧，于乾隆二十一年（丙子，1756）取明余懋衡本而重刻之，上官德辙季眉参与校阅，朝邑学博刘得炯续入冯少墟、王建常二人，是为朝邑赵刻本；而后朝邑桐阁先生李元春，于道光十年（庚寅，1830）再取赵版率诸生为之补续，蒙君天麻重刻之，是为朝邑蒙刻本；而桐阁高弟三原复斋先生贺瑞麟，又于同治七年（戊辰，1868）取赵版及桐阁补续，且以桐阁续入，刘君映菁毓英刊于三原，是为三原刘刻本。此一系大抵历乾隆、道光而至同治，流传广远，且以桐阁承上启下，故称"李编"。

于王、李二编，余尝考焉，①知其虽皆承自少墟，然两者不相假借，叠为两脉。由是之故，长安柏子俊先生景伟于光绪十七年（辛卯，1891），会三原复斋先生贺瑞麟、咸阳古愚先生刘光蕡，再取少墟关学原编，及丰川、桐阁补续相

---

① 参见拙作《清代关学学人对〈关学编〉补、续文本源流述略——兼论清代关学学人对关学传统的自我建构意识》，《唐都学刊》2016年第1期；《冯从吾〈关学编〉及其补续"关学"观念内蕴发抉——兼论关学史研究所面临诸问题》，《宝鸡文理学院学报》2017年第3期。

与取舍,并复斋所续七人传,合而刻之,是为光绪沣西草堂之合编。如是,关学之编,始导源于少墟而历丰川、桐阁两系之分流,至柏君景伟而如泾渭之会,一如也。另康熙间,嘉定王晦亦曾刻冯氏原编,今不可见而传载其序;乾、嘉间,富平朱久括亦曾作《关学续编》,今亦不见而仅存其事;清末民初,兴平张元际亦曾作《关学续编》三卷。此三者书不可见,故不论也。此关学谱系文献撰述、刊刻之源流之大概也。

由上关学文献撰述、刊刻之源流,可知诸君之先后补续,皆共尊少墟也。然其去取立意,略有微别,于此不得不揭明也。始,少墟原编首卷置孔门关中四子,标举关学以孔氏为宗之意,而实始于宋张横渠,而讫于明王秦关,凡立传四十八人(首卷四人,正传三十三人,附传十一人),依时排序,帙为四卷。丰川为之续入少墟、二曲,及二曲同时学者、门人数十人,且以为《关学编》"编关中道统之脉胳也"(王心敬:《关学汇编序》),故又于四子前补入伏羲、泰伯、仲雍、文、武、周公六圣,于两汉补入江都董仲舒、华阴杨四知二人,逊功先生王承烈又以挚恂附焉。桐阁所本,未见丰川补续而直取少墟原编,由因少墟有所遗漏而补入明刘玺诸人,又因关学发展二百余年而续入少墟及其后学者数十人,且以"事功孰不自学术来"(李元春:《桐阁重刻关学编序》)而补入宋游师雄。柏景伟主订之,以丰川所补"远及羲、文、周公,下及关西夫子而下,非恭定所编例,去之"(柏景伟:《重刻关学编前序》),且以丰川、桐阁、复斋补续相与去取,裁成《关学续编》三卷。如此虽似合一,然丰川、桐阁所补,立意本来有别;两者所续,去取不同而兼有详略,今柏君为之去取,虽人存一传,然其不足以见关学谱系编撰意向之别也。故复斋、古愚于柏君殁后,皆于后序有所议,而复斋更取桐阁所编,并加按语以补之。此《关学编》谱系文献撰述立意分合之大概也。

晚清民国,学术转型,然关中之理学传承,并未中衰终绝;关学之现代研究,亦自此开启。先是川籍寓陕学者张骥先识,亦有心关学者也,其东游二华,北过三原,西望凤翔,南瞻鳌屋,搜罗旧籍,以本传为经,学说为纬,继《关学编》增广而成《关学宗传》,此虽非关中士人之作,然堪为关学躔光。而后党晴梵作《关学学案》以"宗国情怀"建构"道德、知识、艺术为一体"之关学,曹冷泉复作《关学概论》以揭明传统关学之源流、特点,可谓与时俱进,竞流百发,善继善述而期于将来者也。中华鼎革,关学研究不绝如线,侯外庐先生开肇以中国思想史研究关学之端也。改革开放以来,学术日盛,关学复兴,典籍整理,亟上日程。于此关学史之文献,先有陈俊民、徐兴海二先生于20世纪80年代点校《关学编》,以启关学文献整理之先,以续关学学术研究之传;后有王君美凤,辑关学诸编、张骥《关学宗传》及相关史料合为一编而点校焉,颜曰《关学史文献辑校》,是为关学史文献之渊薮,堪为蠡测关学者指月。虽如是,"关学诸编"不得不新订,何也?余读书而有所见也。

今考陈、徐二先生点校之编,先之以少墟原编,附之以王心敬、李元春、贺瑞麟关学续编。其原编,以其"在明代未见单刻本,只有《冯少墟集》本",①又毕懋康刻本今不可见,故以国家图书馆藏少墟次子冯嘉年天启辛酉(1621)增修重刻之《少墟集》本(简称"冯本")为底本,而以光绪十七年(辛卯,1891)长安沣西草堂柏子俊所刻《关学续编》本(简称"柏本")为校本;其续编,则以柏本为底本,而以朝邑蒙天麻荫堂本道光十年(1830)为对校本。二先生点校之功,固不可没矣,然以今考之,《关学编》原编于明代非无单刻本,万历三十六年(戊申,1608)余懋衡已"属长安杨令募工梓之,用公同志"(余懋衡:《刻冯仲好关学编序》),此本为诸关学原编之祖本,此后《关学编》之诸全集本、乾隆朝邑赵廷璧本、道光朝邑蒙天麻本、同治三原刘氏传经堂本之所出也;余刻本亦非无存,乾隆朝邑赵廷璧本、同治三原刘氏传经堂本虽是重刻,然于此皆有所取,而原版之体式多有存留也,故于赵本、刘本,可窥余刻本之一斑也。冯本内容,虽较此本内容更为完善,如《小泉周先生》一传,即较单行本多出百五十余字,盖刊刻《冯少墟集》时,先生所后补入者耶?然此单行本影响甚远,且经赵璧、刘得炯、上官德辙、贺瑞麟、刘毓英等关学诸贤达先后校阅,其参考价值亦不容忽视也。复就该本续编部分论之,其所本沣西草堂本,盖柏景伟、贺瑞麟、刘古愚于丰川、桐阁二本对参而取舍之本也。其中不惟将丰川所补六圣、汉代二儒"非恭定旧例而去之";且于丰川续中,有则舍桐阁所续,无之则以桐阁所续补之,然于丰川按语,亦多删去不用;于桐阁补续,丰川有则舍之,丰川无则取之;又桐阁所续与复斋重复者,则舍桐阁而取复斋也。故此后复斋又补桐阁本中王建常等传入之。故此本虽是合编,然终非于前人续补无割舍也,亦非如陈、徐《点校说明》中所言"可谓关学之全编也",②实关学诸编文献之"选编"也!

---

① 〔明〕冯从吾撰,陈俊民、徐兴海点校:《关学编(附续编)》,中华书局,1987年9月第1版,《点校说明》,第4页。
② 〔明〕冯从吾撰,陈俊民、徐兴海点校:《关学编(附续编)》,《点校说明》,第5页。

复考王君美凤《关学史文献辑校》,其中少墟原编以四库文渊阁《少墟集》卷十九至卷二十所收明天启元年(辛酉,1621)刊本《关学编》为底本,而以文津阁《少墟集》卷十九至卷二十《关学编》、康熙十二年(癸丑,1673)陕西巡抚洪琮组织冯氏世孙重刻重印《冯少墟集》(简称"康熙本")卷二十一至卷二十二《关学编》为校本;至于诸补续,丰川所续则以嘉庆七年(壬戌,1802)周元鼎增修本为底本而去冯氏原编;桐阁所续则以道光十年(庚寅,1830)朝邑蒙氏刻本为底本而去冯氏原编;复斋所续则以光绪二十五年(己亥,1899)三原刘氏传经堂《清麓文集》卷十五《关学续编》为底本。如是则关学诸编以冯氏原编、丰川、桐阁、复斋三续编独立成篇而整理点校也。然此编不取沣西草堂本,而分别就少墟原编、丰川、桐阁、复斋续编择善本而点校,故虽能见各编之原貌,而沣西草堂本中复斋所加诸按语则遗漏未入也。且文渊阁《少墟集》卷十九至卷二十所收《关学编》相对于明天启本《关学编》缺李维桢、余懋衡二序,亦非全本;丰川编中又录余懋衡、李维桢二序,此二序非为丰川所序而实为少墟原编所序,既舍少墟原编自序而存此二序,略有不当;桐阁补续取蒙刻本而不取刘刻本,故遗其《含中张先生》及桐阁后补《伯容刘先生》、复斋所补《桐阁李先生》三传,亦于关学编之文献有所缺憾也。复斋《关学续编》后录入《书关学编后 戊辰》一文,实非此续编之后序,乃是清同治七年(戊辰,1868)三原刘氏传经堂重刻《关学编》之后序耳,如此易滋学者之惑,诚为一憾,故不得不为之订正耳。

又陈、王二点校本,皆以《关学编》于明代无单刊,以王、李二编不相假借未及考辨,以沣西草堂本底本未明,又同漏曾鉌《重刻关学编序》而未录,此皆关学诸编文献未全之憾。又,陈俊民先生点校《二曲集》之附录二中,以王心敬补续中之《关学续编本传》,题为王维戊所作,今学者多为引用,引用愈广,迷惑愈滋。余心惧矣,余心慎矣,故不得不重取诸《关学编》文献,并参之以《关学宗传》及诸文献而予以补足订正也。

余为是编,非敢为关学诸贤达作,乃取前人所撰《关学编》之诸文献,选择良本而重为缀编也。大抵而言:关学之原编,以万历三十六年(戊申,1608)余懋衡刻本为最早,此后《少墟集》本所录大抵以此为本,而朝邑赵廷璧、蒙天麻,三原刘毓英刻本,大抵以余刻本为祖,而丰川《关学汇编》所本之原编,则出于全集本,且丰川有所删节而不完。余本雕板今不可见也,其本原貌赖赵本而有所存,三原刘刻本又全取赵本而有所增益,且经贺瑞麟、刘毓英诸关学贤达多次厘定,其内容更为精良。故余新订关学诸编,凡出少墟原编者,以同治刘毓英传经堂本为底本;出丰川编者,以嘉庆周元鼎增修本为底本;出桐阁编者,以同治刘毓英传经堂本为底本;出复斋编者,以光绪柏景伟沣西草堂本为底本,各底本亦参相关诸本以校之。又,历代诸本所存及余所见增益诸序、凡例,各从其本以增入。如此,则历代《关学编》之文献,或可稍全,而更有资于学欤?

新编之文献范围、底本既定,复念陈、王之校本,以作者统摄文献,固有功于文献之考证;然未必利于关学传记之比较也;虽见《关学编》著述之别貌,而不能对比见其差异也。何以故?二本以著者为序而择善本为之点校,虽对考见《关学编》各著之内容不无裨益,然欲明关学之源流,则不若以时为序而顺畅也。故凡整理关学诸编文献,若拘于原本,则必然于他者有所遗漏而不能概全也。故余所编,虽取诸关学诸编文献,而不得不打破原编各书旧例,叠为"诸序录""凡例录""前编""正编""后编""文征录""图表录",而以序文、凡例、传主所属时代为序,将历代《关学编》中诸文献系于相应类别之下。至于诸编所及关学学人,如大泌山人李维桢所言,"要之以子厚为正"(李维桢:《关学编序》),凡横渠之前诸编所及者,则列入关学前编;横渠之后至复斋所续者,则列入关学正编,复斋续编之后未入关学诸编而入编有所据者,即柏子俊、贺复斋、刘古愚三人,则取诸人墓表、墓志铭及张骥《关学宗传》中之传志,以为关学后编也。且于丰川、桐阁、复斋编中所及学传,有所重则互见之,有所按则收录之。一人一传者,以时为序;一人有数传者,系之一人,加之以按语随附,虽零光片羽,而一概收入,不使遗漏,窃以为如此则关学之编,稍为全也。如是,则关学学人传记诸文,可汇为一编,堪相互比较,便学者观览,如此方如丰川所言:"必如是,而后关学之源流初终,条贯秩然耳。"(王心敬:《关学汇编序》)

编既竟,又虑今人读旧书之困难,念关学传播之时需,略加注释、点评、按语,以为学者阅读资考。如是,或不负桐阁"此编亦不可不家置一册"(李元春:《桐阁重刻关学编序》)之所望,吾关学之兴,殆亦有望乎!

是为序。

关中孺子魏冬
庚子年九月于西北大学关学研究院

表1:《新订关学编》所资主要文献版本简况表

书版全称	特征概述	本书简称
《关学编》明万历三十六年（戊申,1608）余懋衡刻本	不存。当是后世《关学编》最早刻本。	（万历）余刻本
《冯少墟集》明万历四十年（壬子,1612）毕懋康刻本	不存。当是后世《冯少墟集》最早刻本。	（万历）毕刻本
《冯少墟集》明天启元年（辛酉,1621）冯嘉年增益本卷二十一、卷二十二之《关学编》	存。有云南省图书馆藏本。内有冯从吾自序、李维桢序、余懋康序、张舜典后序。据冯嘉年目录后所言，当是直接取自毕刻本。原编部分内容较各单行本、合集本最为齐全。	（天启）冯刻本
《冯恭定全书》清康熙十二年（癸丑,1673）洪琮刻本卷二十一、卷二十二《关学编》	存。有哈佛大学汉和图书馆藏本、《明别集丛刊》影印本。据考察，内容、版式同冯刻本，但部分页有残损。	（康熙）洪刻本
文渊阁四库全书清乾隆年间《少墟集》卷十九至卷二十《关学编》	存。包括冯序、凡例、目录、首卷及正文四卷，末有张舜典后序。未若康熙洪刻本所收诸序内容齐备。	（乾隆）文渊阁本
文津阁四库全书清乾隆年间《少墟集》卷十九至卷二十《关学编》	存。包括冯序、凡例、目录、首卷及正文四卷，末有张舜典后序。分宋明两卷，而以金元入宋，易致混淆。	（乾隆）文津阁本
清乾隆二十一年（丙子,1756）朝邑赵蒲（廷璧）刊刻冯从吾原编、刘得炘续入《关学编》，朝邑世德堂藏板	存。有陕西省图书馆、郑州图书馆藏本。前有刘得炘《重刻关学编叙》、余懋衡《关学编叙》、冯从吾《关学编叙》。冯《叙》与后世传本序内容一致，题目略有不同，当为冯从吾手迹。其中刘得炘所补《复斋王先生建常》与世传本不同。书后无张舜典序。当本之余刻本，多保留其体式而新刻。	（乾隆）赵刻本

书版全称	特征概述	本书简称
清嘉庆七年（壬戌，1802）三原周元鼎刊刻冯从吾、王心敬《关学汇编》本	存。有山西大学图书馆藏清乾隆王氏家刻本嘉庆七年周元鼎增刻本。前有王心敬、余懋康、李维桢、冯从吾、张舜典序。凡例、目录新订。	（嘉庆）周刻本
清道光十年（庚寅，1830）朝邑蒙天麻（荫堂）刊刻《关中道脉四种书》之一冯从吾原编、李元春续补《关学编》	存。有陕西省图书馆藏本、哈佛大学汉和图书馆藏本。两藏本均依据赵刻本重刻，然前仅有冯从吾、李元春二序。哈佛藏本较陕图藏本多出《含中张先生》《后补伯容刘先生》《桐阁李先生》三传。	（道光）蒙刻本
清同治七年（戊辰，1868）三原刘映菁（毓英）刊刻冯从吾原编、刘得炯、李元春、贺瑞麟续入《关学编》	存。有陕西省图书馆藏本、复旦大学图书馆藏本。复旦藏本前依次有冯、余、刘、李四序。卷末新加入贺瑞麟所撰《桐阁李先生》和《书关学编后 戊辰》。余序、刘序及原编、刘续均与赵刻本同一版式，冯序、李序以及李、贺补续则重新刻版，与赵、蒙刻本不同。陕图藏本无刘序，他同复旦藏本。复旦藏本与陕图藏蒙刻本、刘刻本相比内容稍全，然与哈佛藏蒙刻本相比，则少《含中张先生》《后补伯容刘先生》二传。	（同治）刘刻本
清光绪十七年（辛卯，1891）长安柏景伟（子俊）主持、贺瑞麟、刘古愚参与，对冯从吾原编以及王心敬、周元鼎、刘得炯、李元春、贺瑞麟补续的整合本《关学编》，沣西草堂刻本，少墟书院藏版	存。有陕西省图书馆藏本、陕西师范大学藏本。该本由冯氏原编及后世续补文献选编而成。原刻2册四卷首一卷，为冯氏原编，卷前有贺瑞麟《重刻关学编序》、冯从吾《关学原编序》；续刻2册三卷，为王心敬、李元春补续的选编和贺瑞麟的续编。卷前有王心敬、李元春二序，目录后有柏景伟序。卷三末有贺瑞麟序。陕师大藏本书首有曾鉌序而陕图藏本无；陕图藏本书末有刘古愚《重刻关学编后序》而陕师大藏本无。	（光绪）柏刻本

书版全称	特征概述	本书简称
陈俊民、徐兴海点校《关学编（附续编）》，中华书局，1987年第1版	基本架构同光绪柏刻本。原编以天启冯刻本为底本，以光绪柏刻本为校本；续编以柏刻本为底本，以道光蒙刻本为对校本。因受柏刻本选编影响，续编缺欠文献较多。	陈校本
王美凤整理点校《关学史文献辑校》中之冯从吾《关学编》、王心敬、李元春、贺瑞麟《关学续编》	原编以文渊阁本为底本，而以文津阁本、康熙洪琮刻本为校本；丰川所续以嘉庆周刻本为底本、桐阁所续以道光蒙刻本为底本而均去冯氏原编；复斋所续以光绪二十五年（1899）三原刘氏传经堂《清麓文集》卷十五《关学续编》为底本。个别序文次序安置不当，于柏刻本文献略有遗漏。	王校本

表2:《新订关学编》主要取材文献底本、校本一览表

文献来源	依据底本	主要校本
冯从吾《关学编》原编	《关学编》同治刘刻本	（1）天启冯刻本；（2）康熙洪刻本；（3）文渊阁本；（4）文津阁本；（5）乾隆赵刻本原编部分；（6）嘉庆周刻本原编部分；（7）道光蒙刻本原编部分；（8）光绪柏刻本原编部分；（9）陈校本原编；（10）王校本中冯从吾《关学编》。
王心敬《关学编》补续	《关学汇编》嘉庆周刻本	（1）光绪柏刻本；（2）陈校本附录一《王心敬关学续编序》，卷一；（3）陈俊民点校《二曲集》中华书局1996年版中附录二王维戊《关学续编本传》；（4）王校本中王心敬《关学续编》。
李元春《关学编》补续	《关学编》同治刘刻本	（1）乾隆赵刻本续入部分；（2）道光蒙刻本续补部分；（3）光绪柏刻本《李元春关学续编》部分之《李元春关学续编序》、卷二；（4）陈校本中附录一《李元春关学续编序》、卷二；（5）王校本中李元春《关学续编》。

文献来源	依据底本	主要校本
贺瑞麟《关学编》补续	《关学编》光绪柏刻本	(1)《清麓文集》三原刘氏传经堂卷一序上、卷十五《关学续编》;(2)同治刘刻本贺瑞麟续入部分;(3)陈校本中附录一《贺瑞麟关学续编序》、卷三;(4)王校本中之贺瑞麟《关学续编》
张骥《关学宗传》	《关学宗传》民国辛酉(1921)陕西教育图书社排印本	西北大学出版社2015年版王美凤《关学史文献汇编》中《关学宗传》
刘古愚《烟霞草堂文集》	《烟霞草堂文集》民国戊午(1918)苏州版	西北大学出版社2015年版武占江点校《刘光蕡集》
曹冷泉《陕西近代人物小志》	《陕西近代人物小志》民国三十四年(1945)西安樊川出版社刊本	当代中国出版社2012年版《曹冷泉诗文集》中之《咏陕西近代人物》

凡 例

一、总例

1. 文献范围。本书之取材,力求历代《关学编》相关之文献能全面收入不使遗漏。故凡历代《关学编》中所见文献,则全面采用,而贺瑞麟《清麓文集》、刘古愚《烟霞草堂文集》、张骥《关学宗传》及后世著述中之重要序文、传记,亦酌情采入。

2. 编排体例。本书之编排,力求使所录《关学编》文献前后相贯,条秩井然,故兹编新订,打破旧例,而以兼收为本,先后约为"诸序录""凡例录""前编""正编""后编""文征录""图表录"各部,编排相关文献,以为参考。其详目,略见《目录》所列。

3. 底本校勘。本书之点校,力求能在文献全面之基础上,为学者提供一《关学编》之精良版本。因《关学编》同治刘刻本取诸乾隆赵氏版,赵氏版又源自明余刻版,是与《关学编》原编关系最为亲近,又经赵廷璧、刘得炯、上官德辙、李元春、贺瑞麟诸关学大儒勘定、补续、增补,版本最为精良可靠,内容亦较道光蒙刻版更为齐全,故兹编新订,大抵以同治刘刻本《关学编》为底本,并择他本较好之版本为之补充。凡此底本有者,则从该本录之;凡此底本无者,则从他本录之。所录之文,均加按语注明所出文献及其版本,并择其他版本对校,校中其误者改之,异者存之,均出校记,以明异同。

4. 字体标点。《关学编》之文献,旧为繁体,且无句读,今人读之不易。若以保存国故而言,当守其体例不变;然为文化传播之故,则不宜胶柱拘泥。兹为便于今人阅读,改为简体横排,且加以标点,以便通晓。

5. 注释点评。字体、标点之转换,仅为今人阅读典籍打开大门,然古人撰述,笔下尽有心意。若识字而不见其意,读亦若无读也。故就编中典故人物、难解字词略加注释,干支、庙号纪年随文括注公元纪年,并随顺文意,以"魏按"略加评语,虽是一家管见,亦或于今人导读不无指引耶?

6. 表述风格。余编订此书,且加按语,多借鉴文言体例。非是好古,乃是古人文法,自有古人心脉,亦便于吾人意思之表达,所谓"文以载道",正在于此。故余虽鉴于古,然文多求近白浅显,不使佶屈聱牙,读者自当体会。

二、分例

1. 本书"诸序录",主要录见存于历代《关学编》及相关文集中所见序文。兹按照著述时间、序文前后相关性编入,以见《关学编》著述、刊刻源流关系。每序文前后按语及文中注释、按语,亦同上例。《关学宗传·自叙》亦附录于此,以备学者参考。

2. 本书"凡例录",主要录冯从吾《关学原编》、王心敬《关学汇编》两篇凡例,以见其主旨意趣同异。每凡例前后按语及文中注释、按语,亦同上例。《关学宗传·凡例》亦附录于此,以备学者参考。

3. 本书"前编",主要录诸《关学编》文献所载张载以前人物传记文献,并以传主时代为序,予以排列。故首列王心敬所补上古六圣;次列冯从吾首卷所列孔门关中四子;再列王心敬所补汉儒二人;并紧附张骥《关学宗传》附录侯、申二先生。每传记前后按语及文中注释、按语,亦同上例。

4. 本书"正编",全录诸《关学编》文献所载张载及其后关学人物传记文献。凡底本有者则据底本录入并参他本对校,凡底本无者,则据他本补入。清代所续,凡一人数传者,则以底本为主,附录他人所入传记,其有按语者,亦附录之,不使遗漏。凡今人校勘有误者,则加按语以辨之。

5. 本书"后编",是为编《关学编》而未能入之者编之。《关学编》创自晚明冯从吾先生,中经王心敬、李元春两先生两系补续,至柏景伟、贺瑞麟、刘古愚三先生而始合。柏、贺、刘三先生为关学大儒,且于《关学编》之功大焉,百年已有定论,后人安得使之不入乃编而坐视遗憾?小子不敢妄撰,兹据张骥《关学宗传》中三人传及三人墓表、墓志铭而编也。

6. 本书"文征录",录后人续补研究关学所当参照之文献。取刘绍攽"关中人文三传"、李元春"秦中人文三赋",以见明清我关中人文传承之主要源流及代表人物;又取曹冷泉《陕西近代人物小志》以见柏、贺、刘三先生身后关学之薪传,《关学概论》以见传统关学之特色概貌。此堪为吾侪续编关学之所资也,亦为俟后充容关学之谱系提供一文献借镜也。

7. 本书"图表录",均为编者自作,以揭明本编大意也。其一《关学史文献收录人物立传对比表》,以明诸《关学编》及《关学宗传》立传人物之概略;其二《关学源流概略图》,以明关学传承之主要学人及其师承、思想关系;其三《〈关学编〉补续刊刻源流略图》,以明《关学编》文献创作、刊刻、补续之主要源流。读者可参阅,以便资考。

目 录

自序 ································· (1)
凡例 ································· (1)

诸序录

关学编自序 〔明〕冯从吾 ··················· (2)
关学编序 〔明〕李维桢 ····················· (5)
刻冯仲好关学编序 〔明〕余懋衡 ··············· (10)
　〇略论《关学编》明代有单刻本且于后世有所存留 ····· (12)
关学编后序 〔明〕张舜典 ··················· (12)
　〇略论王、李二系续补所资底本有合集本、单刻本之不同 ··· (13)
关学汇编序 〔清〕王心敬 ··················· (14)
　〇略论丰川《关学汇编》成书时间 ············· (15)
　〇略论后世对丰川《关学汇编》所补之评价 ········· (16)
关学汇编后序 〔清〕周元鼎 ·················· (17)
重刻关学编叙 〔清〕刘得炯 ·················· (18)
　〇略论乾隆赵刻本《关学编》之版本特点 ·········· (20)
桐阁重刻关学编序 〔清〕李元春 ··············· (21)
书关学编后 戊辰 〔清〕贺瑞麟 ················ (24)
　〇论同治三原刘刻本及贺瑞麟后序 ············· (25)
重刻关学编前序 〔清〕柏景伟撰（〔清〕刘古愚代） ···· (25)
　〇《重刻关学编前序》为刘古愚承柏景伟之意而代作 ···· (30)
关学续编自序 〔清〕贺瑞麟 ·················· (30)
重刻关学编序 〔清〕贺瑞麟 ·················· (31)
重刻关学编后序 〔清〕刘古愚 ················· (33)
重刻关学编序 〔清〕曾　鉌 ·················· (35)
关学编书后 　张元际 ······················ (36)

○张元际先生《关学续编》待访 …………………………………… (40)
　　　○附记:富平朱久括先生亦曾撰《关学续编》 ………………… (40)
重刊关学编序 〔清〕王 晙 …………………………………………… (41)
　　　○由关学诸序略论关学编文献编撰刊刻源流 ………………… (43)
附:张骥《关学宗传·自叙》 …………………………………………… (47)
　　　○张骥先生关中余事小记 ………………………………………… (51)

凡例录

冯从吾关学编凡例 ……………………………………………………… (53)
王心敬关学汇编凡例 …………………………………………………… (53)
　　　○论丰川《关学汇编》之大胆精神及党晴梵先生《关学学案》之勇
　　　　…………………………………………………………………… (56)
附:张骥《关学宗传·例言》十二则 …………………………………… (57)
　　　○略论冯从吾《关学编》体例对后世异地理学编纂之影响 ……… (61)

前编

卷一 ……………………………………………………………………… (63)
上古六圣 〔清〕王心敬补 …………………………………………… (63)
古
　　伏羲 ……………………………………………………………… (63)
　　　　　附:传疑三圣 ……………………………………………… (65)
商
　　泰伯　仲雍 ……………………………………………………… (65)
　　文王 ……………………………………………………………… (66)
周
　　武王 ……………………………………………………………… (67)
　　周公 ……………………………………………………………… (68)
卷二 ……………………………………………………………………… (71)
孔门四子 〔明〕冯从吾编 …………………………………………… (71)
　　秦子 ……………………………………………………………… (71)
　　燕子 ……………………………………………………………… (71)

石作子 …………………………………………………………… (71)
　　壤驷子 …………………………………………………………… (72)
　　　○略论三原刘绍攽、兰州萧光汉未识少墟著述《关学编》
　　　　心意 ………………………………………………………… (72)
卷三 …………………………………………………………………… (73)
汉儒二人附一人　（〔清〕王心敬补）………………………………… (73)
　　江都董先生 ……………………………………………………… (73)
　　四知杨先生 东汉挚征士恂附 …………………………………… (74)
　　　附：拾遗一人　（〔清〕王承烈撰）…………………………… (75)
卷四 …………………………………………………………………… (77)
侯申二先生　（张　骥撰）…………………………………………… (77)
　　侯无可先生 ……………………………………………………… (77)
　　申先生 …………………………………………………………… (78)
　　　○略论关学之先 ……………………………………………… (79)

正编

卷一 …………………………………………………………………… (81)
宋
　　横渠张先生载　（〔明〕冯从吾编）………………………………… (81)
　　天祺张先生戬　（〔明〕冯从吾编）………………………………… (89)
　　进伯吕先生大忠 弟大防附①　（〔明〕冯从吾编）………………… (91)
　　和叔吕先生大钧　（〔明〕冯从吾编）……………………………… (94)
　　与叔吕先生大临　（〔明〕冯从吾编）……………………………… (96)
　　季明苏先生昞　（〔明〕冯从吾编）………………………………… (99)
　　巽之范先生育　（〔明〕冯从吾编）………………………………… (100)
　　景叔游先生师雄　（〔清〕李元春补）……………………………… (102)
　　　○补述张载及其门人、再传生平资料 ……………………… (103)
　　师圣侯先生仲良　（〔明〕冯从吾编）……………………………… (104)
　　　○论侯仲良与侯可关系及其著作 …………………………… (105)

---

① "弟大防附"四字,参光绪柏刻本,据底本内容补入。

天水刘先生愿〔明〕冯从吾编 …………………… (106)
　　○论北宋关学源流大略 …………………………… (106)

卷二 …………………………………………………… (109)

金

君美杨先生天德 （〔明〕冯从吾编）………………… (109)

元

紫阳杨先生奂 鉴山宋氏规附 （〔明〕冯从吾编）…… (110)
元甫杨先生恭懿 （〔明〕冯从吾编）………………… (115)
维斗萧先生㪺 伯充吕氏域附 （〔明〕冯从吾编）…… (118)
宽甫同先生恕 （〔明〕冯从吾编）…………………… (121)
从善韩先生择 （〔明〕冯从吾编）…………………… (122)
伯仁侯先生均 （〔明〕冯从吾编）…………………… (122)
士安第五先生居仁 （〔明〕冯从吾编）……………… (123)
悦古程先生瑄 子敬李氏附① （〔明〕冯从吾编）…… (123)
　　○论金末至明初关学概略 ………………………… (123)

卷三 …………………………………………………… (126)

明

容思段先生坚 （〔明〕冯从吾编）…………………… (126)
默斋张先生杰 （〔明〕冯从吾编）…………………… (130)
小泉周先生蕙 王氏爵附② （〔明〕冯从吾编）……… (132)
　　○由《小泉周先生》末段文字略论冯少墟对《关学编》
　　　单刻本有所增益 ………………………………… (134)
大器张先生鼎 抑之张氏锐附 （〔明〕冯从吾编）…… (135)
介庵李先生锦 仲白李氏锦附 （〔明〕冯从吾编）…… (137)
思庵薛先生敬之 （〔明〕冯从吾编）………………… (140)
　　○略论河东之学关中早期传人 …………………… (142)
平川王先生承裕 （〔明〕冯从吾编）………………… (143)
　　○略论三原之学 …………………………………… (147)

---

① "子敬李氏附"五字，参光绪柏刻本，据底本内容补入。
② "王氏爵附"四字，参光绪柏刻本，据底本内容补入。

卷四 …………………………………………………………………（148）
明

泾野吕先生柟 （［明］冯从吾编）…………………………………（148）
　　○略论泾野门下关中学者 ………………………………………（156）
谿田马先生理 何氏永达附① （［明］冯从吾编）…………………（156）
　　○略论三原之学谿田门下传授 …………………………………（159）
苑洛韩先生邦奇 弟邦靖附② （［明］冯从吾编）…………………（159）
　　○略论苑洛之学之归属及《明儒学案》"三原之学"之
　　　意义 ……………………………………………………………（161）
　　○略论《关学宗传》所补苑洛门下弟子 …………………………（162）
宜川刘先生玺 （［清］李元春补）…………………………………（163）
瑞泉南先生大吉 云林尚氏班爵附 （［明］冯从吾编）……………（163）
斛山杨先生爵 （［明］冯从吾编）…………………………………（165）
愧轩吕先生潜 石谷张氏节、正立李氏挺附 （［明］冯从吾编）……（170）
蒙泉郭先生郛 （［明］冯从吾编）…………………………………（173）
秦关王先生之士 （［明］冯从吾编）………………………………（175）
以聘刘先生儒 子光文附 （［清］李元春补）………………………（178）
伯明刘先生子诚 弟子諴附 （［清］李元春补）……………………（179）
仲好冯先生从吾 （［清］刘得炯续）③……………………………（181）
　　随附：少墟冯先生 淑远周氏传诵、子真党氏还醇、白氏希彩、
　　　　澄源刘氏波附 （［清］王心敬续）…………………………（183）
　　○略论少墟讲友及门下弟子 ……………………………………（189）
无知温先生予知 弟日知附 （［清］李元春续）……………………（189）
居白张先生国祥 （［清］李元春续）………………………………（190）
廉夫赵先生应震 （［清］李元春续）………………………………（191）
鸡山张先生舜典 （［清］李元春续）………………………………（192）
　　随附：鸡山张先生 （［清］王心敬续）…………………………（193）

---

① "何氏永达附"五字，参光绪柏刻本，据底本内容补入。
② "弟邦靖附"四字，参光绪柏刻本，据底本内容补入。
③ "清刘得炯续"五字，为底本目录无，底本内容标题作"中卫刘得炯撰"，据此补入。

子宽盛先生以弘　（〔清〕李元春续）…………………………（195）
季泰杨先生复亨　（〔清〕李元春续）…………………………（196）
　　○附记：王心敬《关学汇编》中桐阁续编所未及诸关学
　　　　人物…………………………………………………（196）
湛川张先生鑑　（〔清〕王心敬续）……………………………（197）
二岑马先生嗣煜　（〔清〕王心敬续）…………………………（200）
端节王先生徵　子永春附　（〔清〕王心敬续）………………（201）
元洲单先生允昌　弟允蕃、仲襄王氏附　（〔清〕王心敬续）…（204）

卷五……………………………………………………………（207）
清
复斋王先生建常　关中俊、郭穉仲附　（〔清〕李元春续）①…（207）
　随附：乾隆赵刻本之《复斋王先生》　（〔清〕刘得炯续）……（208）
　随附：嘉庆周刻本《二曲传》所附《王建常、关独鹤传》
　　　（〔清〕王心敬续）………………………………………（209）
　随附：光绪柏刻本刘得炯所撰王建常本传后贺瑞麟按语……（210）
　　○略论王建常为明末清初关中大儒之隐者…………（211）
茂麟王先生仁苍　刘濯翼附　（〔清〕李元春续）……………（212）
文含王先生宏度　（〔清〕李元春续）…………………………（212）
士奇谭先生达蕴　龚廷擢附　（〔清〕李元春续）……………（213）
而时王先生宏学　弟宏嘉、宏撰附②　（〔清〕李元春续）……（213）
二曲李先生中孚　（〔清〕王维戊续）…………………………（214）
　随附：二曲李先生　同时诸子、及门诸子附
　　　（〔清〕王心敬续）………………………………………（216）
丰川王先生心敬　子功、勋附③　（〔清〕王维戊续）…………（221）
　随附：丰川王先生　（〔清〕周元鼎续）………………………（223）
　随附：沣西草堂本《关学编》之《关学续编卷二》
　　　贺瑞麟按语……………………………………………（225）

---

① "清李元春续"五字，为底本目录无，据底本内容及《桐阁重刻关学编序》补入。
② "弟宏嘉、宏撰附"六字，据底本内容补入。
③ "子功、勋附"四字，据底本内容补入。

含中张先生秉直① （〔清〕李元春续） ……………………………… (225)
　　随附：萝谷张先生 秉直 （〔清〕贺瑞麟续） ……………………… (225)
相九马先生秖土 同学诸人附 （〔清〕马先登续） ……………………… (227)
　　随附：《二曲先生》所附《马秖土》 （〔清〕王心敬续） …………… (228)
　　　　〇附记：《二曲李先生》中"附二曲先生及门诸子"中其他
　　　　　李元春所未及者 ……………………………………………… (229)
附：二曲先生及门诸子 以年齿生卒分先后 （〔清〕王心敬续） ……… (229)
　　　　〇附记：丰川、复斋二人皆有逊功王承烈先生之传 ………… (231)
逊功王先生承烈 （〔清〕王心敬续） ……………………………………… (232)
　　随附：逊功王先生承烈 （〔清〕贺瑞麟续） …………………………… (233)
西峰孙先生景烈 （〔清〕李来南续） ……………………………………… (234)
零川王先生巡泰 （〔清〕李来南续） ……………………………………… (235)
伯容刘先生鸣珂② （〔清〕李元春续） …………………………………… (236)
　　随附：伯容刘先生鸣珂 （〔清〕贺瑞麟续） …………………………… (238)
桐阁李先生元春 （〔清〕贺瑞麟续）③ …………………………………… (239)
　　　　〇附记：贺瑞麟《关学续编》所撰史调、郑士范、
　　　　　杨树椿三传 ……………………………………………………… (241)
复斋史先生调 （〔清〕贺瑞麟续） ………………………………………… (241)
冶亭郑先生士范 （〔清〕贺瑞麟续） ……………………………………… (243)
损斋杨先生树椿 赵氏宏斋、张氏元善、李氏蔚坤附
　　（〔清〕贺瑞麟续） ………………………………………………………… (243)

后编

卷一 ……………………………………………………………………… (247)
柏子俊先生 ……………………………………………………………… (247)
　　周知衔升用知县柏子俊先生墓志铭 （〔清〕刘古愚撰） …………… (247)

---

① "含中张先生秉直"七字，为底本目录中所无，据底本内容标题补入。
② "伯容刘先生鸣珂"七字，为底本目录中所无，底本内容标题作"后补伯容刘先生鸣珂"，据此调整补入。
③ "桐阁李先生元春 清贺瑞麟撰"十二字，为底本目录中所无，据底本内容标题调整补入。

柏君子俊传 癸巳　（〔清〕贺瑞麟撰）……………………（255）
　　柏子俊先生　（张　骥撰）………………………………（257）
卷二 …………………………………………………………………（259）
贺瑞麟先生 …………………………………………………………（259）
　　贺复斋先生墓志铭　（白遇道撰）………………………（259）
　　贺复斋先生墓表　（牛兆濂撰）…………………………（262）
　　贺复斋先生　（张　骥撰）………………………………（263）
卷三 …………………………………………………………………（265）
刘古愚先生 …………………………………………………………（265）
　　关中刘古愚先生墓表　（陈澹然撰）……………………（265）
　　刘古愚先生传　（陈三立撰）……………………………（268）
　　刘古愚先生　（张　骥撰）………………………………（271）

文征录

卷一 …………………………………………………………………（275）
关中人文传　（〔清〕刘绍攽撰）……………………………（275）
关中人文后传　（〔清〕刘绍攽撰）…………………………（278）
书关中人文传后　（〔清〕刘绍攽撰）………………………（279）
梓里赋　（〔清〕李元春撰）…………………………………（280）
秦赋有序　（〔清〕李元春撰）………………………………（288）
续秦赋有序　（〔清〕李元春撰）……………………………（304）
卷二 …………………………………………………………………（312）
陕西近代人物小志　（曹冷泉撰）……………………………（312）
关学概论　（曹冷泉撰）………………………………………（335）

图表录

图表一　关学史文献收录人物立传对比表 ………………………（354）
图表二　关学编补续刊刻源流略图 ………………………………（367）
图表三　关学源流概略图 …………………………………………（367）

诸序录

　　魏按：复旦大学藏同治刘刻本《关学编》，前原有四序，一则冯从吾《关学编原序》，二则余懋衡《关学编叙》，三则刘得炯《重刻关学编叙》，四则李元春《桐阁重刻关学编序》。后有一序，即贺瑞麟所撰《书关学编后 戊辰》也。然《关学编》创自冯从吾，冯有自序，其后李维桢有序，余懋衡有序，张舜典有序，此四序并原编见存于天启冯刻本《少墟集》中。清雍正间，王心敬补续《关学编》，周元鼎嘉庆间刊之，两人各有序；乾隆间，赵廷璧刊之朝邑，刘得炯有序；道光间，蒙天庥刊之朝邑，李元春有序；同治间，刘毓英刊之三原，贺瑞麟有序。光绪间，曾鉥督陕，延柏景伟、刘光蕡主关中书院，柏景伟、贺瑞麟、刘古愚三人重订《关学编》并邀贺瑞麟再续七人，柏、贺二人有序。柏君殁，刘古愚、贺瑞麟、曾鉥亦先后有序。另，康熙间嘉定王晦亦曾重刊《关学编》，清末民初兴平张元际亦曾作《关学续编》三卷，今王之刊本、张之续编虽不可见，然二序存焉。如是则《关学编》历代刊刻共有序十六篇，由此可见《关学编》创制、补续、刊刻源流，兹以时代先后为序并编刻关录入。《关学宗传》虽非《关学编》之体例，然亦有相承关系，故其《自叙》亦附焉。

关学原编序

〔明〕冯从吾

魏按:此序据同治刘刻本《关学编》录入。标题作"关学编原序"。《冯少墟集》明天启冯刻本亦有收录,无标题。乾隆赵刻本为行草,标题作"关学编叙",标题下属"长安后学冯从吾著",文末属"万历岁在丙午九月朔日,书于静观堂",与诸刻本略有不同,当是余本所传少墟手迹。嘉庆周刻本卷首作为《关学编原序 三篇》之三收录,无标题。道光蒙刻本亦收入,标题作"关学编原序";光绪柏刻本卷首亦有收录,标题作"关学原编序",陈校本改为"关学编自序"。此处录入标题,据柏刻本作"关学原编序"。题下作者,为编者所加。

  我关中自古称理学之邦,(魏按:少墟既称关中自古理学之邦,则可见其理学非始于宋而源于古。盖与今之所谓"理学"不同,其内涵当更为宽泛,学者不可不察。又按:少墟笔下所谓"关中",非同于今日陕西之关中,而为当时陕西之关中也。其范围大抵以今陕西境内关中为核心,而延展至兰州一带。观其编中所收兰州段坚、山丹卫周小泉、河州何永达可知。此后王心敬、李元春诸先生续关学,即以此为基础,拓展至陕北、陕南。学者留心此编,自可见得。)文、武、周公,不可尚已。有宋横渠张先生[1]崛起郿邑,倡明斯学,皋比勇撤,[2]圣道中天。(魏按:自文、武、周公而跳至横渠,自是略周秦汉唐诸儒,而以横渠为关学之先也。"倡明斯学","倡明"二字,须加留意。非是创造,非是发明,乃是倡导而使之复明也。所倡明者何?理学也,孔学也,观下文可见。)先生之言曰"为天地立心,为生民立命,为往圣继绝学,为万世开太平",可谓自道矣。(魏按:少墟所引此"横渠四为句",乃是出自文天祥宝祐四年(1256)《御试策》,"横渠四为句"原本表述为"为天地立心,为生民立道,为去圣继绝学,为万世开太平",此见载于文天祥之前《诸儒鸣道》本《张子语录(中)》,朱熹《近思录》、吴坚福建漕治刻本《张子语录》均同。学者详之。)当时执经[3]满座,多所兴起,如蓝田[4]、武功[5]、三水[6],名为尤著。至于胜国[7],是乾坤何等时也,而奉元诸儒[8],犹力为撑持,埙吹篪和[9],济济雍雍[10],横渠遗风,将绝复续。(魏按:"横渠遗风,将绝复续",此八字下得极好。盖见少墟心下,当有金元诸儒承续横渠之意。横渠之学,岂中绝于建炎前后欤?今人略以师承言,固不见其风脉所传。学问之传,岂止于师承然?凡后学能承其先者,皆可谓传也。不然,横渠、濂溪、二程子诸儒非孔子门下,又焉能传孔孟之学?狭于师承者,固见陋矣。然金元诸儒,所传横渠者何,所续横渠者何?读者当于其传中仔细体会。)天之未丧斯文也,岂偶然也哉!(魏按:此一段略见宋元关学之大略。)

【注释】

[1]横渠张先生:指张载(1020—1077),北宋时期陕西郿县人。宋明理学的重要奠基者、关学学派的创始人。传见本书正编卷一《横渠张先生载》。

[2]皋比勇撤:皋比,虎皮,讲席所铺设。皋比勇撤,即撤去虎皮,以让讲席。此处指张载讲《易》于京师开封,见二程而谦让之撤讲席一事。

[3]执经:手持经书。谓从师受业。

[4]蓝田:指张载弟子吕大忠、吕大钧、吕大临兄弟,因其均为蓝田人,故以地名代之。传见本书正编卷一《进伯吕先生大忠 弟大防附》《和叔吕先生大钧》《与叔吕先生大临》。

[5]武功:指张载弟子苏昞。昞为武功人,故以地名代称。传见本书正编卷一《季明苏先生昞》。

[6]三水:指张载弟子范育,范育为三水人,故以地名代称。三水,今属陕西彬州一带。传见本书正编卷一《巽之范先生育》。

[7]胜国:亡国也。又曰殷社、又曰亳社、又曰蒲社、又曰丧国之社、又曰亡国之社。此处指金元占领关中之时。宋高宗建炎二年(1128)关中诸州沦陷于金,此后又于元太宗二年(1230)再沦于元,以至明洪武二年(1369)徐达、常遇春等进入关中,凡二百四十一年。

[8]奉元诸儒:奉元,元代西安旧称。奉元诸儒,指元代西安一带萧㪺、同恕等关中诸儒。传见本书正编卷二金元部分《维斗萧先生㪺 伯充吕氏域附》《宽甫同先生恕》《从善韩先生择》等。

[9]埙吹箎和:埙、箎,乐器名。埙唱而箎和,用以比喻两物之响应、应和。

[10]济济雍雍:济济,众多貌,雍雍,和谐貌。指人才众多而和谐。

迨我皇明[1],益隆斯道,化理熙洽,真儒辈出。皋兰[2]朔[3]起,厥力尤囏[4],璞玉浑金,精光含敛,令人有有余不尽之思。凤翔[5]以经术教授乡里,真有先进[6]遗风。小泉[7]不鉥文字,超悟于行伍之中,亦足奇矣。司徒[8]步趋文清[9],允称高弟。在中[10]、显思[11]履绳蹈矩,之死靡他。至于康僖[12],上承庭训,下启光禄[13],而光禄与宗伯[14]、司马[15],金石相宣,钧天并奏,一时学者,翕然向风,而关中之学,(魏按:此"关中之学",非广泛而论,特指下所言之"关中理学",即书名之"关学"者也。)益大显明于天下。若夫集诸儒之大成,而直接横渠之传,则宗伯尤为独步者也。(魏按:少墟以宗伯直接横渠之传而尤为独步,盖以明季关中诸子皆有接续横渠之意。)宗伯门人,几遍海内,而梓里惟工部[16]为速肖。元善[17]笃信文成[18],而毁誉得失,屹不能夺,其真能"致良知"可知。侍御[19]直节精忠,有光斯道。博士[20]甘贫好学,无愧蓝田[21]。(魏按:此一段承上一段而言,正见明季关学之大略。诸干城风骨,尽在笔下,引人不由思之。)

呜呼,盛矣! 学者颇仰古今,必折衷于孔氏。诸君子之学,虽繄入门户各异,造诣浅深或殊,然一脉相承,千古若契,其不诡于吾孔氏之道,则一也。(魏按:此是总结。关学诸君子学术门户不同,造诣浅深各殊,然"必折衷于孔氏""不诡于吾孔氏之道"。可见少墟以孔氏为关学宗源之意。卷首列孔门四子,其用心亦在于此。学者不可以虚语放过。)

【注释】

[1]迨我皇明:迨,等到,到达。迨我皇明,即到明朝之时。少墟为明朝人,故称明朝为皇明。

[2]皋兰:兰州代称。此处代指段坚。因段坚为兰州人,故以地名代称。传见本书正编卷三《容思段先生坚》。

[3]剏:同"创"。

[4]囏:同"艰"。

[5]凤翔:指凤翔张杰,薛瑄门人。传见本书正编卷三《默斋张先生杰》。

[6]先进:前辈。

[7]小泉:指周小泉。段坚门人。传见本书正编卷三《小泉周先生蕙 王氏爵附》。

[8]司徒:指咸宁张鼎。薛瑄门人。传见本书正编卷三《大器张先生鼎 抑之张氏锐附》。

[9]文清:指薛瑄,薛瑄谥"文清"。

[10]在中:咸宁李锦字。李锦号介庵。传见本书正编卷三《介庵李先生锦 仲白李氏锦附》。

[11]显思:渭南薛敬之字。薛敬之号思庵。传见本书正编卷三《思庵薛先生敬之》。

[12]康僖:指三原王承裕。王承裕号平川,谥"康僖"。传见本书正编卷三《平川王先生承裕》。

[13]光禄:指三原马理。马理曾为南京光禄寺卿,故以之代称。传见本书正编卷四《谿田马先生理 何氏永达附》。

[14]宗伯:指高陵吕柟。传见本书正编卷四《泾野吕先生柟》。

[15]司马:指朝邑韩邦奇。韩邦奇曾为南京兵部尚书。传见本书正编卷四《苑洛韩先生邦奇 弟邦靖附》。

[16]工部:指吕潜,吕潜曾为工部司务,故以之代称。传见本书正编卷四《愧轩吕先生潜 石谷张氏节、正立李氏挺附》。

[17]元善:指渭南南大吉,南大吉字元善。传见本书正编卷四《瑞泉南先生大吉 云林尚氏班爵附》。

[18]文成:指王阳明。阳明谥"文成"。
[19]侍御:指富平杨爵。传见本书正编卷四《斛山杨先生爵》。
[20]博士:指蓝田王秦关。传见本书正编卷四《秦关王先生之士》。
[21]蓝田:指蓝田吕氏兄弟。

余不肖,私淑[1]有日,顷山中无事,取诸君子行实[2],僭为纂次,题曰《关学编》,聊以识吾关中理学之大略云。(魏按:据此及上所举诸人,可知其所谓"关学",非仅指横渠之学,实"关中理学"之统合也。然横渠真脉,自在其中,观上论奉元诸儒及泾野处略见。)嗟夫!诸君子往矣,程子不云乎"尧、舜其心至今在"[3]!夫尧、舜其心至今在,诸君子其心,至今在也。学者能诵诗读书,知人论世,恍然见诸君子之心,而因以自见其心,则灵源濬发,一念万年,横渠诸君子,将旦莫遇之矣。不然,而徒品骘[4]前哲,庸哓口耳[5],则虽起诸君子,与之共晤一堂,何益哉?(魏按:"见诸君子之心,而因以自见其心",少墟非刻意为关学作史,而是借前贤以励后进也,此正是少墟作《关学编》心意所在。学者详之,不可以一般史料看过。)

万历岁在丙午(1606)九月朔日[6],长安后学冯从吾书于静观堂

【注释】

[1]私淑:没有得到某人的亲身教授而又敬仰他的学问并尊之师的,称之为私淑。
[2]行实:指生平事迹。
[3]尧、舜其心至今在:出自程颐诗句"尧舜几千年,其心至今在"。程子,指程颐。
[4]品骘:评定。
[5]庸哓口耳:口头上的空谈议论。
[6]朔日:旧历每月初一日。

魏按:据序末所题,此序作于明万历三十四年(丙午,1606)九月初一,此当为《关学编》撰成之时也。此年另有一大事,即徐必达《合刻周张二先生全书》刊刻。其中《张子全书》为现存《张子全书》之最早版本。或虽机缘巧合,然亦可见当时关学振兴之缘起,故附记于此。

关学编序

〔明〕李维桢

魏按:此序据《冯少墟集》明天启冯刻本录入。李维桢《大泌山房集》卷七、嘉庆周刻

本卷首作为《关学编原序 三篇》之二收录。天启本无标题,李维桢《大泌山房集》卷七标题作"关学编序",嘉庆周刻本无标题。陈校本附录二《明清诸刻本序》收入,更名为"明李维桢序"。此处录入标题,据《大泌山房集》作"关学编序"。题下作者,为编者所加。

《关学编》者,侍御史冯仲好[1]集关西之为理学者也。(魏按:是斯地之人如冯少墟则称"关中",非斯地之人若李维桢则云"关西",其实一也。)其为孔子弟子者四人,学无所考。于宋得九人,于金得一人,于元得八人,于明得十五人,诸附见者不与焉。皆述其学之大略,为小传,授受源委[2]可推求也。

【注释】
[1]侍御史冯仲好:即冯从吾。从吾字仲好,曾为侍御史,故李维桢如此称之。
[2]授受源委:授,给予;受,接受。源委,语本《礼记·学记》:"三王之祭川也,皆先河而后海,或源也,或委也,此之谓务本。"郑玄注:"源,泉所出也;委,流所聚也。"原指水的发源和归宿,引申为事情的本末和底细。授受源委,在此处指师徒授受及学问相承关系。

夫伏羲画卦,为关西万世理学祖。(魏按:以伏羲为关学理学之祖,大泌山人李维桢已于此发之,而后更为丰川先生王心敬所倡。)至周,有文、武、周公父子兄弟,号称极盛。周之后,置他闰位[1]不论,西汉、李唐有天下最久,无能为理学者。(魏按:观此一段,可知明儒所谓"理学",并非与今日学界所谓"理学"完全相同。今人以理学肇自宋儒,明儒则以理学发端伏羲而为儒学之正脉也,其道统观念自然如是。细读冯少墟、李维桢所序可知。)至①宋,乃始有周、程三先生兴于濂、洛,而张子厚[2]先生崛起关西,与之营道同术,合志同方。盖当是时,禅教大行,先生少年亦尝从事于斯,久之悟而反正,以为佛门千五百年,"使英才间气,生则溺耳目恬习之事,长则师世儒宗尚之言","因谓圣人可不修而至,大道可不学而知","人伦不察,庶物不明","上无礼以防其伪,下无学以稽其弊,诐淫邪遁,乱德害治",其持论深切著明如此。信乎!所谓"独立不惧,精一自信,有大过人之才"者矣!(魏按:此一段所论,出张载《正蒙·乾称篇第十七》。原文略为:"浮屠明鬼……自其说炽传中国,儒者未容窥圣学门墙,已为引取,沦胥其间,指为大道……使英才间气,生则溺耳目恬习之事,长则师世儒宗尚之言,遂冥然被驱,因谓圣人可不修而至,大道可不学而知。故未识圣人心,已谓不必求其迹;未见君子志,已谓不必事其文。此人伦所

---

① "至",李维桢《大泌山房集》卷七《关学编序》作"及"。

以不察,庶物所以不明,治所以忽,德所以乱,异言满耳,上无礼以防其伪,下无学以稽其弊。自古诐、淫、邪、遁之词,翕然并兴,一出于佛氏之门者千五百年,自非独立不惧,精一自信,有大过人之才,何以正立其间、与之较是非,计得失!")程子谓:"博闻强识之士,鲜不入于禅。卓然不惑,惟子厚与邵尧夫[3]、范景仁[4]、司马君实[5],岂不难哉?"同子厚,游二程门,(魏按:李维桢以横渠出自二程之门,此是程朱学派之偏见,不合实际。横渠年岁、学成早于二程,焉得以其归之二程门下?小程先生亦云:"表叔平生议论,谓颐兄弟有同处则可,若谓学于颐兄弟则无是事。"学者识之。)如游定夫[6]以"克己"与"四勿"不相涉,吕与叔[7]以"喜怒哀乐未发,由空而后中",杨中立[8]"因而执之",谢显道[9]"以知觉为仁"。四先生且然,况其他乎?吕微仲[10]表子厚墓称:"学者苦圣人之微,而珍佛之易入","横渠不必以佛、老合先王之道",则子厚先生著书立言,攘斥异学,生平所苦心极思,几不白于世矣!(魏按:横渠之殁,大临为之《行状》,大防为之《墓表》。《行状》见《伊洛渊源录》,然此墓表尚未见,或是朱熹去之。《朱子答吕伯恭论渊源录》曰:"横渠墓表,出于吕汲公。汲公虽尊横渠,然不讲其学而溺于释氏,故其言多依违两间,阴为佛、老之地,盖非深知横渠者。如云'学者苦圣人之微,而珍佛之易入',如此则是儒学、异端皆可入道,但此难而彼易也。又称'横渠不必以佛、老而合乎先王之道',如此则是本合由佛老,然后可以合道,但横渠不必然而偶自合耳。此等言语,与横渠著书立言、排斥异学、一生辛苦之心,全背驰了。今若存之,使读者谓必由老佛易以入道,则其为害有不可胜言者。"据此,则吕大防所作墓表,或为朱熹所去,今已不传也。)

【注释】

[1]闰位:非正统的帝位。

[2]张子厚:即张载。张载字子厚。

[3]邵尧夫:指邵雍。邵雍字尧夫。

[4]范景仁:即范镇。范镇(1007—1088),字景仁,华阳(今四川成都双流区)人。

[5]司马君实:即司马光。光字君实。

[6]游定夫:即游酢。游酢字定夫,程门弟子。

[7]吕与叔:指吕大临。与叔,大临字。早年从张载学,张载殁后从二程学。

[8]杨中立:即杨时。杨时(1053—1135),字中立,号龟山。程门弟子。

[9]谢显道:即谢良佐。谢良佐(1050—1103),字显道,人称上蔡先生或谢上蔡,蔡州上蔡(今河南)人,北宋官员、学者。师从程颢、程颐,与游酢、吕大临、杨时号称"程门四先生"。

[10]吕微仲:即吕大防。大防字微仲。传见本书正编卷一《进伯吕先生大忠 弟大防

附》。

迨其后也,鹅湖[1]、慈湖[2]辈出,而周、程、张、朱之学日为所晦蚀,然关西诸君子,尚守郿县宗指。(有明一代,"关西诸君子,尚守郿县宗指",概谓关学承传,并未中绝。由是知学脉之传承,虽有所资于师承,然并不拘于师承。凡后学能继承前贤学说、思想、精神而阐发者,皆可谓学承也。拘于师承而论学承,固以陋矣!)近代学者左朱右陆[3],德、靖之间[4],天下靡然从之,关西大儒亦所不免。明圣学,正人心,扶世教,安得起子厚于九京[5]而扬扢之哉?

【注释】

[1]鹅湖:山名,亦为书院名。江西省铅山县鹅湖镇北鹅湖山,有湖,多生荷。晋末有龚氏者,畜鹅于此,因名鹅湖山。宋淳熙二年(1175)朱熹与吕祖谦、陆九渊兄弟讲学鹅湖寺,后人立为四贤堂。淳祐中赐额"文宗书院",明正德中徙于山巅,改名"鹅湖书院"。此处鹅湖,当代指陆九渊。

[2]慈湖:指南宋学者杨简(1141—1226)。因杨简筑室慈湖(德润湖)上,学者称"慈湖先生",故所创学派名"慈湖学派"。杨简接受陆九渊"心学",把"心"作为哲学最高范畴,认为"此心即道",也曰"易",又曰"性",认为"天地,我之天地;变化,我之变化;非他物也",把宇宙的变化说成是心的变化。主张"毋意""无念""无思无虑是谓道心",并宣扬"人心自明,人心自灵"的观点。在修养上主张以"明悟为主",强调"顿觉"而"悟"。此派与朱熹弟子和吕祖谦弟子所创学派并行于世,在江南一带比较盛行,成为陆九渊"心学"向王守仁"心学"发展的中间环节。

[3]左朱右陆:袒护朱子之学而攻击阳明之学。

[4]德、靖之间:德,正德,明武宗年号;靖,嘉靖,明世宗年号。时间为公元1506至公元1566年之间。

[5]九京:春秋时晋大夫的墓地。后泛指墓地、九泉之下。

仲好之为是编也,直以子厚承洙泗[1]。(魏按:"子厚承洙泗"一句,盖以见横渠承接孔子之意。由是关学非特起而无所本,固宗源于孔氏也。)汲公[2]略见进伯[3]传后,虽乡里后进,未可显斥先正之过。其学术醇疵,胪列厎[4]分,以俟夫人之自择,而毫厘千里之差,堤防界限之严,详于《辨学》《疑思》二录中,要之以子厚为正。(魏按:少墟之学,虽出于许孚远之门并兼取阳明"良知"之说,然"要之以子厚为正"。大泌山人所见,独具慧眼。)故关学明,而濂、洛以下紫阳[5]之学明,濂、洛以上羲、文、周、孔之学亦明矣。余谓:"仲好有远虑焉,有定力焉,有兼善之量焉,有继往之功焉。"(魏按:少墟"兼善之量",不惟取横渠而兼取其后朱子、阳明学于关中之正者也;继往之功,则继洙泗、横渠、晦庵、阳明之正者也。非唯以关中论。特以关中论者,关中为学之正,而欲以纠时学之偏者也。学者详之。岂可以地域之学而拘关学、拘少墟之所见也。)若夫侈说其乡人,以为游谈者誉,造作者程,非仲好意也。

大泌山人李维桢本宁父[6]

【注释】

[1]洙泗:即洙水和泗水。古时二水自今山东省泗水县北合流而下,至曲阜北,又分为二水,洙水在北,泗水在南。春秋时属鲁国地。孔子在洙泗之间聚徒讲学。后因以"洙泗"代称孔子及儒家。

[2]汲公:指吕大防。大防封"汲郡公"。

[3]进伯:指吕大忠。进伯,为大忠字。

[4]甃:音 shì,台阶两旁所砌的斜石,或门槛。

[5]紫阳:宋代理学家朱熹的别称。朱熹之父朱松曾在紫阳山(在安徽省歙县)读书。朱熹后居福建崇安,题厅事曰"紫阳书室",以示不忘。后人因以"紫阳"为朱熹的别称。

[6]大泌山人李维桢本宁:李维桢(1547—1626),字本宁,号大泌山人,湖北京山人。晚明大臣、著名文学家,文坛领军人物。隆庆二年(1568)举进士,由庶吉士授编修。万历朝,参修《穆宗实录》,进修撰。出为陕西右参议,迁提学副使,又任浙江、山西按察使、布政使(省最高行政官员)、河西兵备监理。他在京外做官,宦海浮沉近三十年。天启元年(1621)以布政使之职(从二品)居家赋闲,后任南京太仆卿,旋改太常卿。天启四年(1624),太常卿董其昌复荐,召为礼部右侍郎,后进南京礼部尚书。天启六年(1626),卒于家,年八十。崇祯继位,赠太子太保。著有《大泌山房集》一百三十四卷。

魏按:此序未属所作具体时间,然与冯从吾《关学编自序》、余懋衡《关学编序》同存于天启冯刻本卷首,且置于冯序之前,余序之后。冯序作于万历三十四年(1606)九月,余序作于万历三十六年(1608)八月(见下序末所属时间),按古人序文排列后出者在先之惯例,则李序所作时间当在冯从吾完成《关学编》(1606年9月)之后、余懋衡刊刻《关学编》(1608年8月)之前也。

刻冯仲好关学编序

〔明〕余懋衡

魏按：此序据同治刘刻本《关学编》录入，标题作"关学编叙"。乾隆赵刻本收入，标题作"关学编叙"。嘉庆周刻本卷首作为《关学编原序 三篇》之一收录，无标题。余懋衡《关中集》四卷明刻本存其目而失其文，标题作《刻冯仲好关学编序》。陈校本附录二《明清诸刻本序》收入，更名为"明余懋衡序"。此据余懋衡《关中集》四卷明刻本存目，以《刻冯仲好关学编序》为标题。题下作者，为编者所加。

理学一脉，其盛衰关世运高下。然自东周以还，圣如孔子，戹[1]于无位，不得行其所学，徒与弟子讲业于洙、泗之滨，晚而赞《易》、序《书》、删《诗》、修《春秋》、定《礼》《乐》，以俟后贤，令斯道不终坠，所谓"圣人既往，道在《六经》"也。孟子绍之，皇皇救世，所如不合，徒托空言，今所存，仅七篇遗书耳，又不幸火于秦，佛于东汉、宋、梁、陈、唐、老、庄于晋。经既阙讹，学又诞幻，至功利之习溺，文辞之尚牵，渐靡成风，末流莫挽，盖不知"理"如何，"学"如何矣。宋自濂溪[2]倡明绝学，而关中有横渠[3]出，若河南二程[4]、新安朱子[5]后先崛起，皆以阐圣真、翼道统为己任，然后斯道粲然复明。（魏按：秦汉以来，至于隋唐，盖不知"理"如何，"学"如何矣，此中隐含秦汉隋唐无"理学"之意，盖以宋儒为孔、孟之正传，而以"理学"为孔、孟及宋儒学之总名也。）

【注释】

[1]戹：同"厄"。
[2]濂溪：指周敦颐。
[3]横渠：指张载。
[4]二程：指程颢、程颐。
[5]新安朱子：指朱熹。朱熹祖籍新安。

关中，故文献国。自横渠迄今，又五百余岁矣，山川深厚，钟为俊彦，潜心理学，代有其人。迨我明道化翔洽，益兴起焉，如泾野[1]则尤称领袖者。侍御冯仲好[2]氏，关中人也，弱冠即志圣道。通籍[3]不数载，以言事归山中，闲暇日，惟讲求正学，排斥异端为惓惓。所著《关学编》四卷，始于横渠，讫于秦关，计姓字三十三，虽诸君子门户有同异，造诣有浅深，然皆不诡于道。设在圣门,当所嘉与者,简册兼收,讵不宜也。其书以"关学"名,为"关中理学"而辑,表前修,风后进,用意勤矣。(魏按:"其书以'关学'名,为'关中理学'而辑",正见少墟《关学编》之主题范围及立名本意。)

【注释】

[1]泾野:指高陵吕柟。吕柟字泾野。

[2]冯仲好:即冯从吾。从吾字仲好,号少墟。

[3]通籍:做官。籍是二尺长的竹片,上写姓名,年龄,身份等,挂在宫门外,以备出入时查对。通籍谓记名于门籍,可以进出宫门。因此后来便称做官为通籍。

余不肖,向往古昔有年,且居子游[1]之乡,产晦庵[2]之里,彬彬名儒,不一而足,未能博稽精论,仿仲好体裁,次为成书,坐视先哲遗迹放失,媿[3]矣,罪矣!仲好有此举,叹服良久,遂属长安杨令募工梓之,用公同志。(魏按:此语紧要。可见《关学编》于明代即有单行本之刊刻。陈、王二校本不察,以为明代《关学编》无单行本,此当校正。)盖理为人人具足之理,学为人人当讲之学。编内诸君子,其力学以明理,明理以完性,皆人人可企及者,非绝德也。(魏按:此处将"理""学"二字分释合讲,颇有意思。)由诸君子而溯孔、孟,是在黾勉不息哉。衡虽鲁,敢与同志共勖之。

万历戊申(1608)八月念八日[4],新安后学余懋衡[5]书于朝邑之贞肃堂

【注释】

[1]子游:子游(前506—?),姓言,名偃,字子游,亦称"言游""叔氏",春秋末吴国人,与子夏、子张齐名,孔子的著名弟子,"孔门十哲"之一,曾为武城宰(县令)。子游胸襟广阔,位列文学科第一名;孔子曾称赞他:"吾门有偃,吾道其南。"即是说有了子游,孔子的学说才得以在南方传播。子游的儒学思想为历代所推崇,元代翰林学士张起岩称:"夫以周之季世,列国争雄,功私为尚,以吴人乃能独悦周公之道,北学中国,身通受业为孔门高弟。"

[2]晦庵:指朱熹。朱熹号晦庵。

[3]媿:同"愧"。

[4]念八日:二十八日。

[5]余懋衡:余懋衡,字持国,号少原。江西婺源沱川理坑村人。少年好学苦读,明万历二十年(1592)进士。万历三十四年(1606),巡按陕西,寻以忧归。起,掌河南道事,擢大理寺右寺丞,引疾去。天启元年(1621),起,历大理寺左少卿,进右佥都御史,与尚书张

世经共理京营戎政。进右副都御史,改兵部右侍郎,俱理戎政。天启三年(1623)八月,廷推南京吏部尚书,以懋衡副李三才;推吏部左侍郎,以曹于汴副冯从吾。帝皆用副者。大学士叶向高等力言不可,弗听。懋衡、于汴亦以资后三才等,力辞新命,引疾归。明年(1624)十月,再授前职。懋衡以珰势方张,坚卧不起。既而奸党张讷丑诋讲学诸臣,以懋衡、从吾及孙慎行为首,遂削夺。崇祯初,复其官。

○略论《关学编》明代有单刻本且于后世有所存留

魏按:此序作于万历三十六年(戊申,1608)八月,距冯从吾《关学编》所属时间仅两年。据序文,可知余懋衡当时在朝邑,属长安令杨某募工刊刻《关学编》。又据北京图书馆藏明刻本余懋衡《关中集》四卷目录载,该集卷四有《刻冯仲好关学编序》及《重修张横渠先生祠记》《祭张横渠先生文》三文,虽集中此数文皆缺失而不可见,然亦可证先生曾刻少墟《关学编》一书,而其振兴关学之心,亦可见矣。据此,则《关学编》在明代有单行刻本,即此版也,惜余未见。台湾学者吴友能又言:"《关学编》在晚明有万历三十六年朝邑世德堂刻本。清代又有多次重刊。"①某所见陕西省图书馆藏乾隆赵刻本书页题"朝邑世德堂藏板",或其见万历余刻本,或其所见为此版乎?不可得知焉。然赵刻本中明言据余本而重刻,且存少墟《关学编叙》手迹,又保持明版遇"英宗""世庙""上""朝"等皆换行顶格体式,可见其于余本体式有所存留,于此亦可证《关学编》于明代有单行刻本也,故陈、王二校本《点校说明》中以为明代无《关学编》单刻本不合事实。此万历余懋衡版《关学编》,当为《关学编》刊刻最早版本。亦为明清《少墟集》中《关学编》,及后世乾隆赵刻本、道光蒙刻本、同治刘刻本等诸《关学编》单行本之祖版。后世单行本与此版渊源更为切近,后所录序文中有关按语可见也。

关学编后序

〔明〕张舜典

魏按:此序据明天启冯刻本录入。天启本该序置于《关学编》卷末,标题作"关学编后序"。清嘉庆周刻本卷首《关学编原序 三篇》之后亦有收录,标题作"关学编后序"。光绪柏刻本《关学原编》卷四后亦有收录,标题作"关学原编后序"。乾隆赵刻本、道光蒙刻本、同治刘刻本均无收录。陈校本置于《关学原编》卷四后,标题作"关学编后序"。此处录入标题,据天启本作"关学编后序"。题下作者,为编者所加。

---

① 吴有能:《冯从吾理学思想研究——一个意义建构的展现》,台湾清华大学1991年硕士论文,第46页。

夫天覆地载,日照月临,凡有血气,莫不有性命,而道在焉。道在而由之、知之,则学在也。奚独以"关学"名也?

关学之编,少墟冯侍御为吾乡之理学作也。吾乡居天下之西北脊,坤灵淑粹之气自吾乡发,是以庖羲画卦、西伯演易、姬公制礼,而千万世之道源学术,自此衍且广矣。(魏按:关学之编,重心在弘扬理学,而非以地域限理学。然理学发自关中,故就关中而言其学,则其根源处自正矣。故"关中"一词,非仅地名之谓,实文化之坐标也。学者详之,不可与异地相等对观。)子曰:"文不在兹乎!"又曰:"吾其为东周乎!"则西方圣人发挥旁通,东方圣人怀而则之,其揆一也,此载在《诗》《书》,无庸复赘。故此编惟列孔子弟子四人,横渠先生而至今无不考而述焉。故不载独行[1],不载文词,不载气节,不载隐逸,而独载理学诸先生,炳炳尔尔也;不论升沉,不计崇卑,而学洙、泗、祖羲、文者,无不载焉。(魏按:据此亦可见少墟此编之范围规程。)少墟之用心,亦可谓弘且远矣!不然,自张、吕诸大儒而外,如不列于史册,则湮没而无闻,后死者恶得辞其责也。

书成,人无不乐传之。然则,是学也,果何学也?诵是编而印诸其心,即心即学,即学即羲、文、周、孔未见有不得者,奚止论关中之学?即以论天下之学,论千万世之学,可也!(魏按:关中为天下之中,关学为理学之正。故大泌山人曰'关学明,而濂、洛以下紫阳之学明,濂、洛以上羲、文、周、孔之学亦明矣',由是关学奚止论关中之学?即以论天下之学,论千万世之学,可也!)

万历岁次己酉正月人日[2],后学岐阳张舜典书于澶渊之闇然亭

【注释】

[1]独行:指节操高尚,不随俗浮沉。《礼记·儒行》:"世治不轻,世乱不沮……其特立独行有如此者。"又指标新立异的行为。宋王石《太子太傅田公墓志铭》:"公所设施,事趣可,功期成,因能任善,不必己出,不为独行异言,以峙声名。"

[2]万历岁次己酉正月人日:"万历岁次己酉",即明神宗万历三十七年(1609)。"正月人日",农历正月初七。

○略论王、李二系续补所资底本有合集本、单刻本之不同

魏按:此序作于万历三十七年(己酉,1609)正月。余懋衡刊刻《关学编》在万历三十六年(戊申,1608)八月,故余懋衡刊本当无此序。然明天启冯刻本、清康熙洪刻本、四库文渊阁、文津阁本《冯少墟集》中《关学编》卷末均有收录。盖此序为万历壬子年毕懋康刻

本《少墟集》收入《关学编》时所录,而《冯少墟集》诸本所存也。然清代补续之《关学编》,嘉庆周刻本丰川所编,有此序;乾隆赵刻本、道光蒙刻本、同治刘刻本均无此序。由此或可略证:丰川所编以全集本(王系)为底本,而刘得炯、桐阁、复斋所编(李系)则以余刻单行本为底本也。

关学汇编序

〔清〕王心敬

魏按:此序据嘉庆周刻本录入。原序置于该本卷首,标题作"关学编序"。赵刻本、蒙刻本、刘刻本未见收录。柏刻本《关学续编》卷首收入,标题作"王心敬关学续编序",陈校本附录一"关学续编"仍之。按:《丰川集》中称此编为"关学汇编"而非"关学续编",故此处录入时将标题改作"关学汇编序"。题下作者,为编者所加。

关学有编,创自前代冯少墟先生。其编虽首冠孔门四子,实始宋之横渠,终明之秦关,皆关中产也。(魏按:"实始宋之横渠"中此一"实"字,最为紧要。可见丰川亦知少墟以横渠为关学之始也。"关中产"三字亦极有深意。非关中之人,不得入关学。然则何为关中产?余以为,其文化观念之养成,基于关中之风俗,即黄宗羲所谓"风土之厚,而又加之学问者也"。)自秦关迄今且百年,代移世易,中间传记缺然,后之征考文献者,将无所取证,心敬窃有惧焉。闲乃忘其固陋,取自少墟至今,搜罗闻见,辑而编之。

既复自念,编关学者,编关中道统之脉胳也。(魏按:编关中道统之脉络,自是丰川自家意思。少墟心意未必如是。)横渠,特宋关学之始耳,(魏按:此一"宋"字吃紧,可见丰川不以横渠为关学肇始之意。故言其特宋关学之始耳。)前此如杨伯起[1]之慎独不欺,又前此如泰伯、仲雍[2]之至德,文、武、周公之"缉熙敬止"、缵绪成德,正道统昌明之会,为关学之大宗。至如伏羲之易画开天,固宇宙道学之渊源,而吾关学之鼻祖也。(魏按:丰川此处言:"编关学者,编关中道统之脉络也。"其"凡例"又言:"编关学,则溯宗原圣矣。""溯宗原圣",即以泰伯、仲雍、文、武、周公为关学之大宗,而以伏羲为关学之鼻祖也。丰川此意,虽自少墟编中"文武周公不可尚矣"一句发出,然立意与少墟并不相同,《四库提要》所谓"未免溯源太远也"。)譬诸水,泰伯、文、武、周公乃黄河之九曲,而伏羲则河源之星宿,横渠以后诸儒,乃龙门、华阴、砥柱之浩瀚汪洋,泾、渭、丰、涝诸水之奔赴也。《记》曰:"三王之祭川,皆先河而后海,或源也,或委也,此之谓务本。"君子之论学,观于水,可以有志于本矣。于是,复援经据传,编伏羲、泰伯、仲雍、文、武、周公六圣于孔门四子之前,并编伯起杨子于四子之后,合诸少墟原编,以年代为编次焉。盖愚见以为,必如是,而后关学之源流初终,条贯秩然耳。

【注释】

[1] 杨伯起:即杨震。

[2] 泰伯、仲雍:商诸侯古公亶父子。古公三子,长泰伯,次仲雍,又次季历。季历子昌,生而有圣德,古公爱之。欲传位季历以及昌,泰伯、仲雍知之,遂相携逃于荆蛮。其后古公卒,历嗣。历卒,昌嗣。而周以大兴,推其渊源,本泰伯、仲雍相携而逃让位季历之故也。

编既竟,窃念斯道虽无古今、圣凡、贵贱之殊,但以伏羲、文、周六圣人与宋、元以后诸儒,同汇而共编,亦觉无大小、浅深之差别。于是,据吾夫子圣人、君子、善人有恒之分,于伏羲六圣,则标目曰"圣人",若曰是即吾夫子所欲见之圣人也;孔门四子,则曰"贤";自汉以后,则总目之曰"儒",若曰是固吾夫子所谓君子、善人、有恒而不甘流俗者也。顾周元公[1]之言曰:"士希贤,贤希圣,圣希天。"则又以明善人、有恒[2]之士,苟能希圣、希贤,自可至于圣、至于贤,而无能我靳也。然则千百世下,凡生吾关中者,读羲、文、武、周之书,诵汉、宋以来诸儒先之传,溯流穷源,可无复望洋之叹。因是孜孜矻矻,用以仰慰吾夫子思见圣人之本怀。是则后死者之责,而先圣贤之所亟待也夫!

丰川后学王心敬尔缉盥手[3]题

【注释】

[1] 周元公:即周敦颐。

[2] 善人、有恒:出自《论语·述而》:"善人,吾不得而见之矣;得见有恒者,斯可矣。"有恒,持之以恒。

[3] 盥手:洗手。古人常以手洁表示敬重

○略论丰川《关学汇编》成书时间

魏按:此序未署明时间,据吾师弟刘君宗镐所考,乾隆十五年(1750)恕堂刻本王心敬《丰川续集》卷二三《又再答逊功弟》云:

《关学编》黾勉续就。顾首增伏羲、文、武诸圣,反复计之,亦似当然,但识不高,笔又弱,不能发明诸圣之精奥于叙论之中。后续明、清诸儒,既见闻不广,拟又笔不从心,即我端节先生、先师二曲先生,皆平心极思,融会其精神命脉以立言,而终未能令其真面毕出,此则自惭于心,而无可如何者也!惟贤弟大加删改,务令不谬于千秋之公议,是为贵耳。又去岁于《尚书》一解,今岁于《礼记》一编,亦黾勉粗就。

此书信中所云"《尚书》一解",即王心敬所撰《尚书质疑》。是书成于雍正三年(乙巳,1725)二月,据此可推断《关学汇编》成书于雍正四年(丙午,1726),该序亦当作于此时。此距冯从吾撰《关学编》,恰一百二十年矣。

又按:据丰川《关学汇编》内容,其《二曲李先生 所附二曲先生及门诸子》收有王承烈传,言其"由副宪历少司寇,未及期而卒。呜呼!年六十有四,学未究其施,朝野同志盖不能不为吾道惜也",可知此传作于王承烈卒后。据考,王承烈卒于雍正七年(己酉,1729),故此传当完成于是年王承烈殁后。而丰川卒于乾隆三年(戊午,1738),此间丰川或对《关学续编》又多次修改欤?故不得以雍正四年为《关学汇编》最终完成时间也。

○略论后世对丰川《关学汇编》所补之评价

魏按:观此序文,可知丰川乃是先续少墟及二曲以下,而后复补六圣二儒,并为之标目以示区别也。丰川所续,自合少墟体例,惟其所补,则为后人诟病。《四库全书总目·关学编五卷提要》云:

《关学编》五卷,江苏巡抚采进本,国朝王心敬撰。心敬有《丰川易说》,已著录。初,明冯从吾作《关学编》,心敬病其未备,乃采摭诸书,补其阙略,以成此书。从吾原编始于孔门弟子秦祖,终于明代王之士。心敬所续辑者,于秦祖之前增伏羲、泰伯、仲雍、文王、武王、周公六人;于汉增董仲舒、杨震二人;明代则增从吾至单允昌凡六人,又附以周传诵、党还醇、白希彩、刘波、王侣诸人。国朝惟李颙一人,则心敬之师也。明世关西讲学,其初皆本于薛瑄。王恕又别立一宗,学者称为三原支派。大抵墨守"主敬穷理"之说,而崇尚气节,不为空谈,黄宗羲所谓"风土之厚,而加之以学问者"。从吾所纪,梗概已具,心敬所广,推本羲皇以下诸帝王,未免溯源太远。又董仲舒本广川人,心敬以其卒葬皆在关中,因引入之,亦未免郡、县志书牵合附会之习也。

心敬推本溯源,未免溯源太远!董仲舒虽卒、葬皆在关中,然非关中产也,不得入之。《提要》所言极是。然心敬所补,亦有其心意所在,不得因其失而废其言也。故兹编"前编",仍录丰川所补横渠前之数人传略,以见丰川立意之不同及用心之所在也。

关学汇编后序

〔清〕周元鼎

魏按：此序依嘉庆周刻本录入。原序置于该本卷末，标题作"后序"。光绪柏刻本"关学续编"卷一收入，置于该卷末，标题作"关学续编后序"，陈校本附录一"关学续编"仍之。按：《丰川集》中称此编为"关学汇编"而非"关学续编"，故此处录入标题改作"关学汇编后序"。题下作者，为编者所加。

《冯少墟全集》中有《关学编》二册，先生所手订也，余既与南塘傅君印行矣。（魏按：由此可见，丰川所本《关学编》，当出于《全集》。）已，从友人锡爵刘公[1]处得《关学续编》，则丰川先生所续也，自少墟先生至二曲先生之弟子而止。顾此本人不多见，予意其板或藏先生家，遂亲诣鄠县，就其曾孙求之，果得焉。乃就《丰川先生集》中，从观其生平崖略，别作传以续其后，并梓而行之。

呜呼！今之学者歧理学与举业为二，势不得不专举业而遗理学。自丰川先生后，吾关中之学其绝响矣，是不能不望于豪杰之士。

时嘉庆阉茂元黓二月[2]勉斋甫周元鼎[3]谨识

【注释】

[1]锡爵刘公：即刘永宜，字锡爵，三原人。光绪《三原县新志》载其在嘉庆四年（己未，1799）曾重修三原学古书院，添补膏火，督学扁其本曰"儒风式古"。与周元鼎善，尝刻《王文成公年谱》及《传习录》。

[2]嘉庆阉茂元黓二月：阉茂，地支中戌的别称，用以纪年。《淮南子·天文训》："太阴在戌，岁名曰阉茂。"元黓，当为玄黓，清避康熙讳而改，乃天干中壬的别称。《尔雅·释天》："太岁在壬，曰玄黓。"阉茂元黓，当为壬戌年。嘉庆阉茂元黓二月，即清嘉庆七年（壬戌，1802）二月。

[3]周元鼎（1745—1803），字象九，号勉斋，西安府三原县（今陕西三原）人。乾隆三十六年（1771）进士。曾在兵部和翰林院供职。工琴善弈，精于篆刻，学识渊博，多才多艺，举凡星象、数术，以至写诗作赋、度曲填词，无不精通。中年病聋，弃官归里。晚年更研究经传，潜心性命，其学以陆王为主，抨击朱子。曾刊布《阳明集要》，有《汇菊轩文集》传世。

魏按：以上王心敬、周元鼎二序，同录自清嘉庆七年（壬戌，1802）周元鼎所刊《关学汇编》。

重刻关学编叙

〔清〕刘得炯

魏按：此序据同治刘刻本《关学编》录入，原标题为"重刻关学编叙"。乾隆赵刻本亦收入，与刘刻本同版。乾隆《中卫县志》艺文编卷之九、光绪《甘肃新通志》卷八十九亦有收录，标题为"重刻关学编序"。陈校本亦收入此序，然标题作"清刘得炯序"，王校本附录卷五"关学编诸刻本序及提要"亦收入此序，标题作"关学编序"。魏按：此序为乾隆间赵氏廷璧重刻《关学编》时刘得炯所作之序，故此处录入标题当作"重刻关学编叙"。题下作者，为编者所加。

理学之著明于世，天人之道也，性命之原也，此理人人俱足，此学人人可为，(魏按："此理人人俱足，此学人人可为"，正承余懋衡序中"盖理为人人具足之理，学为人人当讲之学"而来。)而卒鲜其人，何哉？盖两间之正气不能不有杂气以间之，理也，亦数也，天无如人何，人亦无如天何也。然而秉懿好德，人有同情，故曰"圣贤可学而至也"，其在《易》曰："穷理尽性以至于命。"圣圣相传，心心相印，如日月星辰之丽天，毫发不爽也；如山河大地之流峙，万世不易也。外乎此者为杂学，而貌乎此者为俗学，学之途分，遂将酿为世道人心之害。圣人为一己正性命，即为天下万世开道统，上世羲、黄至二帝、三王无论矣，春秋、战国辟生民未有之奇，深私淑愿学之志，而濂、洛、关、闽千有余年而独得其宗，圣道之光大，灿然复明于世。自宋至明，代有传人，至我清昌明正学，学者咸知理学之为要而翕然向风，无不仰慕前徽[1]，希踪曩哲[2]，得升其堂而啐其胾[3]。

【注释】

[1]前徽：前人美好的德行。

[2]希踪曩哲：希踪，谓能达到或比并。曩：以往，过去。曩哲，先哲，古之哲人。

[3]升其堂而啐其胾："升其堂"，《论语·先进》："子曰：由也升堂矣，未入于室也。""啐其胾"，啐，音jī，微微尝一点，古代行礼时的仪节之一。胾，音zì，切成大块的肉。

余读《关学编》而深有感焉。是编,少墟冯先生之所著也。先生讳从吾,字仲好,长安人,万历己丑(1589)进士。自庶常[1]入朝,累有建向,然艰于仕进,生平笃志圣贤之学,四方从学者千余,人称"关西夫子"。乃举关中理学之可传者集为一编,自横渠张夫子始,共三十三人,将使前贤之学问、渊源微之发明,圣道显之立身,制用卓然,不愧为学者以昭来兹、示典型,而新安持国余公序刊以传世云。(魏按:新安持国余公,即前之余懋衡。据此可知其所刊刻底板,当为余懋衡万历三十六年[1608]朝邑版,而非《全集》版。)

【注释】

[1]庶常,亦称庶吉士。其名称源自《书经·立政》中"庶常吉士"之意,是中国明、清两朝时翰林院内的短期职位。由通过科举考试中进士的人当中选择有潜质者担任,为皇帝近臣,负责起草诏书、为皇帝讲解经籍等职责。冯从吾曾为庶吉士,清因以"庶常"为庶吉士的代称,故刘得炯如是言。

独是是编自明季至于今百有余岁矣,虽间有旧本,而版籍无存,恐迟之又久,澌灭殆尽,后之人即欲觅是书而知其人,其奚从而知之?余以寒毡薄植[1],固望关、闽之门墙而不得入者,虽然,窃尝有志于斯道矣,《易》曰"西南有朋",从其类也。邑中丁巳(1737)进士赵氏蒲[2]者,与余同谱,现任仪陇县知县,其学务实行,居官识大体,号为知交,因邮寄书信,约为同志,捐银三十金,余亦捐俸数金,重为刊刻焉。(魏按:由是可以推断,余懋衡万历三十六年[1608]版已不存,只有旧本存矣。赵氏所刊,当是新版。)

【注释】

[1]寒毡薄植:"寒毡"形容寒士清苦的生活,也指清苦的读书人。"薄植",指根基薄弱或学识浅薄。在此为作者自谦之词。
[2]赵氏蒲:即赵蒲,字廷璧,号毅斋,清朝邑加里庄人,乾隆二年(丁巳,1737)进士,四川仪陇县令,受业于朝邑王建常门下上官汝恢,曾刻王建常《小学句读记》《大学直解》《太极图解》诸书。

夫《四书》《五经》,理学之渊源备矣,国家垂为令典,以丹铅甲乙[1],匪徒记诵词章,取科第、弋荣名已也。前君子以心入乎圣贤之心,而心有同①理,后之人岂不能以心志乎前人之志,而与之同心哉!并将少墟先生入于集中。而复斋王先生,以布衣锐志圣学,四十余年不出户庭,甘贫乐道所难能者,亦续入焉,以就正于有道之君子。

噫!学者之浅深,性也;功名之得失,命也。正心诚意以修身,主敬致知以力学,而后性命一归于正,敢不折衷儒先[2],惟日孳孳以期共勉于诸君子之后哉!

乾隆丙子(1756)二月朔日,中卫后学刘得炯[3]书于朝邑学署健中堂

【注释】

[1]丹铅甲乙:指点校书籍,评定次第。

[2]儒先:犹先儒。儒学前辈。

[3]刘得炯,字焕章,甘肃中卫人。雍正二年(甲辰,1724)举人,曾任泾阳、三原、朝邑教谕。

○略论乾隆赵刻本《关学编》之版本特点

魏按:此序作于乾隆二十一年(丙子,1756)二月,冯从吾撰《关学编》之后一百五十年(此年亦冯从吾诞辰200虚年),王心敬续《关学编》后三十年(此年亦王心敬诞辰100周年)。此朝邑乾隆赵氏世德堂版《关学编》,当本于余懋衡万历三十六年(1608)朝邑刊本而增刻,而刘得炯则续入冯从吾、王建常二人也。

如本序所云,赵璧、刘得炯所见为"新安持国余公序刊以传世"之本,即明万历三十六年(1608)余懋衡单刻本。然其时"虽间有旧本,而版籍无存",故而其依据旧本而"重为刊刻焉"。然此本之刊刻,是依照万历余刻本体式刊刻,抑或新定体式刊刻?以某所见,此本冯少墟《关学编叙》、李维桢《关学编序》、余懋衡《关学编叙》均为书写体刊刻,其中尤以少墟手迹版《关学编叙》甚为可珍。又此本目录"续编"以下五行皆增刻,"凡例"第三条"古今不相混淆"六字系剜改重刻,卷端所题"朝邑后学赵蒲廷璧重刻,上官德辙季眉校阅"亦有剜改痕迹,颇疑封面亦属后来所加,则此本似非重刻,而系以旧版增刻重印。此本今陕西省图书馆、郑州图书馆、柏克莱加州大学东亚图书馆有收藏,学者可考阅。故万历余刻本旧貌,当存于是编也。

又按:由此书刊刻、校阅者题名,亦可略知少墟之学于朝邑传承渊源。余本之序,末题为"书于朝邑之贞肃堂",其事虽不明,然《关学编》与朝邑之渊源,于此略见矣。而此书刊

---

① "同",底本为"国",不通,当是误字,据上下文意改。

刻者赵蒲，字廷璧，号毅斋，为朝邑加里庄人，其受业于朝邑王建常门下弟子上官汝恢，故为王建常再传弟子。其除刊刻《关学编》外，又曾刻王建常《小学句读记》《大学直解》《太极图解》诸书，以广其师门之学。而此书又题为"朝邑后学赵蒲廷璧重刻，上官德辙季眉校阅"，上官德辙者，字季眉，上官汝恢之子。于此可见其又参与赵本《关学编》校阅也。王建常学尊冯少墟而力反王阳明，以为"少墟固与阳明如水火"（王建常：《复斋馀稿》卷一《与党孝子两一书》），其门下后学刊刻《关学编》，乃承其师意乎？

又按：此朝邑乾隆赵氏世德堂版，后又在道光十年（1830）为李元春所补续，朝邑蒙天麻重刻；同治七年（1868）为贺瑞麟所续，三原刘毓英传经堂刊刻。该版对后世关学版刻流传之影响，由此可见也。然蒙刻本乃是新体式刻本，未能保持原版体式；刘刻本则取改版而修正增添，故对改版体式有所存留，由是万历余刻本之体式，亦体现于其中，而非湮没无存矣。故由同治刘刻本而可见乾隆赵刻本体式之存留，由乾隆赵刻本体式而可见万历余刻本体式之存留也。

桐阁重刻关学编序

〔清〕李元春

魏按：此序据同治刘刻本录入。道光蒙刻本卷首、光绪柏刻本附录一"关学续编"亦有收入。柏刻本标题作"李元春关学续编序"，陈校本附录一"关学续编"仍之。因此序为蒙天麻道光十年（1830）重刻《关学编》时李元春所作之序，故此处录入标题当作"桐阁重刻关学编序"。题下作者，为编者所加。

《关学编》，冯少墟先生所辑，以章吾关学，即以振吾关学者也。（魏按：此亦桐阁补续《关学编》之用心也。）先是，吾邑赵廷璧先生尝重刻之，（魏按：赵廷璧，即前刘得炯序中赵蒲。）而学师中卫刘先生得炯即以少墟补入，又入吾邑王仲复先生，意皆勤矣。然此编人皆知之，而后学犹未能尽见。予不敏，未能自振，顾恒欲人之胥[1]振于正学，往与同志订《文庙备考》一书，邑中雷氏刻之，思此编亦不可不家置一册，因与及门共订，补入七人，续入十二人。（魏按：以刘刻本考之桐阁补续，不计附传，所补者为：宋景叔游先生师雄、明宜川刘先生玺、以聘刘先生儒、伯明刘先生子诚[弟子諴附]共四人；所续者明仲好冯先生从吾[刘得炯撰]、无知温先生予知[弟日知附]、居白张先生国祥、廉夫赵先生应震、鸡山张先生舜典、子宽盛先生以宏、季泰杨先生复亨七人；清复斋王先生建常[关中俊郭稗仲附，刘得炯撰]、茂麟王先生、文含王先生宏度、士奇谭先生达蕴[龚廷擢附]、而时王先生宏学[弟宏嘉、宏撰附]、二曲李先生中孚[桐阁门人王维戊撰]、丰川王先生心敬[子功、勋附,桐阁门人王维戊撰]、含中张先生秉直、相九马先生秫土[同学诸人附,桐阁门人马先登撰]、酉峰孙先生景烈[桐阁子来南撰]、零川王先生巡泰十一人[桐阁子来南撰],后补伯容刘先生鸣珂[李元春撰],合计共续入十九人。与桐阁此处所言不合。当考。)既成,邮寄江西,质于同学赣州郡守霍子松轩[2],松轩以为此不可不公于人。而吾乡蒙君[3]竟取付梓。

【注释】

[1]胥:都、皆的意思。

[2]霍子松轩:即霍松轩(1770—1839),名树清,朝邑韦林镇人。乾隆五十九年(甲寅,1794)乡荐,嘉庆七年(壬戌,1802)进士,曾任南昌府同知等职。为桐阁同学好友,曾为桐阁《关中道脉四种书》作序。

[3]蒙君:蒙天麻,朝邑人,刊刻《关中道脉四种书》《关学编》者。

有止予者,谓:"将有僭妄之讥。"予不以为然。夫学为圣贤,人人事也。学之即不能为圣为贤,其可不以圣贤自勉乎!自勉于圣贤,即奈何不以圣贤为师乎?师圣贤,又安能已于向慕之心,不急急颺[1]前人之为圣为贤者乎!世之人惟自阻曰:"我岂为圣为贤之人?"人或又有阻者曰:"汝岂为圣为贤之人?"而亦因以自阻,斯世遂终无圣贤,况吾不能为圣为贤,岂敢谓人之不能为圣为贤?则又何嫌于以不能为圣贤之人,望人之皆为圣贤也。(魏按:今亦有人劝我勿订此编者,愚亦不以为然。桐阁所论,可为吾心之注脚也。)

【注释】

[1]颺:同"扬"。

止者又谓:"所补所续,使学问行谊[1],一毫不符,即恐有玷。"此论固然。然圣门弟子,材不一科、品不一等,圣人有予有斥,有未及论列。而既以圣人为师,承其传者,皆不可谓非圣人之学也。此编有待补续,少墟固自言之矣。赵氏之刻补少墟,并及仲复,诚当。而论者犹以未入家二曲为歉。予正为续二曲,遂广搜罗,凡所得皆取之史志。(魏按:桐阁学宗朱子而兼取陆王,二曲学主阳明而并摄朱子。桐阁将之入关学,正见其胸襟扩大而不以门户为狭也。)又数十年,博访乡论,确然见为正学者,夫何疑于入此编中?如游师雄,受业横渠,载之《宋史》,学术几为事功掩,然事功孰不自学术来?此疑少墟所遗也。(魏按:观少墟《关学编》中之《季明苏先生》，其开篇即谓苏晛"同邑人游师雄，师横渠张子最久"，岂可谓少墟不知游师雄邪？盖游师雄以事功著，少墟《关学编》乃本理学辑，故游不得入也。或文献不足故也。桐阁以理学涵盖事功，其理学当比少墟范围更为宽泛也。此学者当留意。然桐阁亦非于少墟无有继承。观少墟《池阳语录》中《河北西寺讲语》论王恕、李梦阳、杨爵、吕柟一节，即以理学为文学、节义、事功之根本，故理学非与事功无关。此或桐阁所本也。学者不当以少墟、桐阁相抵牾，而当以桐阁与少墟所比，更为尚事功也，此时代之使然，不得于此非议古人。）他若在少墟前者，或未及盖棺，或与少墟同时同学及诸门人，少墟所不能入，又刘学师所未暇采也。至与仲复同时，二曲且漏，宜其漏者尚多，是皆乌得不补不续？而后之宜续者，又乌能已耶？

[注释]

[1]行谊：品行、道义，或事迹、行为。此处两者兼而言之。

呜呼！前人为圣贤之学，皆无名心，而后之人不可不章其名。（魏按：为圣贤之学，不当有自矜好名之心；为圣贤立传，却须有为之章名之意。）章前人之名以励后学，补缀遗编与刊刻者，同一心也。世之人不以为妄，亦或以好名议之，为所不当为而避其名，可也。为所当为而避好名之名，天下之以好名败人自立为善者，多矣！（魏按：为所当为而不避好名之名，此愚重编且补缀《关学编》之意。予岂能为避好名之嫌，而不为所当为之事哉！）避之而诿诸他人、俟之后人，人尽如我，其又何望哉！二曲少欲为圣学，乡人多阻挠之，甚有以为妖者。予自十四五，即有志程、朱，迄无所成，今年过六十，刻此编，犹愿与同志共勉于二曲少时之所为耳矣。

编中二曲以前，补续者，予所录辑也。二曲及王丰川传，令及门王生维戊为之者也。马相九系马生先登之先，与同学诸人，皆年过二曲，老始延二曲为师，一时皆称夫子，其学可知，即令先登为之传。孙酉峰、王零川，近已皆入乡贤祠，则令吾儿来南为之传。（魏按：此见桐阁所补续各传作者，本书《目录》及各传标题下亦予以标明也。）

道光庚寅（1830）七月朝邑李元春时斋甫题于桐阁学舍

魏按：据序末所题，此序作于清道光十年（庚寅，1830）七月。《关中道脉四种书》中之《关学编》，乃李元春在朝邑赵蒲乾隆二十一年（丙子，1756）版基础上补续，蒙天麻重刻而成。故此蒙氏版与赵氏版非同一版，然与之有密切渊源。三原刘刻本《关学编》，则取赵氏版与桐阁补续重刻也。由此可见,三原刘刻本与赵刻本关系更为密切,其所取桐阁补续,又经贺复斋重订,当转而出精。故刘刻本较之蒙氏本,不惟内容有所增益,版本亦有所胜出。参见后贺瑞麟《书关学编后 戊辰》。

书关学编后 戊辰

〔清〕贺瑞麟

魏按:此序据陕西省图书馆藏刘刻本《关学编》第四册卷末录入,然无标题。三原刘氏传经堂《清麓文集》卷一《序上》亦有收录。据此,标题应为"书关学编后 戊辰"。题下作者,为编者所加。

右冯少墟先生《关学编》,国朝朝邑赵氏重刻之,刘学博得炯即续少墟及王复斋二人,而桐阁先生增订,又补七人,续十二人,(魏按:此处人数与桐阁序中所言合,然桐阁序中所言又不合编中实际补续人数,学者详考之。)于是赵本为不完,而未能广行。朝邑杨生玉清[1],有志关学者也。同治戊辰(1868),教授吾邑张君宜堂家,因言赵氏此书,并所刻王复斋《小学句读记》《大学直解》《太极图集解》三书板,其后人皆欲售人,且恐诸书失所主。宜堂遂言于刘君毓英[2],以百二十金俱购以归。将欲制印,以公同志,而仍嫌赵本为未完。余乃取桐阁补续各人,并依原书为补刻,而更以桐阁先生续焉,以求是正于当世之为此学者。(魏按:依是而言,此刻并非朝邑蒙氏版翻刻,乃是在乾隆赵氏版之基础上予以增补也。)至以诸贤望吾关中人士,使见诸贤之心,而因以自见其心。不好名,亦不避好名之谤,为所当为,于以振兴关学,延斯道于勿坠,则有少墟、桐阁两先生之序在。

九月朔旦三原贺瑞麟复斋甫谨书

【注释】

[1]杨生玉清:即杨玉清,贺瑞麟好友杨树椿之子,亦是贺瑞麟门下弟子。

[2]刘君毓英:即刘毓英,名映菁。在贺瑞麟倡导支持下,刘映菁、刘升之父子先后刻了《养蒙书》《居业录》《朱子语类》《朱子文集》《朱子遗书》《仪礼经传通解》《名臣言行录》《小学》《近思录》《四书》,周、程、张之全书,以及先儒绝学孤本,不下40余种。

○论同治三原刘刻本及贺瑞麟后序

魏按:此序作于清同治七年(戊辰,1868)。由序文可知,当时朝邑人杨玉清教授于三原张宜堂家,言及朝邑赵廷璧后人欲将朝邑赵氏版《关学编》及王建常(复斋)之《小学句读记》《大学直解》《太极图集解》三书板售人,于是张宜堂告知三原刘毓英购得,并欲制印。贺瑞麟乃取李元春补续各人传及自作桐阁先生传续入。此版非朝邑蒙氏道光十年(庚寅,1830)版翻刻,而是取赵氏原版并贺复斋所补新刻合一也。

又按:《清麓文集》卷十五《关学续编 壬辰》后有一按语曰:"此原有书后一篇,今载《序上》,故不重出。"王美凤《关学史文献辑校》据此按语,将此序从《清麓文集》卷一《序上》录入贺瑞麟《关学续编》之后(见该书西北大学出版社2015年第一版第141页),然壬辰当在光绪十八年(1892),此序时间则题为"戊辰",为同治七年(1868),故而此按语或为不确。复查《清麓文集》卷一《序上二》,除此序外,尚有一序题为《重刻关学编序》(该序本书亦收录),其所属时间则为"光绪壬辰孟秋",与其完成《关学续编》之时间相符,或其所谓"书后一篇"当指此序邪?然王君美凤失察,将此处所录《书关学编后 戊辰》置于壬辰年完成之《关学续编》后,故为订之。

重刻关学编前序

〔清〕柏景伟撰(〔清〕刘古愚代)

魏按:此序据民国七年(戊午,1918)苏州版《烟霞草堂文集》卷二录入。光绪柏刻本紧接"关学续编目录"后亦有此文,然无标题。柏景伟《沣西草堂集》卷四亦有收入,题名"校刻关学编序"。陈校本将之别出,题作"柏景伟小识",置于附录一"关学续编"卷首王心敬、李元春、贺瑞麟三序之后。王美凤《关学史文献辑校》附录卷五"关学编诸刻本序及提要"亦收入,标题作"重刻关学编前序(代)刘古愚"。因此序为刘古愚代柏景伟所作,刘另有后序,故此处录入标题当作"重刻关学编前序"。题下作者,为编者所加。

冯恭定公《关学编》,首圣门四贤,卷一宋横渠张子九人,卷二金、元杨君美先生十二人,卷三明段容思先生九人,卷四吕泾野先生十三人。公序其前,而岐阳张鸡山[1]序其后,此原编也。丰川续之,则自少墟以及二曲门下诸子,周勉斋[2]即续丰川于其后。桐阁又续之,则于宋补游景叔[3],于明补刘宜川[4]诸人,以及国朝之王零川[5]。贺复斋又续七人,即列桐阁于其中,为续编三卷。丰川编远及羲、文、周公,下及关西夫子[6]而下,非恭定所编例,去之。

【注释】

[1]张鸡山：即张舜典，人称鸡山先生。冯从吾《关学编》有传。

[2]周勉斋：即周元鼎，将王心敬续入《关学编》并刊刻其《关学汇编》者。

[3]游景叔：即游师雄。李元春将其补入《关学编》。

[4]刘宜川：即刘玺，冯从吾外祖父，李元春将其补入《关学编》。

[5]王零川：即临潼王巡泰，号零川，史调、酉峰门人。李元春令其子来南续入《关学编》者。

[6]关西夫子：此指汉代杨震。

刻既竟，乃书其后曰：自周公集三代学术，备于官师，见于《七略》，道学之统，自关中始。（魏按："道学之统，自关中始"，此语甚为切要，可见关中于儒家道统上之起始地位。故"关学"非完全等同于一般地域学派，而在于其本有儒家文化"祖庭"之地位，学者不可不辨。）成、康[1]而后，世教陵夷，遂至春秋，大圣首出东鲁，微言所被，关中为略。降及战国，秦遂灭学。汉、唐诸儒，训诂笺注，循流而昧其源，逐末而亡其本。自宋横渠张子出，与濂、洛鼎立，独尊礼教，（魏按："与濂、洛鼎立，独尊礼教"，前一句可见关学之成派，后一语见关学之特点。）王而农[2]诸儒谓为"尼山的传，可驾濂、洛而上"。（魏按："尼山的传，可驾濂、洛而上"，前一语见关学传承之嫡亲；后一语见关学地位之崇高。此段略述周孔之教源流，而以横渠直接孔氏。与少墟以横渠诸君子折衷孔氏之意相同。今人不可以讲关学而割断其与孔学渊源，意尊横渠而忽孔子也。）然道学初起，无所谓门户也，关中人士多及程子之门。（魏按：此语意甚重要。道学初起，以弘扬斯道自期互勉，所见不同，其心则一。所谓"天下殊途而同归，一致而百虑"也。就其学之实而论，无所谓门户；就入门之径而言，则必由门户。不可失之泛滥，亦不可拘泥狭隘。）宋既南渡，金谿兄弟[3]与朱子并时而生，其说始合终离，而朱子之传特广。关中沦于金、元，许鲁斋[4]衍朱子之绪，一时奉天、高陵诸儒[5]与相唱和，皆朱子学也。（魏按：蒙元关中诸儒，所学近承朱子，朴实无华，不敢越规矩一步，故柏先生称其皆朱子学也。然朱子之学，又承张、程等人而来，不可谓金、元关中儒承朱子而与张子无关。其重礼尚行、与时俱进之风气，正隐然承自张子也。）明则段容思起于皋兰，吕泾野振于高陵，先后王平川、韩苑洛，其学又微别。（魏按：此两句已点明明代中期关中理学之两大派别，河东关中之传者与关中家学之三原、朝邑两支也。黄宗羲《明儒学案》以三原之学标举关中自起之学，非以三原学派统摄朝邑苑洛之学也。学者详之。）而阳明崛起东南，渭南南元善传其说以归，是为关中有王学之始。越数十年，王学特盛，恭定立朝，与东林诸君子声气相应，而邹南皋[6]、高景逸[7]又其同志，故于"天泉证道"[8]之语不稍假借[9]，而极服膺"致良知"三字。盖统程、朱、陆、王而一之,集关学之大成者,则冯恭定公也。于是二曲、丰川超卓特立,而说近陆、王;桐阁博大刚毅,而确守程、朱。(魏按:二曲、丰川说近陆、王而未必不尊程、朱;桐阁确守程、朱而未必不摄取陆、王。学者详之。我关学大抵以横渠宗风为宗旨,譬而言之,程、朱、陆、王,皆水也,而舀此水之具,则横渠也。各人禀赋天资各异,立言不同,故于程朱陆王取舍不同。学者不可拘泥,以二曲等同于陆王,桐阁等同于程朱也。)今刊恭定所编关学,即继以二家之续,盖皆导源于恭定,而不能出其范围者也。

【注释】

[1]成、康:指西周初的治世,即西周时周成王姬诵、周康王姬钊相继在位的统治时期。成康时期,国力昌盛,经济繁荣,文化昌盛,社会安定,是周最为强盛的阶段,故有"成康之治"的赞誉。

[2]王而农:即王夫之(1619—1692),字而农,号姜斋,又号夕堂,湖广衡州府衡阳县(今湖南衡阳)人。他与顾炎武、黄宗羲并称为明清之际三大思想家。著有《周易外传》《黄书》《尚书引义》《永历实录》《春秋世论》《噩梦》《读通鉴论》《宋论》等书。

[3]金谿兄弟:指陆九渊、陆九韶、陆九龄诸兄弟,因其家居江西金溪,故称"金谿兄弟",陆氏兄弟以倡导心学著称,故其与朱子之学同出儒门而微别。

[4]许鲁斋:即元代许衡。蒙元之时,许衡执教于陕,倡导朱子学。

[5]奉天、高陵诸儒:指金、元陕西诸儒。奉天,即今礼泉,指奉天杨奂;高陵,指高陵杨天德、杨恭懿父子。

[6]邹南皋:即邹元标(1551—1624),字尔瞻,号南皋,江西吉水人,明学者、教育家,万历进士。初出为官,因得罪张居正,谪戍贵州都匀卫。旋任吏科给事中,倡复全国书院。后以疏陈时政,又谪南京吏部员外郎、南京兵部主事。罢官家居,建仁文书院,聚徒讲学。曾讲学白鹿洞书院及岳麓书院,与赵南星、顾宪成号为"三君"。天启元年(1621)还朝,升刑部右侍郎,转左都御史。天启二年(1622),与冯从吾在京师宣武门内建首善书院,退朝公余,讲学其中。后为太监魏忠贤所忌,与东林书院同时被毁。

[7]高景逸:即高攀龙(1562—1626),字存之,又字云从,江苏无锡人,世称"景逸先生",明朝政治家、思想家,东林党领袖,"东林八君子"之一,著有《高子遗书》12卷等。万历十七年(1589)中进士。后遇父丧归家守孝。万历二十年(1592)被任命为行人司行人。万历二十二年(1594),上疏参劾首辅王锡爵,被贬广东揭阳典史。万历二十三年(1595),高攀龙辞官归家,与顾宪成兄弟复建东林书院,在家讲学二十余年。天启元年(1621),高攀龙重获起用,被任命为光禄寺丞。历任太常少卿、大理寺右少卿、太仆卿、刑部右侍郎、都察院左都御史等职。天启六年(1626),崔呈秀假造浙江税监李实奏本,诬告高攀龙等

人贪污,魏忠贤借机搜捕东林党人。该年三月,高攀龙不堪屈辱,投水自尽,时年六十四岁。

[8]天泉证道:亦称"天泉证悟",指明王守仁在浙江会稽天泉桥上与大弟子钱德洪、王畿就"四句教"的师徒对话。先是,守仁曾将其为学宗旨概括为"无善无恶是心之体,有善有恶是意之动,知善知恶是良知,为善去恶是格物"(《传习录》下),因有王门"四句教"之称。后王畿与钱德洪对此教语的含义发生争论:钱认为此为师门定本,一毫不可更易。王则谓"此恐未是究竟话头。若说心体是无善无恶,意亦是无善无恶的意,知亦是无善无恶的知,物亦是无善无恶的物矣"(《传习录》下),且认为其师立教随时,此为"权法",非正法。嘉靖六年(1527)九月,守仁受命征思田。行前夜坐天泉桥上,钱、王以所见请益,他指出二人见解,"相资为用,不可各执一边",并谓:"吾教法原有此两种。四无之说为上根人立教,四有之说为中根以下人立教。上根者,即本体便是工夫,顿悟之学也。中根以下者,须用为善去恶工夫,以渐复其本体也。"(《明儒学案·浙中王门学案二》)此段回答被王门称为"天泉证道"。孙奇逢《理学宗传》称之为"天泉证悟之论"。

[9]不稍假借:假借:宽容。没有一点宽容。此处表示冯从吾对阳明"无善无恶心之体"之说的拒绝和批评。

窃论之:同此性命,同此身心,同此伦常,同此家、国、天下,道未异,学何可异也?于词章禄利之中,决然有志圣贤之为,此其非贤即智。贤,则有所为也;智,则有所知也。为衣食之事,未有不知粟帛者也;知粟帛之美,未有不为衣食者也。故"理一分殊"之旨(魏按:程朱理学宗旨。)与"主静立人极""体认天理"之说,(魏按:程朱理学宗旨。)学者不以为异,而其所持究未尝同也。然则"主静穷理"(魏按:程朱理学宗旨。)与"先立乎大""致良知"(魏按:陆王心学宗旨。)之说,得其所以同,亦何害其为异也。(魏按:尊德性与道问学,本自一贯,后学愚妄,固执一端,柏子俊先生见得程朱与陆王异同贯穿处,真有卓识!)明自神宗倦勤,公道不彰,朝议纷然。东林诸儒,以清议持于下,讲肆林立,极丰而蔽,盖有目无古今、胸无经史、侈谈性命者矣。纪纲渐壤,中原鼎沸,诸儒目经乱离,痛心疾首,遂谓明不亡于流贼而亡于心学,于是矫之以确守程、朱,矫之以博通经史,矫之以坚苦自立。承平既久,而汉学大炽,以训诂笺注之为,加于格致诚正之上,不惟陆、王为禅,即程、朱亦逊,其记丑而博,亦何异洛、蜀、朔角立[1],而章、蔡承其后[2]也。(魏按:柏子俊先生此一节论述,自明末心学流弊而及清初朱学之复兴,自朱学之兴起而及汉学之崛起,正是此一时期学术流变之大概,然吾关中自有确守理学之传而不为流俗世风裹挟者,此正关学风骨。如柏、贺、刘三先生,亦可见一斑也。)

【注释】

[1]洛、蜀、朔角立:指北宋后期洛、蜀、朔三派的党争。北宋中期,围绕变法逐渐形成了以司马光代表的保守派和王安石代表的改革派。元丰八年(1086),宋神宗的儿子宋哲宗即位,反对变法的太皇太后高氏摄政,启用司马光为相,尽除王安石新法。同时,在反变法的浪潮中,所有的变法派被列为"奸党",包括蔡确、章惇、吕惠卿等,之后"奸党"全部贬至外地。元祐元年(1086),王安石、司马光相继逝世。随着王安石一派的尽除和领袖司马光的离世,保守派又分裂为以程颐、朱光庭、贾易为代表的洛党,以苏轼、吕陶、上官均为代表的蜀党,以刘挚、梁焘、刘安世为代表的朔党,三派"既交恶,其党迭相攻",不能相安于一朝,权势之争,愈演愈烈,而一些投机分子如杨畏之流又交斗其间,政治局面更加混乱,最后经受不起以章惇为首的变法派打击,完全垮台。史称"蜀洛朔党争"。

[2]章、蔡承其后:章,指章惇;蔡指蔡京。元祐八年(1093),太皇太后高氏去世,哲宗亲政后,开始支持变法派。于是,章惇拜宰相,变法派的曾布、蔡卞(王安石女婿)、蔡京(蔡卞之兄)等纷纷启用。与当年保守派将新法派列为"奸党"一样,章惇大行报复,将保守派代表人物尽数贬至岭南,并追夺司马光等已经去世之人的谥号。元符三年(1100),哲宗崩,其弟赵佶即位,是为徽宗。皇太后向氏主持朝政,尽除章惇等变法派,启用保守派的韩忠彦为相。然而,两年后,向太后病逝,徽宗亲政,再次启用变法派,蔡京登上了宰相之位。蔡京当政之后,定司马光、吕大防、苏轼、程颐等120人为"元祐奸党",后来又增至309人,合为一籍,刻在朝堂之上,这便是"元祐党籍碑"。至此,历经数次反复,党争终于告一段落,可是不断的党争大大削弱了本就积弱的大宋朝廷。

某少失学,三十后始获读刘念台[1]先生书,幸生恭定公乡,近又谬膺[2]关中讲席,为恭定讲学之地,乃与同志重葺恭定公祠,而以其左右为少墟书院,因刊恭定所编关学而并及丰川、桐阁、复斋之续,凡以恭定之学为吾乡人期也。窃谓士必严于义利之辨,范之以礼而能不自欺其心,则张子所谓"礼教"与圣门"克己复礼"、成周官礼,未必不同条共贯,是即人皆可为尧、舜之实,而纷纭之说均可以息,亦何人不可以自勉哉?呜呼!是恭定望人之苦心,亦刊恭定遗编者之苦心也。(魏按:最终落脚于横渠及儒门礼教处。横渠以礼为教之影响,由此可见。)

光绪辛卯(1891)中秋长安柏景伟谨识①

---

① 底本无"光绪辛卯中秋长安柏景伟谨识",据光绪柏刻本增补。

【注释】

[1]刘念台:即刘宗周(1578—1645),字起东,别号念台,明朝绍兴府山阴(今浙江绍兴)人,因讲学于山阴蕺山,学者称蕺山先生。万历二十九年(1601)进士,天启元年(1621)为礼部主事,四年起右通政,参与东林党活动,曾因上疏弹劾魏忠贤而被停俸半年并削籍为民。崇祯元年(1628)为顺天府尹、工部侍郎,十四年(1641)为吏部侍郎,不久升任左都御史,因上疏与朝廷意见不合再遭革职削籍。南明弘光朝复官,又因与马士英、阮大铖不合而辞官归乡。清兵攻陷杭州,以礼来聘,刘宗周"书不启封"。绝食二十三天,于闰六月初八日卒。刘宗周曾在东林、首善等书院与高攀龙、邹元标等讲习,后筑蕺山证人书院讲学其中。学宗王阳明,提倡"诚敬"为主,"慎独"为功,人称"千秋正学"。黄宗羲、陈确、张履祥、陈洪绶、祁彪佳等著名学者与气节之士均出其门下,世称"蕺山学派"。所著辑为《刘子全书》《刘子全书遗编》。

[2]谬膺:谬,错误的,不合情理的。膺,接受、承当。谬膺,谦辞。

○《重刻关学编前序》为刘古愚承柏景伟之意而代作

魏按:此序作于清光绪十七年(辛卯,1891)中秋。据沣西草堂本《关学编》版页所题"光绪辛卯孟春沣西草堂开雕,版藏少墟书院",可知沣西草堂本《关学编》刻板始于当年正月。然至中秋时,柏景伟病重,不能执笔作序,故刘古愚代为之,以明重订《关学编》之体例缘起也。其手笔虽出于刘古愚,然其观点则本于柏景伟也。

关学续编自序

〔清〕贺瑞麟

魏按:此序据光绪柏刻本"关学续编"卷末录入,原无标题。陈校本移至"关学续编"之"李元春关学续编序"后,标题作"贺瑞麟关学续编序"。王美凤《关学史文献辑校》中贺瑞麟《关学续编》卷末亦据柏刻本移入。题下作者,为编者所加。

关学之编,自冯少墟先生始,厥后王沣川[1]有续,李桐阁有续。沣川、桐阁皆以关学自任,其编关学也,与少墟同一振兴关学之心,其人为不愧少墟之人,其书亦为不愧少墟之书。麟虽有志关学,而实于少墟、沣川、桐阁诸先生无能为役[2]。惟尝于学关学之人,如刘伯容[3]以下七人,久爱之慕之,口诵而手录之,置诸案头,私自取法,以为择善思齐之资而已,非敢云续关学也。然七人者,固关学之续也,柏君取而续之二续之后,将刻以公同志。其有意振兴关学,亦少墟、沣川、桐阁之用心也。刻既竣,聊识数语,以求正于真有能志关学者。

贺瑞麟

【注释】

[1]王沣川,即王心敬。心敬字丰川,后有传作"沣川"。
[2]无能为役:简直连供给他们役使都不配。自谦才干远不能和别人相比。
[3]刘伯容:即刘鸣珂,字伯容,蒲城人。本书有传。

魏按:此贺瑞麟之《关学编自序》,与前《书关学编后 戊辰》非一时、一事之作,王美凤《关学史文献辑校》附前文于贺瑞麟光绪壬辰(1892)本《关学续编》后,误。前文当为同治七年(1868)刘毓英刊刻《关学编》时贺瑞麟所撰,已见前述。据此序中所言"刻既竣",可知其为光绪十七年(辛卯,1891)柏景伟重刻《关学编》,将原编及王心敬、李元春、贺瑞麟续编三卷同刻完成时之作。贺瑞麟此序,以叙自续关学之心意也。学者识之,勿以一时一事看。

重刻关学编序

〔清〕贺瑞麟

魏按:此序据刘传经堂本《清麓文集》卷二"序上二"录入,标题作"重刻关学编序"。沣西草堂本《关学编》置于曾钚序后、冯从吾《关学原编序》之前,标题作"重刻关学编序",陈校本移至附录二"明清诸刻本序",标题作"清贺瑞麟识"。王美凤《关学史文献辑校》亦据《清麓文集》录入。因此序为贺瑞麟在柏景伟殁后所作,题目当为"重刻关学编序"。题下作者,为编者所加。

关中其地,土厚水深,其人厚重质直,而其士风,亦多尚气节而励廉耻,故有志圣贤之学者,大率以是为根本。(魏按:此语大抵道出关中水土与人物性格之关系,关学之所以为关学,正根植于此一地之风土也。故关学之意,非关中地域所限,而关中风土所系也。学者思之。)三代圣人,具见于经,不待言也。秦、汉及唐,圣学湮塞,知德者鲜。宋兴,明公[1]张子,崛起横渠,绍孔、孟之传,与周、程、朱子主盟斯道。早悦孙、吴,年十八欲结客取洮西之地,慨然以功名自许。及其撤皋比,弃异学,任道之勇,造道之淳,学古力行,卓为关中先觉,此少墟先生《关学编》独推先生首出,而为吾道之大宗也欤!(魏按:少墟以横渠为关学首出之意,如此揭然。而其原由,亦于此道明也。)后之闻风兴起,代不乏人,莫不以先生为景仰,故一续再续,深书大刻,岂非以先生之学,恳恳然属望于吾关中人士者哉?(魏按:此一语正道出关学以横渠为宗之意。然此所谓宗,非仅就学说上立言,而就其宗风、人格而言之也。不然,关中诸儒固守横渠之说,千百年固步自封,岂不迂哉?如是则关学早绝矣!今人若仅以能固守横渠学说者为关学,岂不迂哉?大谬。)

【注释】

[1]明公:张载于南宋嘉定十三年(1220)赐谥明公;淳祐元年(1241)被追封"郿伯",从祀学宫;清雍正二年(1724)改称先贤,父迪亦配享祠庙。

吾友长安子俊柏先生,少喜谈兵,欲有为于天下,大类横渠,其强毅果敢,有足以担荷斯道风力,卒之志不得伸。近岁大宪[1]延聘教授关中、味经各书院,三秦之士靡然从之。又倡议创立少墟专祠,盖思以少墟之学教人,并思以少墟所编诸人及续编诸人之学教人,谓非重刻诸编不可。刻既竣,君病日亟,手授门人,犹欲商订于余,且属为序,其用意关学如此,胡君竟不起疾也,悲夫!(魏按:柏景伟病逝于光绪十七年[辛卯,1891]年冬十月。)

【注释】

[1]大宪:清代地方官员对总督或巡抚的称谓。

惟君生平重事功、勤博览,其论学以不分门户为主,似乎程、朱、陆、王皆可一视,虑开攻诘之习,心良厚矣!夫学,为己者也,攻诘,不可也。然不辨门户,且如失途之客,贸贸然莫知所之,率然望门投止,其于高大美富,将终不得其门而入矣,可乎哉?是非颠倒,黑白混淆,道之不明,惧莫甚焉。学,以孔、孟为门户者也。程、朱是孔、孟门户,陆、王非孔、孟门户,夫人而知之矣。先儒谓不当另辟门户,专守孔、孟如程、朱可也。孟子、夷、惠不由,而愿学孔子,岂孟子亦存门户见乎?(魏按:此正柏、贺二先生所见之不同。柏先生论学以不分门户为主,贺先生则主程、朱是孔、孟门户,陆、王非孔、孟门户。然为学当分门户与否?兹借少墟先生之言而答之。问:"讲学可也,第不宜如诸儒之各立门户,何如?"曰:"不然。天下有升堂入室,而不由门户者乎?如以诸儒标'天理'二字,标'本心'二字,标'主敬穷理'四字,标'复性'二字,标'致良知'三字为立门户,不知孔门标一'仁'字,孟子标'仁义'二字,曾子标'慎独'二字,子思标'未发'二字,岂亦好立门户邪?夫子之墙数仞,若真欲见宗庙之美、百官之富,自不容不觅此门户以入。不然,是原甘心于宫墙之外者也,何足辨哉?且论道体,则千古之门户无二;论功夫,则从入之门户不一。第求不诡于孔氏之道,各择其门户以用功,不自护其门户以立异,可耳。而必于责备其立门户,不知舍'天理''本心''慎独''未发'之外,又将何所讲解邪?一开口便落门户,真令人不敢开口矣。"闻者豁然大悟。)

余尝三四见君,知其意不可遽屈,硁硁[1]之守,老亦弥笃,意与君益各勉学,或他日庶有合焉。而今已矣,不意君犹见信,辄以关学相托,复取私录诸人而亦刻焉。窃恨当时卒未获痛论极辨,徒抱此耿耿于无穷也,吾乌能已于怀哉!学术非一家私事,因序此编,而并序余之有不尽心于君者。倘不以余言为谬,或于读是编也,亦不为无助云。(魏按:柏君不以所见不同而诋贺,贺不以所见不同而非柏,君子所见不同而仍见信如此,挂怀如此,真可谓学界一段真情也!今之学界,有所见不同辄引以为敌而不相往来甚相互诋毁者,真可羞死矣!)

光绪壬辰孟秋三原贺瑞麟识

【注释】

[1]硁硁:坚定的样子。

魏按:据此序后所属时间,可知此序作于光绪十八年(壬辰,1892)孟秋八月,其时柏景伟已于往岁去世,故依时序,当置于前序之后。

重刻关学编后序

〔清〕刘古愚

魏按:此序据陕西省图书馆藏《关学编》柏刻本"续编"卷末录入,标题作"重刻关学编后序"。民国七年(戊午,1918)苏州版《烟霞草堂文集》卷二亦有收录,标题作"关学编后序 刘古愚"。陕西师范专科学校藏本《关学编》柏刻本未收入,陈校本亦未收入。王美凤《关学史文献辑校》附录卷五"关学编诸刻本序及提要"收入,标题作"关学编后序 刘古愚"。因此序为柏景伟殁后刘古愚所作,依柏刻本,题目当作"重刻关学编后序"。题下作者,为编者所加。

呜呼!此余友沣西柏子俊先生所刻《关学编》也。关学之编,始于冯恭定公,王丰川续之,又刻李桐阁、贺复斋所续于后,而先生没已期年矣。先生病急,口授余义例,为序于前,(魏按:此即《重刻关学编前序》为古愚代笔之明证。)俾余序其后,余复何言?然习先生性情行谊,莫若余。而是书之刻,又多商榷。其所以刻,与资之所由来,及平日议论及于是书者,不可无一言于后。

先生性伉爽,学以不欺其心为主,嫉恶严人,有小过,不相假借,改之则坦然无间。其有善,识之不忘,逢人称述,士以此畏而爱之。喜岳武穆[1]"君臣之义,本于性生"语,尝谓余曰:"此可括《西铭》之蕴,知父子天性而不知君臣,不能视万物为一体;求忠臣于孝子,义本于仁也。移孝作忠,本仁以为义也。忠、孝一源,明、新一贯,千古要述,皆充仁以为义,而非有他也。"故论学力除门户之见,而统之以忠孝。

【注释】

[1]岳武穆:岳飞(1103—1142),字鹏举,宋相州汤阴县(今河南安阳汤阴县)人,南宋抗金名将,中国历史上著名军事家、战略家、抗金英雄,位列南宋中兴四将之一。宋孝宗时岳飞冤狱被平反,改葬于西湖畔栖霞岭,追谥"武穆",后又追谥"忠武",封鄂王。

光绪丁亥,宪司延先生主讲关中书院。书院为恭定讲学地,先生又生于其乡,乃访恭定祠旧址,扩而新之,旁为少墟书院,以少墟之学,迪其乡之士。廉访曾公怀清,割俸属刻是编,而恭定原本无恭定传,乃取丰川所续继之,后之与关学者,又不得略焉,则不惟非恭定本,亦非丰川本矣。(魏按:柏君所刻,"不惟非恭定本,亦非丰川本矣",此语甚要。盖先生新订本也。以不知先生所刻本于何本者,固已误矣!余再编关学,亦以承先生之志,惟先生于故编有所取舍,予则求其全而略为疏解也。)泾阳王葵心[1]先生,以身殉明,大节凛然,与西人天主之说泊三纲者截然不同,然事天之说正西人所借口,乡曲之儒,略迹而识其真者几人?先生常欲去之,书出则仍在焉。其先生病,未暇亲检与抑,亦人果无愧忠孝,不妨宽以收之与。先生没,无可质证。然学卒归于忠孝,则亘古至今,未有能议其非者,而今之从事西学者,均能知有君父,则算术技巧非必无补于世也。(魏按:泾阳王葵心先生,王徵先生也,逊功先生王承烈之曾祖。其为人本于儒家忠孝,为学则兼取西学,乡曲之人不识,丰川先生则以之为关学之续,子俊先生亦曾有此惑而欲去之,古愚先生则以为"无愧忠孝"可收之也。后柏先生殁而无以为证。余则以为,葵心先生处西学渐来之际,而能秉儒家忠孝人格而后承传横渠开放兼容、注重实用传统,其取西学天主之说以推阐吾儒事天之说,取西学科技之学而资吾儒事功之业,实开吾关学一代新风。此后双山先生杨屾,及刘古愚先生即承其后而卓然者也,故不得因其摄取西学而将之摒于关学之外。)

光绪十九年(癸巳,1893)三月朔咸阳同学刘光蕡序①

【注释】

[1]王葵心:即王徵(1571—1644),明代科学家。字良甫,号葵心,又号了一道人、了一子、支离叟,明西安府泾阳县鲁桥镇温丰乡盈村里尖担堡人。天启、崇祯年间,任直隶广平府推官、南直隶扬州府推官及山东按察司金事等职。从政后留心经世致用之学,后以经算教授乡里,致力于传授西方学术,为最早的陕籍天主教徒之一。王徵对明末西方科学技术传入中国曾起重要作用。他早年喜爱古器和机械。出仕以前,研制过水力、风力和载重机械,写成《新制诸器图说》。后又与瑞士传教士邓玉函一起编译《远西奇器图说》,天启七年(1627)出版,主要叙述西方古代和文艺复兴时期静力学知识,包括地心说,重心及其求解,求水体积、浮体体积,比重,简单机械及其联合使用。《远西奇器图说》是中国第一本有关西方力学的编译著作。王徵对传播西方科学、促进文化交流卓有贡献,同徐光启并称为"南徐北王"。本书有传。

魏按:此序录自民国七年(戊午,1918)苏州版《烟霞草堂文集》卷二,未题时间。然据陕西省图书馆所藏柏刻本下落款"光绪十九年三月朔咸阳同学刘光蕡序",即光绪十九年(癸巳,1893)三月初一日。

重刻关学编序

〔清〕曾鉌

魏按:此序据陕西师范大学图书馆藏光绪柏刻本《关学编》卷首录入。原标题为"序",因其系柏景伟重刻《关学编》之序,故此处录入,将标题改作"重刻关学编序",题下作者,为编者所加。

生儒先之乡,而无所观感起兴,以冀力媲乎前美,此学术之靡,即斯道之忧也。夫先儒往矣,后之人弗及亲炙其讲贯,亦唯取所学者身体而力行之,庶几乎驯致以几于道。顾非有良师,表为之导源而引绪,则致力虑亦无由然,则

① 此落款底本无,据陕西省图书馆藏柏刻本补。

《关学编》之有以训型乎今人士,岂浅鲜哉! 斯编著始于冯恭定公,王丰川先生续之,再续于李桐阁,又再续于贺复斋两先生而分原、续编。而重刻者,则主讲关中书院沣西柏先生子俊也。先生亢爽坚毅,道貌岸然,学以不欺为主,掌院时手订学规如干条,面错者责而屏之,奖善则如恐弗及。以主讲三年,士论翕服,前此未尝有也。是书之刻,所以永前徽而贶[1]后起者,功甚大而意良厚,而吾于以见先生之生是乡,信足于嗣美乎儒先也。辄自忘其固陋,用缀数语于简末,以志景行之意云。

光绪乙未(1895)仲春上澣[2]长白曾鉌槐卿氏[3]识于青门藩署之桐桂山房

【注释】

[1]贶:音 kuàng,赠予、赐予。

[2]光绪乙未仲春上澣:光绪乙未,公元1895年。仲春,二月。上澣,唐、宋官员行旬休,即在官九日,休息一日。休息日多行浣洗。因以"上澣"指农历每月上旬的休息日或泛指上旬。明杨慎《丹铅总录·时序》:"俗以上澣、中澣、下澣为上旬、中旬、下旬,盖本唐制十日一休沐。"光绪乙未仲春上澣,指清光绪乙未年(1895)二月上旬。

[3]长白曾鉌槐卿氏:曾鉌,喜塔腊氏,字槐卿,满洲正白旗人,清末官吏。父庆昀,宁夏将军。以任子为工部主事,累迁郎中,充军机章京,转御史。光绪九年(1883),出为陕西督粮道。延长安柏景伟、咸阳刘光蕡主关中书院,督课实学,士论翕然。十三年(1887),迁按察使。明年(1888),母忧解职。服除,起故官,俄迁甘肃布政使。

魏按:据此序后所属时间,可知此序作于光绪乙未年(1895)二月。再对比原本,则全书统一为刊刻字体,而此序则为手写刻体,与原刻不同。或当刻版完成于1892年孟秋,而刊印则在1895年仲春之后欤?

关学编书后

张元际

魏按:此文据杨虎城、邵力子修,宋伯鲁、吴廷锡等纂《续修陕西通志稿》民国二十三年(1934)铅印本卷二百十一录入。原所刊处未知,陈校本、王校本未见收入。观文中所云"此编之续七人,皆复斋意也。今复斋往矣,所愿有志关学者,本复斋之学要,审途以立志,居敬以穷理,反躬实践以正统"等语,知其当为乃师贺瑞麟《关学续编》所撰,故移入此处,以备参考。

关中水深土厚,河岳砺带,磅礴郁积,代生贤哲。庖羲以后,惟周最盛。祖龙焚书[1],萎尔歇绝。宋自横渠,崛然起郿,以礼化关中学者,遗响复振,大儒蔚兴,历元及明,弗衰益竞。冯少墟创为是编,备采宋、金、元、明三十三人,而首列圣门四子;丰川又取庖羲及周泰伯六圣,少墟、鸡山、二曲七人续补其中;桐阁再续,沣西三续,关中之有道德学问者,无不编入。噫!盛矣!

【注释】

[1]祖龙焚书:祖龙,代指秦始皇。祖龙焚书,指始皇焚书之事。

然自有斯编,而关中之学又歧。六圣四子尚已,道德如横渠兄弟,功业如康僖父子[1],风节如侯师圣、杨紫阳,博雅如萧贞敏、杨恭懿,颖悟如段容思、张立夫,端严如程悦古、薛思庵,以及韩、康之文辞[2],马、吕之经学[3],造诣虽有浅深,名位虽分显晦,要皆以圣人之道为归,而无所出入。自南瑞泉从阳明闻"良知"之说,乃大悟曰:"人心果有仲尼,何必他求!"于是专以"致良知"教及门,而王学行于关中矣。自高弟尚班爵以后,虽刚直之仲好,通达之丰川,切实之仲木,犹不免延其余波,而二曲尤为深。

【注释】

[1]康僖父子:指明代王恕、王承裕父子。"康僖"为王承裕谥号。

[2]韩、康之文辞:指韩邦靖、康海之文学造诣。韩,当指韩邦靖,而非其兄韩邦奇。邦奇与马理、吕柟并以理学名世;其弟邦靖虽附入关学,然以文学而与武功康海名世,故此处之"韩",当为邦靖。

[3]马、吕之经学:指明代马理、吕柟二人之经学造诣。

夫所恶于"致良知"者,谓其以《大学》《孟子》牵合为一,使人言下了悟、立地成佛,以闻见为支离,以经书为闲账,意在直捷,实则隔而多漏。当时罗整庵论之,见于《困知记》[1];陈清澜[2]、陈几亭[3]又本罗意而详言,而究未如张武承《王学质疑》[4]、罗罗山《姚江学辨》[5]之详且尽也。

【注释】

[1]《困知记》:是明代哲学家罗钦顺旨在批判心学、改造理学的著作。罗钦顺

(1465—1547),字允升,号整庵,泰和(今江西省泰和县上模乡上模村)人,明代"气学"代表人物之一,著有《困知记》《整庵存稿》《整庵续稿》,谥号文庄。

[2]陈清澜:即陈建(1497—1567),字廷肇,号清澜,东莞人,明代著名理学家、史学家,以著作《学蔀通辨》来批评王阳明学说。

[3]陈几亭:即陈龙正(1585—1645),初名龙致,字惕龙,号几亭,嘉善人,明末著名理学家,师事高攀龙,精研理学,旁通经济。

[4]《王学质疑》:清代张烈的理学著作。张烈(1622—1685),字武承,号孜堂,顺天大兴人,祖籍浙江金华,康熙九年(1670)进士,曾任内阁中书、翰林院编修、右春坊右赞善,参与修《明史》,分纂明孝宗、明武宗两朝。著有《王学质疑》《典训》《四书讲义》等。笃守朱学,其《王学质疑》专驳王守仁《传习录》,被清朝理学家奉为主臬。

[5]《姚江学辨》:清代罗泽南的理学著作。罗泽南(1808—1856),字仲岳,号罗山,一字培源,号悔泉,又字子畏,湖南省双峰县人,晚清湘军将领、理学家、文学家,是湖南理学经世派的主要人物,其学术一以朱熹学说为依归而讲经世致用。

或曰:"如是不几门户太分乎?"夫门户不分者,程篁墩①《道一编》[1]、徐文贞《学则》[2]、范彪西《理学备考》[3]、孙夏峰《理学宗传》[4]以及宋、元、明儒各学案,皆是此等见识。访张而入李门,贾玉而至金户,不惟见笑主人,恐奔忙劳碌,自顾亦恧然[5]矣。合程、朱、陆、王为一,是犹搅金、银、铜、铁为一器也,可乎哉?

【注释】

[1]《道一编》:明代程敏政的著作。程敏政(1446—1499),字克勤,中年后号篁墩,又号篁墩居士、篁墩老人、留暖道人,南直隶徽州府休宁县人,后居歙县篁墩(在今屯溪),故时人又称之为程篁墩。

[2]《学则》:明代徐阶的著作。徐阶(1503—1583),字子升,号少湖,一号存斋,松江府华亭县(今上海市松江区)人,明代名臣,嘉靖后期至隆庆初年为内阁首辅,著有《世经堂集》《少湖文集》等,谥号文贞。

[3]《理学备考》:清代范鄗鼎的著作。范鄗鼎(1626—1705),字彪西,山西洪洞人,康熙六年(1667)进士,著有《理学备考》《五经堂文集》《三晋诗选》《五经堂野歌》《五经堂集》《晋西二集》等。

[4]《理学宗传》:明末清初理学大家孙奇逢的著作。孙奇逢(1584—1675),字启泰,

---

① 底本为"墩篁",倒误,乙正。

号钟元,晚年讲学于辉县夏峰村二十余年,世称夏峰先生。明朝灭亡后,清廷屡召不仕,人称孙征君。与李颙、黄宗羲齐名,合称明末清初三大儒。主要著作有《理学宗传》《圣学录》《北学编》《洛学编》《四书近指》《读易大旨》《书经近指》等。

[5]恧然:恧,音 nù。恧然,自愧、惭愧的样子。

孟子言良知,又言良能,阳明单提良知,其曰"知行合一",是并孟子良能亦抹之矣。宜稼书[1]目为洪水猛兽也。如谓:"学求为己,不必深辨。能言距杨墨者,圣人之徒。"孟子岂好辩哉?实有不得已于其心者而后发为是言也。如谓:"关学皆有学之人,不可厚非,尊所闻,行所知,可也。"斯言诚是。然伊、惠[2],孔子、孟子既曰皆古圣人而愿学,则在孔子于伊、惠则曰不由斯意又不可不知也。大抵学在为人,尚可从宽,学在为己,则宜从严。入手之初,下脚之始,一有不审,生心害政,势所必至。咸、同间,三原贺复斋[3]、朝邑杨损斋[4]、芮城薛仁斋[5]志同道合,每年两会,讲明孔、孟、程、朱之学,而复斋浑然天成,造诣尤纯。此编之续,七人皆复斋意也。今复斋往矣,(魏按:由此语可知此序成于复斋去世之后,即1893年之后也。)所愿有志关学者,本复斋之学要,审途以立志,居敬以穷理,反躬实践以正统,则关学日新月盛,与洛学、闽学并峙,华岳黄河,不益增色矣哉!(魏按:晓山先生之旨意,全在其师复斋先生主张,即以程朱为孔学之门户也。)

【注释】

[1]稼书:即清代理学家陆陇其。陆陇其(1630—1692),字稼书,浙江平湖人,学者称其为当湖先生。康熙九年(1670)进士。学术专宗朱熹,排斥陆王,被清廷誉为"本朝理学儒臣第一",与陆世仪并称为"二陆"。谥号清献。著有《困勉录》《读书志疑》《三鱼堂文集》等。

[2]伊、惠:指伊尹、柳下惠。

[3]三原贺复斋:指三原贺瑞麟。贺瑞麟(1824—1893),字角生,号复斋,中阿山人,清末著名理学家、教育家、书法家。道光二十一年(1841)中秀才,后授业于关学大儒李桐阁,与山西芮城薛于瑛(仁斋)、朝邑杨树椿(损斋)并称为"关中三学正"。编著有《朱子五书》《女儿经》《信好录》《养蒙书》《清麓文钞》《三原县新志》《三水县志》等。

[4]朝邑杨损斋:指朝邑杨树椿。杨树椿(1819—1874),字仁甫,号损斋,陕西朝邑人(今属渭南市大荔县)。著作有《损斋文钞》等。

[5]芮城薛仁斋:指山西芮城薛于瑛。薛于瑛(1806—1878),字贵之,号仁斋学者,人称薛仁斋先生。著作有《薛仁斋遗稿》等。

○张元际先生《关学续编》待访

魏按：晚清民国，关中又有张元际者，咸阳兴平人，师从关学贺复斋、柏子俊、刘古愚诸先生。据政协兴平县文史资料委员会编《兴平文史资料》第10辑《兴平近现代人物（一）》所收张过《关中宿儒张元际》所载：

张元际（1851—1931），字晓山，号仁斋。清末贡生、国子监学正。师承关学贺复斋、柏子俊、刘古愚诸先生教诲，立志振兴关学。著有《孔子辑要》三卷、《四偿录》一卷、《谒庙侍行记》二卷，编有《兴平县志》四卷、《兴平县乡土志》五卷、《易以反身录》二卷、《四行记》四卷、《道统百篇》一卷、《关学续编》三卷、《爱日堂前集》十卷等。1930年，杨虎城将军主陕时，以先生为师，聘他到省襄助，他以八十病翁谢辞，说："主席是吾省人，于桑梓必有硕划。"民国二十年（1931）正月十五日，元际先生逝世，终年81岁。陕西省政府主席杨虎城将军赠予"关学薪传"匾额并撰挽联。其同门宋伯鲁、赵宝珊、冯光裕、刘锡纯等学界名流亦有挽联。

据此可知，张元际先生亦撰有《关学续编》三卷。然此书尚未寻访到，未可知其面目也。由《续修陕西通志稿》所录《关学编书后》一文，亦可见其有心关学，兹录其文以备考。

○附记：富平朱久括先生亦曾撰《关学续编》

关学原编创自少墟先生冯从吾，其后补续参与者，先后有王心敬、王承烈、周元鼎、刘得炯、李元春、柏景伟、贺瑞麟、刘古愚等诸人，皆关中产也。而某又于诸先之外，访得亦曾续《关学编》者，乾、嘉间富平朱久括先生也。朱久括（1768—1824），字巨源，号梓亭，陕西富平华朱人。留心濂洛关闽之学，以正心诚意为本，崇意横渠，有心关学，著有《关学续编》《正蒙句解》，惜不传。其生平事略，见于陕西师范大学图书馆藏《蒲城县志稿》所载清代蒲城人王鼎（1768—1842）所作《朱久括传》。传云：

吾友朱梓亭者，云南富民令，吾陕富平人。讳久括，字巨源，号梓亭。先世累有丰赠。尊甫理斋公，以孝行旌表。公兄弟四人，公居其次。生而颖悟，有过目成诵之资。温厚寡言笑，性孝友，门以内无间言。比长，留心濂洛关闽之学，以正心诚意为本。乾隆戊申（1788），由博士子弟员领乡荐。四上公车，限于额，不第。嘉庆辛酉（1801），以大挑出宰滇南。该将举平日所讲者，实欲见诸政事矣。在滇南垂二十年，历任平彝、宜良、罗次、景东、恩安、合泽、嵩明、陆凉诸州县，所至皆有贤声，而以富民为最久。先是，平彝有"青天"之誉，邻境士民，且争相景慕。及莅富民任，治行益著。富邑汉、夷杂处，民俗于三月三日祈福于法华山之真武阁，其灵芝山之慈胜寺则以八月十八日游人最盛，奸究易生。公至，朝夕设香案，宣讲《圣谕广训》，并令师塾中各相肄习，自是民咸知秉礼畏法也。邑有九峰书院，因旧址重立新规，士风以振。邑数有水患，则囊之土沟多以泥水作坝，公亲履勘，改修石工，农田永利以赖之也。邑向无蚕桑，妇女亦不谙纺织事，公相度土宜，教以树桑并亲蚕试丝,民之无力为机具者,官为给之。永姚军需项下存银千数百两,公尽给地方置公田,岁得谷二百余石,建廒贮之,按岁增贮,以备不虞,曰"任恤仓"。公以嘉庆二十四年(1819)六月补富民,道光四年(1824)六月卒于署,凡六年,富民称理。其卒也,富民之男停耕、女辍杼,士庶之衣缟素而苦者数千人,如失慈父母。不移时,以公实政,请于大吏。大吏以闻,入祀名宦祠。富民去富平将万里,公之去乡也且数十年矣,而德之在富平者有王彦云、刘如愚之比。公居美原镇,镇北有碳井,民资以生。忽有水注,抱之不竭,取碳者几无措。公斋戒为文,焚香虔祷,是夕井裂,如雷水涸,而以碳资生者如故。非其诚意正心,感极神明之一验欤?道光九年(1829)四月,富平士民亦以其实行上请如富民事,崇祀乡贤祠。赞曰:滇南之去关西九千余里,何斯民好德之心,异地而同符耶?非公之德实有入于人心而无间者,能若是耶?公所著《五经会意》《史论心法》《正蒙句解》《关学续编》《明月山房诗文集》,脍炙人口,皆其德之绪余发为文章也。抑岂足为公多乎?知公者,其亦观厥本哉!

由王鼎此文,可知朱久括曾作《关学续编》《正蒙句解》之作,亦为有心关学者也。惜其仕于西南二十年,其著作亦不见传世矣。故录其传于此,以资有心者访求备考。又按:依据朱久括生平,则可知其《关学续编》完成时间当晚于刘得炯补续之年(1756),而早于李元春补续之年(1830),惜乎不传也。

重刊关学编序

〔清〕王 晦

魏按:关中刊刻《关学编》之序,已如上列。某又于王晦《御赐齐年堂文集》卷二中,得其所作《重刊关学编序》一篇,由此可见《关学编》在异地刊刻之一斑。兹亦移入于此,以见《关学编》刊印之流远。题下作者,为编者所加。王晦(1646—1719),字服尹、树百,号补亭,江南嘉定(今属上海)人。清代官吏。康熙五十一年(1712)进士,授翰林院庶吉士,工诗文。

嗟夫,理学之不明久矣!缔章绘句,徒夸词赋之工;印月传薪,莫问渊源之自。竞新奇于蛙鼓,腾口说以雷鸣。诸子百家,纷如聚讼;刑名法律,各自成书。难追礼乐于中天,何意星云之复旦。董江都[1]"正谊"之旨,一线初传;韩昌黎[2]《原道》之文,千秋仅见。迄乎赵宋,直接尼山[3]。四氏之学[4]并垂,一代之风斯盛。然而鹅湖、鹿洞[5],间有异同;孔壁、秦灰[6],互分今古。欲绍微文于东鲁,为稽绝业于《西铭》。理窟探源,首著《正蒙》之义;庙庭从祀,尚怀淳祐[7]之年。(魏按:此一句赞扬横渠。)此诚海内楷模,不独关中乔岳也!(魏按:以横渠为海内楷模,不独关中乔岳,正见横渠后世影响不限于关中,诚天下之楷模也。)

【注释】

[1]董江都:指汉代董仲舒。
[2]韩昌黎:指唐代韩愈。
[3]尼山:代指孔子。
[4]四氏之学:指周敦颐、张载、二程、朱熹之学。
[5]鹅湖、鹿洞:鹅湖指陆九渊,鹿洞指朱熹。
[6]孔壁、秦灰:代指汉代经学今文、古文之分。
[7]淳祐:南宋理宗年号(1241—1252)。张载于南宋淳祐元年(1241)被追封"郿伯",从祀孔庙。

冯少墟先生,人文宗匠,忠孝①名臣。光分累世之灯,法受当年之钵。鸠工[1]立院聚徒,讲并河、汾;珥笔[2]载书叙事,例同濂、洛。溯其传于数千百载,广其绪于三十三人。关学一编,所由作矣。无何金戈扰攘,铜马披猖;蠹简纵横,牙签冷落。燃藜[3]古业,埋于丛棘之乡;换酒奇文,出自老兵之手。良可叹也,能不悲乎!

犹幸蟠螭宝镜,重出人间;射斗霜锋,不沉地底。采旧闻于邺架[4],得善本于雪亭[5]。岂知劫火之余,犹存拱璧;始信西山[6]而外,绝少传人。用是授之梓工,布诸桑里。(魏按:由此语可见其曾刊刻《关学编》。)先贤宛在,不同出冢之书;大雅未亡,聊示先河[7]之祭。后有作者,将感于斯。

【注释】

[1]鸠工:聚集工匠。
[2]珥笔:古代史官、谏官上朝,常插笔冠侧,以便记录,谓之"珥笔"。
[3]燃藜:东晋王嘉《拾遗记·后汉》:"刘向于成帝之末,校书天禄阁,专精覃思。夜,有老人着黄衣,植青藜杖,登阁而进,见向暗中独坐诵书。老父乃吹杖端,烟然,因以见向,说开辟已前。向因受《洪范五行》之文,恐辞说繁广忘之,乃裂裳及绅,以记其言。"后以"燃藜"指夜读或勤学。

---

① "孝",底本为"幸",疑误,径改。

[4]邺架：唐韩愈《送诸葛觉往随州读书》诗："邺侯家多书，插架三万轴。"邺侯，即李泌。后以"邺架"比喻藏书处。

[5]雪亭：指魏一鳌(1630—1695)，字莲陆，号雪亭，直隶新安(河北保定)人。明末清初理学家。师从清初大儒孙奇逢，著有《四书偶录》《诗经偶录》《北学编》《夏峰年谱》《雪亭梦语》《雪亭诗草》。

[6]酉山：传说是秦始皇焚书时藏书之地，表示学业之古源，藏书圣地。

[7]先河：古代以黄河为海的本源，因而帝王先祭河，后祭海，后来称起先导作用的事物为先河。

魏按：王晦生于公元1646年，卒于公元1719年，其刊刻《关学编》当在此期间，即不早于顺治，不晚于康熙时也。其所据版本不明，然当早于丰川汇编完成之时(1726)则明矣。

○ 由关学诸序略论关学编文献编撰刊刻源流

某所见《关学编》诸序所录如上，兹且就诸序，略论《关学编》编撰刊刻之源流。

先是，少墟先生冯从吾于明万历三十四年(丙午，1606)撰成《关学编》，是为关学正式有编之始，亦为关学名谓正式确立之始。前此，横渠开派，而迄北宋，无有以"关学"二字称横渠之学及其学派者，盖如柏子俊先生所云"道学初起，无所谓门户也"。至南宋宁宗时，而有刘荀始以"关学"二字指张载之学，其《明本释》卷上"横渠张先生"注下云：

名载，字子厚，居凤翔郿县之横渠镇，学者称横渠先生。倡道学于关中，世谓之关学。此书所记吕大临、苏昞、范育，皆其门人也。①

观其所谓"世谓"，盖当时已有以"关学"二字称张载之学者，刘荀取而述之。全祖望亦谓当时吕本中亦用"关学"一词，《宋元学案》卷六《士刘诸儒学案》下"关学之先"《殿丞侯华阴先生可申先生颜合传》下全氏按语称："闻之吕舍人本中曰：'关学未兴，申颜先生盖亦安定之俦，未几，而张氏兄弟大之。'"盖南宋之时，已有以"关学"一词称张载之学者，后朱子学兴起，所谓"濂洛关闽"之说中之"关"者，其意亦与之相符，概指张载之学。然直至晚明五百年间，关中未有以"关学"为张载之学或关中学统概称者。少墟先生冯从吾出，创制《关学编》，不惟为关中自张载以来至王秦关三十三学人立传，且名之以"关学"而为"关中理学"概称，是为关学有名之始、有编之始。故关学之立名有编，不能不首推少墟先生也。

《关学编》既成，大泌山人李维桢为之作序，新安余懋衡万历三十六年(戊申，1608)为之作序且令长安令刊刻，此为《关学编》刊刻之最早版本，此后《关学编》之诸本，皆导源于

---

① 〔宋〕刘荀：《明本释》，光绪二十五年(1899)广雅书局据武英殿聚珍版重刊本，第2—3页。

此。后复有鸡山先生张舜典作《后序》，冯氏原序连同李、余、张三人之序及原编，并载《少墟集》壬子本、天启本等诸本中。壬子本余所未见，所见天启冯刻本《少墟集》，卷二十一、卷二十二为《关学编》，此书九行十八字白口四周单边，前依次为余懋衡、李维桢、冯从吾三序，序均无题。下为"关学编凡例""关学编首卷""关学编目录"，下又选为四卷，卷一宋代九人，卷二金、元九人，卷三明代七人，卷四明代八人。卷末为张舜典《关学编后序》。此后康熙洪琮刻本与此版式同，文渊阁四库本、文津阁四库本等本，版式不同，然亦当从此本出。此本与后世单行本相较，不惟序文俱全，且《小泉周先生》传后即较单行本多出百五十余字，盖刊刻《冯少墟集》时，先生所后补入者。故关学原编，当以此本为现存最早本也。

入清之后，关中学人延续少墟所编而予以续补，其源流大略，始则略为两系，终则汇而为一。

一者，王心敬—王承烈—周元鼎一系之补续刊刻。是系始于《关学编》撰后百二十年。雍正年间，二曲高弟丰川先生王心敬念及关学"自秦关迄今且百年，代移世易，中间传记缺然，后之征考文献者，将无所取证"（《关学汇编序》），乃取《少墟集》中之《关学编》略加节删（其《关学汇编》凡例云："少墟先生原编本自简洁，而今于中间亦尚不无一、二节删之处。盖务期真切简当，以副先生本心，匪敢妄加裁损也。"），续入少墟至二曲之后学者十数人，且补入横渠之上伏羲、泰伯、仲雍、文、武、周公，汉之董仲舒、杨四知，并为之略分品节，而泾阳王承烈亦参与焉，附入拾遗一人汉之挚恂。（观此本亦收入王承烈，则当完成于王承烈殁后矣。）嘉庆七年（壬戌，1802），周元鼎将之合原编刻之继续入丰川，此系遂成定本，其书因周元鼎刊刻，故简称周刻本。此书十行二十一字白口四周双边，首列王心敬《关学编序》，次列《关学编原序 三篇》，即李维桢、余懋康、张舜典三人序，次列王心敬"关学编凡例"，次列王心敬新订"关学编目录"。此下选为六卷，卷一新增圣人，题下"丰川王心敬尔缉纂述、泾水王承烈逊功参订"；卷二孔门四贤、汉儒二人（附一人）、宋儒九人，题下"长安冯从吾仲好纂编、丰川王心敬尔缉重订、泾水王承烈逊功参阅"；卷三金儒一人、元儒八人，下题"长安冯从吾仲好纂编、丰川王心敬尔缉重订、泾水王承烈逊功参阅"；卷四明儒七人（附二人），下题"长安冯从吾仲好纂编、丰川王心敬尔缉重订、泾水王承烈逊功参阅"；卷五明儒八人（附三人），下题"长安冯从吾仲好纂编、丰川王心敬尔缉重订、泾水王承烈逊功参阅"；卷六明儒六人、国朝儒一人，下题"丰川王心敬尔缉续纂、泾水王承烈逊功参订"。末为周元鼎所撰《王丰川先生》及《后序》。因此系经王心敬、王承烈、周元鼎三人先后参与方就，乃称王心敬—王承烈—周元鼎一系。其中以王心敬居功甚伟，故简称王系。

二者，刘得炯—李元春—贺瑞麟一系之补续刊刻。是系始于《关学编》撰后百五十年。版本大略有三：

先是，乾隆二十一年（丙子，1756），朝邑学师中卫人刘得炯约朝邑人仪陇知县赵廷璧出金重刻余懋衡万历本《关学编》,且为之续入冯少墟、王建常二人,是为赵刻本。是书九行十八字白口四周双边,扉页题"朝邑世德堂藏板",前列四序,其一刘得炯《重刻关学编叙》,其二冯从吾《关学编叙》,为少墟手迹刻版;其三李维桢《关学编叙》,其四余懋衡《刻冯仲好关学编序》。其下凡例、目录、首一卷、全四卷。每卷题下列"朝邑后学赵蒲廷璧重刻、上官德辙季眉校阅"。赵蒲为朝邑大儒王建常门下上官汝恢弟子,上官德辙为上官汝恢之子。此书当为依照明余本版式重刻,故多保留明版余本体式,甚为可贵。

俟后,道光十年(庚寅,1830),朝邑李元春思"此编人皆知之,而后学犹未能尽见",又据此本补入游师雄、刘玺诸人,续入少墟、二曲以下数人,朝邑蒙天麻刻之,是为蒙刻本。是书九行二十字白口左右双边,卷首为冯从吾"关学编原序"、李元春"桐阁重刻关学编序",其次为《冯少墟关学编首卷》、冯从吾《关学编凡例》、李元春新订《关学编目录》,其下内容分为五卷。卷一题下列"朝邑李元春时斋重订,男来南、来瀚仝录;朝邑蒙天麻荫堂重刊,男煦校梓";卷二题下列"朝邑李元春时斋重订,受业石全润、石辑朝仝录;朝邑蒙天麻荫堂重刊,男省三校梓";卷三下列"朝邑李元春时斋甫学,受业马先登、王维戊仝录;朝邑蒙天麻荫堂甫刊,男煦校梓";卷四题下列"朝邑李元春时斋重订,受业王衡、石全润校录;朝邑蒙天麻荫堂甫刊,男省三校梓";卷四题下列"朝邑李元春时斋甫学,受业王联第、王衡仝录;朝邑蒙天麻荫堂甫刊,男煦校梓"。哈佛大学汉和图书馆藏本第四卷《含中张先生》卷末有李元春所撰《后补 伯容刘先生》、贺瑞麟撰《桐阁李先生》,陕西省图书馆藏本无此二传,当是后世依据此版重印时补入刻版。

同治七年(戊辰,1868),三原刘毓英又得赵版而刊之,贺瑞麟取李元春所续,并以李元春入之,是为刘传经堂刊本,简称刘刻本。是书九行十八字白口四周双边,卷首为冯从吾《关学编原序》、余懋衡《关学编叙》、刘得炯《重刻关学编叙》、李元春《桐阁重刻关学编序》、冯从吾"关学编凡例"、李元春"关学编目录"、冯从吾《关学编首卷》。冯从吾《关学编原序》、李元春《桐阁重刻关学编序》、李元春"关学编目录"版式同蒙刻本;余懋衡《关学编叙》、刘得炯《重刻关学编叙》、冯从吾"关学编凡例"、冯从吾《关学编首卷》版式同赵刻本。此下分为五卷,卷一题下列"朝邑赵蒲廷璧重刻,朝邑李元春时斋续编;三原刘映菁毓英补刻,男昇之校字";卷二题下列"朝邑赵蒲廷璧重刻,朝邑李元春时斋续编;三原刘映菁毓英补刻,甥魏意校字";卷三题下列"朝邑赵蒲廷璧重刻,朝邑李元春时斋续编;三原刘映菁毓英补刻,外孙张集庆校";卷三题下列"朝邑赵蒲廷璧重刻,朝邑李元春时斋续编;三原刘映菁毓英补刻,外孙王吉甫校";卷五题下列"朝邑赵蒲廷璧重刻,朝邑李元春时斋续编;三原刘映菁毓英补刻,张怡绳仪堂校字"。其中凡冯从吾所作内容,版式均同赵刻版;凡李元春补续内容,均同蒙刻版。故此版当是结合赵刻、蒙刻二本而成。然与蒙刻本相比,多出《桐阁李先生》一传及贺瑞麟《书关学编后 戊辰》,当为贺瑞麟所补入也。然陕西省图书馆藏本与复旦大学藏本相比,又少刘得炯所作《重刻关学编叙》也。

综合以上三者,则此一系补续刊刻,自刘得炯、李元春、贺瑞麟先后历经一百一十余年,乃称刘得炯—李元春—贺瑞麟一系,其中因李元春功不在小,故简称李系。

三者,柏景伟—贺瑞麟—刘古愚一系之整合新订。以上王、李两系,对《关学编》之补续刊刻,虽同承自少墟,然本无相互借鉴承续关系。至清光绪十七年(辛卯,1891),柏景伟欲"以恭定之学为吾乡人期"(柏景伟《重刻关学编前序》),乃取冯氏原编,并就王心敬、李元春两系补续,各有取舍,并贺瑞麟所作七人续入,合为原编一卷,续编三卷而刻之。柏殁后,贺、刘二人续其事而补刻,是为沣西草堂本。是书九行二十字白口四周双边,先是《关学原编》,前有曾钦《序》、贺瑞麟《重刻关学编序》、冯从吾《关学原编序》"关学原编目录",下为首卷及正编四卷;其后为《关学续编》,前有王心敬《关学续编序》、李元春《关学续编序》,以及新订"关学续编目录"与柏景伟目录后按语,即刘古愚代笔柏景伟所作《重刻关学编前序》也。下分为三卷,依次为丰川、桐阁、复斋先后补续。然一人一传,于三人所作各有取舍,固非以上两系合编,而有所选择也。卷末,有贺瑞麟后序,无题,即其《关学续编自序》也。余所见版本有二,均四册,然陕西省图书馆藏本第一册无曾钦《序》,而第四册卷末有刘古愚《重刻关学编后序》;陕西师范大学图书馆藏本第一册有曾钦《序》,而第四册卷末无刘古愚《重刻关学编后序》,盖是因同版而刊刻不同,故序有不同也。

此编因柏景伟、贺瑞麟、刘古愚三人共参其事,故称柏景伟—贺瑞麟—刘古愚一系,而以柏景伟主持其事,故简称柏系。

如是,《关学编》之编撰,始于冯少墟之原编,而后历经王、李两系之分别续补,至柏系而复合也。故余常谓:《关学编》之刊刻承传,其源则始终如一,其流则先分而后汇。少墟原编,《关学编》之源也;(按:此就文本论,非就学派论。就学派论,则横渠导源也。)丰川、桐阁两系,《关学编》之流也。柏氏所合,《关学编》之会也。其源则同而如一,其流则分而有异,其合则取而有舍。相较而言,李系所本更为早出,其流更为广远,故余以之为底本而重订之也。

又论:今世所传《关学编》,点校精良者有二。一者,陈俊民、徐兴海二先生点校,中华书局1987年版《关学编(附续编)》;二者,王美凤整理编校,西北大学出版社《关学文库·关学文献整理系列》之《关学史文献辑校》所收冯从吾《关学编》及王心敬、李元春、贺瑞麟诸《关学续编》也。然陈本取诸沣西草堂本(柏刻本),故于丰川、桐阁所续互有割舍;王本取诸各著,而于沣西草堂本诸按语略有所遗。二者未堪为《关学编》之全也。且二书所著,均以繁体竖排,无有按语,今人阅读,甚觉吃力。兹为方便阅读及流通故,以少墟原编及桐阁一系续编为主线,参之以丰川续补,重订《关学编》。附之以注释按评,以便今人。

又及:某于往年点校桐阁先生李元春合辑之《关中道脉四种书》,见哈佛大学汉和图书馆藏本有蒙刻本《关中道脉四种书》。其中《关学编》卷四末,竟有贺瑞麟所撰《桐阁李先生》即李元春之传。《关中道脉四种书》既为桐阁所辑,即当为桐阁生前所为,何如竟有其弟子所撰殁后之传也? 颇疑之。进而读贺瑞麟《书关学编后 戊辰》,以哈佛所藏此本《关学编》为三原刘毓英所刊刻之《关学编》,故以此为底本而校勘也。后得西北大学出版社马平先生、西藏民族大学王军君先生助缘,得见刘刻本之《关学编》两种版本,乃知愚当初所疑固然有理,然径以哈佛藏本为刘刻本则误矣!学问之考,不可不慎!某于此深有所怵也。然《关中道脉四种书》已付梓出版而未得及时改之,故暂记此误于此以告诸学者,而《关中道脉四种书》中《关学编》底本之误,则有待于日后校正也。

附:张骥《关学宗传·自叙》

魏按:《关学编》文献之编撰,始于冯少墟之万历原编,至柏景伟修订整合而止,其流略近三百年(公元1606年至公元1895年,共290年),其中可见关学学人谱系之建构及关学学脉之流变。晚清民国,学风丕变,《关学编》之撰述,亦为中止。(兴平晓山先生张元际有《关学续编》三卷,未见,故不及论)。然而得其传、变其体例而为之充容者,则寓陕川籍学者张骥民国辛酉年所刊之《关学宗传》也。虽其撰者本非关学之人,其书体例亦非关学之例,然其所述,亦与关学有补焉,故取其传中《自叙》,以见张骥用心及与关学诸先生撰述体例之别。

关学宗传·自叙

张 骥

魏按:此序据《关学宗传》民国十一年(辛酉,1921)陕西教育图书社排印本录入点校。王美凤《关学史文献辑校》之《关学宗传》卷首亦收入,原标题作"自叙"。兹为区分起见,改为"关学宗传·自叙"。题下作者,为编者所加。

乌乎,关学之式微久矣!东游二华[1],北过三原,访荆门[2]之故墟,问石渠[3]之旧侣,流风余韵,犹有存者乎?又西望凤翔,南瞻盩厔,讲台鞠为茂草,垩室[2]毁于兵戈,而前贤问道之场,有过而问焉者乎?岂天之果丧斯文哉?抑此中别有人在,呼之而不出也?吁,可叹也。(魏按:此见张骥于关学拳拳之心也。一川人于兵戈乱世中犹留心关学如此,我关中人于太平盛世里却坐视诸先贤典籍蒙灰尘封,遗迹破败湮没,可乎?吾辈观此,不得不兴起而作。)

【注释】

[1]二华:华县、华阴。

[2]荆门:指华阴侯仲良。侯仲良,字师圣,号荆门。祖籍河东,陕西华阴人。侯可孙。初从学程颐,后访周敦颐,大有所得。游荆门为胡安国器重。有《论语说》《侯子雅

言》。

[3]石渠:指三原王恕。

[4]垩室:古时居丧者居住的屋子,四壁用白泥粉刷。一说垒坯为室,不涂顶壁。

昔横渠氏关中崛起,开门授徒,分濂、洛之席,绍邹、鲁之传,一时蓝田、华阴、武功诸儒,阐扬师旨,道学风行,学者称初祖焉。(魏按:"初祖"二字,即以横渠为关学之先。又按:此中蓝田、武功,当指蓝田吕氏兄弟,武功苏昞、游师雄。然"华阴"二字,不知指何人?若为侯师道,则其不出于横渠之门,如何称"阐扬师旨"?或张骥以其出于横渠之门?然观其《宗传》中之《侯仲良先生》,无有此相关论述。殆或张骥之失误哉?一疑。)俄而北都沦陷,完颜代兴,奉元一脉,不绝如缕,几同闰位。迨石渠公[1]唱道三原,康僖[2]缵承家学,学风丕变。而渭南南氏兄弟[3]以姚江[4]高弟,开讲湭西[5],稍稍乎门户分矣。冯侍御[6]予告还乡,提倡绝学,可谓中兴。而再传之后,寖以不振。李二曲以坚苦卓绝之身,肩程、朱、陆、王之统,至精至粹,无党无偏,卒以非笑者多,转为吾道通行之障。迄于李桐阁,以贤圣自期,尊崇正学,而省斋[7]、清麓[8]亲业其门,沣西[9]、古愚[10]闻风而起。至今日而有坠绪之可寻,遗文之足录者,皆数君子之力也。

【注释】

[1]石渠公:指王恕。

[2]康僖:指王承裕。

[3]渭南南氏兄弟:指南大吉、南逢吉兄弟。

[4]姚江:此指王阳明。

[5]湭西:此指南氏兄弟于渭南开设湭西书院。

[6]冯侍御:此指冯从吾。

[7]省斋:按《宗传》中所立传记,当为"损斋",即杨树椿。桐阁门人中著名者也。

[8]清麓:此指贺瑞麟。桐阁门人中著名者也。

[9]沣西:指柏景伟。

[10]古愚:指刘光蕡。

夫道冠古今,学无中外。前人以关、闽、濂、洛标宗,论者讥为过隘。然武、周代谢,道在师儒;孔、孟传心,世称邹、鲁,抑独何欤?盖关、闽、濂、洛之学,即邹、鲁之学,虽鸣道一方,皆有圣人之一体。谓邹、鲁之学,寄于关、闽、濂、洛,则可;谓关、闽、濂、洛之学,足以尽邹、鲁,则不可。谓学者假途于关、闽、濂、洛,以寻源邹、鲁,则可;谓寻源邹、鲁,而不假途于关、闽、濂、洛,或仅仅于关、闽、濂、洛,则又不可也。道以参赞天地为量,学以求至圣人为归。东海、北海,圣人出焉,心同理同。学以关、闽、濂、洛始,不以关、闽、濂、洛终,此《关学宗传》之所为作也。(魏按:关、闽、濂、洛,皆邹、鲁之学之所寄,皆孔、孟之学之通途。关、闽、濂、洛自不足以尽邹、鲁,然不由关、闽、濂、洛,欲达邹、鲁而无途也。如今人欲从长安、开封、长沙、福州诸地而欲之北京,却舍脚下之地而不从,可乎?)

长安冯少墟先生旧辑《关学编》四卷,朝邑李氏、三原贺氏各有增益,蔚然可观。(魏按:由此可见其熟读关学诸编也。)第诸儒学说,都付阙如,后学问津,茫无把握,关学之奥义未窥,邹、鲁之渊源何接?(魏按:关学诸编,因人而立传,欲人学其人之品行而自励,故以学说为附焉;张氏宗传,因学而探源,欲人知其学理而知本,故以学说为重焉。立论各有所自,学者不可角立。)又卷帙寥寥,搜罗未广,小子惧焉,爰仿周海门[1]《圣学宗传》[2]、孙夏峰《理学宗传》[3]之例,辑横渠以来至于沣西、古愚,计如干人。本传为经,学说为纬,立传则以本事为凭,录语则以全书为据。俾关中学者,于兹取裁,亦在关言关之意云尔。若濂、洛、新安,则遗书具在,源流别有可寻,不在本编范围之内也。

【注释】

[1]周海门:即周汝登(1547—1629),字继元,别号海门,嵊县(今属浙江)人。万历五年(1577)丁丑进士。擢南京工部主事,历兵、吏二部郎官,官至南京尚宝司卿。师事罗汝芳,供罗汝芳像,继承王阳明《朱子晚年定论》的思想,以王阳明的"本心"之学为宗。著有《海门先生集》十二卷,《东越证学录》十六卷,及《圣学宗传》等。

[2]《圣学宗传》:周汝登为传扬心学所著的学案体的学术思想史书。此书共计十八卷,大体可分为四部分:其一,传说时代的人物,主要包括三皇五帝、伊尹、傅说、文王、武王、周公等;其二,宋以前的儒者,主要人物有孔子及其部分弟子、孟子、荀子,还有汉朝的董仲舒、扬雄,隋朝的王通,唐朝的韩愈;其三,宋元诸儒,包括"北宋五子"、朱熹、吕祖谦、杨简、陆九渊等;其四,明代心学儒者,主要有王守仁、王畿、钱德洪、邹守益、王艮、罗洪先、罗汝芳等。是书编成于明万历三十三年(乙巳,1605),是周汝登比较成熟的著作,也是一部以心学为主线,折衷诸儒的著作。在《宗传》中,周汝登通过列举历史上八十六人的传记,试图传达先贤圣哲千古相传的"学之真宗"。其书与朱熹的《伊洛渊源录》有相似之处,它的每一卷大体可分为三个部分,首先是对思想家生平的介绍,这部分主要以他们的行状、传略、墓志铭为材料;其次是思想家学术著述的摘录,以文集和语录为文献资料;最后,列举思想家们的交游、师友评论以及一些逸闻趣事。并在一些重要人物后面以"蠡测"的方式做以点评。张骥的《关学宗传》也大体上仿照了这种体例。

[3]《理学宗传》:孙奇逢的代表作,也是一部我国较早的全面系统阐述儒家人物的学术思想史专著。从编写到成书历经三十年,贯穿了孙奇逢一生的重要经历。该书将自汉至明末著名学者分为三类,"有主有辅,有内有外"。第一类为理学发展的宗统,是主线,计11人,分别为周敦颐、程颢、程颐、张载、邵雍、朱熹、陆九渊、薛瑄、王守仁、罗洪先、顾宪成;第二类为各代名儒,为辅线,主要有董仲舒、申公培、倪宽、毛公培、王通及其门人、韩愈及其门人、杨文靖及程门弟子、朱门弟子、陆门弟子等;第三类为与理学道统相背者。按人立传,摘其语录、著述,加以评述,充分展现了孙奇逢的理学思想。他从宗主王阳明到"不分门户""兼容并包""各取其长""皆供吾用",对朱王之争采取了"相互补救""朱王合一"的态度,从而为陷入困境的宋明理学开辟了一条新的道路,开创了儒学发展的新境界。

茫茫绝绪,继续何人?吾寓关中,留心关学。以余所见,三水萧筱梅[1],坚苦卓绝似二曲。临潼郭希仁[2],明体达用类古愚。而所闻则有高陵白悟斋[3],蓝田牛梦周[4],恪守西麓之传,皆关学之晨星硕果。然窃不知此外尚有人焉否也?阳明子曰:"关中自古多豪杰,其忠信沈毅之质,明达英伟之器,吾见亦多。"安知不更有牛、白、郭、萧之俦耶?关学之兴替,大道之存亡,将于是编卜之矣。

辛酉(1921)秋双流张骥[5]

【注释】

[1]萧筱梅:即萧之葆(1869—1945),字养泉,号筱梅。陕西三水(今陕西旬邑)人。光绪二十一年(1895)乙未科二甲三十六名进士,散馆改刑部主事,官至郎中。历任四川、直隶司主稿,宣统元年(1909)任云南考试法官主考官等职。著有《爱春华书屋诗文》。

[2]郭希仁(1881—1923),原名忠清,字时斋,又字思斋,后改字希仁。辛亥革命后废原名,以字行世。陕西临潼人。领导陕西辛亥起义、推翻满清腐败政权的先驱者,曾先后担任陕西同盟会会长,清陕西咨议局副议长、民国军政府高级顾问、陕西教育厅长、水利局长、林务专员、禁烟局坐办等职。其一生为官清廉,接受革命思想,同时又尊孔。著述有《水利谭》《春秋随笔》《儒学纲要》《圣迹备考》《从戎纪略》《六十年交涉纪略》《国史讲演录》《思斋文存》《说文漫录》《欧洲游记》及自述、日记等数十种。

[3]白悟斋:即白遇道(1836—1926),字心悟,后改字五斋,早年号慎旆,晚年后号完古山人,陕西高陵县人。求学于三原宏道书院,同治九年(1870)中举,十三年(1874)中进士,授翰林院编修。光绪六年(1880),应邀编修《高陵县续志》相同,历时两载,体例与吕柟《高陵县志》相同,但在运用资料方面均标示出处,文笔洗练,是不让先贤。白遇道一生

著述颇丰,除《高陵县续志》刊印流传于世,还有遗著《课馆诗赋偶存》《养正山房文稿》《训蒙草》等。

[4]牛梦周:即牛兆濂(1867—1937),字梦周,号蓝川。西安市蓝田县人,清末关中大儒。幼年过目成诵,后拜三原著名理学大师贺瑞麟门下。光绪十年(1884)肄业于关中书院,光绪十二年(1886)补廪膳生员,并被聘为塾师。曾讲学于蓝田芸阁书院、三原清麓书院,后人尊称蓝川先生。辛亥革命后以遗民自居,后积极倡导抗日。1937年7月卢沟桥事变爆发不久病逝。牛兆濂著有《吕氏遗书辑略》4卷,《芸阁礼记传》16卷,《近思录类编》14卷等,又曾主纂《续修蓝田县志》。

[5]张骥(1874—1951),字先识,四川双流县东升乡人,晚清四川法政学堂毕业。1914—1924年间曾任陕西凤翔、米脂、榆林、旬邑等县知事,撰有《关学宗传》。民国初年,弃政从医,定居成都,设义生堂药号,为其行医市药兼刊行医书之所。兼通经史及古文诗词,致力于中医古籍的整理与研究,同时刊刻由他整理的医籍。其著述十余种,汇编于《汲古医学丛书》中。其中研究医经的著作,有《内经方集释》《内经药瀹》《黄帝八十一难经正本》和《难经丛考》四种,张氏对于《难经》尤为重视,提出了许多不同于他人的独到见解。

○张骥先生关中余事小记

魏按:张骥归蜀后,以悬壶为业。故川人多不知其于关学贡献之大,诚为可叹!然观巴蜀书社2005年出版《近代巴蜀诗钞》(下册)中录张骥诗10首,其中一则为《谢周藻溪同年序〈关学宗传〉且寄〈大学心解〉》。诗云:"覆酱文章不值钱,几回骚首问青天。莲溪风月偏吾与,为说乾坤太极篇。"太白文艺出版社1998年出版李明扬主编《潼关文史资料》(第8辑)收录张骥诗《通关道署后园》《后园即事》二首,注释中"作者简介"言:"民国初年,蓝田牛梦周、兴平张元际、山东淄川孙仲玉、潼关韩嘉会等,由陕西去潼关游泰山,路经潼关游道署后园所作。"①盖张骥当与以上诸人为同道矣。

---

① 中国人民政治协商会议陕西省潼关县委员会文史资料委员会编:《潼关文史资料》(第8辑),太白文艺出版社,1998年版,第318—319页。

凡例录

魏按：《关学编》凡例有二，一则冯少墟原编凡例，二则王丰川《关学汇编》凡例。桐阁、复斋等《关学编》，仅取冯编凡例。然丰川补续，亦有丰川所见。兹并取二者《凡例》以并存，并取张骥《关学宗传·例言十二则》以对观也。

冯从吾关学编凡例①

魏按：此凡例据天启冯刻本《冯少墟集》卷二十一《关学编》录入。嘉庆周刻本、光绪柏刻本未收录。道光蒙刻本、同治刘本收录，均题名为《关学编凡例》。为与丰川凡例区别起见，兹改名为《冯从吾关学编凡例》。

一、是编专为理学辑，故历代名臣不敢泛入。（魏按：冯少墟云"是编专为理学辑"，然何为其所谓"理学"？此编中未尝言之。虽未尝言之，然不可谓不可知之也。凡此编中收入人物，皆理学人物也。观之，则少墟所谓理学者为何，自可领会也。学者留心之。）

一、理学如秦子南、燕子思、壤驷子从、石作子明，俱孔门高弟，第事迹多不详，故别列小传于前，而编中断自横渠张子始。（魏按：少墟此语，非是无聊而发，乃是有心暗语。其首卷列孔门四子者何？欲明关学导源于孔子也；其不以孔门四子入正编者何？欲明关学开先于横渠者也。圣贤为文，皆有深意，学者不可轻易放过。）

一、次序各以时代，庶古今不相混淆。（魏按：自宋历金、元而至于明，各以时代为序。编中各人，亦以时代、师承、学问源流为枢纽，非杂然纷呈，无有次第也。）

一、宋、元诸儒有史传诸书可考，不佞稍为纂次，十五仍旧。至国朝诸儒，中多僭妄论，著文之工拙不恤也。（魏按：不知少墟为宋元诸儒立传，所据之史传为何？为明代诸儒立传，所据之史料为何？当留心考之。）

一、国朝诸儒，特录其所知盖棺论定者，其所未知者，姑阙之以俟。（魏按：一句"盖棺论定"，则将未尝止息者拒之门外，由此见其谨严；一句"其所未知者，姑阙之以俟"，则为知见所狭者打开门户，由此见其开放。所知有限，待后人补之；时序无涯，待后人续之。此一语，为后人补续关学，开启多少门户！有关学，则有编也。）

冯从吾识

王心敬关学汇编凡例

魏按：此凡例据嘉庆周刻本《关学编》录入，原题名为《关学编凡例》。为与少墟凡例

---

① 天启冯刻本、康熙洪刻本、乾隆文渊阁本、文津阁本、嘉庆周刻本、同治刘刻本等各本，此凡例均在各序后，首卷前。道光蒙刻本则置于首卷之后。为简要起见，此下脚注凡涉及《关学编》主要版本者，均略去年号，只注明某刻本。

区别起见,兹改名为《王心敬关学汇编凡例》。

一、原编始横渠张子,而是编则备编伏羲、泰伯、仲雍、文、武、周公六圣于前。或问于余曰:"少墟之不备录前六圣也,意或以伏羲帝,文、武王,周公相,且皆圣人也,不可与后儒同类而编欤?而子备录之,岂大夫不敢祖诸侯,诸侯不敢祖天子,《通鉴》不敢以己编直接《春秋》之旨乎?"余曰:"不然,大夫不敢祖诸侯,诸侯不敢祖天子,所以辨宗也。《通鉴》不敢接《春秋》,所以尊圣也。编关学,则溯宗原圣矣。辨宗尊圣,则惟恐不严;溯宗原圣,正惟恐其不备,胡可比也?且此道、此学而有贵贱、圣凡之殊欤?不观吾夫子,东鲁布衣也,而祖述尧、舜,宪章文、武,亦正不嫌自蹈僭逾耶?六圣人,自吾关中道德学行之斗极,编关学者,自宜前录,以昭吾道之正统大宗,而在所不疑尔。"(魏按:"溯宗原圣",自是丰川心意。少墟未必如是。以丰川所论,少墟似以"辨宗尊圣"也。"溯宗原圣",备求其全;"辨宗尊圣",立乎其大。)

一、"是编以伏羲开先,或疑为世代缅远,绪论寥略,今所传者,仅卦画与《易》系、赞、述数言耳。关学首编伏羲,岂吾夫子删《书》断自唐、虞之旨乎?"余则以为:"删《书》,欲以垂千百世君临之道法。而唐、虞以前,则风气尚朴略未备,史传亦荒唐多诬也。至唐、虞而中天文明,故序《书》不始伏羲,而断自唐、虞耳。若夫溯道脉之自始,始于伏羲六十四卦之创画;溯学脉之从肇,肇于伏羲仰观俯察、远征近取之开宗。则谓今日六经之昭垂,皆伏羲画卦之推衍;尽宇宙一切史传文字之阐明,皆伏羲画卦之敷畅。伏羲直生至于今,而至今无一人、一事、一时不神接伏羲于耳目心思之间,可矣。而顾可以世代辽远、绪论寥略论欤?独不观吾夫子系《易》,必详溯伏羲画卦之精神命脉耶!(魏按:"精神命脉"一词,某原以为乃是今词,不意丰川于三百年前已用之尔。)则今日上溯关学之统者,必上溯诸文、武、周公,又必上溯诸伏羲,而后源流分明,本末条贯耳。"

一、"是编备录泰伯、仲雍,或疑经史不著其学术,窃恐蹈附会之嫌。"余则谓:"吾夫子推尊泰伯为至德,而赞美之不置。仲雍与泰伯同逃让弟,即其德之至可知。德既至矣,其致力之心精密诣,当不知何如?而必责如后世之语录喋喋耶?故谨序于伏羲之后,文、武、周公之前,而不敢遗略。盖愚意周之至德,后有文王,前则先有泰伯伯仲,而厥后更有武王、周公二圣,继此家学之精微,而益畅益密。以此见古今家学之盛,莫盛于有周。即以见吾关中此学之明之盛,莫明莫盛于有周,而岂徒侈关中圣德之众,增简编之色而已哉!"

（魏按：由有周家学之盛，而有关中人文之盛。由关中人文之盛，而有关学缵续之传。关学之兴起于关中，其偶然哉？盖有所由也。今人只欲究关学本身则已，欲究关学兴起之源，则不能不追溯周代人文之盛。丰川所言，亦有所启示于今人。）

一、"是编于汉独录四知杨子，或者疑其不无以气节作理学之嫌。"余则谓："气节本自中诚，安在非即理学！况如'天知、地知、子知、我知'之旨，凛乎慎独无自欺之心传，而一切立朝行己，则卓卓乎刚毅近仁之旨欤！且关西夫子之推，当时无异辞，后世有可称，宋、元诸儒，几此者几人乎？而可废耶？"（魏按：诸儒以秦汉隋唐无孔学之正传，故无理学，汉唐诸儒亦不得入乎理学也。丰川此论，似已突破此说，而以两汉亦有理学也。其说虽仍在道统之说中，但较之前人，已大有不同。又按："气节本自中诚，安在非即理学"一语，开后人路向不少！晚清民国之后，关中自有突破理学藩篱之学者，然其气节、事功仍承自关中以来理学精神，此中又有以研究关学为职志者，安得不为关学之传乎？故就宋元明清历史而论，关学属于理学；然就近代至今传承而论，理学岂可盖关学？一新关学，当自理学之后出。若无此，则关学可谓无今日之传，真成所谓绝学也！横渠所谓"为往圣继绝学"，又落于何处？岂整理旧典、撰述立言者可以当之？吾辈思之，切切！）

魏按：以上四则凡例，皆就世人所疑，以问答体作出。

一、伏羲，世史中亦尚有纪述，而是编独取吾夫子《系辞》"仰观俯察"数语。文、武、周公，则《国语》《国策》及诸子百家中传述极多，而独取圣经所述孔、孟论断所及，其他皆在所略者。盖原道明学，取于可据可信，无取乎影响附会，反诬圣真也。（魏按：此取材之凡例也。又见以孔氏为本之意。）

一、原编诸传后俱无论断，即间有数语，亦俱序于传内。兹编于伏羲、泰伯、仲雍、文、武、周公六圣，四知杨子一贤，则俱仿《理学宗传》例，传后胪列论赞，不一而足者。凡以六圣一贤，乃关学之堂奥门径，俱原编之未备，兼前儒之论亦多，于其精蕴阐之未尽，故特加论断，以明六圣一贤之渊诣，为吾关学揭统明宗耳。（魏按："揭统明宗"四字，用得极好。今吾新订关学，亦于文中多加点评按语，其意亦在"揭统明宗"也。）若其续自少墟先生以下，则但致详于淑远周公。与冯门传记无考之故，从元洲守志十二人者，姓氏无存之概，而论断更不复赘者。续原编则依原编为例，兼论断俱在传中，如原编也。（魏按：此论断之凡例也。新补则特加论断，以"明六圣一贤之渊诣，为吾关学揭统明宗"；新续则依原编为例，兼论断俱在传中。然传记无考者如从冯少墟为学之众多弟子，姓名无存者如从单元洲守志之十二烈士，则不复论断也。此观续编内容自明。）

一、少墟原编无圣人、贤、儒之目，而是编则加此品目者，缘原编以横渠为始,虽与后此元、明诸儒分量有大小、浅深之不同,要之品格相近。是编则溯源六圣,首列编端,若使概名以关学而品目不分,则且使上圣与善人、有恒等类而并列,无论余子,即横渠、泾野数先生,能自安于心耶? 亦大觉其不伦不类耳,故标题有圣、贤、儒三等之分。(魏按:一句"溯宗原圣",引来多少麻烦! 一笑。)

一、少墟先生原编本自简洁,而今于中间亦尚不无一、二节删之处。盖务期真切简当,以副先生本心,匪敢妄加裁损也。(魏按:宜加对比校勘,以复少墟原编之貌。)

一、仲舒原非关中人,以其老关中,且葬关中也,故并列传关中。(魏按:丰川此举,引来四库馆臣多少诟病! 盖仲舒所学,非关中自产,以之入关学,似有不妥。少墟所入,虽出生、仕宦、卒葬不在关中者,然皆秉关中风土而成,如以在关中者归之关学,则失关学为关中产之本意也。其《关学汇编序》中言少墟原编曰:"其编虽首冠孔门四子,实始宋之横渠,终明之秦关,皆关中产也。"既知少墟以"关中产"为范围,而仍以仲舒入之,又见丰川敢于创见之大胆。)

一、续编自少墟至于今,合二代百余年,则独取七人而附者,(魏按:丰川所续入者,明少墟冯先生从吾、鸡山张先生舜典、湛泉张先生鑑、二岑马先生嗣煜、端节王先生徵、元洲单先生允昌、清二曲李先生颙,故云"七人而附者"。)亦仅寥寥数人,即自顾且不无挂漏之惭,敢望见恕于博雅君子耶! 但是,心敬僻处山乡,生也又晚,而此百年中,世代既移,又传纪缺然,今编中所载,已是从灰里寻线,备极搜访。此外,搜访所不及,则亦终听之挂漏,而无可如何耳。是惟留心名教之大君子,援可据以见教,则心敬之殷祝也夫。(魏按:丰川之精勤如斯,逊怀如斯,吾辈不可不勉。)

○论丰川《关学汇编》之大胆精神及党晴梵《关学学案》之勇

魏按:诸《关学编》之编撰者中,少墟创制,是为大胆;桐阁以事功入游师雄,亦为大胆;柏景伟对王、李二编而有所去取,亦为大胆。然其最为大胆者,则惟丰川先生也。丰川不惟敢突破孔子而以此前之六圣入关学,又敢打破"汉唐无理学"之数百年成见,以杨四知入关学,且敢打破"关中产"之界限而以董仲舒入关学,不可谓胆不大也。其所为当与否,后学自可评议,然其敢于突破传统之精神,孰不自横渠来? 横渠"勇于造道",自是有魄力,自是胆大,丰川亦有如此气概! 吾辈或于丰川所为不以为然,然于其敢于突破藩篱之精神、勇于创新之气概,岂能不服膺感叹?

又按:予观关学精神之重构,惟民国时期党晴梵之《关学学案》之勇,堪与丰川当之。其于理学衰绝之际,立足宗国情怀与气节精神,统摄文学、道德、知识、事功、艺术而以王丰川(心敬)、杨双山(屾)、屈悔翁(复)、孙枝蔚(溉堂)、康乃心(莘野)五人为有清二百余年关学精神之代表,虽其中不无个人情感所托、兴趣所致,然其立足当下社会变革之需要,敢于重塑关学精神之勇气,又谁人能当之? 睛梵先生于关学中甚服膺丰川,以其为"性理学之一大转手",予亦甚服膺睛梵先生,以其为重塑关学精神之思想先觉。惜睛梵先生《关学学案》《明儒学案表补》等作仍未刊刻,学人多不知晓,甚为可叹! 吾辈若有心力者,当成此事。不可使先生先见卓识,淹没故纸残卷中而殆尽。

附:张骥《关学宗传·例言》十二则

魏按:历代《关学编》中,仅有冯少墟与王丰川两篇凡例。然张骥以川人身份仿周海门《圣学宗传》、孙夏峰《理学宗传》之例而作《关学宗传》,其凡例亦有可取处。故其撰述虽不在《关学编》文献之列,而其凡例亦不可不参考也。故录其文如下。

张骥关学宗传例言十二则

张　骥

魏按:此例言十二则据民国辛酉(1921)陕西教育图书社排印本《关学宗传》。原题为"例言十二则"。为与少墟、丰川凡例区别起见,兹改名为"张骥关学宗传例言十二则"。标题下作者为编者所加。

一、本编纂集以理学为范围,惟名臣如石渠、吏行如酒西[1]、文学如太青[2],皆学术深纯,粹然儒者,当与圣门四科之列,不得以其有政事、文学屏之儒门之外,故并及之。

【注释】

[1]酒西:指南逢吉。南大吉弟。

[2]太青:指文凤翔,字天瑞,号太青,陕西三水(今陕西旬邑)人。生卒年均不详,约明熹宗天启五年(1625)前后去世。万历三十八年(1610)进士。历官莱阳令,终太仆寺少卿。尝自制五岳冠,并以"五岳"自号;亦称东极。著有《东极篇》及《文太青文集》二卷,《太微经》二十卷。

一、纂集诸儒仅以关中为限,例如蓝田、少墟、二曲诸先生,讲学四方,及门半天下,是编以地系人,纵讲关中之学,不是此邦之人,如周浮沚[1]、沈彬老[2],虽横渠再传,亦不敢附入,以示谨严。(魏按:此以地为限之意义何在? 明乎当地风土与特产之关系也。黄宗羲所谓"风土之厚而又加之学问者也"。)

【注释】

[1]周浮沚:即周行己(1067—1125),北宋学者,字恭叔,世称浮沚先生。祖籍瑞安县芳山乡文周湾(今属浙江省瑞安市湖岭镇)。北宋元祐六年(1091)进士,官太学博士,因亲老归教乡里,诏授州学教授。后罢官回乡,自筑浮沚书院,传授程颐伊洛之学。其教学活动对温州乃至浙江学术发展颇有影响。其学启蒙于皇祐,受业于关洛,传播于永嘉,鼎盛于陈叶。明末清初学者黄宗羲、全祖望在《宋元学案·周许诸儒》中认为:周行己是永嘉学派开山祖,是关中张载之学、伊洛二程之学在温州最主要的传承者。著作主要有《浮沚集》十六卷,《后集》三卷,《易讲义》《礼记讲义》等。

[2]沈彬老:即沈躬行,北宋瑞安(今属浙江温州永嘉)人,字彬老,"永嘉九先生"之一。生平不喜举业,而好古学,讲礼经丧葬之制。初师林石,后从程颐学,兼师同门蓝田吕氏,周行己谓其亦从龚原问学(《浮沚集·沈子正墓志铭》)。其学以《中庸》《大学》为本,笃信力行,卓然以圣贤为依归。王安石当政时,《春秋》经被禁阅,沈躬行设法手摹,归藏于家。学者称其为"石经先生"。他还与许景衡、周行己、赵霄三人,被誉为"元丰太学四先生"。

一、世次依朝代为先后,间有同时讲学如省斋[1]、清麓[2]诸儒,同时受学于横渠之门如蓝田诸吕之类,则次其生年卒岁以第之。生存者概不录。(魏按:承自少墟以时为序、盖棺论定之例也。)

【注释】

[1]省斋:当为"损斋"。指李元春门人杨树椿,其号损斋。
[2]清麓:指李元春门人贺瑞麟。

一、列传叙事,正史有传者,如石渠、谿田[1]之类,则据史直书,其不关于学术者则不书。正史无传或传而不详,如侯、申两先生[2]暨清代诸儒,则博采诸书,分别增入。(魏按:承自少墟以史传为据之例。)

【注释】

[1]谿田:指马理。本书有传。
[2]侯、申两先生:指侯可、申颜。本书有传。

一、传后附诸儒学说,悉本全书录入。若本人著述无征,或散见于各家者,亦采辑编入。至于无从编采者,暂付阙如,俟他日搜集,再为增补。

一、诸儒学说载在全书,文章语录美不胜收,兹择其精微纯粹者著于编,若全文脉络贯通、相承一气,如张子《东》《西》铭、《吕氏乡约》之类,均抄录原文,不敢妄加删节。

一、有明一代,关中大儒若石渠、泾野、少墟,恪守程、朱;渭南南氏兄弟,纯主姚江,[1] 师说各有不同。二曲先生荟萃程、朱、陆、王之学,不偏不倚,义极持平,此关学派别之大概也。是编不立宗派,节取众长,凡有关于身心性命、发明圣学者,得搜采之。

【注释】

[1] 姚江:即王阳明。

一、诸儒学说,义理精微,其中有奥妙玄通、费人绅绎之处,初稿仿全谢山[1]《宋元学案》[2] 之例,僭加案语,以便参阅。嗣以见仁见智、境地不能强同,读者自有心得,兹一律删去,以俟通方。(魏按:可惜可惜!张骥先生之高见,不可得而见也!)

【注释】

[1] 全谢山:即全祖望(1705—1755),字绍衣,号谢山,浙江鄞县(今宁波市鄞州区)人,清代浙东学派的重要代表人物,著名的史学家、文学家。乾隆元年(1736)会试中进士,入翰林院庶吉士,因不附权贵,于次年辞官归里,不复出任,专心致力于学术,相继讲学,足迹遍布大江南北,曾主讲绍兴蕺山书院,从者云集,后又应邀主讲广东端溪书院,对南粤学风影响很大。在学术上,其推崇黄宗羲,自称为梨洲私淑弟子,又受万斯同影响,专研宋和南明史事,留意乡邦文献,尤好搜罗古典文献及金石旧拓,曾编成《天一阁碑目》。其著作颇丰,撰有《鲒琦亭集》三十八卷及《外编》五十卷、《诗集》十卷,还有《汉书地理志稽疑》《古今通史年表》《经书问答》《句馀土音》等,又七校《水经注》,三笺南宋王应麟《困学纪闻》续选《甬上耆旧诗》等。

[2]《宋元学案》:明清之际思想史著作。清黄宗羲(1610—1695)等撰。黄宗羲于康熙十五年(1676)著成《明儒学案》,之后又依《明儒学案》体例著《宋元学案》,仅成十七卷并序而卒。黄宗羲子黄百家续作,又成八卷。全祖望于乾隆十二年至二十年(1747—1755)再为续作,编次序目,重为增定,成九十一学案,也未竟而卒。底稿归月船卢氏、残本归宿愿蒋氏。后由黄宗羲裔孙黄稚圭、稚圭子黄平髓补充为八十六卷。道光十八年(1838)王梓材、冯云濠搜得各本合校,修辑缺遗,正订讹误,始成百卷,刊刻出版。道光二

十二年(1843)版毁于兵火,何绍基谋刻于北京,梓材又为补脱正误,至道光二十六年(1846)刻成。此书之作,前后历经一百六十余年,成于众人之手。将宋元两代学术思想按不同派别进行系统整理和总结,成九十一学案,共记宋元学者二千余人。全书首冠《考略》,历叙成书始末及各种版本分合、流传,次《序录》,次学案正文。每学案首列一表,备举该学案代表及其师友、弟子及师承系统,再立该学案所列经学家小传,叙其生平与学术宗旨,并列学侣、同调、家学、门人、私淑、续传四项为"附案",另有附录记各家轶事与后人评论。此书为继《明儒学案》之后又一部中国古代学术思想史专著。黄氏本为陆王之学、全氏学本程朱,于宋元学术深有研究,又同为经史学家,故此书搜采详备,持论博通,不涉迂陋微妙,于七百年儒苑门户源流分合,叙述颇详。全氏修补此书,兼为修《宋史》而作,故有《宋史》所略,而此书列传精详处,可资补史。此书不载康与之、邓牧等人,贬王安石及苏洵父子,有其偏见,取材也间有繁简失当,重复误记等缺点,可能与出自众手、历时太久有关。王梓材、冯云濠重校此书时,遍涉四部之书,凡原书所遗,而显有可据者,作《宋元学案补遗》一百卷,收入《四明丛书》。除道光二十六年刻本外,又有光绪五年(1879)长沙案庐刊本、民国五年(1916)上海文瑞楼石印《四部备要》本、1936年世界书局《宋元明清四朝学案》铅印本等。

一、关学开派,肇自横渠,故冯少墟氏《关学编》托始于此。兹考横渠未起以前,华阴侯、申两先生,已具关学规模。全氏[1]曰:"关中侯、申二子,实开横渠之先。"筚路蓝缕,用启山林,序录者不当遗漏。是编仿江郑堂[2]《汉学师承记》[3]附黄、顾两先生[4]之例,附诸卷末,以俟高明者论定焉。

【注释】

[1]全氏:即上言之全祖望。

[2]江郑堂:即江藩(1761—1831),字子屏,号郑堂,晚号节甫,本籍安徽旌德之江村(今属白地镇),后为甘泉(今江苏扬州)人。清经学家、目录学家、藏书家。早年授业于余萧客、江声,博综群经,师承惠栋,将经学分为汉学、宋学两派,熟于史事。著有《周易述补》《尔雅小笺》《汉学师承记》《宋学渊源记》《隶经文》《炳烛室杂文》《江湖载酒词》等。

[3]《汉学师承记》:本名《国朝汉学师承记》,清江藩撰,八卷。为列传体清代学术史,阐述清代汉学者家法之承授,经学之源流。始自阎若璩、胡渭,终于黄宗羲、顾炎武。计四十家,附传十六人,共辑五十六家汉学者之传记与学术思想。其首为阎若璩、胡渭、张尔岐、马骕等四家,卷八为黄宗羲、顾炎武等二家。此书主要是为乾嘉学派的著名学者立传,亦即吴派、皖派的师承传记及其与东汉古文经学派的历史学术渊源关系。自此书之出,汉学门户,逐渐确立。

[4]黄、顾两先生:指黄宗羲与顾炎武。

一、诸儒称谓,华亭倪氏[1]《儒门语要》[2]于从祀诸儒称"子",易名者称"谥",余称"先生"。是编一遵倪氏,如横渠、泾野从祀两庑者,称"子"以别之;端毅、恭定皆有谥法,则称"公";余称"先生",以示区别而免雷同。

【注释】

[1]华亭倪氏:即倪元坦,字畲香,清道光年间江苏松江人。家窭,藉帖括课徒,于先儒语录肆力研求,反躬默勘,守其父二初先生之学,成《儒门语要》。又有《易准》七卷、《老子参注》四卷、《庄子诠》十卷、《志乐辑略》三卷、《二曲集录要》六卷、《畲香草存》四卷。

[2]《儒门语要》:清倪元坦著,六卷。是书为理学著作,大旨宗清代理学家李颙之说,各系案语,详其师友渊源及学问梗概。卷一至卷二为宋元诸儒,卷三至六为明儒,计七十人。末附慎独图及图说,阐发先儒之精蕴,而于阳明晚年定论深为推服。

一、关中为理学之薮,颇有学行昭著,教泽在人,或因代远年湮,遗书散佚。关中固不可概包理学,是编亦不能尽括关中。例如横渠、泾野、少墟、二曲诸家门人所有遗著,不能遍采无遗。如此之类,但存其人,留俟将来补缀,以归详尽。

一、关学肇兴,明贤辈出。是编捃摭书籍一千三百余种,三易寒暑,始克成书。(魏按:若以《自叙》所属"辛酉秋"为准,则此书当于己未年[1919]前后即着手创作也。)然见闻有限,不免罣漏[1]之虞,尤望邦人贤士,谅其谫薄[2]而增益之,本书之厚幸也。

【注释】

[1]罣漏:即挂漏。"挂一漏万"的缩语,谓提及者少而遗漏者多。
[2]谫薄:浅薄之意。

○略论冯从吾《关学编》体例对后世异地理学编纂之影响

少墟《关学编》而后,以地名为标识而撰述学编者多矣!就某之所知,有清一代受《关学编》之影响,以"学编"命名之撰述,先有汤斌之《洛学编》,魏一鳌之《北学编》,(汤、魏二人均出孙奇逢门下,此二编乃受师命而作);后有安徽徐定文之《皖学编》,四川方守道、高赓恩之《蜀学编》,湖南黄嗣东之《濂学编》,甘肃卢政之《陇学编》。由此可见,少墟之《关学编》,不惟对关中理学之谱系建构影响深远,亦对异地理学谱系编撰有深远影响矣。

前编

魏按：关学之始，肇自横渠，此冯少墟关学原编卷一始自横渠所本，亦为历代学者共识。然少墟又于卷首置孔门四子，以明关学承孔氏之源；丰川又于横渠前补入上古六圣、汉代二儒，以明关学道统与承续；张骥舍少墟首卷四子与丰川所补，然又附录申颜、侯可二子，以备学者考识。此虽不敢苟同，然亦不得掩其所见也。今以时代为序，略分为四卷，先后录冯少墟《关学编》首卷孔门四子、王丰川《关学汇编》所补、张骥《关学宗传》附录，为《新订关学编》之前编。

卷一

上古六圣[①]　（〔清〕王心敬补）

魏按：此"上古六圣"，为冯少墟《关学编》所无，而王丰川所新增，且总之曰"圣人"者。据清嘉庆七年（1802）周元鼎增修本录入。标题中"王心敬补"五字，为编者所加。

古[②]

伏羲

太皞伏羲氏，亦云庖犧氏，风姓，生于成纪。代燧人氏王天下，有圣德。孔子系《周易》追述曰："昔者庖牺氏之王天下也，仰则观象于天，俯则观法于地，观鸟兽之文与地之宜，近取诸身，远取诸物，于是始作八卦。以通神明之德，以类万物之情。"

敬按：斯道弥纶天地万物，而管归于吾身。非学，道无由明行；非文字，道亦无由寄托。而宇宙文字之始，则始于八卦，八卦则画自伏羲。是则自开辟来，虽圣神代作，皆有纲维世道之弘功，而伏羲，其开天明道之第一人乎！其六十四卦之一奇一偶，虽谓之代天而言，以垂示宇宙，可也。又谓后此一切阐道之典谟训诰、经史论述，皆自此推而衍之、统而贯之，可也。而原其所生，则于我关中成纪，故今溯关学渊源，当以伏羲为鼻祖。（魏按：丰川为关学"溯宗原圣"，而以伏羲为关学鼻祖，此正如四库馆臣所谓"溯源太远"。然关学亦尊伏羲、特推《易》矣。）

又按："神明之德"，乃天、地、风、雷、山、泽、水、火之精英，"万物之情"，乃天、地、风、雷、山、泽、水、火之情状，是皆斯道之弥纶发皇，尽宇宙不能一时一事外者。伏羲开天神智，生而于此独能冥会，但是欲揭此觉民，又苦言不尽意。于是仰观俯察，远征近取，昭融此德、此情于心目之间，通类此德、此情于宇宙之象，特地画出一奇以象天，画出一偶以象地，又参天两地，画出三画以象三才，三才立而由是相摩相荡为四象，为八卦，为六十四卦。举宇宙、天地、

[①] 此处标题，底本原为"圣人"二字。今为统一起见，改为"上古六圣"。
[②] "古"字底本无，据底本目录增入。

风雷、山川、水火与一切神明万物之德、之情,胥昭揭于一奇一偶之错综参伍,而宇宙万事万理皆于此包络流衍矣。这也是斯道合开,上天遂生此肇开文明之圣,启斯世之颛蒙。论者以为神灵淑粹之气萃于西北乾方,故开天明道之圣特于是出。呜呼,是岂无见而云然哉!然则生乎其后者,值斯道昌明之日,托神灵未竭之气,既圣训之昭如日星,复贤关之辟若大路,可妄自菲薄耶!

又按:伏羲仰观俯察,远求近取,而总为"通神明之德""类万物之情",则知其仰观不独观于天象,并象之所以然处通之类之;俯察不独观于地法,并法之所以然处通之类之;远观近取,不独取其文、其宜、其形色,并其文、其宜、其形色之所以然处通之类之。故通曰"通德",类曰"类情",则是于天地物我,直无处不周,而祇为通神明之德,类万物之情也。由前则表里精粗,穷彻靡遗,这学力是何等精密!俨然为圣学立道器情文,兼综条贯之宗;由后则功虽详而有要,知虽博而反约,这学力是何等的实!又俨然为圣学立穷大失居、泛骛无归之鉴。然则圣学宗传,真开自伏羲,而吾夫子一生,上律下袭、好古敏求之心传,俱渊源于此矣。昔子思之述祖德曰"仲尼祖述尧、舜,宪章文、武",是特就道与法之隆备师承尔,要之就道源心法论脉络,谓即祖述伏羲,可也。

又按:伏羲仰观天象,俯察地法,并鸟兽之文与地之宜,无不远求博取,是于吾身以外,无不明察之物矣。而仍必近取诸身,则是直将天地万物尽融会于吾身,而吾身之官骸性情,尽类通于天地万物。即此以推,不独后世之明物察伦、崇效毕法,与一切博学审问、慎思明辨之脉络举伏于此,即一切致中和而位天地、育万物,尽性以尽人、物,赞化育而参天地之脉络,亦靡弗隐伏于此而无遗。邵康节曰:"图虽无文,吾终日言之而不离乎是。"敬亦曰:"吾夫子之系伏羲也,语亦寥寥,要之尽后世千圣万贤学术之根柢,俱于此乎范围曲成矣。"呜呼,伏羲一圣!宇宙道源,俱从是发,岂独肇开关学也!(魏按:丰川所见甚是。伏羲岂独开关学欤?"宇宙道源,俱从是发",开天下之学,开华夏之文明者欤!推而论之,我关学人物虽然系乎关中,然其学岂可限于关中,仅为关中之学者范乎?非也非也,关中之学者,固关中之所产也,然关中学者之学,亦伏羲而来孔氏所传之真精神命脉也,可为天下之学也!关学之中,其人必以关中所产为限,其学必以天下之正为范。)然非吾夫子神明,其精神命脉亦何能于寥寥数言,尽阐其画卦立象之源流如是明切欤!然则溯道统、原学宗者,当详察潜昧伏羲之精神命脉;而欲溯伏羲之精神命脉者,当反复咀味吾夫子系伏羲之九言。若其咀味有得,更能读《易》而得诸画前,则虽生伏羲千万世后,正不难与伏羲晤对一堂尔。

附：传疑三圣

敬按：《陕西通志》神农、黄帝俱载关中。二圣人开物成务，通变宜民，其备道岂待言？道备即学备，其学又岂待言哉？然考之舆图，神农生陈州，黄帝生新郑，则《通志》之载关中，恐不足尽据也。且"六经"中不及神农学术之端，即黄帝有《丹书》之传，然亦不见圣经，疑出后世之假借。至崆峒问道与他载黄帝之遗言、遗事，亦似皆老、庄之徒与后世好事者伪托。自太史公已谓"其文不雅训，为缙绅先生所难言"，故今不敢概录，以滋矫诬之嫌焉。

敬又按：《通志》："仓颉，长安人，（魏按：庙在今陕西白水。）为黄帝左右，见鸟兽之迹，体类象形而制字，使天下义理必归文字，天下文字必归六书。"则是仓颉亦不可谓与关学无与矣。然按世史，伏羲造书契以代结绳，则书契之由来已久。仓颉或补伏羲之未备，或易形而使愚蒙之易晓，是或有之，然要之文字固不始于仓颉也。（魏按：丰川此说，甚有道理。）且是编皆据经记事，虽以文、武、周公之纪，经太史公之手笔，亦不敢信为无讹而必据"六经"、孔孟之言，按实诠次。仓颉之传，不见于经，而敢信地志、特传耶？故亦从细注，附传疑之列云。

商

泰伯　仲雍

泰伯、仲雍，商诸侯古公亶父子。古公三子，长泰伯，次仲雍，又次季历。季历子昌，生而有圣德，古公爱之。欲传位季历以及昌，泰伯、仲雍知之，遂相携诸荆蛮。其后古公卒，历嗣；历卒，昌嗣；而周以大兴。推其渊源，本泰伯、仲雍相携而逃，让位季历之故也，而当时曾无知其至德而称述之者。至孔子乃追而赞泰伯曰："泰伯，其可谓至德也已。三以天下让，民无得而称。"于仲雍，则他日序列逸民懿行，有"身中清，废中权"之许焉。

敬按：吾夫子推泰伯为至德，据其行事论之耳，未及其心学也。然即其如是之行，而追想其心之所存注，亦良苦矣。心良苦，而其中体认之必精，践履之必力，以求自遂其心理之安，可以言尽耶？昔吾夫子答子贡问伯夷、叔齐之怨否，曰："求仁而得仁。"先儒谓："求"，即其学之致力处，"得"，即学之得力处，而总之依乎"仁"而不移于他，盖"仁为己任，死而后已"者也。（魏按：丰川以行事而切入心学，此论堪为创见。少墟一部《关学编》，虽多就立身行事处言其人，然学者岂可止于其身而不究其心乎？）呜呼！即是以推，而夷、齐之心学可想而知。泰伯兄弟与夷、齐兄弟异世同揆，即夷、齐而泰伯之心学不可类推耶？然让历而历之得卒嗣古公者，亦惟仲雍与泰伯同此心行之故，而吾夫子则独举泰伯者，举伯以例仲，其即体父心以让弟同，其至德自同耳。而周之家学，于文、武、周公父子之前，遂丕昭于至德之兄弟矣，盛哉！

敬又按：仲雍之德同于泰伯。是仲雍、泰伯之为兄弟，犹之伯夷、叔齐之为兄弟也。夫夷、齐兄弟同于求仁得仁，即仲雍与泰伯亦同一求仁得仁，而可谓至德，又奚疑欤？足于德而宁不足于学欤？故编中泰伯、仲雍并列云。

文王

文王名昌，王季子，嗣位为西伯。及武王得天下，追王曰"文王"焉。西伯之为世子也，朝于王季日三，晨至寝门外，问内竖之御者曰："今日安否？何如？"内竖曰："安。"西伯乃喜。日中又如之，抵暮又如之。其有不安节，则内竖以告，西伯色忧，行不能正履。王季复膳，然后复初。食上，必在视寒暖之节；食下，问所膳，命宰曰："末有原。"应曰"诺"，然后退。（魏按：此孙之事祖之道。）及嗣位，其治岐也，发政施仁，必先穷民之无告，次如耕九一，仕世禄，关市不征，泽梁无禁，蔼蔼如父母焉。时北海伯夷、叔齐，东海太公，年皆老矣，闻其善养老，相率来归。一日出猎，见太公钓于渭滨而异之。与之语，尤大异焉，乃载之归，以辅政。尝行于野，见枯骨，命瘗之。吏曰："无主矣。"西伯曰："吾即其主。"以棺衾葬之。天下闻之曰："西伯泽及枯骨，况于人乎？"时纣日益无道，醢九侯，脯鄂侯，西伯闻而窃叹。崇侯虎知之以告纣，纣乃拘而囚之羑里。闳夭之徒百方谋所以奉纣，而始释西伯归，而又献洛西之地，请除炮烙之刑。纣许之，更赐得专征伐。时虞、芮之人争界久不决，乃入周求质。及入周疆，见耕者皆让畔，民俗皆让长，惭相谓曰："吾所争，周人所耻，何往为？"遂还，俱让其田而不取。当是时也，密人不恭，侵阮徂共，崇侯虎助纣为恶日益甚。西伯乃密，复伐崇，作邑于丰，而徙都焉，汉南诸侯归者四十国。三分天下，奄有其二，西伯率以事纣，年九十七薨。

敬按：文王一生积累之仁政武功，隆且懋矣！而周公追颂则不复侈陈，独取其德心圣学反复赞述，曰："维天之命，于穆不已。于乎丕显，文王之德之纯。"又曰："惟此文王，小心翼翼，昭事上帝。"又曰："帝谓文王，无然畔援，无然欣羡,诞先登于岸。""不大声以色,不长夏以革①,不识不知,顺帝之则。"其他如"亦临""亦保""亦式""亦入","文王陟降,在帝左右","文王在上,于昭于天",凡以言乎文德之纯纯于敬,而文王之敬德,则直与天合载无二也。又如《诗》咏"缉熙敬止",而曾子则释其义于君臣、父子,交国人之间,谓是此"敬止"之"缉熙"者,乃人伦之皆得其止而各极其至,则又以明文德之敬,常明于己心而丕周乎人伦也。盖周公于文王父子作述间独以此一点精心,默相乎授,故其颂文王诸诗,言功业者略,而于其德心之纯符契天德者,反复郑重而极阐详道之,不一而足也。至孟子历序存心之统,则又独取其忧勤惕励之心,曰"视民如伤,望道未见",如见文于羑墙焉。呜呼!圣至文王!时益变而处愈难!实圣至文王!心益苦而学益密!吾夫子至德之赞,继泰伯而再推文王,盖心服之者至矣。至于序《易》、彖《易》于九年羑里之中,则其"素患难,行乎患难",而又以开万世著作阐道之门庭。是则自三皇五帝以来,圣人以道法为学脉,至文王彖《易》,而更以文章阐性道。圣至文王而益精细微密,实学至文王而益精细微密矣。关学以文王为大宗,不犹治道以尧、舜为大宗哉?后生读书尚论,须静溯其心学之渊醇,始得其精神命脉,若但艳其仁政武功,曾何当于文王之真精神命脉哉!

周

武王

武王名发,文王次子。文王有疾,武王不脱冠带而养。文王一饭亦一饭,文王再饭亦再饭。及即位,太公望为师,周公为辅,召公、毕公之徒左右。王躬修文王之业,缵太王、王季之绪。逮十有三年,纣恶日甚,天变人怨,乃应天顺人,率师东征。诸侯不期而会者八百,缘途千余里,"其君子实玄②黄于篚以迎其君子,其小人箪食壶浆以迎其小人"。甲子,会于牧野,纣师如林,皆前徒倒戈以北,于是诛纣。孔子曰:"一戎衣而有天下,身不失天下之显名。"孟子曰:"救民于水火之中,取其残而已矣。"既克商,则一反纣政。封比干墓葬,释箕子囚,式商容闾。发钜桥之粟,散鹿台之财,归倾宫之女,大赉于四海。谨权量,审法度,修废官,而四方之政行;兴灭国,继绝世,举逸民,而天下之民

---

① "革",底本作"华",据《诗经·大雅·皇矣》"不长夏以革"改。
② "玄",清避康熙讳以"元"代之,今改回。下同此者不出校。

归心。所重民、食、丧、祭,而于善人是富。又监于天命之不易、民生之难遂也,于是折节访箕子,以"相协厥居,攸叙彝伦"之道,而得箕子《洪范》九畴之旨。又问群臣以藏约行博,可为万世子孙恒足之道,而得师尚父对以《丹书》"敬胜义胜"之训。王闻之,惕若恐惧,乃为戒书于席之四端,及几、剑之类各有铭焉。君子以为王心之存,备见于触目之惕。而他日孟子所由叙"几希"之统,而特揭其"不泄迩,不忘远"之心法也。十有九年,年九十三崩。

敬按:人知卫武公耄修不倦,行年九十而犹切磋琢磨之修,殁而推为睿圣武公。不知武王得天下于既暮之年,其发政施仁,一以体天、地、祖、父之心为兢兢,而如其于箕子之访,虚心重道,《丹书》之奉,老而益处。孟子曰:"尧、舜性之,汤、武身之。""身之",斯终其身敬以作所,而不敢一刻逸矣。彼武公之耄修勤渠,正得诸乃祖之家法而思肖也。呜呼!"性之"之圣不可几,如武王、武公,斯不亦不厌不倦之宗传,而中材皆可企及者哉?

敬又按:人知武王之伐纣为应天顺人,不知中间穷理尽变,其心精之密诣学力,正有独证者在焉。彼其于千古君臣之大义,以武王之圣,自属洞彻于心,况文王服事有殷之积诚,又得诸家庭六七十年之亲炙,一旦伐纣,逾人臣之大闲,变圣父之家法,是非其见义独明,践道独力也,何能如是,又何忍为是乎?陆文安曰:"'民为贵,社稷次之,君为轻'。此宇宙之公义。"惟武王见得明,夷、齐却不见此。孟子曰:"贼仁者,谓之贼;贼义者,谓之残。残贼之人,谓之一夫。闻诛一夫纣矣,未闻弑君也。"武王于十三年前确守臣节,于十三年后会朝清明,这应天顺人中,有多少精义入神之心学在,岂寻常拘挛之见、游移之守所可几欤?学者但论其行迹,而不知推原其心学,圣人之真精神命脉,湮于百世之上矣。

周公

周公名旦,文王子,武王弟也。当文王时,旦为子笃仁,异于群子。后文王被拘羑里,则佐武王治其国,与散宜生之徒经营,悦纣以还文王。及武王伐纣,则佐武王陈师牧野。既受殷命,则佐武王反纣之虐以施仁。逮二年,武王有疾,则怵惕惶惧,设三坛,载璧秉圭,告于太王、王季、文王,愿以身代武王。于是,卜三龟,习吉,则喜曰:"王其无害。"乃纳自以为功册于金滕柜中。王翼日乃瘳。后二年,武王崩,成王幼,公则相成王治天下。一沐三握发,一饭三吐哺,起以待士,犹恐失天下之贤人。初,武王之革殷也,封纣子武庚于殷都,使管叔、蔡叔、霍叔为监。王殁,而三叔流言曰:"公将不利于孺子。"公乃避于东,系《易》之小象三百八十四爻,东人歌之曰:"公孙①硕肤,赤舄几几。"又曰:"公孙硕肤,德音不瑕。"盖素患难,行乎患难,其德心德容,不易其常,虽妇人、女子,心乎而意钦也。既而三叔挟武庚以叛,王取管叔杀之,然亦尚未知公之本心也。及感风雷之变,发金縢之柜,得公自为功代武王册,王乃大寤,迎公归。而武庚又纠淮夷以叛,公乃奉王东征,诛武庚,灭国者五十。《书》曰:"丕显哉,文王谟!丕承哉,武王烈!佑启我后人,咸以正无缺。"盖当是时也,向非周公,周之为周,未可知也。而周公于此数年中,其困心衡虑,忧勤惕励,亦无所不用其极矣。后封于鲁,而公仍留以辅王。薨,乃随文、武葬焉。

敬按:孟子序"存心"之统,至周公则赞曰:"周公思兼三王,以施四事;其有不合者,仰而思之,夜以继日;幸而得之,坐以待旦。"夫周公夹辅王室之功勋,古今更无与二矣。而孟子不一言,独取其愿力之精勤敏皇以概公生平者,盖公见道分明,识时达会,每期会通列圣之道法,本原父兄之心传,折衷融液,一归时中,以丕昭有周之令绪,故孟子论世知人,而独得其心精之注也。然如逢时之变,始而遭父之困厄,中而佐兄于放伐,晚而更遭己身之谗谤,无一不衅波滔天、危疑震撼。彼旁观者,徒见其身处崇高显赫之地,而不知其心实蹈于履险践塞之途。论世者徒见其制作垂世,立千古文明之宗范,而不知其操心危、虑患深。其一段精仁熟义真精神,初非纪事之书、道志之诗之揄扬阐发所能尽,而仅从三百八十四爻中系、象之微词,隐隐寓之也。嗟乎!世日降,而圣人之局日处其难,其心学之密诣,亦遂益精而益详。厥后吾夫子删《诗》学《易》,于文王、周公渊乎异代传心,神交梦寐者,正在于此。若谓徒欲行其道于事业之间,岂尽然哉?盖关学自是益弘畅精密,无余蕴,并无遗憾矣。

又按:先儒曰:"后世艳称周公制作勋猷,不知皆其迹也。"公之秘密,在《易》爻辞与歌咏文王诸诗,皆宣泄道奥,吐露无遗。呜呼!今《易》《象》俱在,《雅》《颂》备存,生公之后而欲论世知人,可无寻绎其微言要旨哉?吾辈生公之乡,而欲尚友乎千古,亦必无诵言忘味,然后入道有日也夫!

又按:周公尝曰:"文王我师。"夫周公,于文王父也,而直认为师,是则于其小心翼翼、昭事上帝之心传。盖凛凛乎厪诸仰思坐待之间,而未尝一息离矣。彼昔吾夫子称赞武、周"善继""善述"之"达孝",是特就其事亲之尽伦、

---

① "孙",底本作"逊",据《诗经·豳风·狼跋》篇改,下句亦同。

尽制,发明其孝德之达于古今耳,其实并其心德之前后缵承,无弗统括诸"善继""善述"中矣。呜呼!周之家学,盖深且长哉!后之溯宗风而景前修者,无徒求诸易侯而王,典章文物之美备辉煌,则庶几乎深知圣人善学圣学尔。

又按:周自泰伯、仲雍以至文、武,虽属一家之祖孙、父子、兄弟,要之所处之局各自不同,而其心精密诣,则皆于斯道吻合不忒。故敬尝谓:唐、虞之际,道隆于君臣;洙、泗之会,道隆于师弟;武、周之间,则道隆于祖孙、父子、兄弟之圣圣继美。此宇宙、道德、文明之三大会也,而聚于祖孙、父子、兄弟者,则尤萃于一家、会于一堂,为宇宙天伦之盛事。盖虽以尧、舜之圣而帝,以禹、汤之圣而王,亦且逊其天伦之乐,而为宇宙之仅有。呜呼,有周一家,至此盖盛不可及!关学至此,亦真盛不可及哉!(魏按:丰川此论,着眼于祖孙、父子、兄弟之际,着实为有见地。于此人伦中论周之一家,可谓得矣。读关学者,不可以圣王而摒之也。)

魏按:余尝言,某最所关心提倡者,为世人对家族命脉之关注。家族命脉,系乎精神也。观丰川所补,自泰伯、仲雍兄弟而至文、武、周公,而至卫武公,其一家精神命脉所系,不亦得乎?有此人斯有此家,有此家而后方有此国、此天下。周有天下,岂偶然哉?学者不可视文、武为圣王而已不可取法;帝王亦不可自以为得位而忽视持家之根本。此正家国、国家,系乎一身之意。

卷二

孔门四子 （〔明〕冯从吾编）

魏按：此"孔门四子"，出冯从吾《关学编》首卷，据明天启冯刻本录入。冯刻本原无标题，周刻本卷二亦收录，标题作"周 孔门四贤"。今标题"孔门四子冯从吾编"八字，为编者所加。

秦子①

秦子名祖，字子南，秦人。（少墟自注②：《一统志》：西安府。）孔门弟子，笃于守道。唐玄宗追封少梁伯，从祀孔子庙庭。宋真宗加封鄠城侯。国朝嘉靖中，改称"先贤秦子"。宋高宗赞曰："秦有子南，赟赟述作。守道之渊，成德之博。范若铸金，契犹发药。历世明祀，少梁宠爵。"（少墟自注：《圣门人物志》末二句作"纷华不挠，縻我好爵"。）③

燕子④

燕子名伋，（《家语》作"级"。）字子思，秦人。（一作汧阳人。）孔门弟子。唐玄宗追封渔阳伯，从祀孔子庙庭。宋真宗加封汧源侯⑤。国朝嘉靖中，改称"先贤燕子"。宋陈知微赞曰："八九之徒，具传大义。贤哉子思，道本无愧。钟灵咸镐，浴德洙泗。增封汧源，皇泽斯被。"《圣门人物志》赞曰："师席高振，大成是集。道传一贯，速肖七十。善教云裒，儒风可立。渔阳之士，得跂而及。"

石作子⑥

石作子名蜀，字子明，秦之成纪人。（少墟自注：《一统志》：巩昌府秦州。）孔门

---

① 周刻本此标题作"孔门秦子"。
② 此为冯从吾《关学编》自注语，前"少墟自注"四字，为编者所加。下文中凡有少墟自注者，均同，不再出注说明。
③ "《圣门人物志》末二句作'纷华不挠，縻我好爵'"一句，周刻本无。
④ 周刻本此标题作"孔门燕子"。
⑤ 冯刻本、洪刻本、文渊阁本、文津阁本及周刻本、柏刻本等，均作"汧源侯"。赵刻本、蒙刻本、刘刻本均作"汧阳侯"。
⑥ 周刻本此标题作"孔门石作子"。

弟子。唐玄宗追封石邑伯,从祀孔子庙庭。宋真宗加封成纪侯。国朝嘉靖中,改称"先贤石子"。宋高宗赞曰:"在昔石邑,能知所尊。懿依有德,克述无言。鼓箧槐市,扬名里门。此道久视,彼美常存。"按:《姓氏英贤传》有石作蜀,《氏族略·复姓篇》有石作氏,注云:"石作蜀,孔子弟子。"据此当称石作子,称"石子"者误。

壤驷子①

壤驷子名赤,字子从,(少墟自注:《家语》"壤"作"穰"②,《史记》"从"作"徒"。)秦人。(少墟自注:《一统志》:西安府。)孔门弟子。唐玄宗追封北徵伯,从祀孔子庙庭。宋真宗加封上邽侯。国朝嘉靖中,改称"先贤壤子"。宋高宗赞曰:"式是壤侯,昭乎圣徒。执经请益,载道若无。诗书规矩,问学楷模。得时而驾,领袖诸儒。"按:《通志略》"壤驷氏,复姓",今称"壤子"误。

○ **略论三原刘绍攽、兰州萧光汉未识少墟著述《关学编》心意**

魏按:三原九畹先生刘绍攽《关学编正误》责之少墟曰:

学者遍天下,亘古今,不以地域也。即以地论,当以伏羲为开天之祖,文、武、周公为继天立极,不然而以濂、洛、关、闽并称,亦当以横渠为不祧之尊。奈何舍大圣大贤,而肇造仅存其名之七十子也?呜呼小矣。③

兰州萧光汉先生亦以为:"先圣无二传,后贤无二学,关学之名,是启门户之争也。"(道光《兰州府志》卷十)予以为,九畹、光汉所见,未明少墟心意。少墟之著《关学编》,非以地域画疆而论学也。晚明之际,天下蹈空谈而不务实践,然关中学者谨守笃行而不失。故少墟论学乃取关中诸君子,非就地而论,揭此以明天下学术之正耳。然论此学,不能不折衷于孔子也,故于首卷列此四子,以明关学标宗孔学,而实以横渠为先之意,《关学编自序》亦以明言尔。绍攽所见,直以少墟所编等于地方学术,而不得其立言之所本与心意。若能知关学非以地论学,而孔学之正传绵延不绝者产于斯地也,当不以少墟所著为非。此正如大泌山人李维桢《序》中所言:"关学明,而濂、洛以下紫阳之学明,濂、洛以上义、文、周、孔之学亦明矣。"亦如张鸡山先生《后序》所言:"诵是编而印诸其心,即心即学,即学即义、文、周、孔未见有不得者,奚止论关中之学?即以论天下之学,论千万世之学,可也!"

---

① 周刻本此标题作"孔门壤驷子"。

② 冯刻本、洪刻本、文渊阁本、文津阁本及周刻本、柏刻本,均作"穰"。赵刻本、蒙刻本、刘刻本均作"禳"。

③ 中国人民大学和北京大学联合主持编纂:《清代诗文集汇编》,上海古籍出版社,2010年版,第304册,第572页上。

卷三

汉儒二人附一人① （〔清〕王心敬补）

魏按：此"汉儒二人附一人"，为冯从吾《关学编》所无，而丰川新增，标之以"汉儒"者也。泾阳王承烈亦参订之，于所附"拾遗"中见之。此据嘉庆周刻本录入。标题中"王心敬补"四字，为编者所加。

江都董先生②

董仲舒，广川人也，少治《春秋》，孝景时为博士，下帷讲诵，弟子传以久，次相授业，或莫见其面。盖三年不窥园，其精如此。（魏按：其善治学如此。）又其为人，进退容止，非礼不行，学士皆师尊之。（魏按：其善守礼如此。）武帝即位，举贤良文学之士前后百数，而仲舒以贤良对策，天子以为江都相，事易王。易王，帝兄，素骄好勇，仲舒以礼谊匡王，王敬重焉。久之，王问仲舒曰："越王句践与大夫泄庸、种、蠡谋伐吴，遂灭之。孔子称'殷有三仁'，寡人亦以为越有三仁。"仲舒对曰："昔者鲁君问柳下惠：'吾欲伐齐，如何？'柳下惠曰：'不可。'归而有忧色，曰：'吾闻伐国不问仁人，此言何为至于我哉？'徒见问尔，且犹羞之。况设诈以伐吴乎？由此言之，越本无一仁。夫仁者，正其谊不谋其利，明其道不计其功。是以仲尼之徒、五尺之童羞称五霸，为其先诈力而后仁谊也。"王曰："善。"（魏按：其善教人如此。）

初，公孙弘治《春秋》不如仲舒，而弘希世用事，位至公卿，仲舒以弘为从谀，弘嫉之。胶西王，亦上兄也，尤纵恣，数害吏二千石。弘乃言于上曰："独董仲舒可使相胶西。"胶西王闻仲舒大儒，善待之。仲舒恐久获罪，病免。凡相两国，辄事骄主，正身率下，数上疏谏争，教令国中，所居而治。自武帝初立，魏其、武安侯为相而隆儒矣。及仲舒对策，推明孔氏，抑黜百家，立学校之官，州郡举茂才孝廉，皆自仲舒发之。武帝晚年，以仲舒对问皆有明法，乃赐仲舒第，令居长安。凡朝廷建置兴革，多使使就问，或廷尉张汤就家问之。年

---

① 底本无"二人附一人"五字，据底本目录增入。
② 原作"流寓一人 新增"，底本目录作"汉江都董先生 新增"，此标题据底本目录改。

七十余,以寿终长安赐第,子孙乃徙家茂陵,皆以学至大官。

　　心敬按:仲舒先生原籍广川,晚以时应帝问,就家长安,卒也遂葬京兆。今长安城中所传"下马陵"者即其处。其后子孙乃徙茂陵。则是仲舒老关中,卒关中,并葬关中也。故亦附载孔门四子之后云。(魏按:若就所学与地方之渊源而论,则不当入关学。然就对关中后世之影响而言,董仲舒自不可忽。关学诸儒,自横渠以来,多以董仲舒为楷模也。)

四知杨先生 东汉挚征士恂附①

　　先生名震,字伯起,弘农华阴人。少好学,受欧阳尚书于桓郁。明经博览,无所不穷,诸儒为之语曰:"关西夫子杨伯起。"常客居湖城,不答州县礼命,如是者数十年,众人谓为晚暮,而先生志愈笃,年五十始仕州郡。(魏按:杨震老而好学不息,真有孔氏"废寝忘食,不知老之将至"之风骨!至金元而高陵亦有杨天德,亦老而好学,至死不息,可谓"朝闻道,而夕死可焉"者。关中杨氏,真是好学,吾辈不可不勉。)

　　大将军邓骘闻其贤而辟之,举茂才,迁荆州刺史。及转东莱太守,当之郡,道经昌邑,故所举荆州茂才王密为昌邑令,谒见,至夜怀金十斤以遗。先生讶曰:"故人知君,君不知故人,何也?"密曰:"暮夜无知者。"先生曰:"天知,地知,我知,子知,何谓无知!"密愧而去。后为涿郡太守,公廉不受私谒,子孙常疏食步行,故旧长者或欲令为稍开产业,先生笑曰:"使后世称为'清白吏子孙',以此贻之,不亦厚乎!"迁太常,举荐明经士陈留、杨伦②等,显传学业,诸儒称之。(魏按:学行合一,堪称廉吏。)

　　时,安帝乳母王圣,缘恩放恣,圣子女伯荣,出入宫掖,传通奸赂。先生切疏:"宜速出阿母,令居外舍;断绝伯荣,莫使往来。"(魏按:不畏权贵,又有气节。)奏御,帝以示阿母、内侍等,皆怀忿恚。延光二年,为太尉。帝舅大鸿胪耿宝荐中常侍李闰兄,不从。皇后兄阎显亦荐举所亲厚,复不从。宝、闰等亦大恨。司空刘授闻之,即辟此二人。旬日中,皆见拔擢,由是内外侧目。然以其名儒,未敢加害。

---

　　① 此处标题原作"四知杨先生 新增",底本标题目录作"汉四知杨先生 新增 东汉挚征士恂附",此标题据目录改。

　　② "杨伦",底本作"杨显",据《后汉书》卷八十四《杨震传》"震举荐明经名士陈留、杨伦等"改。

会三年春,帝东巡岱宗,中常侍樊丰等前以奉使为阿母修第,曾诈作诏书,调发司农钱谷、大匠、见徒材木,各起第宅。先生部掾高舒召大匠,令史考校之,得丰等所诈下诏书,具奏,须帝行还上之。丰等闻惶怖,会太史言星变逆行,遂共谮先生,有诏遣归本郡。行至城西夕阳亭,因饮酖而卒。顺帝即位,丰等诛死,先生①门人诣阙追讼,朝廷咸称其忠,乃以礼改葬于华阴潼亭,远近毕至。先葬十余日,有大鸟高丈余,集柩前俯仰悲鸣,泪下沾地,葬毕乃飞去。郡以状上。时人立石鸟象于其墓所。海内学者称"四知先生"。

敬按:自先生后,历秉、历赐、历彪,为三公者,凡四世。(魏按:秉、赐、彪,杨震后世。)论者皆以"累叶载德,继踵三公",为先生积善之余庆,是固然矣。(魏按:诚然。正是代代相传,辈辈积善,生生不息之意。家族之生命,不在钱财官爵,而在其德也。)而君子则谓此"四知"心印,是乃于《大学》之"诚意毋欺"、《中庸》之"不愧屋漏"、《孟子》之"仰不愧天,俯不怍人",真积力行,早已携宋、明数大儒"诚明""致良知"之脉络而开其绪矣。况"关西夫子"之名,当时固已群称乎!是则关学一脉,自周而后,横渠以前,不属之先生而谁属?(魏按:所论极是。虽不可以杨震入于关学,然不可谓杨震不为关学之先、孔门真传也。)彼昔之议祀孔庙者,曾及扶风马季常融而不及先生,是独以其有注经之功耳?今试问:季常之立身行己,视先生何如?且问以身体经与徒明经以语言文字者,其虚实、诚伪、优劣、高下为何如?孔、孟而在,果孰去而孰取耶?呜呼!吾夫子昔之论士曰"行己有耻",论狷曰"有所不为",论仁曰"刚毅木讷"为近,而曾子亦谓士之"弘毅"者"仁为己任,死而后已",如先生之为人,可不谓有耻不为而近仁之刚毅耶!(魏按:今之学者,若不能以此精神身体力行,纵是著述等身,论文千篇,纵是谈关学耳熟能详、倒背如流者,又于此关学真精神何关?不过以关学为稻粱功利谋者耳!宁为此杨震,莫效彼马融。学者识之!)

附:拾遗一人 (〔清〕王承烈撰)②

东汉挚恂,字季直,京兆人。好学善文,以儒术教授。隐于南山之阴,不应征聘,名重关西。马融从学,恂奇其才,以女妻之。

烈按:融,字季常,扶风茂陵人也。美辞貌,才高博洽,为世通儒。教养诸生,尝至千数。著《三传异同说》,注《孝经》《论语》《诗》《易》《三礼》《尚书》

---

① "先生",底本作"先先",下一"先"字盖涉上而误,改。
② "清王承烈撰"五字为编者所加。

《列女传》。至所作《忠经》，拟《孝经》，尤为朱子所取。特为梁冀草奏李固，又作大将军《西第颂》，以此为正直所羞。既配享孔庙，复经罢斥，盖其早惜无赀之躯，终以奢乐恣性，学无本原，史讥其"识鲜匡欲者"，信矣！故余订丰川先生《关学续编》，收恂而附论融于其后云。（魏按：纵是貌美才高，著述繁盛，然立身不正而为谀佞，奢乐恣性，盖是学无本原。学者引以为戒。）

卷四

侯申二先生 （张 骥撰）

魏按：此卷四"侯申二先生"为历代《关学编》所无。张骥《关学宗传》以为，"关学开派，肇自横渠，故冯少墟氏《关学编》托始于此。兹考横渠未起以前，华阴侯、申两先生，已具关学规模。全氏曰：'关中侯、申二子，实开横渠之先。'筚路蓝缕，用启山林，序录者不当遗漏。是编仿江郑堂《汉学师承记》附黄、顾两先生之例，附诸卷末，以俟高明者论定焉"（张骥：《关学宗传·例言十二则》），故附录二人于《关学宗传》卷末。兹据民国辛酉（1921）陕西教育图书社排印本《关学宗传》录入。标题内"张骥撰"三字，为编者所加。

侯无可先生

先生讳可，字无可，其先太原人，徙华阴。少倜傥不羁，以气节自喜。好谈穰苴、孙武兵家事，无所不通，尤于西北形势、山川道路、郡县部族，纤细靡遗。（魏按：横渠早年喜谈兵，亦与之同。盖当时西北形势使之然?）既壮，尽易前好，笃志为学，博极群书，若《礼》之制度，《乐》之形声，《诗》之比兴，《易》之象数，天文、地理、阴阳、气运、医药、算数之学，无不窥究其源。性纯诚孝友，刚正明决，勇于有为，一介不取，嫉恶如仇，而宅心仁恕，中怀洞然。至于急人之急、忧人之忧，古人所难能者，先生皆优为之。主华学之教育者几二十年，声闻日驰，就学者日众，边隅远人，皆愿受业。诸侯有以币书迎致者，亦往往应之。故自陕以西，学者莫不宗尚侯先生。

时西事方殷，名卿贤相冠盖往来于太华之间，闻先生之名，莫不想见其为人。孙威敏出征侬智高，请先生参其军事，先生奋然从之，振旅奏功。初命武爵，言事者以为非宜，调知巴州化成县。巴俗尚巫而废医，病者不以药，惟巫言是用。虽父母之疾，弗视也。先生诲以义理，严其禁戒，或亲至病家，为视医药，全活甚众，巴人化之。娶妇多责财于女氏，贫人有至老不能嫁者，先生称其家之有无，为立制度，曰："逾是者有诛。"未阅岁，邑无过时之女，遂变其俗。（魏按：横渠政事以敦本善俗为先，亦与此同。）巴山土薄民贫，丝帛之赋倍于他所。先生抗议计司，争之数十，卒以均之旁郡。境多虎患，农夫释耒，商旅戒途，先生日夜治器械，发徒众迹而杀之，为数不可胜计，后皆避去，不复为害。调耀州华原簿，痛抑富民之兼并者，各召其主而归其田，失业者赖以得安。郡胥赵志诚,贪狡凶暴人也,持郡吏短长而为奸利,守者患之而未能去。先生暴白其罪,荷校而置之狱,卒言于帅府而诛之,闻者快服。监庆州折博务,岁满,授仪州军事判官,就改大理评事,以部使丐留,遂复签书本官。韩忠献[1]镇长安,请先生谋渭源之地。至其境,召其酋豪六百人,晓以恩德利害,皆感悟喜跃,诣军门降,开地八千顷,不费一矢,蒸熟羊以抚之。尝以数十骑行边,猝与敌遇,乃分其骑为四,高张旗帜,旋山徐行。敌疑大兵诱己,终不敢击,避去。秦州旧苦番酋反复,絷其亲爱者而质之,多至七百人,久至数十岁,公家之费不赀,杂羌之怨益甚。后释其縻而归之,戎人悦服,乃先生发其谋也。以忠献荐,迁殿中丞,知泾阳县,至则凿小郑泉以广灌溉,议复郑、白旧利。召对便殿,称旨,命工兴役,专总其事。而妨功害能之臣,疾其不自己出,谗毁交至,旋罢其役,论者惜之。

先生之文,尤长于诗,晚益究心天人性命之学,其自乐者深矣。平生以劝学、新民为己任,所至必治学舍,兴弦诵,其所以成就材德者不可胜道。以元丰己未(1079)卒,卒之日,命其子曰:"吾死,慎勿为浮屠事,焚楮货,徼冥福,非吾志也。"先生女兄[2]适程氏,明道、伊川之母也,详大程《墓志》。

【注释】

[1]韩忠献:指韩琦(1008—1075),字稚圭,自号赣叟,相州安阳(今河南安阳)人。北宋政治家、词人。

[2]女兄:姐姐。

申先生

先生讳颜,君子也,亦华阴人。非法不言,非礼不履。关中之人无老幼,见先生,坐者必起。与侯无可为莫逆交。顾皆贫,尝与侯先生易衣互出,谋食以养,有无相通,两家如一。先生尝曰:"吾不可一日无侯无可。"或问故,曰:"无可能攻吾之过耳。"及病,侯先生徒步千里为之求医,未归而卒,目不瞑。人曰:"其待侯君乎?"未敛而侯先生至,抚之而瞑。先生尝欲谋葬其先世,未果而死,无子以继其志。侯先生百端经营,不足则卖衣以益之,卒襄其事。先生有孤妹未嫁,时方天寒,侯先生与其子单服以居,适有馈白金者,侯尽资之然后嫁。先生能得此于侯先生,则先生可知矣。(魏按:此传虽是写申,实是彰侯。)

谨案:全谢山曰:"闻之吕舍人本中[1]曰:'关学未兴,申颜先生盖亦安定[2]之傅,未几,而张氏兄弟大之。然则两先生之有功于关学者,亦已多矣。'有宇文止止[3]而后蜀学兴,有儒志[4]、经行[5]而后湖学盛,莫为之前,虽美不彰。观其所学,大体与张氏同科,殊不可没。关学篇乃断自横渠,不能为贤者抱珠遗之恨也,特表而出之。"

【注释】

[1]吕舍人本中:指吕本中(1084—1145),字居仁,世称东莱先生,祖籍莱州,寿州(治今安徽凤台)人。仁宗朝宰相吕夷简玄孙,哲宗元祐年间宰相吕公著曾孙,荥阳先生吕希哲孙,南宋东莱郡侯吕好问子。宋代诗人、词人、道学家。因其曾任起居舍人、权中书舍人等职,故称"吕舍人本中"。著有《春秋集解》《紫微诗话》《东莱先生诗》等。其《童蒙训》三卷记张载兄弟事较多。

[2]安定:即胡瑗(993—1059),字翼之,江苏如皋南乡胡家庄人,人称安定先生,北宋学者、教育家。胡瑗开创宋代理学的先声,曾提出"致天下之治者在人才,成天下之才者在教化,教化之所本者在学校"的主张,并且把讲学分经义和治事两斋,严立学规,以身示范。主要著作有《论语说》《洪范口义》《春秋口义》《景乐府奏议》等。

[3]宇文止止:即宇文之邵(1029—1082),北宋学者,字公南,汉州绵竹(今四川绵竹)人。学者称"止止先生",著有《止止先生宇文公集》二十二卷,现已失传。

[4]儒志:即王开祖(约1035—1068),字景山,世称"儒志先生",永嘉县城(今温州市鹿城区)人,北宋皇祐五年(1053)进士,任秘书省校书郎,处州主簿。后辞官回乡,在东山书院讲学授徒,从者数百。学者称其为"永嘉理学之开山祖也"。遗著有《儒志编》。

[5]经行:即丁昌期,字逢辰,生卒年不详,永嘉城区人,北宋哲宗元祐三年(1088),举明经行修科而不获用,归隐于郡城东郊,建醉经堂,聚徒讲学,称"经行先生",与王开祖同为永嘉学派开山鼻祖。

○略论关学之先

论曰:关学始自横渠,然关学非无源之水,该本于孔学而来也,此冯少墟以横渠为关学之先,而以孔门关中四子置之卷首之意。关学虽根植于关中,然非限于关中也,以其能承续孔学正脉,故非仅为关中士子标杆,而为天下学术之标杆也。然前人不见少墟用意,或以其限于地域而非之,或以其有意于道统而溯之,故前有丰川远溯上古,后有九畹非之之疑,其实皆非也。张骥不识此意,而其《宗传》亦削去孔门四子而以横渠为始。然横渠所本何人?所学何学?如此则不得而见也。故学横渠,当先知横渠导源孔门之意,如此方可谓知本也。

正编

魏按：关学始自横渠，故关学之正编，当自横渠始。此冯少墟以张载为关学卷一之首，丰川、桐阁之所尊而无异议，而张骥《宗传》所始自横渠之意也。此处正编，大抵以同治刘刻本为底本而点校注释，且加按语。凡该本补续中所无而丰川编中所有者，则据嘉庆周刻本全文补入；凡该补续已有而丰川补续重出者，亦据周刻本录其文附入。贺复斋，桐阁之门人也，继桐阁后复续入七人，兹亦据光绪柏刻本附焉。每传后且注作者，以明文献之所出。

卷一

宋

横渠张先生载①　　（〔明〕冯从吾编）

先生名载，字子厚，郿[1]人。（魏按：今人有说横渠之名、字，自《周易·坤卦》"厚德载物"而来。又按：横渠祖籍开封，生在长安，年十五，父丧涪州，扶柩归，不果，葬郿邑横渠镇，遂家焉。少墟关学入编，不以籍贯、生地、卒地、出仕地，而一概以家所在地为准则，盖以见关中水土风俗，与人物养成之关系，黄梨洲所谓"风土之厚，而又加之学问者也"。此虽未明言，然考其入编人物，灿然可见，学者察焉。）为人志气不群，少孤自立，无所不学，喜谈兵，至欲结客取洮西[2]之地。（魏按："少孤自立，无所不学"，自见横渠少年担当意气。"喜谈兵，至欲结客取洮西之地"，非汲汲于个人、家庭，而以天下自任也。横渠云"为万世开太平"，其发端当在少年乎！）年十八，以书谒范文正公[3]，（魏按：吕大临《行状》如是说。然考之，横渠谒见范文正公之事当在北宋康定元年（1040），即张载二十一岁时也。《宋史·张载传》言其事亦在二十一岁时。）公一见知其远器，欲成就之，乃谓之曰："儒者自有名教可乐，何事于兵！"因劝读《中庸》。先生读其书，遂翻然志于道，（魏按："志于道"，即有"为往圣继绝学"之志，然学力尚未足，故下有访诸佛老、反之六经之说。）已犹以为未足，又访诸释、老，累年尽究其说。知无所得，反而求之六经[4]。尝坐虎皮讲《易经》京师[5]，听从者甚众。②一夕，程伯淳、正叔[6]二先生至，与论《易》。二先生于先生为外兄弟[7]之子，卑行[8]也，而先生心服之，次日语人曰："比见二程，深明《易》道，吾所弗及，汝辈可师之。"即彻③坐辍讲。（魏按：由此可见横渠勇于从善、为学谦恭之德。然不可以此贬横渠而高二程也。学者详之。又按：事在北宋嘉祐元年[1056]，是年张载37岁，大程25岁，小程24岁。）与二程论道学[9]之要，涣然自信，曰："吾道自足，何事旁求！"于是尽弃异学，淳如[10]也。（魏按：吕与叔作横渠《行状》，此处作"见二程，尽弃其学"。小程则驳之曰："表叔平生议论，谓颐兄弟有同处则可，若谓学于颐兄弟则无是

---

① 底本此处无"载"字，据底本目录补入。
② 冯刻本、洪刻本此句无"经"字。
③ "彻"，赵刻本、蒙刻本、柏刻本，均与底本同。冯刻本、洪刻本、文渊阁本、文津阁本、周刻本作"撤"。

事。(顷年)属与叔删去,不谓尚存斯言,几于无忌惮也!"魏按:与叔作《行状》,自有谦怀,故不以别门户而起纷争;伊川言矫正,自是事实,故不以学有同而乱礼节。又按:横渠儒家信仰之确立,当以"尽弃异学,淳如也"为据。自21岁受读《中庸》而以为未足,又出入佛老、反之六经,大凡十五六年,至此方有所据守。此为横渠志于道而立于道之时期。)

【注释】

[1]郿:今陕西眉县。

[2]洮西:洮河之西,故称洮西。

[3]范文正公:即范仲淹。

[4]六经:即儒家之《诗》《书》《礼》《易》《春秋》《乐》。此处当泛指儒家经典。

[5]京师:宋都城开封。

[6]程伯淳、正叔:即程颢、程颐二兄弟。二人为张载表侄。

[7]外兄弟:1.表兄弟;2.远房兄弟;3.同母异父的兄弟。

[8]卑行:行辈低,晚辈。

[9]道学:探讨儒家性理之学,亦即"理学"。然"道学"一词横渠已用之,"理学"一词,则出自南宋文献也。

[10]淳如:质朴敦厚,纯粹。

  文潞公[1]以故相判长安,闻先生名行之美,以束帛聘,延之学宫,礼重之,命士子矜式焉。嘉祐二年(1057),举进士,为祁州[2]司法参军[3],迁云岩[4](少墟自注:县名,在宜川县西北,今废。)令。政事以敦本善俗为先,每月吉,具酒食召父老高年者于县庭,亲劝酬之,使人知养老事长之义,因访民疾苦,及告所以训戒子弟之意。有所教告,常患文檄之出,不能尽达于民,每召乡长于庭,谆谆口谕,使往告其里。间阎[5]有民,因事至庭,或行遇于道,必问:"某时命某告某事,闻否?"闻即已,否则罪其受命者。故教命出,虽僻壤,妇人孺子毕与闻,俗用翕然[6]。(魏按:此可见横渠为政以礼教为先之大端。关学为政之风格,大抵由此奠定。对比《关学编》中其他人物传记可知。)

【注释】

[1]文潞公:指文彦博。文彦博(1006—1097),字宽夫,号伊叟。汾州介休(今山西介休)人。北宋时期著名政治家、书法家。北宋天圣五年(1027),进士及第,历任殿中侍御史、转运副使、枢密副使、参知政事等职,升任同平章事(宰相)。皇祐三年(1051)被劾罢相,出知许、青、永兴等州军。至和二年(1055)复相。嘉祐三年(1058),出判河南等地,封

潞国公。宋神宗时,反对王安石变法,出判大名、河南府,累加至太尉。元丰六年(1083)以太师致仕。宋哲宗即位后,经宰相司马光举荐,起授平章军国重事。元祐五年(1090),再次致仕。绍圣四年(1097),降授太子少保,同年去世,年九十二。宋徽宗时,与司马光等并入元祐党人碑,后追复太师,谥号"忠烈"。康熙六十一年(1722),从祀历代帝王庙。有《文潞公集》四十卷。《全宋词》录其词一首。

[2]祁州:今河北安国市境内。

[3]司法参军:宋代官名,掌议法断刑。

[4]云岩:云岩镇是陕西省延安市宜川县下辖的一个镇,位于宜川县城北直线26.5千米处,素有宜川"北大门"之称,从北魏至宋代,曾是云岩县址。云岩镇与延安市宝塔区、延长县雷赤乡、安沟乡毗邻,云岩河傍镇而过,渭清线、延壶路交错过境。云岩镇因岩石重叠、高入云端而得名。

[5]间阎:原指古代里巷内外的门,后泛指平民老百姓。

[6]翕然:安宁、和顺。安定的样子。

熙宁[1]初,迁著作佐郎[2],签书渭州军事判官[3]。御史中丞[4]吕晦叔公著[5]荐先生于朝,曰:"张载学有本原,西方之学者皆宗之,可以召对访问。"上召见,问治道。对曰:"为治不法三代者,终苟道也。"(魏按:此可见横渠治国理政之宗旨所在。)上说之,曰:"卿宜日见二府议事,朕且将大用卿。"先生谢曰:"臣自外官赴召,未测朝廷新政所安,愿徐观旬月,继有所献。"(魏按:就此一语,横渠笃实求是之风格,已跃然纸上。)上然之。他日,见执政[6]王安石[7],安石谓曰:"新政之更,惧不能任事,求助于子,何如?"先生曰:"朝廷将大有为,天下之士,愿与下风。若与人为善,则孰敢不尽!如教玉人追琢,则人亦故有不能。"(魏按:亦是笃实求是。所谓金玉人格,可谓有礼有节。)执政默然。所语多不合,寖不悦。既命校书崇文[8],辞未得请,复命按狱浙东。程伯淳时官御史里行[9],争曰:"张载以道德进,不宜使治狱。"安石曰:"淑问如皋陶[10],犹且讞囚[11],此庸何伤?"命竟下,实疏之也。狱成,还朝。(魏按:伯淳亦不知横渠之才。横渠此时已在地方仕途历练十二年,有何不可为!然荆公则略带偏狭也。宰相肚里能撑船,荆公未为精到。)会弟御史①天祺及伯淳并以言得罪,乃移疾西归,屏居横渠。(魏按:自嘉祐二年(1057)入仕至此十二年,为横渠深入社会,于实践中验证探索儒家理念之时期,亦是横渠一生出仕之主要时期,可以其"四为句"中"为生民立命"一语概之。)

---

① "御史"底本作"史御",赵刻本、蒙刻本同。然冯刻本、洪刻本、文渊阁本、文津阁本、周刻本、柏刻本均作"御史"。以"御史"为正,改。

【注释】

[1]熙宁:宋神宗年号(1068—1077)。

[2]著作佐郎:官名。三国魏始置,属中书省,掌编纂国史。晋代改属秘书省,号称大著作。南朝末期为贵族子弟出身之官。至唐代主管著作局,掌撰拟文字,曾一度改称司文郎中。著作郎下有著作佐郎、校书郎、正字等官。

[3]签书渭州军事判官:签书,职掌名,设于各使司及卫所等机构,专指统掌本司事以外的副职。渭州,今甘肃平凉。军事判官,北宋于各军事州置,助理行政,掌簿书案牍文移,付受督催。

[4]御史中丞:古代官名,秦始置。汉朝为御史大夫的次官,或称御史中执法,秩千石。汉哀帝废御史大夫,以御史中丞为御史台长官,后历代相沿,唯官名时有变动。南北朝时期,御史大夫时置时废,即令置大夫亦往往缺位。故中丞实为御史台长官无疑。隋置御史大夫,不置御史中丞,这是因为避讳的缘故。唐、五代、宋均大夫与中丞并置,唯大夫极少除授,仍以中丞为长官。

[5]吕晦叔公著:即吕公著(1018—1089),字晦叔,寿州(今寿县)人,吕夷简之子,举进士。宋仁宗、英宗两朝历任天章阁侍制等职。宋神宗熙宁二年(1069)任御史中丞,任尚书右仆射兼中书侍郎,位至司空、同平章军国事。宋哲宗元祐四年(1089)卒,赠申国公。

[6]执政:宋代称参知政事、门下侍郎、中书侍郎、尚书左右丞、枢密使、枢密副使、知枢密院事,同知枢密院事为执政官,金、元制略同。

[7]王安石(1021—1086),字介甫,号半山,临川(今江西抚州市临川区)人,北宋著名的思想家、政治家、文学家、改革家。历任扬州签判、鄞县知县、舒州通判等职,政绩显著。北宋熙宁二年(1069),任参知政事,次年拜相,主持变法。因守旧派反对,熙宁七年(1074)罢相。一年后,宋神宗再次起用,旋又罢相,退居江宁。元祐元年(1086),保守派得势,新法皆废,郁然病逝于钟山(今江苏南京),赠太傅。绍圣元年(1094),获谥"文",故世称王文公。

[8]崇文:官署名,宋代贮藏图书的官署。唐太宗贞观中设崇文馆,为太子学馆,置学士等官,掌管东宫经籍图书,以教授诸生。北宋建立后,沿袭唐代旧制,以汴京(今开封市)之昭文馆、史馆、集贤院为三馆,称为西馆。太平兴国三年(978),建三馆书院,迁贮三馆书籍,赐名崇文院。端拱元年(988),就崇文院中堂建秘阁,仍与三馆总称崇文院。元丰改制后仍归秘书省。

[9]御史里行:官名,隶御史台察院。唐太宗贞观(627—649)初,马周以布衣进用,令于监察御史里行,后遂常置,员额为监察御史之半,俸禄稍减,职事略同。北宋以授官卑而任监察御史者,任职二年即正除御史。

[10]皋陶：读为 gāo yáo，中国上古传说中的人物，上古时期伟大的政治家、思想家、教育家，传说中生于尧帝时期，曾被舜任命为掌管刑法的"士"，以正直闻名天下。因其主要功绩有制定刑法和教育，帮助尧和舜推行"五刑""五教"，因此被史学界和司法界公认为中国司法鼻祖。

[11]谳囚：读为 yàn qiú，指审讯犯人。

  横渠至僻陋，仅田数百亩供岁计，人不堪其忧，先生约而能足，处之裕如。终日危坐一室，左右简编，俯而读，仰而思。有妙契，虽中夜必取烛疾书。尝谓门人曰："吾学既得诸心，则修其辞命；辞命无差，然后断事；断事无失，吾乃沛然。"盖其志道精思，未始须臾息，亦未尝须臾忘也。学者有问，多告以知礼成性、变化气质之道，学必如圣人而后已。（魏按：横渠教化之所倡言者，全在此二句。）以为知人而不知天，求为贤人而不求为圣人，此秦、汉以来学者之大弊也。（魏按：横渠学说之所欲解决者，全在此二弊。）故其学以《易》为宗，以《中庸》为体，以《礼》为的，以《孔》《孟》为法，穷神化，一天人，立大本，斥异学，自孟子以来，未之有也。（魏按：横渠学说之架构，全在此句。学者须明"宗""体""的""法"四字涵义。略而言之："宗"者，其论之依据；"体"者，其论之内容；"的"者，其论之归宿；"法"者，其论之规矩。"穷神化，一天人，立大本，斥异学"四句，正见横渠学说之特出处。学者不可轻易放过，仔细体会方得。）

  患近世丧祭无法，丧仅隆三年，期以下，恬未有衰麻之变[1]；祀先之礼，用流俗节序，祭以亵不严。于是勉修古礼，为薄俗倡，期功[2]而下，为制服，轻重如仪实；始行四时之荐，曲尽诚洁。教童子以洒扫应对，给侍长者；女子未嫁者，必使观于祭祀，纳酒浆，以养逊弟，而就成德。尝曰："事亲奉祭，岂可使人为之！"闻者始或疑笑，终乃信而从之，相效复古者甚众，关中风俗，为之大变。（魏按：横渠礼教，先行之以丧祭，再教之以家人，而后影响于乡人。以礼为教，自家及乡。）

【注释】

  [1]衰麻：指丧服，衰衣麻绖，出《礼记·乐记》："衰麻哭泣，所以节丧纪也。"衰衣麻绖（dié），本义指旧时用麻做的丧带，系在腰或头上。古代用麻做的丧带，在头上为首绖，在腰为腰绖。也专指腰带。

  [2]期功：期，音 jī，服丧一年。功，按关系亲疏分大功和小功，大功服丧九月，小功服丧五月。亦用以指五服之内的宗亲。

熙宁九年(1069),秦凤帅吕微仲大防[1]荐之曰:"张载之学,善发圣人之遗意,其术略可措之以复古,宜还旧职,访以治体。"诏从之,召同知太常礼院[2]。及至都,公卿闻风争造,然亦未有深知之者。以所欲言尝试于人,多未之信。会言者欲讲行冠昏丧祭礼,诏下礼官议。礼官狃故常,以古今异俗为说,先生力争之不能得。适三年郊,礼官不致严,力争之又不得。先生知道之终不行也,复谒告归。中道而疾病,抵临潼卒,年五十八。贫无以敛,门人共买棺,奉其丧还。翰林学士许将言其恬于进取,乞加赠恤,诏赐馆职半①赙。

【注释】

[1]秦凤帅吕微仲大防:即吕大防(1027—1097),字微仲,京兆府蓝田(今陕西蓝田)人,北宋时期政治家、书法家。仁宗皇祐元年(1049)进士,任冯翊主簿、永寿县令。县无井,饮水困难,大防将泉水引入县,县民名之曰"吕公泉"。英宗即位,改太常博士、监察御史里行。因参与濮议而被贬黜。哲宗时,召为翰林学士,发遣开封府。元祐元年(1086),升至尚书左仆射兼门下侍郎,封汲郡公。哲宗时,因元祐党争,知随州,贬秘书监。绍圣四年(1097),再贬舒州团练副使,循州(今惠州市)安置,至虔州信丰(今江西信丰县)病卒,时年71岁。南宋初,追谥为正愍,追赠太师、宣国公。工书法,传世墨迹有《示问帖》。他虽不是张载的门人,但《宋元学案》记载其人与张载同调,《关学编》《进伯吕先生大忠》有附传。

[2]太常礼院:官署名。唐朝始置,属太常寺。唐德宗贞元七年(791)置礼院直二人,九年(793)置礼院修撰、检讨各一人。掌教礼仪,事许专达。五代沿置,掌郊庙之制,检讨礼仪故事。宋初设判院,掌礼仪之事。北宋仁宗天圣元年(1023)以礼仪院并归本院,增置同知太常礼院官。名义上隶太常寺,实际事皆专达,寺、院之事不相兼。康定元年(1040),始由判太常寺官兼领。神宗元丰(1078—1085)年间改制废,于太常寺设礼仪案掌其职。

先生气质刚毅,望之俨然,与之居久而日亲。勇于自克,人未信,惟反躬自艾,即未喻,安行之无悔也。闻风者服义,不敢以私干之。(魏按:此后关学人物气质,大抵如是。)

居恒以天下为念。闻皇子生,喜见颜面。行道见饥殍,辄咨嗟,对案不食者终日。闻人善,辄喜。答问学者,虽多不倦,有不能者,未尝不开其端。行游所至,必访人才,有可语者,必丁宁以诲之,惟恐其成就之晚。虽贫不能自

---

① "半",底本无,据《宋史》卷四二七《张载本传》补。

给,而门人无赀者,辄麤粝与共尝。(魏按:以天下为念,以生民为本。)

慨然有志三代之治。论治人先务,未始不以经界为急,以为"仁政必自经界始"。贫富不均,教养无法,虽欲言治,皆苟而已。方欲与学者,买田一方,画为数井,上不失公家之赋役,退以其私正经界,分宅里,立敛法,广储蓄,兴学校,成礼俗,救灾恤患,敦本抑末,足以推先王之遗法,明当今之可行。有志未就而卒。(魏按:横渠经世致用精神,可就此观之。学者勿拘于井田而嗤之。)

始先生为学亦颇秘之,不多以语人,曰:"学者虽复多闻,不务蓄德,祇益口耳,无为也!"程伯淳开①之,曰:"道之不明久矣,人善其所习,自谓至足。必欲如孔门不愤不启,不悱不发,则师资势隔,而先王之道,或几乎熄矣。趋今之时,且当随其资而诱之,虽识有浅深,志有浅深,亦各有得,而尧、舜之道,庶可驯至也。"先生用其言。故关中学者躬行之多,与洛人并,历数世不衰。(魏按:由是而观之,横渠讲学,启自明道。关中此后,吕泾野、冯少墟等,皆重讲学,不可谓非先生后进也。)

先生所著书,曰《正蒙》。尝自言:"吾为此书,譬之树株,根本枝叶,莫不悉备,充荣之者,其在人功而已。又如晬盘示儿,百物具在,顾取者何如耳!"书成,揭书中《乾称篇》首尾二章,置在左右,曰《订顽》,曰《砭愚》。已程正叔改曰《西铭》《东铭》。其《西铭》曰:

"乾称父,坤称母;予兹藐焉,乃混然中处。故天地之塞[1],吾其体;天地之帅[2],吾其性。民,吾同胞;物,吾与也。大君者,吾父母宗子;其大臣,宗子之家相也。尊高年,所以长其长;慈孤弱,所以幼其幼。圣,其合德;贤,其秀也。凡天下疲癃残疾[3]、惸独鳏寡[4],皆吾兄弟之颠连而无告[5]者也。'于时保之',子之翼也。'乐且不忧',纯乎孝者也。违曰悖德,害仁曰贼;济恶者不才,其践形,惟肖者也。知化则善述其事,穷神则善继其志。不愧屋漏为无忝,存心养性为匪懈。恶旨酒,崇伯子之顾养[6];育英才,颖②封人之锡类[7]。不弛劳而底豫,舜其功也[8];无所逃而待烹,申生其恭也[9];体其受而归全者,参乎![10]勇于从而顺令者,伯奇也[11]。富贵福泽,将厚吾之生也;贫贱忧戚,庸玉汝于成也。存,吾顺事;没,吾宁也。"(魏按:此论从家而推至天,从孝而扩至仁,人之为人与所以为人,尽在其中。)

程正叔谓:"《西铭》明理一而分殊,扩前圣所未发,与孟子性善、养气之

---

① "开",文渊阁本、周刻本、柏刻本作"闻",洪刻本作"闭"。
② "颖",底本作"颍",各本同。柏刻本作"颖",均误,改。

论同功。"又谓:"自孟子后,未见此书。"

【注释】

[1]天地之塞:塞,填塞、充满。天地之塞,这里指填塞、充满天地之间者,也就是张载所说的气。

[2]天地之帅:帅,军队中最高级的指挥官,又通"率"。这里指统帅、主宰天地万物者,也就是张载所说的理。

[3]疲癃残疾:老弱病残。

[4]惸独鳏寡:泛指孤苦无依的人。

[5]颠连而无告:颠连:困苦;告:告借。生活困苦又无处借贷。这里指生活困苦不堪而又无处告贷和诉说。

[6]恶旨酒,崇伯子之顾养:崇伯子,鲧之子大禹。指大禹念及孝顺赡养父母而远离美酒。

[7]育英才,颍封人之锡类:颍封人,颍考叔。指颍考叔纯孝爱母,其孝施及郑庄公,使其母子相见,故称为善于培育英才。

[8]不弛劳而底豫,舜其功也:指舜不懈劳作而使其父得到欢乐,这是他所取得的成功。

[9]无所逃而待烹,申生其恭也:指晋献公的太子申生不逃而待父之极刑,从而获得了"恭"的谥号。

[10]体其受而归全者,参乎:指生体受之父母,死全归之父母,这是曾参之孝。

[11]勇于从而顺令者,伯奇也:指勇于顺从父母之立储旨意,这样做的是伯奇。

先生学古力行,笃志好礼,为关中士人宗师,世称为"横渠先生",门人私谥曰"诚明"。(魏按:"关中士人宗师"一句,已点明关学中横渠之地位。不惟宋时如此,宋以下,亦复如是。学者明之。)朱文公[1]赞曰:"早悦孙、吴,晚逃佛、老。勇撤皋比[2],一变至道。精思力践,妙契疾书。《订顽》之训,示我广居。"理宗淳祐[3]初,谥"明公",封"郿伯",从祀孔子庙庭。国朝嘉靖九年[4],改称"先儒张子"。

【注释】

[1]朱文公:即朱熹(1130—1200),字元晦,又字仲晦,号晦庵,晚称晦翁,谥"文",世称朱文公。祖籍江南东路徽州府婺源县(今江西省婺源),出生于南剑州尤溪(今属福建省尤溪县)。南宋著名的理学家、思想家、哲学家、教育家、诗人,闽学派的代表人物,儒学

集大成者,世尊称为朱子。朱熹是程颢、程颐的三传弟子李侗的学生,曾任江西南康、福建漳州知府、浙东巡抚,做官清正有为,振举书院建设。后官拜焕章阁侍制兼侍讲,为宋宁宗讲学。其著述甚多,有《四书章句集注》《太极图说解》《通书解说》《周易读本》《楚辞集注》,后人辑有《朱子大全》等。

[2]皋比:亦作"皐比"。虎皮。古人坐虎皮讲学。后因以指讲席。

[3]理宗淳祐:南宋理宗年号(1241—1252)。

[4]国朝嘉靖九年:即明世宗嘉靖九年(1530)。

魏按:张载(1020—1077),陕西眉县人。儒家理学形态的重要奠基者,关学宗师。吕大临有《横渠先生行状》,见载朱熹《伊洛渊源录》卷六。南宋王称所作《东都事略》卷一百一十四《儒学传》九十七有传,《宋史》卷二百四十七有传,《宋元学案》有《横渠学案》,可参看。横渠之著作有《正蒙》《横渠易说》《经学理窟》《张子语录》,后人又于《性理大全》《近思录》《二程集》等著作中辑成《性理拾遗》《近思录拾遗》《二程书拾遗》《文集抄》等,明清编为《张子全书》《张载集》等传世。

天祺张先生戬① ([明]冯从吾编)

先生名戬,字天祺,横渠先生季弟。少而庄重老成,长而好学,不喜为雕虫[1]之辞以从科举。父兄敦迫,喻以为贫,乃强起就乡贡。既冠,登进士第,调陕州阌县主簿,移凤翔普润县令。改秘书省著作佐郎,知陕州灵宝、渠州、流江、怀安军金堂县事,转太常博士。熙宁二年(1069),为监察御史里行。明年(1070),以言事出知公安县,改陕州夏县转运使,举监凤翔司竹监。熙宁九年(1076)卒,年四十有七。

【注释】

[1]雕虫:指写作诗文辞赋。

先生历治六七邑,诚心爱人,而有术以济之,力行不息,所至皆有显效。视民之不得其所,若己致之,极其智力,必济而后已。尝摄令华州蒲城,蒲城剧邑,民悍使气,不畏法令,斗讼寇盗,倍蓰[1]它邑。先是,令长以峻法治之,奸愈不胜。先生悉宽条禁,有讼至庭,必以理敦喻,使无犯法;闲召父老,使之

---

① 底本此处无"戬"字,据底本目录补入。

教督子弟服学省过;作记善簿,民有小善,悉以籍之。月吉,以俸钱为酒食,召邑之高年,聚于县廨以劳之,使其子孙侍,因劝以孝弟之道。不数月,邑人化之,狱讼为衰。(魏按:大有乃兄云岩之风。)

【注释】

[1]倍蓰:蓰,zǒng,草细密。这里是繁多数倍的意思。

为御史,每进对,必以尧、舜、三代进于上前,恻怛之爱,无所迁避。(魏按:自是横渠论政同调。)其大要,启君心,进有德,谓"反经正本,当自朝廷始。不先诸此而治其末,未见其可也"。累章论王安石乱法,乞罢条例司,及追还常平使者。劾曾公亮、陈升之依违不能救正;韩绛左右狗从,与为死党;李定以邪谄窃台谏;吕惠卿刻薄便给,假经术以文奸言,岂宜劝讲君侧。又诣中书省争之,安石举扇,掩面而笑,先生曰:"戬之狂直,宜为公笑,然天下之笑公不少矣!"章十数上,卒不纳,乃叹曰:"兹未可以已乎!"遂谢病待罪,卒罢言职。既出知公安,未尝以谏草示人,不说人以无罪。(魏按:其襟怀如此,今之自诩刚直而落职者,如何?)天下士大夫闻其风者,始则耸然畏之,终乃服其厚。自公安改知夏县,县素号多讼,先生待以至诚,反复教喻,不逆不亿,不行小惠,讼者往往叩头自引。未几,灵宝之民遮使者车,请曰:"今夏令张公,乃吾昔日之贤令也,愿使君哀吾民,乞张公还旧治。"使者欣然听其辞而言于朝。去之日,遮道送,不得行,父老曰:"昔者,人以吾邑之人无良喜讼,自公来,民讼几希,是惟公知吾邑民之不喜讼也。"言已,皆泣下。徙监司竹监,举家不食笋,其清慎如此。

先生笃实宽裕,俨然正色。虽喜愠不见于容,然与人居,温厚之意,久而益亲。(魏按:还是横渠气象。)终日言,未尝不及于义。接人,无贵贱疏戚,未尝失色于一人。乐道人之善,而不及其恶,乐进己之德,而不事无益之言。其清不以能病人,其和不以物夺志。常鸡鸣而起,勉勉矫强,任道力行,每若不及。德大容物,沛若有余。常自省,小有过差,必语人曰:"我知之矣,公等察之,后此不复为矣。"重然诺,一言之欺,以为己病。(魏按:能自省如此,自励如此,真可谓有勇。)少孤,不得事亲,而奉其兄,以弟就养无方,极其恭爱,推而及诸族姻故旧,罔不周恤。有妹寡居,子不克家,先生力为经其家事。有一二故人,死不克葬十余年,先生恻然不安,帅其知识,合力聚财,乃克襄事。笃行不苟,为一时师表。(魏按:孝而悌,悌而义。兄而族,族而亲,亲而友。)

横渠先生尝语人曰:"吾弟德性之美,吾有所不如。其不自假而勇于不屈,在孔门之列,宜与子夏[1]后先。晚而讲,学而达[2]。"又曰:"吾弟,全器也。然语道而合,乃自今始。有弟如此,道其无忧乎!"关中学者称为"二张"云。

【注释】

[1]子夏:卜子夏(前507—前420),姓卜名商,春秋时晋国人,孔子的学生,"孔门十哲"之一,"七十二贤"之一。少时家贫,苦学而入仕,曾做过鲁国太宰。孔子死后,他来到魏国的西河(今山西河津)讲学。授徒三百,当时名流李克、吴起、田子方、李悝、段干木、公羊高等均出自其门下,连魏文侯亦"问乐于子夏",尊他为师,这就是有名的"西河设教"。

[2]晚而讲,学而达:讲,讲究追求,修习研究。指晚年修习研究,从而学问得以通达。

魏按:张戬(1030—1076),张载弟,亦为其同调、学侣。吕大临有《张御史行状》,见载朱熹《伊洛渊源录》卷六。另南宋王称所作《东都事略》卷一百十四《儒学传》九十七有传,《宋史》卷四百二十七有传,《宋元学案·横渠学案》亦有传,可参看。其著作今不可见,《全宋文》卷一千六百六十三录其遗文6篇,其为政事略与人格气象,可于此见之。

进伯吕先生大忠 弟大防附① ([明]冯从吾编)

先生名大忠,字进伯,其先汲郡人。祖通,太常博士。父蕡,比部郎中。(魏按:"蕡",果实繁盛之意。初,蕡与马氏婚约,及中进士而马氏盲,吕蕡不悔婚约,而后得六子,五子登科。可谓果实繁而盛也。吕氏仁厚守约,其报如此,故载其事于斯。事见陈师道《后山杂说》。)通葬蓝田,子孙遂为蓝田人。(魏按:此冯少墟不以祖籍为依据,而以其家在关中而归入关学之一例。《关学编》中此例甚多,如张载兄弟祖籍开封,而家于横渠,故为郿人。学者留心于此,可见关学以地系人之准则。)先生登皇祐[1]中进士,为华阴尉、晋城令。未几,提督永兴路义勇,改秘书丞,签书定国军判官。

【注释】

[1]皇祐:宋仁宗年号(1049—1053)。

---

① 底本此处无"大忠 弟大防附"六字,据底本目录及本传内容补。

熙宁[1]中,王安石议遣使诸道,立缘边封沟,进伯与范育被命,俱辞行。进伯陈五不可,以为怀抚外国,恩信不洽,必致生患。罢不遣。令与刘忱使辽,议代北地。会遭父丧,起复,知代州。辽使至代,设次,据主席,先生与之争,乃移次于长城北,辽使竟屈。已而复使求代北地,神宗将从之,先生曰:"彼遣一使来,即与地五百里,若使魏王英弼来求关南,则何如?"神宗曰:"卿是何言也!"(魏按:观进伯此语,刚直中真有可爱。)刘忱曰:"大忠之言,社稷大计,愿陛下熟思之。"执政知其不可夺,议竟不决,罢忱还三司,先生亦终丧制。其后竟以分水岭为界焉。

元丰[2]中,为河北转运判官,徙提点淮西刑狱。寻诏归故官。元祐[3]初,历工部郎中、陕西转运副使知陕州,以直龙图阁知秦州,进宝文阁待制。绍圣二年(1095),加宝文阁直学士,知渭州。后汲公及党祸,乞以所进官为量移,徙知同州,旋降待制致仕。卒,诏复学士官,佐其葬。

【注释】

[1]熙宁:宋神宗年号(1068—1077)。

[2]元丰:宋神宗年号(1078—1085)。

[3]元祐:宋哲宗年号(1086—1093)。

知秦州时,马涓[1]以状元为州签判,初呼"状元"。先生谓之曰:"'状元'云者,及第未除官之称也,既为判官,则不可。今科举之学既无用,修身为己之学,不可不勉。"又时时告以临政治民之道。涓自为①得师,后为台官有声,每叹曰:"吕公教我之恩也。"(魏按:韩持国知颍州,时彦中状元后签判,每自称状元,持国怒道:"状元无官邪?自此呼时签判。"时彦终身记恨此事。此二事绝对相类似,但一记恨,一拜谢者,何也?盖持国厉声而斥,则其人恨;吕进伯平心以导,则其人悦。吕进伯其善教人如此。)谢上蔡[2]时教授州学,先生每过之,听谢讲《论语》,必正襟敛容,曰:"圣人之言行在焉,吾不敢不肃。"(魏按:其能尊教如此,亦为马涓典范,亦为吾辈典范。)

【注释】

[1]马涓:四川阆中保宁(今四川南部人),字巨济,生卒年不详。宋哲宗元祐六年

---

① "为",冯刻本、洪刻本、柏刻本同,文渊阁本、文津阁本、周刻本、蒙刻本作"谓"。

(1091)辛未科状元。

[2]谢上蔡:即谢良佐(1050—1103),字显道,人称上蔡先生或谢上蔡,蔡州上蔡(今河南)人,北宋官员、学者。师从程颢、程颐,与游酢、吕大临、杨时号称"程门四先生"。谢良佐创立了上蔡学派,是心学的奠基人、湖湘学派的鼻祖,在程朱理学的发展史上起到桥梁作用。著有《论语说》,其核心思想被门人曾恬、胡安国所录为《上蔡先生语录》,经朱熹编辑为三卷《上蔡语录》。

先生为人质直,不妄语,动有法度。从程正公[1]学,正公称曰:"吕进伯可爱,老而好学,理会直是到底。"所著有《辋川集》五卷、《奏议》十卷。弟大防、大钧、大临,兄弟四人,皆为一时贤者,世无不高之。

【注释】

[1]程正公:即程颐。正公为程颐谥号。

大防,字微仲,进士及第。元祐初,以左仆射同范纯仁[1]相,垂帘听政者八年,能使元祐之治,比隆嘉祐。封汲郡公。绍圣[2]初,贬舒州,行至虔州信丰,薨。绍兴[3]初,赠太师、宣国公,谥"正愍"。

【注释】

[1]范纯仁(1027—1101),字尧夫,谥忠宣。北宋大臣,人称"布衣宰相"。参知政事范仲淹次子。著有《范忠宣公集》。
[2]绍圣:宋哲宗年号(1094—1097)。
[3]绍兴:宋高宗年号(1131—1162)。

魏按:吕大忠(1025—1100),《宋史》卷三百四十有传。吕大防(1027—1097),《宋史》卷三百四十亦有传。《宋元学案·吕范诸儒学案》列吕大忠为"张程门人",言其"与其弟和叔大钧、与叔大临俱游张、程之门";《宋元学案·范吕诸儒学案》则列吕大防为横渠同调。然观此一传,未见进伯、微仲兄弟有从学张载之语,盖少墟以其二者均为横渠同调者欤?然进伯为横渠门人之说何所从来?待考。

和叔吕先生大钧[①]　　（〔明〕冯从吾编）

先生名大钧,字和叔,大忠弟。嘉祐二年(1057),中进士乙科,授秦州司理参军,监延州折博务。改光禄寺丞,知三原。移巴西,又移知侯官,以荐知泾阳,皆不赴。丁外艰[1],服除[2],自以道未明,学未优,曰:"吾斯之未能信!"于是不复有禄仕意,家居讲道,以教育人才,变化风俗,期德成而致用。久之,以大臣荐,为诸王宫教授。当献文,作《天下一家中国一人论》上。寻监凤翔船务,制改宣义郎。

【注释】

[1]丁外艰:古代丧制名,凡子遭父丧或承重孙遭祖父丧,称丁外艰。凡子遭母丧或承重孙遭祖母丧,称丁内艰。

[2]服除:守丧期满。与"服阕"同义。

会伐西夏,鄜延转运司檄为从事。既出塞,转运使李稷馈饷不继,欲还安定取粮,使先生请于种谔[1]。谔曰:"吾受命将兵,安知粮道?万一不继,召稷来,与一剑耳。"（魏按:甚是跋扈。）先生即曰:"朝廷出师,去塞未远,遂斩转运使,无君父乎?"谔意折,强谓先生曰:"君欲以此报稷,先稷受祸[②]矣!"（魏按:又是威胁。）先生怒曰:"公将以此言见恐耶?吾委身事主,死无所辞,正恐公过耳。"谔见其直,乃好谓曰:"子乃尔耶?今听汝矣!"（魏按:还是屈服。）始许稷还。是时,微先生盛气诮谔,稷且不免。未几,以疾卒于官,年五十有二。

【注释】

[1]种谔:种谔(1027—1083),字子正,祖籍洛阳,世居陕西。宋初大儒种放之侄孙,名将种世衡之子,与其兄种古、其弟种诊并称"三种",北宋时期著名将领。张载弟子种师道为其侄。

先生为人,质厚刚正。初学于横渠张子,又卒业于二程子,以圣门事业为己任,识者方之季路[1]。先生于横渠为同年友[2],及闻学,遂执弟子礼。时横渠以礼教为学者倡,后进蔽于习尚,其才俊者急于进取,昏塞者难于领解,寂

---

① 底本此处无"大钧"二字,据底本目录补入。
② "祸",赵刻本、蒙刻本同。冯刻本、洪刻本、周刻本、柏刻本均作"祸",亦通。

寥无有和者。先生独信之不疑,毅然不恤人之非间已也。(魏按:和叔襟怀如此,同年尚且拜为师而执弟子礼,古今几人能做到!微和叔,横渠之学几人能知而向服?和叔于横渠之开派,功莫大焉,善莫大焉!非坚志求道、虚心向学者,其孰能如此!)潜心玩理,望圣贤克期可到,日用躬行,必取先王法度以为宗范。居父丧,衰麻、敛、奠、比、虞、祔,一襄之于礼。已又推之冠婚、饮酒、相见、庆吊之事,皆不混习俗。与兄进伯、微仲、弟与叔率乡人,为《乡约》以敦俗,其略云:"德业相劝,过失相规,礼俗相交,患难相恤。"节文粲然可观。自是关中风俗,为之一变。横渠叹:"秦俗之化,和叔有力。"又叹其"勇为不可及"。而程正公亦称其"任道担当,其风力甚劲"云。(魏按:横渠以礼为教,亦因和叔兄弟而寖广关中,流布于斯。无和叔,何有横渠?)

【注释】

[1]季路:即仲由(前542—前480),字子路,又字季路,鲁国卞之野(今山东省临沂市平邑县仲村镇)人。"孔门十哲"之一、"二十四孝"之一、"孔门七十二贤"之一。

[2]同年友:同年,科举考试同榜考中的人。吕大钧与张载为同年进士。

先生少时赡学洽闻[1],无所不该,尝言:"始学必先行其所知而已,若夫道德性命之际,惟躬行久则至焉。"(魏按:冥思无根,躬行为本。)横渠谓"学不造约,虽劳而艰于进德",且谓"君勉之,当自悟"。至是博而以约,焕然冰释矣,故比他人功敏,而得之尤多。其与人语,必因其所可及而喻诸义,治经说得于身践而心解[2]。其文章不作于无用,能守其师说而践履之。(魏按:能守横渠之说而付诸实践,此正横渠门风。)尤喜讲明井田、兵制,谓治道必自此始。悉撰次为图籍,使可见之行,曰:"如有用我,举而措之而已。"

【注释】

[1]赡学洽闻:博学多闻。
[2]心解:心中领会。

其卒也,范巽之[1]表其墓曰:"诚德君子。"又曰:"君性纯厚易直,强明正亮,所行不二于心,所知不二于行。其学以孔子下学上达之心立其志,以孟子集义之功养其德,以颜子克己复礼之用厉①其用②,其要归之诚明不息。不为众人沮之而疑,小辨夺之而屈,势利劫之而回,知力穷之而止,其自任以圣贤之重如此。"

当先生卒时,妻种氏治先生丧,一如先生治比部公[2]丧,诸委巷浮图事,一屏不用。(魏按:少墟力辨儒释,此又一例。)子义山,能传其学,人以为道行于妻子云。所著有《四书注》《诚德集》。其《乡约》《乡仪》,朱文公表章之,行于世。《乡约》,今为令甲。

【注释】

[1]范巽之:即范育,张载弟子,下有传。

[2]比部公:吕大钧之父吕蕡,曾为比部郎中,故称比部公。

魏按:吕大钧(1031—1082),横渠门人。范育有《吕和叔墓表》,见载吕祖谦《皇朝文鉴》卷一四五。另,《宋史》卷三百四十有传,《宋元学案·吕范诸儒学案》有传,可参看。

与叔吕先生大临③　(〔明〕冯从吾编)

先生名大临,字与叔,号芸阁,大钧弟。以门荫入官,不复应举,或问其故,曰:"某何敢拚[1]祖宗之德!"(魏按:不复应举,孝在其中矣。)元祐[2]中,为太学博士、秘书省正字。尝论选举曰:"立士规,以养德厉行;更学制,以量才进艺;定试法,以区别能否;修辟法④,以兴能备用;严举法,以核实得人;制考法,以责任考功。"范学士祖禹[3]荐其修身好学,行如古人,可为讲官。未及用而卒。

【注释】

[1]拚:通"掩"。

[2]元祐:宋哲宗年号(1086—1093)。

[3]范学士祖禹:即范祖禹(1041—1098),字淳甫(淳,或作醇、纯;甫,或作父),一字梦得,成都华阳人。著名史学家,"三范修史"(范镇、范祖禹、范冲)之一。著《唐鉴》十二

---

① "厉",各本同,唯蒙刻本作"属"。
② "其用"之"用",〔宋〕吕祖谦《宋文鉴》卷一五四范育《吕和叔墓表》作"行"。
③ 底本此处无"大临"二字,据底本目录补入。
④ "法",各本同,唯蒙刻本作"厉"。

卷,《帝学》八卷,《仁宗政典》六卷;而《唐鉴》深明唐三百年治乱,学者尊之,目为"唐鉴公"。

先生学通六经,尤邃于礼,每欲掇习三代遗文旧制,令可行,不为空言以拂世骇俗。(魏按:关学重礼尚行宗风,于先生粲然可见。)少从横渠张先生游,横渠殁,乃东见二程先生,卒业焉。与谢良佐[1]、游酢[2]、杨时[3],在程门号"四先生",纯公[4]语之以"识仁"。先生默识深契,豁如也,作《克己铭》以见意。其文曰:"凡厥有生,均气同体,胡为不仁? 我则有己。立己与物,私为町畦,胜心横生,扰扰不齐。大人存诚,心见帝则,初无吝骄,作我蟊贼。志以为帅,气为卒徒,奉辞于天,谁敢侮予? 且战且徕,胜私窒欲,昔焉寇仇,今则臣仆。方其未克,窘我室庐,妇姑勃磎[5],安取其余? 亦既克之,皇皇四达,洞然八荒,皆在我闼。孰曰天下,不归吾仁? 痒痾疾痛,举切吾身,一日至之,莫非吾事。颜何人哉? 晞之则是。"(魏按:从横渠《西铭》发出,落足于自我修养,而归之于仁也。一片民胞物与,全从我身心上做来。)

【注释】

[1]谢良佐:见《进伯吕先生 弟大防附》注释中"谢上蔡"条。

[2]游酢:游酢(1053—1123),建州建阳(建阳麻沙镇长坪村)人,北宋书法家、理学家。自幼颖悟,过目成诵。程颐一见,谓其资可适道。后程颢令扶沟,设庠序,教人召酢职学事。元丰五年(1082),登进士,调萧山尉,改博士。以便养,求河清县。范纯仁出判河南,待以国士,有疑义辄与参订。移守颍昌,辟为学教授。还朝复相,即除酢太常博士。纯仁罢,酢亦乞外。徽宗立,召为监察御史,出知和州,岁余,管勾南京鸿庆宫,居太平州。复知汉阳军,历舒、濠二州。罢归,寓历阳,因家焉。卒葬其处。酢操行纯粹,处事优裕,历官所至,民戴之如父母。所著有《中庸义》《易说》《诗二南义》《论语孟子杂解》《文集》各一卷。学者称鹰山先生。

[3]杨时:杨时(1053—1135),字中立,号龟山,祖籍弘农华阴(今陕西华阴东),南剑西镛州龙池团(今福建省三明市将乐县)人。北宋哲学家、文学家、官吏。熙宁九年(1076)进士,历官浏阳、余杭、萧山知县,荆州教授、工部侍郎,以龙图阁直学士专事著述讲学。先后学于程颢、程颐,同游酢、吕大临、谢良佐并称为"程门四大弟子"。又与罗从彦、李侗并称为"南剑三先生"。晚年隐居龟山,学者称龟山先生。

[4]纯公:即范纯仁(1027—1101),字尧夫。苏州吴县人,北宋大臣,参知政事范仲淹次子。宋仁宗皇祐元年(1049)进士,曾从胡瑗、孙复学习。父亲殁后才出仕知襄邑县,累官侍御史、同知谏院,出知河中府,徙成都路转运使。宋哲宗立,拜官给事中,元祐元年

(1086)同知枢密院事,后拜相。宋哲宗亲政,累贬永州安置。宋徽宗登基后,官复观文殿大学士,后以目疾乞归。建中靖国年间(1101)去世,追赠开府仪同三司,谥号忠宣。著有《范忠宣公集》。

[5]勃磎:争斗。

始,先生博极群书,能文章,已涵养深醇,若无能者。赋诗云:"学如元凯[1]方成癖,文似相如[2]始类俳。独立孔门无一事,只输颜子得心斋。"妇翁张天祺[3]语人曰:"吾得颜回为婿矣!"而其学尤严于吾儒异端之辨。富文忠公弼[4],致政于家,为佛氏之学。先生与之书,曰:"古者三公无职事,惟有德者居之,内则论道于朝,外则主教于乡。古之大人当是任者,必将以斯道觉斯民,成己以成物,岂以爵位进退、体力盛衰为之变哉?今大道未明,人趋异学,不入于庄,则入于释。疑圣人为未尽善,轻理义为不足学,人伦不明,万物憔悴,此老成大人恻隐存心之时。以道自任,振起坏俗,在公之力,宜无难矣。若夫移精变气,务求长年,此山谷避世之士、独善其身者所好,岂世之所以望于公者哉?"弼谢之。

【注释】

[1]元凯:"八元八凯"的省称。传说高辛氏有才子八人,称为八元;高阳氏有才子八人,称为八恺。此十六人之后裔,世济其美,不陨其名。

[2]相如:即司马相如(约前179—前118),字长卿,蜀郡成都人,西汉辞赋家,中国文学史上杰出的代表。

[3]张天祺:张载弟张戬。传见前。

[4]富文忠公弼:即富弼(1004—1083),字彦国。洛阳人。北宋名相、文学家。谥号文忠。

正公尝曰:"与叔守横渠说甚固,每横渠无说处皆相从,有说了更不肯回。"(魏按:善守师说如此。不可谓从学于二程,即背横渠之说也。与叔之学,据于横渠而兼摄二程,非是弃前而迎后。与其兄和叔"能守其师说而践履之"两相辉映。)又曰:"与叔六月中来缑氏闲居中,某常窥之,见其俨然危坐,可谓敦笃矣。"(魏按:其守礼慎独亦是如此。)又曰:"和叔任道担当,其风力甚劲。然深潜缜密,有所不逮于与叔。"(魏按:"深潜缜密"是与叔特长,"任道担当"是和叔气象。)其见重如此。

所著有《大学》《中庸》解、《考古图》《玉溪集》。所述有《东见录》，录二程先生语。二先生微言粹语多载录中，其有功于程门不小，故朱文公称其"高于诸公，大段有筋骨"，而又惜其早死云。

魏按：吕大临(1040—1093)，横渠门人。《宋史》卷三百四十有传。《宋元学案·吕范诸儒学案》有传，可参看。

季明苏先生昞① 　　（[明]冯从吾编）

先生名昞，字季明，武功人。同邑人游师雄，师横渠张子最久，后又卒业于二程子。时尹焞彦明[1]方业举，造之，先生谓曰："子以状元及第，即学乎？唯复科举之外，更有所谓学乎？"彦明未达。一日，先生因会茶，举盏以示，曰："此岂不是学？"彦明大悟。先生令诣程门受学焉。

【注释】

[1]尹焞彦明：尹焞(1071—1142)，字彦明，一字德充，洛阳（今河南洛阳）人。程颐直传弟子。

元祐[1]末，吕进伯大忠荐曰："臣某伏见京兆府处士苏昞，德性纯茂，强学笃志，行年四十，不求仕进，从故崇文校书张载学，为门人之秀，秦之贤士大夫，亦多称之。如蒙朝廷擢用，俾充宫官之选，必能尽其素学，以副朝廷乐育之意。"乃自布衣召为太常博士。后坐元符[2]上书，入党籍，编管饶州。行过洛馆彦明所，伊川[3]访焉。既行，伊川谓："季明殊以迁贬为意？"彦明曰："然。焞尝问季明：'当初上书，为国家计邪？为身计邪？若为国家计，自当忻然赴饶州；若为进取计，则饶州之贬，犹为轻典。'季明以焞言为然。"（魏按：不忘初心。此从初心说起，则胸中块垒可自然而解。季明善自反者也。）

【注释】

[1]元祐：宋哲宗年号(1086—1093)。

[2]元符：宋哲宗年号(1098—1100)。

[3]伊川：即程颐。

---

① 　底本此处无"昞"字，据底本目录补入。

先是，横渠《正蒙》成，先生编次而序之，自谓最知大旨。(魏按：今横渠《正蒙》赖苏昞而传,横渠之学传之后世,苏昞先生自有功焉。)熙宁九年(1076)，横渠过洛，与二程子论学，先生录程、张三子语，题曰《洛阳议论》，朱文公[1]表章之行于世，今刻《二程全书》中。

【注释】

[1]朱文公：朱熹。

魏按：苏昞(1054—1104)，横渠门人。《宋史》卷四百二十八有传，《宋元学案·吕范诸儒学案》亦有传，可参看。其文仅《正蒙序》，见载《正蒙》卷首，其余无传，惜乎！

巽之范先生育① （〔明〕冯从吾编）

先生名育，字巽之，三水[1]人。父祥，进士及第，累官转运副使，以边功追赠秘书，录其后。先生举进士，为泾阳令。以养亲谒归。（魏按：《宋元学案》于此句后补有"从张横渠学"一语。）有荐之者，召见，授崇文校书、监察御史里行。神宗喻之曰："《书》称'聖谗说殄行'[2]，此朕任御史意也。"先生请用《大学》"诚意""正心"以治天下国家，因荐张载等数人。西夏人环庆，诏先生行边。坐劾李定亲丧匿服，出知韩城。久之，晋知河中府，加直集贤院，徙凤翔，以直龙图阁镇秦州。

【注释】

[1]三水：今陕西旬邑一带。
[2]聖谗说殄行：出自《尚书·舜典》："朕聖谗说殄行，震惊朕师。"孔颖达疏："我憎疾人为谗佞之说，绝君子之行而动惊我众人。""聖"，古通"疾"，憎恨。"谗说"，谗言。

元祐[1]初，召为太常少卿，改光禄卿，出知熙州（少墟自注：今临洮府）。时议弃质孤、胜如两堡，先生争之曰："熙河以兰州为要塞，此两堡者，兰州之蔽也。弃之则兰州危，兰州危则熙河有腰膂[2]之忧矣。"又请城李诺平[3]、汝遮川[4]，曰："此赵充国[5]屯田古榆塞[6]之地也。"不报。入为给事中，仕终户部

---

① 底本此处无"育"字，据底本目录补入。

侍郎,卒。绍兴中,采其抗论弃地西夏及进筑之策,赠宝文阁学士。

【注释】

[1]元祐:宋哲宗年号(1086-1093)。

[2]腰膂:膂,音lǚ。腰膂,犹腰背,比喻要冲之地。

[3]李诺平:即今甘肃榆中县西北定远乡。

[4]汝遮川:今甘肃定西城以北直至鲁家沟一带。

[5]赵充国:赵充国(前137—前52),字翁孙,原为陇西上邽(今甘肃天水)人,后移居湟中(今青海西宁地区)。西汉著名将领。

[6]榆塞:种植榆树作为屏障。《汉书》卷五十二《窦田灌韩列传·韩安国》:"蒙恬为秦侵胡,辟数千里,以河为竟。累石为城,树榆为塞,匈奴不敢饮马于河。"后因以"榆塞"泛称边关、边塞。

先生从程、张三先生学,伊川尝曰:"与范巽之语,闻而多碍者,先入也。"(魏按:恐是信守横渠师说之故。)横渠尝诘先生曰:"吾辈不及古人,病源何在?"先生请问。横渠曰:"此非难悟。设此语者,欲学者存之不忘,庶游心深久,有一日脱然如大寐得醒耳。"(魏按:说今人不如古人,意在勉励今人须以古人为师,自进不息。)

横渠《正蒙》成,先生序曰:"张夫子之为此书也,有六经之所未载,圣人之所未言,盖道一而已。语上极乎高明,语下涉乎形器,语大至于无间,语小入于无朕,一有窒而不通,则于理为妄。《正蒙》之言,高者抑之,卑者举之,虚者实之,碍者通之,众者一之,合者散之。要之立乎大中至正之矩。(魏按:"大中至正之矩",天地万物之准则,人伦社会之纲常。理也,礼也。)天之所以运,地之所以载,日月之所以明,鬼神之所以幽,风云之所以变,江河之所以流,物理以辨,人伦以正。造端者微,能成者著,知德者崇,就业者广,本末上下,贯乎一道。过乎此者,淫遁之狂言也;不及乎此者,邪诐之卑说也。推而放诸有形而准,推而放诸无形而准,推而放诸至动而准,推而放诸至静而准,无不包矣,无不尽矣,无大可过矣,无细可遗矣,言若是乎其极矣,道若是乎其至矣,圣人复起,无有间乎斯言①矣!"其笃信师说而善发其蕴如此。(魏按:有谓"张子殁,其门下东投二程门下,自兹关学绝矣"者。余则以为此就师门转折表象而论,非究其实者

---

① "言",宋吕祖谦《宋文鉴》卷九一范育《正蒙序》作"文",文意更畅,作"言"亦通。

也。且就以上诸传论之:张子殁后,三吕、苏、范诸先生皆转二程门下,然大钧吕先生"能守其师说而践履之",大临吕先生"守横渠说甚固,每横渠无说处皆相从,有说了更不肯回",苏先生编次横渠《正蒙》而序之,且自谓最知大旨;范先生信守师说,以至伊川以其"闻而多碍者,先入也",其又序《正蒙》之书如上言,可谓"笃信师说而善发其蕴"者也。如是岂可谓横渠门下背弃师说而关学中绝?盖未有之也。然横渠门下诸子非死守师说而封疆自闭者也,其大抵以横渠为据守而兼摄伊、洛,故能成其大者也。自横渠门下诸子出,而后立足自家而兼摄融汇成关学宗风,此亦后世关学诸子有所据守而兼收程朱陆王而自成一家之源也。学者不得就其所接受者而言其学,须就根本而言之也。若非如是,则今日中国人皆着西装,岂不洋人哉?中国人何有也!此正立足传统、综合创新之意。)

魏按:范育,生卒不详,横渠门人。《宋史》卷三百〇三有传。《宋元学案·吕范诸儒学案》列其传,可参看。其文多不传,《全宋文》卷一千六百五十八录其遗文二十七篇,多为政事奏疏,可见其为政涯略。

景叔游先生师雄① ([清]李元春补)

魏按:此传原在《师圣侯先生》之下,然景叔出自横渠门下,师圣不出横渠门下,故调整其传于此,以各从其类也。

先生讳师雄,武功人。少著文学,游张横渠门,益得其奥。第进士。元祐初,为宗正主簿,议弃四砦事甚力,迁军监丞。夏人谋分据熙河,先生语刘舜卿制之之策,已而皆大捷,斩获几四千人,掳主将及其大首领九人,迁陕西转运判官。

夏人侵泾原,复入熙河,先生议于定西、通渭间建三栅,及谋耕七垒,以固藩篱。诏以议付范育,而征先生诣阙。哲宗劳之曰:"洮河之役,可谓隽功,但恨赏太薄耳。"拜卫尉少卿。上数访问边防利病,先生具庆历以来边臣分置之臧否,朝廷谋议之得失,及当前御敌之要,凡六十事,名曰《绍圣安边策》,上之。进直龙图阁,知秦州。先生慷慨豪迈,兼以学力,被委用,有志事功,论者犹以用不究才为恨。(魏按:此传大略就事功而言之。然师雄自事功而外,亦有儒家孝悌风节。其幼年失怙,孝敬继母杨氏;奏请朝廷推恩其弟而不及其子,周济亲朋故友,善待百姓将士,真可谓横渠神韵之所在。又顾为留心文化遗产之保护,其先后修复昭陵、乾陵、

---

① 底本无"师雄"二字,据底本目录补入。

唐太宗祠,考察骊山、华清池遗迹并绘图,于吕氏兄弟绘制《长安图》,建碑林,皆是留心文化遗传之举。《昭陵六骏图》《昭陵图碑》流传于今,先生功不可没矣!)

魏按:游师雄(1038—1097),横渠门人。其工于书法,今关中碑石多有遗刻。其文多不传,《全宋文》卷二千一十五录其遗文15篇,多为奏疏、题记,略见其事功与文采。民国时期张鹏一辑其遗文而成《游景叔集》,见载于《陕西教育月刊》1937年第4期,学者亦可参看。

又按:横渠另一门人张舜民有《游公墓志铭》,记游师雄生平甚详,今见载《全宋文》卷一八二〇,余所撰《北宋关学随讲录》(西安出版社2019年1月版)附录二《北宋关学人物传记资料选辑》有收录,可参看。然冯少墟《关学编》未予立传。或其未知邪?不然。观《苏昞传》,首句中苏昞"同邑人游师雄,师横渠张子最久"可知。然何不为之立传?或文献不足征也?或如其友鸡山先生张舜典所论,是编"不载独行,不载文词,不载气节,不载隐逸,而独载理学诸先生"(张舜典:《关学编后序》),而游师雄以事功著而不录之邪?盖未知也。然如桐阁所论"确然见为正学者,夫何疑于入此编中?如游师雄受业横渠,载之《宋史》,学术几为事功掩,然事功孰不自学术来?此疑少墟所遗也"(李元春:《桐阁重刻关学编序》),游师雄当不为少墟所遗,当是文献不足不能入也,或是体例有限不得入也。然事功出于学术,少墟却有所论,而师雄又系横渠门人,且师横渠最久,桐阁补入,自有当处。然少墟所编,各传之间自有一隐然线索可寻,或以时代,或以同调学侣,或以师弟相承,不相紊乱。师雄既为横渠门人,既补入,亦当补入在侯师圣之前,桐阁却置之于其后,或失察邪?或自有道理?后生不敏,不敢妄议,且存疑于此,以待贤达。

〇补述张载及其门人、再传生平资料

《关学编》中张载及其门人传记已见上。除上述传记外,与张载、张戬、吕大钧、吕大临、吕大防、吕大临、范育生平资料早出者有:吕大临《横渠先生行状》(朱熹:《伊洛渊源录》卷六)、吕大临《张御史行状》(朱熹:《伊洛渊源录》卷六)、范育《吕和叔墓表》(吕祖谦《皇朝文鉴》卷一四五)、《宋史·吕大忠传》《宋史·吕大临传》《宋史·吕大防传》《宋史·范育传》。此类文献较《关学编》各传更为早出,于进一步了解以上关学学人生平不无裨益,故余所撰《北宋关学随讲录》(西安出版社2019年1月版)附录二《北宋关学人物传记资料选辑》将其收录,有心上述关学人物生平者,可参看。

又显黄宗羲原著,黄百家、全祖望补修《宋元学案》,知横渠门下尚有张舜民、李复、潘拯、种师道、刘公彦、薛昌朝、邵清、田腴诸人。据余《北宋关学随讲录》考论,种师道祖籍河南,刘公彦祖籍山东,然皆为关中产也,故亦当入关学;薛昌朝、邵清、田腴三人,则为张载关中之外门人。据此,《北宋关学随讲录》附录二《北宋关学人物传记资料选辑》亦收录《宋史·张舜民传》《宋元学案·修撰李潏水先生复》《宋元学案·潘康仲先生拯》《宋元学案·太学田诚伯先生䏑》《宋元学案·殿丞薛先生昌朝》《福州府志·邵清传》及李复《刘君俞墓志铭》、折彦质《种师道行状》诸文献,以备学者参考。

又:张骥《关学宗传》卷六录入横渠门下关中弟子三人,再传二人分别作:《潘康仲先生》(潘拯)、《李灊水先生》(李复)、《张芸叟先生》(张舜民)及《吕子居先生》(吕大钧子义山)、《游先生》(游师雄子蟻),学者可参看。

师圣侯先生仲良① （〔明〕冯从吾编）

先生名仲良,字师圣,华阴人。二程先生舅氏无可[1]之孙,从二程先生游。(魏按:非是横渠门下,乃是二程弟子。可见少墟关学,非止于横渠一门耳。其祖侯无可,乃二程舅父,先生则二程犹子也,自幼养于程家,于此侯、程二氏姻缘,亦可见关、洛两学之渊源也。)人有欲馆先生者,先生造焉,则壁垂佛像,几积佛书,其家人又常斋素,欲先生从之,先生遂行。或问之,曰:"蔬食,士之常分,若食彼之食则非矣。吾闻用夏变夷,未闻变于夷者也。"②(魏按:少墟严于儒释之辨,故其笔下,多留意于传主此事。)

【注释】

[1] 无可:即侯可。传见本书前编。

尝访周濂溪[1],濂溪留之,对榻夜谈,越三日乃还,自谓有得,如见天之广大。伊川惊异其不凡,曰:"非从濂溪来邪?"(魏按:侯氏不及见濂溪,此事或是后世伪托。)后游荆门,胡文定[2]留与为邻终焉。文定与杨大谏书云:"侯仲良者,去春自荆门溃卒甲马之中脱身,相就于漳水之滨,今已两年,其安于羁苦,守节不移,固所未有。至于讲论经术,则贯通不穷;商略时事,则纤微皆察。国势安危,民情休戚,凡务之切于今者,莫不留意而皆晓也。方阽③危艰难之时,而使此辈人老身贫贱,亦足慨矣。伏望吾兄力荐于朝,俾命以官,使得效一职,亦不为无补。"(魏按:在荆门,侯仲良为胡文定看重,不仅为邻而居,且为胡宏、胡寅兄弟之师。后湘学一派,自濂溪、文定及宏、寅而开。于此可见关学与湖湘之学之渊源。)朱文公[3]称其学"清白劲直"。(魏按:据《朱子语类》载,侯仲良后来南下福建,

---

① 底本此处无"仲良"二字,据底本目录补入。
② "吾闻用夏变夷,未闻变于夷者也"一句,文渊阁本、文津阁本缺。
③ "阽"字底本无。据周刻本、柏刻本补入,于意更顺。文渊阁本、文津阁本作"方当危难"。

于沙县与朱文公之师延平先生李侗、罗仲素等名士有交往,晚年因贫病交加,大概终老于福建,子孙盖落籍于此。于此可见关学与闽学又一渊源。)所著有《论语说》及《侯子雅言》行世。

【注释】

[1]周濂溪:即周敦颐。

[2]胡文定:即胡安国。

[3]朱文公:即朱熹。

按:《伊洛渊源录》称:"先生为华阴先生无可之孙",即当书为华阴人,而云河东人,岂金陷关、洛时,先生曾避难河东耶?学者详之。

○论侯仲良与侯可关系及其著作

魏按:此按语为少墟所自加。由此可见其考述之谨。按:朱熹《伊洛渊源录》云:"侯师圣,名仲良,河东人,二先生(指二程)舅氏华阴先生无可(即侯可)之孙。有《论语说》及《雅言》一编,皆出衡山胡氏(胡宏)。"盂县最早志书明嘉靖版《盂县志》卷五载:"侯仲良,字师圣,本县乌河上文村人,号河东君。乃道济之孙,侯可之侄,二程之内弟也。"清光绪《山西通志》卷一百三十九载:侯仲良,字师圣,盂县人,可子。仲良与二程为中表弟兄,邃心性理。初从伊川学,未悟,乃策杖访濂溪。濂溪留之,对榻夜谈。越三日,自谓有得,如见天之广大。往质伊川。伊川讶其不凡,曰:"非从濂溪来邪?"后游荆门,胡文定公重之,留与为邻。尝遗书杨大谏曰:"侯仲良者,去春自荆门遗卒甲马之中脱身,相就于漳水之滨。今已两年,其安于羁苦,守节不移,固所未有。至于论讲经术,则通贯不穷,商略时事,则纤微皆察。方值艰难,使此辈身老贫贱,亦良可慨。"寻卒,所著有《论语说》及《雅言》行世。

此处所谓盂县,即山西太原盂县。据此,可知侯仲良祖籍为太原盂县,朱子所谓河东人也。然侯仲良非侯可之子、之侄,乃侯可之孙。朱子所言确当,少墟未及考证也。

又按:侯师圣之《论语说》及《侯子雅言》等著述,今已不见传本。然卫湜《礼记集说》摘录其《中庸解》;朱熹《论孟精义》摘录其《论语说》及《孟子解》。另《周易系辞精义》收录其文献两篇。《二程外书》卷十二有二程事略三则,云出自其《雅言》一书。学者若留心于斯,或可管窥侯师圣学术涯略。

天水刘先生愿①　（〔明〕冯从吾编）

先生名愿，字□□，天水人。（魏按：此少墟之关中不限于今陕西之一例。）天资耿介。时王安石新书[1]盛行，学者靡然向风，先生独不喜穿凿附会之说，潜心伊、洛之学，后以八行[2]举。（魏按：观刘愿此传，即可推知关中即是有接受安石新学者，少墟必不将之入关学，少墟同刘愿而不喜王安石新学也；读上侯仲良传，即可推知关中即是有接受三苏之学者，少墟亦必不将之入关学，三苏合佛老而少墟排佛老也。少墟笔下，自有深意。）

【注释】

[1]王安石新书：指北宋王安石及其"新学"学派的著作，一般指其"三经新义"，即《诗义》《书义》《周礼义》，及其为释经而作的《字说》。《三经新义》的撰修，体现了王安石"以经术造士"的思想。王安石认为，经术造士是盛王之事，训释经义，教育士子，符合盛王的做法。衰世伪说诬民，私学乱治，孔孟经学精义自"秦火"后散失，章句传注陷溺人心，淹灭了经义的"妙道"，遂使异端横行，因此他要重新训释经籍，使义理明白，解除以往对经学的曲解，从而能够以经学来化民成俗。在《三经新义》中，以《周礼义》为最重要，它是变法的理论依据，因此由王安石亲自训释；《诗义》《书义》则由其子王雱和吕惠卿等共同参与训释。"三经新义"成后，由官方在全国正式颁行，"一时学者，无敢不传习，主司纯用以取士，士莫得自各一说，先儒传注，一切废不用"（《宋史·王安石传》）。由此标志着汉唐经学的真正结束和宋学的全面展开。除"三经新义"和《字说》之外，王安石的《洪范传》《老子注》《易义》《杂说》等，也是新学要著。新学初步形成于宋仁宗后期，当时已有一部分青年学子从王安石游。王安石执政后，设局修经义，不少学者参与其事，成为其学派中人，新学遂为官方之学。从此开始直至北宋灭亡前的近六十年，新学通行于科举考场，为学子所宗，除元祐初年略为受挫，新学基本上统治了当时的思想界。

[2]八行：宋徽宗大观元年（1107），立八行取士科。八行，即孝、悌、睦、姻、任、恤、忠、和。

○论北宋关学源流大略

魏按：此《关学编》卷一，冯从吾原编收入十人，正传九人（张载、张戬、吕大忠、吕大钧、吕大临、苏昞、范育、侯仲良、刘愿），附传一人（吕大防）。李元春补入一人（游师雄），合计十一人。其中张戬为张载之弟，亦可为学侣；吕大忠、吕大钧、吕大临、苏昞、范育、游师雄为张载门人，均可归为张载门下一系。然侯仲良虽为关中人，却从学二程，不得归入

---

① 底本此处无"愿"字，据底本目录补入。

横渠门下,刘愿师承未明,潜心伊洛,亦可与二程学有渊源。冯从吾却将之同归于宋代关学,可见其"关学"并不以直接师承张载为限也。由可见冯从吾之北宋"关学",非仅为"张载之学",实兼容张、程而地缘关中之学者也。后全祖望补《宋元学案》,为张载门人补入薛昌朝、邵清、田腴、潘拯、种师道、刘公彦、李复、张舜民,以及吕大钧子义山、吕大忠子锡山、游师雄子游靖、游蟻、横渠门下再传,师承大光。愚考潘拯、种师道、刘公彦、李复、张舜民皆家于关中,义山、锡山、游靖、游蟻为吕氏、游氏后人中学有所成且文献可征者,固可纳入《关学编》。然薛昌朝为山西人、邵清为福建人、田腴为山东人,就地缘而论不属关中,故不敢滥入,且以横渠关外弟子待之,以从冯立编旧例。

另,民国川籍寓陕学者张骥撰有《关学宗传》一书,颇为关学踵光。其北宋部分,尚收录有蒲城郭绪、同州王湜,二人皆传康节易学,郭有《易春秋》、王有《易学》一卷传世。王之《易学》,今存《四库全书存目丛书》数术类。然观少墟《关学编》,未见以康节易学关中传人入编之例,故亦不敢泛入。欲了解其人其事者,可参看今人王美凤点校整理《关学史文献辑校》之《关学宗传》(西北大学出版社2015年第一版)中之内容。

兹综上述,列自撰《北宋关学宗谱新编》如下,以见北宋关学门派源流。

北宋关学宗谱新编

一、先驱(2人)

  华阴侯可、华阴申颜

二、大宗(20人)

(一)宗师(1人)

  郿邑 张载

(二)学侣(1人)

  郿邑 张戬(张载弟)

(三)同调(1人)

  蓝田吕大防(吕大忠二弟)

(四)门人(14人)

1. 关中:(11人)

  (1)蓝田吕大忠

  (2)蓝田吕大钧

  (3)蓝田吕大临

  (4)三水范育

  (5)武功苏昞

  (6)武功游师雄

  (7)邠州张舜民

(8)长安李复

　　(9)长安刘公彦

　　(10)长安种师道

　　(11)关中潘拯

2.关外:(3人,非关中士人,虽张子门人,不入关学)

　　(1)田腴

　　(2)薛昌朝

　　(3)邵清

(五)再传(3人)

　　(1)武功游蘬(游师雄子)

　　(2)蓝田吕义山(吕大钧子)

　　(3)蓝田吕锡山(吕大忠子)

三、小宗(4人)

　　(1)华阴侯仲良(濂洛关中之传)

　　(2)天水刘愿(伊洛关中之传)

　　(3)蒲城郭绪(康节关中之传)

　　(4)同州王湜(康节关中之传)

卷二

金

君美杨先生天德① （〔明〕冯从吾编）

先生名天德,字君美,高陵人。肄业太学[1],登兴定[2]二年(1218)进士第,释褐[3],补博州聊城丞。未及赴,辟陕西行台掾,寻权大理寺丞,继拟主长安簿,未几,正主庆阳安化簿。寻辟德顺之隆德令,再辟安化令,补尚书都省掾,迁转运司支度判官。京城不守,流寓宋、鲁间十年,而归长安。

【注释】

[1]肄业太学:谓在国子监修习课业。古时学生受学于师称"受业",修习课目称"肄业"。

[2]兴定:金宣宗年号(1217—1221)。

[3]释褐:脱去平民衣服。喻始任官职。

先生自读书入仕至于晚岁,风节矫矫,始终不少变。乱后士夫或不能自守,而先生于势利,藐然如浮云。（魏按:为人气节在此。）晚读《大学解》,（魏按:《大学解》为吕大临著作,由是可见其与横渠学派相承关系。）沿及伊、洛诸书,大嗜爱之,常语人曰:"吾少时精力,夺于课试,殊不省有此! 今而后,知吾道之传,为有在也。"埋没篆刻[1]中,几不复见天日。目昏不能视书,犹使其子讲诵,而朝夕听之,以是自乐。及有疾,亲友往问之,谈笑歌咏不衰,曰:"吾晚年幸闻道,死无恨矣!"卒,年七十九。（魏按:老而好学如此,真有四知流风余韵。未知其是否真有家世渊源?）

【注释】

[1]篆刻:比喻书写和精心为文。

鲁斋许先生衡[1]志其墓,铭曰:"出也有为,死生以之,处也有守,不变于

---

① 底本此处无"天德"二字,据底本目录补入。

时。日临桑榆,学喜有得,其知益精,其行益力。吾道之公,异端之私,了然胸中,洞析毫厘。外私内公,息邪距诐[2],俯仰古今,可以无愧。受全于天,复归其全,尚固幽藏,无穷岁年。"(魏按:鲁斋推重如此,不惟两人交情,亦是两代交情,两地交情。)

子恭懿,益倡其家学,为元名儒,别有传。

【注释】

[1]鲁斋许先生衡:即许衡(1209—1281),字仲平,号鲁斋,世称"鲁斋先生"。怀庆路(今河南省焦作市中站区)人。元初著名思想家、教育家、天文学家。自幼勤读好学,后为避战乱,常来往于河、洛之间,从姚枢得宋二程及朱熹著作,与姚枢及窦默相讲习。元宪宗四年(1254),许衡应忽必烈之召,出任京兆提学,授国子祭酒。至元六年(1269),奉命与徐世隆定朝仪、官制。至元八年(1271),拜集贤大学士兼国子祭酒。又领太史院事,与郭守敬修成《授时历》。至元十七年(1280),因病归怀庆休养。至元十八年(1281)去世,年七十三,赠荣禄大夫、司徒,谥号"文正",后加赠正学垂宪佐运功臣、太傅、开府仪同三司、魏国公。皇庆二年(1313),从祭孔庙。著有《读易私言》《鲁斋遗书》等。

[2]诐:偏颇,邪僻。

魏按:杨天德(1180—1258),金代关学复苏之代表。许衡有《南京转运司支度判官杨公墓志铭》,载其生平行实较详。此又可见当时洛学与关学之渊源。

元

紫阳杨先生奂 鉴山宋氏规附① ([明]冯从吾编)

先生名奂,字焕然,号紫阳,乾州奉天[1]人。母程,尝梦东南日光射其身,旁一神人,以笔授之,已而生先生。父振,以为文明之象,因名曰"奂"。天性至孝,年十一丧母,哀毁如成人。未冠,梦游紫阳阁[2],景趣甚异,后因以自号。长,师乡先生吴荣叔,迥出伦辈,读书厌科举之学,遂以濂、洛诸儒自期待。金末,尝作万言策,指陈时病,辞旨剀切[3],皆人所不敢言者。诣阙,欲上之,不果。元初隐居,讲道授徒,抵鄠县柳塘,门生百余人。创紫阳阁[4],(少墟原注:即清风阁。)称紫阳先生。(魏按:母一梦而生紫阳,己一梦而游紫阳,复一隐而

---

① 底本此处无"奂""规"二字,据底本目录及本传内容补入。

创紫阳,虽甚奇而近于诞,然亦于此可见杨奂与朱子因缘。少墟笔下,采此梦说,却有以此紫阳遥承彼紫阳之意。一笑。)尝避兵河朔,河朔士大夫想闻风采,求见者应接不暇。东平严实[5]闻先生名,数问其行藏[6],先生终不一诣[7]。

【注释】

[1]乾州奉天:今陕西乾县一带。

[2]紫阳阁:位于福建屏山旁。南宋淳熙(1174—1189)年间,朱熹在这里筑室讲学,誉为"紫阳阁"。

[3]剀切:切实,恳切,切中事理。

[4]紫阳阁:非上紫阳阁。为杨奂在陕西西安鄠邑区祖庵镇北柳塘所建清风阁。祖庵镇为全真祖庭重阳宫所在。

[5]东平严实:严实(1181—1240),字武叔,山东泰安长清人。先任金朝长清令,后为元中书左丞,元太宗授东平路行军万户。

[6]行藏:行迹。

[7]诣:造访。

岁戊戌[1],太宗[2]诏宣德税课,使刘用之试诸道进士。先生试东平,两中赋论第一。以耶律楚材[3]荐,授河南路征收课税所长官,兼廉访使。既至,招致一时名士,与之议,政事约束,一以简易为事。按行境内,亲问监务月课几何、难易若何。有以增额言者,先生责之曰:"剥下欺上,汝欲我为之耶!"即减元额四之一,公私便之。不逾月,政成,时论翕然,谓前此漕司未有也。在官十年,请老于燕之行台。

【注释】

[1]戊戌:元太宗窝阔台十年,公元1238年。

[2]太宗:元太宗窝阔台。

[3]耶律楚材(1190—1244),字晋卿,号玉泉老人、湛然居士,契丹族,蒙古帝国时期的政治家。辽朝东丹王耶律倍八世孙、金朝尚书右丞耶律履之子。在金仕至左右司员外郎。蒙古军攻占金中都时,成吉思汗收耶律楚材为臣。耶律楚材先后辅弼成吉思汗父子三十余年,担任中书令十四年之久。提出以儒家治国之道并制定了各种施政方略,为蒙古帝国的发展和元朝的建立奠定了基础。乃马真后称制时,耶律楚材遭到排挤,渐失信任,他因此抑郁而死。后赠经国议制寅亮佐运功臣、太师、上柱国,追封广宁王,谥号"文正"。有《湛然居士集》等。

壬子[1],世祖[2]在潜邸①[3],驿召先生参议京兆宣抚司事,累上书请归。筑堂曰"归来",以为佚老之所,教授著述不倦。乙卯[4],病革,谕子弟孝弟、力田,以廉慎自保,戒家人无事二家[5]斋醮[6],引觞大噱,命门人员择载笔留诗三章,怡然而逝,年七十。赐谥"文宪"。

【注释】

[1]壬子:元宪宗蒙哥二年,公元1252年。
[2]世祖:元世祖忽必烈。
[3]潜邸:指皇帝即位前的住所,借指太子尚未即位。
[4]乙卯:元宪宗蒙哥五年,公元1255年。
[5]二家:指佛、道二教。
[6]斋醮:请僧道设斋坛,祈祷神佛。

先生博览强记,真积力久,犹恐不及。作文务去陈言,以蹈袭为耻,一时诸老,皆折行辈与之交。关中号称多士,一时名②未有出先生右者。不治家人生产业,而喜周人之急,虽力不赡,犹勉强为之。(魏按:民胞物与,仁爱之心。)人有片善,则委曲称奖,惟恐其名不闻;或小过失,必尽言劝止,不计其怨怒也。(魏按:其奖善劝过,教人如此,正横渠遗风。)初,翰林学士姚燧[1]早孤,育于世父枢[2],枢督教甚急,先生驰书止之曰:"燧,令器也,长有有分,何以急为?"乃以子妻之。燧后为名儒,其学得于先生为多。(魏按:此又是元代关、洛姻缘一段美谈。横梁、二程子并起关、洛,互为叔任,侯可与二程子又是舅甥,侯仲良与二程子更为犹子门生,关洛相互扶助,大道益光。以关洛角立而互为壁垒者,固陋矣!)元好问[3]撰神道碑,称为"关西夫子"。(魏按:此又关学与河东一段推重。)江汉赵复[4]序其集,称"其志其学,粹然一出于正,即其文可以得其为人",其见重如此。(魏按:此又关学与朱子学一段交谊。)

所著有《还山》前后集百卷、《天兴近鉴》三卷、《韩子》十卷、《概言》二十五篇、《砚纂》八卷、《北见记》三卷、《正统书》六十卷。

---

① "邸",底本作"邱",赵刻本、蒙刻本同,误,据冯刻本、洪刻本、文渊阁本、文津阁本、周刻本、柏刻本改。

② "名",底本作"名士"。赵刻本、蒙刻本、柏刻本同。然冯刻本等本无"士"字,当为衍字,删。

【注释】

[1]姚燧(1238—1313),字端甫,号牧庵,河南(今河南洛阳)人。元朝文学家。官翰林学士承旨、集贤大学士。原有集,已散失,清人辑有《牧庵集》。

[2]世父枢:世父,即大伯父,后用为伯父的通称。枢,即姚枢(1203—1280),字公茂,号雪斋、敬斋。洛阳(今河南洛阳)人。金末元初政治家、理学家。

[3]元好问(1190—1257),字裕之,号遗山,世称"遗山先生"。太原秀容(今山西忻州)人。金末至蒙古国时期著名文学家、历史学家。元好问是宋金对峙时期北方文学的主要代表、文坛盟主,又是金元之际在文学上承前启后的桥梁,被尊为"北方文雄""一代文宗",著有《元遗山先生全集》《中州集》。

[4]赵复,生卒年不详,字仁甫,学者称江汉先生。元德安(今湖北安陆)人。蒙古军陷德安,姚枢从俘虏中访得名儒赵复,力劝其北上讲学授徒,而姚枢、窦默、许衡、刘因等得闻程、朱之学,使理学在北方传布渐广。

魏按:杨奂(1186—1255),字焕然,号紫阳,乾州奉天(今陕西乾县)人。晚金至蒙元时期名儒,关学代表人物。与赵复、姚枢、元好问、郝经等友善,"秦中百年来号称多士,然一时名未有出其右者"(《还山遗稿》)。著有《还山集》《概言》《天兴近鉴》《正统记》等,但大多散佚。现存《还山遗稿》为明代宋廷佐(字良弼)所辑,收录于《四库全书》。《全元文》除收录《还山遗稿》外,又辑其佚文7篇。

时,宋规,字汉臣,长安人。与紫阳[1]及遗山[2]、鹿庵[3]、九山[4]数儒论道洛西,弟子受业者甚众。亲殁庐墓,瑞草生茔,阎复[5]尝称之曰:"天性至孝,德重三秦。才赡而敏,冠绝一时。"中统戊戌[6]征试,中论、赋两科,拜议事官。先是,官吏纵肆日久,数侵苦小民,公绳之以法,惕然皆莫敢犯。丙辰[7](1256)春,诣阙,陈便宜数事,上悉加纳。廉希宪[8]云:"宋规循良,可与共事。"希宪相,知公有经济才,议欲为列,有嫉其文章名世者沮之,署为讲议官,不就。后征为耀州尹,官至蜀道宪副,政声在在著闻。号鉴山先生。有《鉴山补暇集》梓行于世。年七十七卒。

【注释】

[1]紫阳:即杨奂。

[2]遗山:即元好问。

[3]鹿庵:即王磐(1202—1293),字文炳,号鹿庵,金代广平府永年(今河北省永年县

广府镇)人。著名学者、诗人。金哀帝正大四年(1227)登进士第,授归德府录事判官,未赴。金亡后,在山东省东平县讲学二十年,生徒数百人。元世祖时,历官益都路宣抚副使,拜翰林直学士,真定顺德等路宣慰使,迁太常少卿,为官忠直敢言,犯颜陈谏,深受朝廷信任。元世祖至元三十年(1293)病卒,享年91岁,谥文忠。著有《文集》,久已散佚,后人辑为《鹿庵集》传世。

[4]九山:金元之际号九山者二人,一即卫宗武(?—1289),字洪父(一作淇父),自号九山,嘉兴华亭人。南宋理宗淳祐间历官尚书郎,出知常州。后罢官闲居三十余载,以诗文自娱。宋亡,不仕。著有《秋声集》八卷,《国史经籍志》传于世。二为李子微,又名李微,金元之际儒士,终生不仕,以教授为业,当时儒学名士耶律楚材、赵璧等都出其门下。本处九山,可能指后者。待进一步考证。

[5]阎复:阎复(1236—1312),字子靖,号静轩,东平高唐(今山东省聊城市高唐县)人。元朝大臣。初入东平府学,拜名儒康晔为师,学习"进士"课程,经好问校试,预选他与徐琰、李谦、孟祺四人,号"东平四杰"。元世祖即位,拜翰林学士。元武宗即位后,晋阶荣禄大夫,授中书平章政事,后辞官居家。皇庆元年(1312),卒,年七十七,赠光禄大夫、大司徒、上柱国,封永国公,谥号"文康"。

[6]中统戊戌:中统为元世祖忽必烈年号(1260—1263),中无戊戌岁次。从本传廉希宪为相使宋规署为讲议官,及廉希宪中统元年八月为中书省右丞等内容推断,宋规约当与杨奂同年中举,事在元太宗十年(戊戌,1238)。

[7]丙辰:元宪宗蒙哥六年,公元1256年。

[8]廉希宪(1231—1280),一名忻都,字善甫,号野云。维吾尔族。祖籍西域高昌(今新疆吐鲁番),蒙古国至元朝初年著名政治家。自幼魁伟,举止不凡。成年后,爱好经史。十九岁时,入侍忽必烈于藩邸,被称为"廉孟子"。元宪宗四年(1254),任京兆宣抚使,请用许衡提举学校,教育人材。从忽必烈攻南宋鄂州,请尽释军中所俘士人。宪宗死,劝忽必烈北归复位。任京兆、四川宣抚使,平定刘太平等叛乱。旋以中书右丞行秦蜀省事,力拒阿里不哥将浑都海进攻。任中书平章政事时,刚正不阿、直言敢谏。至元七年(1270),罢相。至元十一年(1274),起为北京行省平章政事。次年(1275),元军取南宋江陵,忽必烈令廉希宪行省荆南,至后,禁剽掠,录用故宋官吏,发仓粟赈饥,兴学校、选教官,后因病召还。至元十六年(1279),复受命领中书事。伯颜曾赞其为"男子中真男子,宰相中真宰相"。至元十七年(1280)病逝,年五十。累赠推忠佐理翊运功臣、太师、开府仪同三司、上柱国、恒阳王,谥号"文正"。

元甫杨先生恭懿① （〔明〕冯从吾编）

先生名恭懿,字元甫,号潜斋,高陵人,天德之子。自少读书强记,日数千言。会时艰,从亲逃乱,而东于汴、于归德、于天平,虽间关险阻,未尝息弛其业。年十七,侍父西归,家贫,假室以居。乡邻或继其匮,皆谢不取,惟服劳以为养②。(魏按:孝心、气节,于此可见。)暇则力学博综,于书无不究心,而尤邃于《易》《礼》《春秋》,思有纂述,耻为章句儒而止。志于用世,反复史学,以鉴观古昔兴亡之事。(魏按:为学、经世,于此可见。)从学者已众,海内搢绅与父友者,驰书交誉,即以宗盟斯文期之。年二十四,始得朱子《四书集注》《太极图》《小学》《近思录》诸书,读之喜而叹曰:"人伦日用之常,天道性命之妙,皆萃此书。今入德有其门,进道有其途矣。吾何独不可及前修踵武哉!"于是穷理反躬,一乎③持敬,优游厌饫[1],俟其成功于潜斋之下。(魏按:闻道而进,真有古贤遗风。)自任益重,前习尽变,不事浮末矣。(魏按:所谓变化气质者也。)赫然名动一时,宣抚司、行省以掌书记、共议事辟之,皆不就。

【注释】

[1]优游厌饫:比喻为学之从容求索,深入体味。同"优柔餍饫"。

至元[1]七年(1270),与鲁斋许文正公同被召,先生不至。鲁斋由国子祭酒拜中书左丞,日于右丞相安童④前称誉其贤,丞相以闻。十年(1273),帝遣协律郎申敬来召,以疾辞。十一年(1274),太子下教中书,俾如汉惠聘四皓[2]故事,再聘之。丞相遣郎中张元智为书致命,不得已,乃至京师,帝遣国王和童⑤劳其远来。既入见,帝亲询乡里、族氏、师承、子姓,无不周悉。(魏按:屡召屡辞,不事王侯,高尚其事。)

【注释】

[1]至元:忽必烈蒙古国时期年号。
[2]汉惠聘四皓:指汉惠帝聘请商山四皓。

---

① 底本此处无"恭懿"二字,据底本目录补入。
② "养",他本同,唯周刻本作"奉"。
③ "乎",他本同,唯蒙刻本作"于"。
④ "安童",他本同,唯文渊阁本作"安图"。
⑤ "和童",他本同,唯文渊阁本作"和通"。

诏与学士徒单公履[1]定科举之法,先生议曰:"三代以德行、六艺宾兴贤能,汉举孝廉,兼策经术,魏、晋尚文辞,而经术犹未之遗。隋炀始专赋诗,唐因之,使自投牒,贡举之法遂熄,虽有明经,止于记诵。宋神宗始试经义,亦令典矣。哲宗复赋诗,辽、金循习。将救斯弊,惟如明诏尝曰:'士不治经学孔孟之道,日为赋诗空文。'斯言足立万世治安之本。今欲取士,宜敕有司,举有行检、通经史之士,使无投牒自荐,试以五经、四书、大小义史、论时务策。夫既从事实学,则士风还淳,民俗趋厚,国家得识治之才矣。"奏入,帝善之。(魏按:以理学为科举之本,如此方得治世之本。)

【注释】

[1]徒单公履:字云甫,辽海人,女真族。经义第。学问该贯,善持论。世以通儒归之。乐海人。

会北征,辞归。十六年(1279),诏安西王相敦遣赴阙,诏与太史王恂[1]等改历。明年(1280),历成,授集贤馆学士,兼太史院事,辞归。当历成进奏日,诸臣方列跪,帝命先生及鲁斋起,曰:"二老自安,是年少皆受学汝者。"故终奏皆坐毕其说,盖异礼也。(魏按:忽必烈能知礼,故能得人心、得天下也。)二十年(1283),以太子宾客召。二十二年(1285),以昭文馆大学士领太史院事召。二十九年(1292),以议中书省事召,皆辞疾不行。三十一年(1294),卒,年七十。

【注释】

[1]王恂(1235—1281),字敬甫,中山唐县(今河北唐县)人,元代数学家、文学家。跟刘秉忠学习数学、天文历法,精通历算之学。任太史令期间,分掌天文观测和推算方面的工作,遍考历书四十余家。在《授时历》的编制工作中,其贡献与郭守敬齐名。王恂死后,他创造的历律计算法,由郭守敬等人整理成《推步》七卷、《立成》二卷、《历议拟稿》三卷、《转神选择》二卷、《上中下注释》十二卷留传后世。

先是,鲁斋提京兆学,与先生为友,一遇讲贯,动穷日力①,笃信好学,操履

---

① "力",他本同,唯周刻本作"夕"。

不苟,鲁斋亟称之。(魏按:力学如此,直追横渠。)父殁,水浆不入口者五日,襄事遵朱文公《家礼》,尽祛桑门[1]惑世之法,为具不足,称贷益之。(魏按:此是横渠礼教,而益之以朱子家礼也。不用浮屠之法,亦是北宋关学本色,观吕大钧传种氏治丧、吕大临传与富弼书、侯仲良传不事佛斋可见。此亦是横渠、少墟辨吾儒与佛老主张之表现也。)鲁斋会葬归,语学者曰:"小子识之,旷世坠典夫!夫特立而独行之,其功可当肇修人极。"聚居六年,鲁斋东归。后治母丧,一如父。三辅士大夫知由礼制自致其亲者,皆本之先生云。(魏按:元代关中礼教之风,系于先生也。如横渠之开宋代关中礼教之风。)

【注释】
[1]桑门:僧侣,指佛教僧侣。"沙门"的异译。

萧维斗[1]志其墓曰:"朱文公集周、程夫子之大成,其学盛于江左。北方之士闻而知者,固有其人;求能究圣贤精微之蕴、笃志于学、真知实践、主乎敬义、表里一致,以躬行心得之余私淑诸人、继前修而开后觉,粹然一出乎正者,维司徒暨公。"司徒,谓鲁斋也。(魏按:元代继承横渠礼教而为朱子之学者,至杨恭懿而大矣。)

学士姚燧[2]撰神道碑,铭曰:"维天生贤,匪使自有,俾拯烝民,为责己厚。公于明命,实肩实负,乾乾其行,艮艮其守。师古丧祭,如礼不苟,三纲之沦,我条自手。推得其类,无倦诲诱,学者宗之,西土山斗。"

皇庆[3]中,赠荣禄大夫、太子少保、弘农郡公,谥"文康"。所著有《潜斋遗稿》若干卷。

【注释】
[1]萧维斗:后有传。
[2]姚燧:见前《紫阳杨先生奂》传中注释。
[3]皇庆:元仁宗(孛儿只斤爱育黎拔力八达)年号,共二年,为公元1312—1313年。

子寅,字敬伯,博通六经、百氏,累官集贤学士、国子祭酒。在成均[1],讲明诲诱,终日忘倦,有父风。(魏按:三代父子相传,家风粲然可见。)

【注释】
[1]成均:古之大学,泛称官设的最高学府。

魏按：杨恭懿(1225—1294)，字元甫，号潜斋，高陵(今陕西高陵)人。杨天德之子。蒙元之际关中大儒，许衡好友。其著作有《潜斋遗稿》若干卷，今不传。

维斗萧先生㪺 伯充吕氏域附① （〔明〕冯从吾编）

先生名㪺，字维斗，号勤斋，奉元[1]人。天性至孝，自幼翘楚不凡。长为府史，语当道不合，即引退，读书终南山，力学三十年不求进。制一革衣，由身半以下，及卧，辄倚其榻，玩诵不少置，(魏按：制此革衣，正为卧不解衣也。由此可见萧㪺勤学之一斑。真可谓"勤斋"也。)于是博极群书，凡天文、地理、律历、算数，靡不研究。(魏按：勤学如此，故能成就如此。)侯均[2]谓："元有天下百年，惟②萧维斗为识字人。"学者及门受业者甚众，乡里孚化，称之曰"萧先生"。

【注释】

[1]奉元：元代西安旧称。
[2]侯均：见本书《伯仁侯先生均》。

乡人有自城暮归者，途遇寇，诡曰："我萧先生也。"寇惊愕释去。(魏按：孚化如此，德望可见。)尝出，遇一妇人失金钗道旁，疑先生拾之，谓曰："殊无他人，独公居后耳。"先生令随至门，取家钗以偿，其妇后得所遗钗，愧谢之。(魏按：襟怀如此，气度可见。)

世祖[1]初分藩在秦，用平章咸宁王野仙[2]荐，征侍藩邸，以疾辞，授陕西儒学提举，不赴。(魏按：气节如此。)省宪[3]大臣即其家具宴为贺，遣一从史先往。先生方灌园，从史不知其为先生也，使饮其马，即应之不拒。及冠带迎客，从史见，有惧色，先生殊不为意。(魏按：又见萧㪺襟怀。)后累授集贤直学士、国子司业，改集贤侍读学士，皆不赴。(魏按：又见气节如此。)武宗[4]初，征拜太子右谕德。不得已，扶病至京师，入觐东宫，书《酒诰》为献，以朝廷时尚酒故也。寻以病请去，或问其故，则曰："在礼，东宫东面，师傅西面，此礼今可行乎？"(魏按：重礼如此。)俄除集贤学士、国子祭酒、谕德如故，固辞归。年七十八，以寿终于家，谥"贞敏"。

---

① 底本此处无"㪺""域"二字，据底本目录及本传内容补入。
② "惟"，他本同，唯蒙刻本作"维"。

【注释】

[1]世祖:指元世祖忽必烈。

[2]平章咸宁王野仙:平章,即"平章政事"。咸宁,金改樊川县置,治所在今西安。野仙,即也先帖木儿,早年为世祖忽必烈近侍,学于许衡,至元三十一年(1294)任陕西行省平章政事,卒,追封咸宁王,故称"咸宁王野仙",非姓王名野仙也。

[3]省宪:行省行政长官。

[4]武宗:即元武宗孛儿只斤海山(1281—1311),元世祖忽必烈的曾孙,元朝第三位皇帝,蒙古帝国第七任大汗(公元1307年至1311年在位)。海山早年在宫中受过一定程度的儒学教育,在位期间加封孔子为"大成至圣文宣王"。

刘致谥议[1]略云:"圣王之治天下也,必有所不召之臣。盖志意修则轻富贵,道义重则轻王公,蝉蜕尘埃之中,翱游万物之表,不事王侯,高尚其事者以之。《传》曰:'举逸民,天下之民归心焉。'故必蒲车、旌帛[2],侧席以俟其至,冀以励俗兴化,犹或长往而不返,亦有既至而不屈,则'束帛戋戋,贲于丘园'者,治天下者以之也。于吾元得二人焉,曰容城刘因[3],京兆萧㪺。士君子之趋①向不同,期各得所志而已。彼不求人知而人知之,不希世用而世用之,至上彻帝聪,鹤书天出,薜萝动色,岩户腾辉,犹坚卧不起。不得已焉始一至,卒不挠其节,不璾所守而去,亦可谓得所志已。方之于古,则严光、周党[4]之流亚欤!虽其道不周于用,而廉顽立懦,励俗兴化之功亦已多矣。且其累征而不起,蹔出而即归,不既'贞'乎?以勤自居,其好古好学之心,不既'敏'乎?按谥法'清白守节曰贞,好古不怠曰敏',请谥曰'贞敏'。"诏从之。

【注释】

[1]刘致谥议:刘致(约1258—约1336),字时中,山西中阳人。元代诗人、曲家,官历太常博士等。谥议,有关奏请钦定谥号的奏章。

[2]蒲车、旌帛:蒲车,征聘贤士所用的轮裹蒲草之车。旌帛,礼聘贤士时所送的束帛。

[3]刘因(1249—1293),字梦吉,号静修,雄州容城(今河北容城县)人。元代重要的儒学代表人物、北方理学大家。学宗朱熹而无门户之见,主要著作有《四书精要》《易系辞

---

① "趋",赵刻本、蒙刻本、柏刻本同。冯刻本、洪刻本、周刻本均作"趣"。

说》《静修集》等。

[4]严光、周党：严光(前39—41)，又名遵，字子陵。会稽余姚(今浙江省余姚市)人，东汉著名隐士。周党，字伯况，东汉太原广武(今山西代县西南)人，王莽时，托疾不出。建武中征为议郎，因病去职，隐居渑池。

先生制行甚高，真履实践，其教人必自《小学》始。(魏按：正是横渠重视礼教之意。)为文立意精深，言近指远，一以洙、泗为本，濂、洛、考亭为据，关辅之士，翕然宗之，称为一代醇儒。门人泾阳第五居仁[1]、平定吕思诚[2]、南阳孛术鲁翀[3]为最著。所著有《三礼说》《小学标题驳论》《九州志》及《勤斋文集》行世。

【注释】

[1]泾阳第五居仁：参见本书《士安第五先生居仁》。

[2]吕思诚(1293—1357)，字仲实，平定人，元朝名臣。历任侍御史、集贤院侍讲学士兼国子祭酒、湖广参政、中书参知政事、左丞转御史中丞、国子监翰林学士、翰林国史院检阅官及编修等职，曾参与编修过《辽史》《金史》《宋史》三史。其人性情刚直、倔强，直言敢谏、秉公办事。主要著作有《介轩集》《两汉通纪》《正典举要》《岭南集》等。

[3]孛术鲁翀(1279—1338)，字子翚，号菊潭。勤于学，隐居不仕，学行为州里所敬。元大德末，因荐授襄阳县教谕。元文宗时，任翰林国史院编修官。曾纂修《太常集礼》。其为学一本于性命道德，而记问宏博，异言僻语，无不淹贯。文章简奥典雅，深合古法。

魏按：萧㪺(1241—1318)，字维斗，号勤斋，奉元人。蒙元之际关中大儒。所著有《三礼说》《小学标题驳谕》《九州志》及《勤斋文集》。

时有昌域，字伯充，其先河内[1]人。金末，父佑避乱关中，因家焉。伯充从许鲁斋学，鲁斋为祭酒，举为伴读，辅成教养，其功居多。至元[2]间，为四川行枢密院都事，劝主帅李德辉不杀，巴人感德，祠之。知华州，劝农兴学，俱有成效。累官翰林侍读学士，致仕，卒。追封东平郡公，谥"文穆"。

大德[3]中，河东、关陇地震月余，伯充与维斗各设问答数千言，以究其理。居父忧，丧葬一仿古礼。鲁斋贻书，称其"信道力行，为杨元甫[4]之亚"云。

【注释】

[1]河内：地名，在今河南沁阳。

[2]至元:元世祖忽必烈年号(1264—1294)。

[3]大德:元成宗孛儿只斤特穆尔年号(1297—1307)。

[4]杨元甫:即杨恭懿。传见本书《元甫杨先生》。

宽甫同先生恕① （〔明〕冯从吾编）

先生名恕,字宽甫,号榘庵,奉元人。祖昇。父继先,博学能文,廉希宪宣抚陕右,辟掌库钥。家世业儒,同居二百口,无间言。

先生安静端凝,羁卯[1]如成人。从乡先生学,日记数千言。年十三,以《书经》魁乡校。至元[2]间,朝廷始分六部,选名士为吏属,关陕以先生贡礼曹,辞不行。仁宗[3]初,即其家拜国子司业,阶儒林郎,使三召不起。陕西行台侍御史赵世延请即奉元置鲁斋书院,中书奏先生领教事,制可之。先后来学者殆千数。延祐[4]设科,再主乡试,人服其公。六年(1319),以奉议大夫、太子左赞善召,入见东宫,赐酒慰问。继而献书,历陈古谊,尽开悟涵养之道。明年(1320)春,英宗[5]继统,以疾归。致和元年(1328),拜集贤侍读学士,以老疾辞。

【注释】

[1]羁卯:犹羁角。卯,儿童发髻的样式,因以指童年。

[2]至元:元世祖忽必烈年号(1264—1294)。

[3]仁宗:元仁宗孛儿只斤爱育黎拔力八达,1312—1320年在位。

[4]延祐:元仁宗孛儿只斤爱育黎拔力八达年号(1314—1320)。

[5]英宗:元英宗孛儿只斤硕德八剌,1320—1323年在位。

先生之学,由程、朱上溯孔、孟,务贯浃事理,以利于行。教人曲为开导,使得趋向之正。性整洁,平居虽大暑,不去冠带。(魏按:可见礼节。)母张卒,事继母如事所生。父丧,哀毁致目疾,时祀斋肃详至。尝曰:"养生有不备,事有可复;追远有不诚,是诬神也,可逭[1]罪乎?"与人交,虽外无适莫,而中有绳尺。里人借骡而死,偿其值,不受,曰:"物之数也,何以偿为!"(魏按:可见义让。)家无担石之储,聚书数万卷,扁所居曰"榘庵"。时萧先生㪷居南山下,亦以道高当世,入城府,必主先生家,士论并称曰"萧同"。自京师还,家居十有

---

① 底本此处无"恕"字,据底本目录补入。

三年,中外缙绅望之若景星麟凤,乡里称为"先生"而不姓。至顺二年(1331)卒,年七十八。赠翰林直学士,封京兆郡侯,谥"文贞"。所著有《槃庵集》二十卷。

【注释】

[1]逭:音 huàn,逃避。

魏按:同恕(1253—1331),字宽甫,号槃庵,奉元人,蒙元时期关中大儒,关学奉元之学代表。与萧维斗交好,并称"萧同"。所著《槃庵集》二十卷,今存。

从善韩先生择① （〔明〕冯从吾编）

先生名择,字从善,奉元人。天资超异,信道不惑,其教学者,虽中岁以后,亦必自《小学》等书始。或疑为凌节勤苦,则曰:"人不知学,白首童心,且童蒙所当知,而皓首不知,可乎?"(魏按:朱子《小学》之教,由是可观。又是横渠礼教之所重也。)尤邃礼学,有质问者,口讲指画无倦容。(魏按:横渠礼教遗风,自兹可见。)士大夫游宦过秦,必往见先生,莫不虚往而实归焉。世祖尝召之,疾,不果行。其卒也,门人为服缌麻[1]者百余人。

【注释】

[1]缌麻:古代丧服名。五服中之最轻者,孝服用细麻布制成,服期三月。

伯仁侯先生均② （〔明〕冯从吾编）

先生名均,字伯仁,蒲城人。父母蚤亡,独与继母居,卖薪以给奉养。(魏按:穷苦如此,孝养如此,堪为世人楷模。)积学四十年,群经百氏,无不淹贯,每读书,必熟诵乃已。尝言:"读书不至千遍,终于己无益。"(魏按:读书熟诵,正是横渠教法。朱子云:横渠教人读书,必欲成诵,真道学第一义。)故其答诸生所问,穷索极探,如取诸箧笥,名振关中,学者宗之。(魏按:勤学如此。由侯均及其后二曲、桐阁、古愚观之,皆年少贫苦,励志好学,关学勤学之风,彬彬然矣。)用荐者起为太常博士,后以上疏忤时相意,即归休田里。(魏按:寥寥数字中见得气节凛然。)

---

① 底本此处无"择"字,据底本目录补入。
② 底本此处无"均"字,据底本目录补入。

先生貌魁梧而气刚正,人多严惮之,及其应接之际,则和易款洽。(魏按:大类横渠气象。)虽方言古语,世所未晓者,莫不随问而答,世咸服其博闻云。今祀蒲城乡贤祠。

士安第五先生居仁① （[明]冯从吾编）

先生名居仁,字士安,泾阳人。幼师萧维斗槲,弱冠从同宽甫恕受学,博通经史。(魏按:萧同之传,第五遗风。第五,关中名相第五伦世家,族居泾阳。)躬率子弟,致力农亩,而学徒满门。其宏度雅量,能容人所不能容。尝行田间,遇有窃其桑者,先生辄避之,乡里高其行义,率多化服。作字必楷整。(魏按:严谨如是,正是修身持敬处。)游其门者,不惟学明,而行加修焉。卒之日,门人相与议易名之礼,私谥曰"静安先生"。

悦古程先生瑁 子敬李氏附② （[明]冯从吾编）

先生名瑁,字君用,号悦古,泾阳人。隐居不仕。弱冠即以古学自力,讨论六籍,虽祁寒暑雨,造次颠沛,未尝少辍。(魏按:精勤不息。)三原李子敬创学古书院,延先生讲学其中,远近从游者百余人,循循然乐教不倦,学者称"悦古先生"。尝诫诸子曰:"人性本善,习之易荒,古圣贤皆以骄惰为戒,况凡民乎?"集《家戒》一卷,以遗子孙。著述有《辽史》三卷、《异端辨》二卷、《云阳志》二卷、《乐府文集》传世。

李子敬,字恭甫,为人质谨孝友。家素裕,族党因其资而葬者三十余,丧婚者八十余姓。捐千金创学古书院,又割田以供释奠,廪师生学士,萧贞敏公[1]为记。行省上其义,下诏旌表其门。

【注释】

[1]萧贞敏公:即萧维斗。本书有传。

○论金末至明初关学概略

元代关中诸儒,其学多自朱子而来。盖其初赵复南来,理学北传,奉天杨奂、高陵杨天德,虽早年泛滥辞章,或早年劳形于政务,然能见此而晚年悟道,此关中理学渐苏之始也。

---

① 底本此处无"居仁"二字,据底本目录补入。
② 底本此处无"瑁 子敬李氏附"六字,据目录及本传内容补入。

世祖在位,犹重汉人,尚理学,故其亦略有可出。其后元政荒废,廷斗不息,吾道难行,故杨恭懿、萧维斗诸先生,多高尚其志,不事王侯,而以志道勤学、教授乡里为业。关学隐逸之风,自此见矣。其时,关中诸儒多重《小学》,其书虽传自朱子,然其重礼之意,则溯源于横渠礼教之风也。故不可为元代关中诸儒与横渠之学无传。再观萧维斗《地震问答》等文,其中言气、言理、言气质、言天性,又隐然与横渠之说如同一线。学者详察,不可只因诸先生与朱子学问授受之渊源,而忽视其与横渠学风思想之内在关联也。

又曰:少墟《关学编》收入金元九人,附传二人。张骥《关学宗传》以之为基础而又增益也。先后有华阴景伯仁先生覃、蒲城张吉甫先生建,此二人皆在杨天德之先,于此可见金代关学之先声。入元,高陵张君宝先生鼎,助缘修文庙,发李子敬修书院先声。同州员善卿先生炎,杨紫阳之友也,时以道义相切磨。许衡先生之来陕也,其门下二刘先生季伟、安中,朝邑王济川先生梓,鄠县贺忠宣公胜,皆鲁斋之学关中传人。高陵雷先生禧,与萧、同尊事杨文康公恭懿,故杨子之道大行于时。合阳岳景山先生崧,受业韩城郝巨卿先生鼎臣门下,而与维斗萧先生友善,皆隐逸之臣也。萧、同之后,关中又有京兆石先生伯元,富平唐先生塾、第五先生昌言,咸宁董文定公立、泾阳冯允庄先生理立身行道,为关中楷模。而由元及明,关中又有同州尚士行先生志,蒲城赵孟眆先生晋、马巨江先生;三原马尚宾先生贵,雒执中先生守一,仍传金元诸儒遗风。而马尚宾先生贵,为光禄卿谿田马理之祖父,于此亦可见关学家世之渊源。由是可知,元代之关学,发端于金末而延续于明初,学者不可以朝代更迭而截断学术之前后承传也。故余作《金末明初关学谱系略》,以见其时关中理学概略如下:

金末明初关学谱系概略

从金太宗天会六年(1128)关中陷落至金宣宗兴定二年(1218)九十年间,关学精神虽在关中民间有遗传,然学术寥落,无有传人。《关学宗传》虽列华阴景伯仁、蒲城张吉甫,均为世宗、章宗时人,然其学似与理学无涉。

金末元初关学的复兴,始于高陵杨天德、乾县杨奂二人。杨奂(1186—1255),留心经学,能自成一家,被称为"关西夫子",在金末已为具有全国影响的关中硕儒。杨天德(1180—1258),在金宣宗兴定二年(1218)登进士第,晚岁"读《大学解》,沿及伊、洛诸书,大嗜爱之"(《关学编》卷二)。虽晚而"闻道",但其志益坚,其学益精。二先生启关中朱子学传承之先声。就年岁而论,则天德早于紫阳,然就闻道先后而言,则紫阳早于天德也。

关学经过金代的低迷,到蒙元有了起色。个中原因,乃以京兆为中心的关中地区,曾是元世祖忽必烈的封藩之地,他出王秦中,于宪宗四年(1254),召著名学者许衡(1209—1281,号鲁斋)出任京兆提学,从而推动了蒙元关学的传播及发展。同时,许衡入关,在关中大兴学校,尽力扶植和提倡程朱理学,这直接影响了此后关学的基本走向。关中学人从宗张载的关学而走向了宗"濂洛关闽"之理学,尤推崇程朱之学,这成为关学在元代的一个新动向。此正如清人柏景伟所言:"关中沦于金、元,许鲁斋衍朱子之绪,一时奉天、高

陵诸儒与相唱和,皆朱子学也。"(《柏景伟小识》)

在许衡的推动下,元代初期的关学基本呈现为三系:

第一系是许衡之学。主要代表人物有其门下弟子朝邑王济川、鄠县贺胜、吕域、刘季伟、刘安中。

第二系是奉天之学。奉天是今关中乾县一带。奉天之学以杨奂为代表。杨奂是元代影响关中的硕儒,元好问称他为"关西夫子"。杨奂在晚金归隐时,以讲道授徒为业达五年之久,"门人百人"(《杨奂碑》,《金石粹编》卷一五九)。他留心经学,能自成一家。奉天之学承继了金末传统,代表人物除杨奂外,还有杨奂门下员择、郝经,与杨奂交游的宋汉臣、员善卿等。

第三系是高陵一系。高陵之学肇端于曾长期在金为官的杨天德(字君美,1180—1258),后由其子杨恭懿发扬光大。其孙杨敬伯也是这一学派的重要传人,故高陵之学具有家学门风的特征。这一学派的代表人物还有雷禧、张君宝。杨恭懿倡其家学,一生恪守程朱,"穷理反躬,一乎持敬""赫然名动一时"(《关学编》卷二),是这一学派最重要的代表。从一定意义上说,高陵之学代表了蒙古至元年间关学的学术水平。且对元代后期的奉元之学影响较大。由高陵之学所建构的崇儒信道、笃行践履的学风一直在元代关中得以承传。

元代后期,关学出现了极有影响的奉元一系。奉元是今陕西西安市长安区,其关学的代表人物是萧𣽃、同恕,二人不仅关系交好,还并称为"关陕大儒"。黄宗羲在《宋元学案》中专立《萧同诸儒学案》,其中有全祖望案说:"有元立国,无可称者,惟学术尚未替,上虽贱之,下自趋之,是则洛、闽之沾溉者宏也。"奉元之学亦"阐关、洛宗旨",更笃信程朱,躬行礼教,尤重践履,显然是奉天、高陵之学风的延续。这一系的代表人物还有萧、同二人的友人韩城郝巨卿、合阳岳景山、长安韩从善、泾阳程君用、三原李子敬,以及门下泾阳第五居仁、再传长安石伯元等。除此之外,元代后期关中还出现蒲城侯伯仁、富平唐壆、富平第五昌言、泾阳冯允庄、董植夫等诸儒。四库馆臣说"惟元儒笃实,不甚近名",这一点在关中学者身上亦有突出的体现。

明代初年,关中仍承传金元关学遗风。其代表人物,则有同州尚士行,蒲城赵孟旸、马巨江;三原马尚宾、雒执中。后河东薛瑄之学传入关中,而王承裕父子讲学三原,反思朱子而讲求自得,关学随之而中兴,此另一局面也。学者不可不知。

卷三

明

容思段先生坚① （〔明〕冯从吾编）

先生名坚,字可久,兰州人。初号柏轩,后更号容思,义取"九容""九思"[1]也,学者称"容思先生"。生而刚方颖异,读书即知正学。年十四,为郡诸生,见缑山陈先生[2]书铭于明伦堂,有"群居慎口,独坐防心"之语,酷爱而敬诵之,遂慨然以为圣贤可学而至。年十七,王父[3]殁,白其父,治丧不用浮屠法。（魏按：横渠教法。）凡当世宿儒宦游于兰者,无不师之。于经史蕴奥、性命精微,不究其极不止也。动作不苟,人以伊川儗之。正统甲子(1444),领乡荐[4]。明年,下第归,乡之士大夫多遣子弟就学。先生以师道自尊,教法严而造就有等,士类兴起。己巳(1449),英庙[5]北狩,应诏诣阙上书,不报。乃裹粮买舟南游,由齐、鲁、淮、楚以至吴、越,访求同志之士,相与讲切,得阎子舆[6]、白良辅[7]辈定交焉。逾年始归,学益有得。

【注释】

[1]九容、九思：出自《礼记·玉藻》孔子之语。九容："足容重,手容恭,目容端,口容止,声容静,头容直,气容肃,立容德,色容庄。"九思："君子有九思：视思明,听思聪,色思温,貌思恭,言思忠,事思敬,疑思问,忿思难,见得思义。"

[2]缑山陈先生：即元儒陈天祥(1230—1316),字吉甫,号缑山。赵州宁晋(今宁晋县)人。元初在偃师南山躬耕读书,遂通经史。后起家从仕,为郢复州等处招讨使等职,拜监御史,擢吏部郎中。先后任山东西道廉访使、河北河南廉访使、江南行台御史中丞,官至中书右丞。卒谥文忠。

[3]王父：祖父。

[4]领乡荐：经州县举荐,应试进士。

[5]英庙：指明英宗朱祁镇亲征瓦剌之事。

[6]阎子舆：即阎禹锡(1426—1476),字子舆,洛阳人,明景泰年间举人,受学于河东薛瑄。官至监察御史。著有《自信集》等书行世。

---

① 底本此处无"坚"字,据底本目录补入。

[7]白良辅(1425—?),字克佐、舜臣,洛阳人,淹贯经史及性理诸书,与阎禹锡同为薛瑄弟子,研治道学,得其正要。景泰二年(1451)进士,擢监察御史,搏击权豪,不避危险。按治山陕,奸宄遁迹。官至太仆寺卿。著述有《太极解》《律吕新书释义》《中庸肤见》等。

景泰甲戌(1454),登进士,以文名差纂《山西志》。明年,志成复命。寻移疾归,读书于五泉[1]小圃,依岩作洞,以为会友讲习之所。有得即形于诗,有云:"风清云净雨初晴,南亩东阡策杖行。幽鸟似知行乐意,绿杨烟外两三声。"论者谓宛然有浴沂气象。越五年,为天顺己卯(1459),选山东福山知县。福山,故僻邑,先生以德化民,刊布《小学》诸书,令邑人讲诵。复以诗歌兴之,必欲变其风俗。或谓其迂阔不能行,先生独谓"天下无不可化之人,无不可变之俗",尝有诗曰:"天下有材皆可用,世间无草不从风。"始终不少懈。由是陋俗丕变,海邦岛屿,汹汹乎有弦诵风。既六载,以李文达[2]公荐,超擢知莱州府,乃先生与文达公竟未面也。先生治莱,如治福山,时召郡县官师与燕[3],俾言志咏歌以申政教。未期月,莱人大化。以忧去,既禫[4],不遽北上,乃访周廷芳[5]于秦州,访张立夫[6]于凤翔,讲学求友,孜孜不暇,其于功名利达,澹如也。久之,复补南阳。

【注释】
[1]五泉:指兰州五泉山。
[2]李文达:即李贤(1408—1466),邓州人,宣德八年(1433)进士,官至吏部尚书。谥文达。
[3]燕:同"宴",宴饮。
[4]既禫:禫,音dàn,祭名,古时丧家除服的祭祀。既禫,指举行祭礼除丧服。
[5]周廷芳:指周小泉。传见本书《小泉周先生蕙》。
[6]张立夫:指张杰。传见本书《默斋张先生杰》。

在南阳,慨近世学者以读书媒利禄、阶富贵,士鲜知圣贤之学,乃倡明周、程、张、朱与古人为学之意,建志学书院,聚郡庠及属治诸生,亲授讲说。又以民俗之偷[1],由未预教,乃遴属治童蒙,授以《小学》《孝经》《文公家礼》《教民俗言》诸书,俾之讲习。又创刻《二程全书》、胡致堂[2]《崇正辨》诸书,俟盈科者给授,士习翕然改观。又创节义祠,祀古圣母烈女,以风励郡俗。尤严迸巫尼,不使假左道伤风化。会有女缨而自经以殉夫死者,先生率僚属师生往吊,为具棺殓,卜地合葬。已,又奏表其闾。由是郡人虽妇人女子皆为感化。先生为政,持大体,重风教,不急功利,不规规于簿书,不以毁誉得失动其心。凡属吏不法者,即案问不少贷。民或良或奸,相宜训治,与民休息。在南阳八年,郡人戴之如父母,其敬畏之至,若家有一段太守者。

【注释】

[1]民俗之偷:民俗苟且浅薄。

[2]胡致堂:即胡寅(1098—1156),字明仲,学者称致堂先生,宋建州崇安(今福建武夷山市)人,后迁居衡阳。胡安国弟胡淳子,奉母命抚为己子,居长。著作有《论语详说》《读史管见》《斐然集》等。

治行为天下第一。(魏按:有横渠"居恒以天下为念",则有容思"治行为天下第一"。)以直道不能谐时,遂致政归。乃结庐兰山之麓,扁曰"南村",曰"东园",取渊明诗"昔欲居南村"及"青松在东园"意。授徒讲业,相羊唫咏[1]以自乐。然于时政阙失、民情困苦,则又未尝不忧形于色。(魏按:有横渠"见饿殍辄咨嗟",则有容思见民困苦"忧形于色"。)成化甲辰(1484)卒,年六十有六。门人私谥曰"文毅"。

【注释】

[1]相羊唫咏:相羊,亦作"相佯""相徉",徘徊、盘桓之意。唫,音yín,吟咏。

先生性素孝友。治父母丧,一遵古礼;事兄椿,曲尽弟道。居家严内治,崇礼教,凛然为乡邦典刑。与人尤笃于分义。友人唐知县廷器贫甚,其殁也,为具棺殓以终襄事,并志其墓。方伯石公某①曾孙以贫鬻于人,乃垂涕捐赀赎还,俾主其祀。业师周公麟殁,为抚其后,每至其家,坐必避席焉。先生虽未居言路,而屡有建白,如请修龙逢、比干祠墓,请从祀元儒刘因,请旌表孝行节义,请开言路。诸封事皆凿凿有关国体、补风化。

盖先生之学,近宗程、朱,远溯孔、孟,而其功一本于敬。尝言:"学者主敬以致知格物。知吾之心即天地之心,吾心之理即天地之理,吾身可以参天地、

---

① "某",赵刻本、蒙刻本同。冯刻本、洪刻本、文渊阁本、文津阁本、周刻本、柏刻本"某"作"执中"。石执中,浙江兰溪人。明永乐间官至布政使,为人直而不华,勤而能慎。

赞化育者在于此。必以命世大儒自期,而不可自暴自弃,以常人自居,有负为人之名。"所至,从游者众,多所成立,如同郡董学谕芳[1]、罗佥宪睿[2]、彭少保泽[3]、孙孝廉芳[4],秦州周布衣蕙[5],山西董佥宪龄[6],福山张同知瓛[7],南阳柴尚书昇[8]、王文庄鸿儒[9]、熊少参纪[10]、张孝廉景纯[11],皆门墙尤著者。

【注释】

[1]董学谕芳:董芳,兰州学谕,事不详。

[2]罗佥宪睿:罗睿,字文哲,兰州西园人,成化二年(1466)进士,官至山东按察使佥事。

[3]彭少保泽:彭泽,字济物,号敬修子,段坚外孙。兰州人,弘治三年(1490)进士,官至兵部尚书、太子太保。

[4]孙孝廉芳:孙芳,兰州孝廉,事不详。

[5]周布衣蕙:周蕙,即周小泉。传见本书《小泉周先生蕙》。

[6]董佥宪龄:董龄,山西人,天顺八年(1464)进士,官历庶吉士、佥事等。

[7]张同知瓛:张瓛(huán),山东福山人,成化二年(1466)进士。

[8]柴尚书昇:柴昇(1456—1532),字公照,别号菊潭,河南南阳人。成化二十三年(1487)进士,官至兵部尚书。

[9]王文庄鸿儒:王鸿儒(1459—1519),谥文庄,河南南阳人,成化二十三年(1487)进士,官至户部尚书。

[10]熊少参纪:熊纪,布政使参议。事不详。明代于各布政使下置参政、参议,时称参政为大参,参议为少参。

[11]张孝廉景纯:张景纯,孝廉,事不详。

郡人陈祥[1]赞云:"距释排聃,吾道是遵,士趋归正,乡俗以淳。继往开来,远探濂洛,文清之统,惟公是廓。"彭泽撰墓碑云:"先儒谓道自尧舜以来,至孟子没,失其传焉。匪道不传,学者托之言语文字,而无深造力践之功也。至宋,周、程三夫子出,至晦庵朱先生始极主敬、致知、力行之功,上继孔孟之统。元鲁斋许文正公,我明敬轩薛文清公[2],以笃实辉光之学继其绝,此固万世之公议也。若我南阳太守容思先生段公,其克尊信斯道而致深造力践之学者欤!"论者以为知言。所著有《容思集》《柏轩语录》行世。

【注释】

[1]陈祥:字吉夫,成化十一年(1475)进士,官至四川按察使。

[2]敬轩薛文清公：即薛瑄(1389—1464)，号敬轩，谥文清，山西河津人。永乐十九年(1421)进士，官至礼部侍郎，创立河东学派。

魏按：段坚(1419—1484)，字可大(可久)，初号柏轩，后更名容思，学者称容思先生，明代理学名臣，兰州(今甘肃兰州)人。其学乃私淑河东薛瑄而有自得，为明代中期河东学派传入关中初期代表。著有《容思集》《柏轩语录》，今不存。

默斋张先生杰① （〔明〕冯从吾编）

先生名杰，字立夫，号默斋，凤翔人。父玭，工部主事。先生生有异质，颖悟过人。稍长入郡庠，卓然以圣贤自期。年二十一，登正统辛酉(1441)乡荐。乙丑(1445)，中乙榜[1]。以亲老，就山西赵城训导，居官六年，惟以讲学教人为事。一日，薛文清公过赵城，与先生论身心性命之学，文清公叹服而去，先生之学，由是益深。值岁祲，捐俸赈饥，虽所捐无几，亦寒毡[2]所难。

【注释】

[1]中乙榜：在明代，中乙榜可授教职，但仍为举人。
[2]寒毡：清苦的读书人。

景泰辛未(1451)，工部公捐馆舍[1]，先生徒跣[2]奔归，丧葬悉以礼。先是里俗多用浮屠法，先生一切屏去，乡人化之。（魏按：横渠礼教之意。同段坚"年十七，王父殁，白其父，治丧不用浮屠法"。）久之，以养母不出。

【注释】

[1]工部公捐馆舍：工部公，指其父张玭。玭曾任工部主事，故以工部公代称。捐馆舍，指父亲去世。
[2]徒跣：赤脚。

天顺癸未(1463)，母弃养[1]，既禫[2]，有司劝驾，先生蹙然曰："吾少也力学以明道，禄仕以养亲，今吾亲终矣，而学无所得，尚欲仕乎？"遂不复出。因赋诗自责曰："年几四十四，此理未真知。昼夜不勤勉，迁延到几时？"益大肆

---

① 底本此处无"杰"字，据底本目录补入。

力于学。居恒瞑目端坐,至于移时。起则取诸经子史,朗然讽诵,或至丙夜后已。最爱"涵养须用敬""进学在致知"二语,因大书揭座右。造诣日深,弟子从游者日众,乃拓家塾以五经教授,学者称为"五经先生",名重一时。巡按御史某荐先生为提学佥事,不报。

【注释】

[1]弃养:母亲去世。

[2]既禫:除去丧服。

成化乙酉(1465),应天聘典文衡[1],谢不往。辛卯(1471),茶台马公震行部汉南,特遣诸生黄照、王宣辈奉书载币,聘先生摄城固学事。先生复书略曰:"天地生人,无不与之以善;圣贤教人,亦无不欲其同归于善。是知善者,人所自有而自为之。先觉之觉后觉,如呼寐者而使之寤耳。但古之学者从事于性情,而文辞所以达其意,今之学者专务文词,反有以累其性情。某今年五十有一矣,方知求之于此,以寻古人向上之学,虽得其门,未造其域,汲汲皇皇,恐虚此生。尝自念僻处一方,独学无友,每欲远游,质正高明,奈有寒疾不可以出,况乡党小子相从颇众,岂能远及他方邪?"亦谢不往。与皋兰段先生坚、赵侍御英[2]、河东李学博昺[2]、秦州周布衣蕙相与论学,而段尤称契厚,尝赠以诗,有云:"万径千蹊吾道害,四书六籍圣贤心。圣贤心学真堪学,何用奔驰此外寻!"而先生诗中亦有"今宵忘寝论收心"之句,学者争传诵焉。或劝先生著书,曰:"吾年未艾,犹可进也,俟有所得,为之未晚。"乃竟未及著书而卒。是为成化壬辰(1472)十月十二日,距生永乐辛丑(1421)八月十九日,年仅五十有二。

【注释】

[1]应天聘典文衡:应天,南京。文衡,科举的主考官。应天聘典文衡,指应天府聘请担任科举主考官。

[2]赵侍御英:赵英,字储秀,成化八年(1472)进士,官至湖广道监察御史。

[3]李学博昺:学博,府郡经学博士。李昺,山西运城安邑人,薛瑄门人,曾任甘肃清水县教谕。

先生为人笃于孝友,事二亲曲尽子道。与兄英为异母,同居五十年无间言。姊早卒,抚其子若己出,教之成立。(魏按:待兄弟姐妹如此,可谓悌友。)御子弟一以礼法,内外斩斩。(魏按:教子弟门下如此,可谓礼教。)尝自赞曰:"读孔、孟书,学孔、孟事,知有未真,行有未至,惟日孳孳,以求其所无负也!"其勤励如此。

先生殁若干年,郡守赵公博白两台[1],为先生建祠于家塾之左,以供祀事,长平郭公定[2]为记。郡倅[3]范公吉称先生:"以五经教授,明心学于狂澜既倒之余;以四礼率人,挽风化于颓靡不振之秋;以端实淡泊饬躬砥行,垂休光于千百载之后,可谓一代人物矣!"识者以为实录云。

【注释】

[1]两台:盖指陕西承宣布政使司和陕西都指挥使司的行政长官。

[2]郭定,字静之,山西高平县三甲镇北庄村人,成化十一年(1475)进士,曾任邠、郑、通三州知州。

[3]郡倅:副郡守。

魏按:张杰(1421—1472),字立夫,号默斋,陕西凤翔人。曾与河东薛瑄论身心性命之学,受到薛公的称道,由此学术大有长进。尝与段坚、周蕙、赵英等人一起论学。未见有著述传世。

小泉周先生蕙 王氏爵附① ([明]冯从吾编)

先生名蕙,字廷芳,号小泉,山丹卫[1]人。后徙居秦州,因家焉。年二十听人讲《大学》首章,奋然感动,始知读书问字。为临洮卫军戍兰州[2],守墩[2]。闻容思段先生集诸儒讲理学,时往听之,有闻即服行。久之,诸儒令坐听,既而与坐讲,既而以为畏友,有疑与订论焉。(魏按:周蕙一行伍士卒耳,而能如此好学,真令后人叹服。今之出身行伍而不读书者多矣,与先生对之又如何?)段先生勖以圣贤可学而至,教示进为途方。段先生曰:"非圣弗学。"先生曰:"惟圣斯学。"遂殚力就学,究通五经,笃信力行,慨然以程、朱自任。当时见者,亦翕然以为程、朱复出也,咸敬信乐从之。又受学于清水教谕安邑李公昺,(魏按:李公昺,薛文清门下弟子,段容思、张默斋好友,已见前《默斋张先生》传中。)得薛文清公之传,功密存省,造入真纯,遂为一时远迩学者之宗。

---

① 底本此处无"蕙 王氏爵附"五字,据底本目录及本传内容补入。

【注释】

[1]山丹卫:甘肃山丹,明代属陕西行都司。卫,明代驻军建制,其下设五所。
[2]为临洮卫军戍兰州:作为临洮卫的士兵驻守兰州。
[3]守墩:守卫高地。

有总兵恭顺侯吴瑾[1]者,闻其贤,欲延教其子,先生固辞。或问故,先生曰:"总兵以军士役某,召之役则往役,召之教子则不敢往。"闻者叹服,其侯亦不能强,遂亲送二子于其家以受教,先生始纳贽焉。(魏按:礼中自有气节在。非媚于长官而往教者也。)时,肃藩[2]有二乐人郑安、郑宁者,进启本,愿除乐籍,从周先生读书,其感发人如此。(魏按:小泉先生能感人如此,而二乐人又能好学如此,真令后生感喟。)后隐居秦州之小泉,因以为号,着深衣幅巾为容。成纪之人薰化其德,称为小泉先生。尝游西安,与介庵李公锦[3]论学,介庵由是大悟,遂为关西名儒。渭南思庵薛公敬[4]之执弟子礼,师事焉。秦州守数造其庐,举乡饮,宾谢不往。巡按杜公礼征求见,讲《太极》《先天》二图,不觉前席[5]。尝正冠、婚、丧、祭之礼以示学者,秦人至今遵之。(魏按:还是横渠礼教之意。)

【注释】

[1]吴瑾:时任陕西总兵,蒙古族人。
[2]肃藩:指甘肃皋兰肃王府。
[3]介庵李公锦:即李锦,传见本书《介庵李先生锦》。
[4]渭南思庵薛公敬:即薛敬之,传见本书《思庵薛先生敬之》。
[5]不觉前席:不由得朝席前面靠近。比喻学习兴趣逐渐浓厚。

成化戊子(1468),容思先生至小泉,访之不遇,留以诗,有"历尽巉岩君不见,一天风雪野梅开"之句。后又赠以二诗,云:"小泉泉水隔烟萝,一濯冠缨一浩歌。细细静涵洙泗脉,源源动鼓洛川波。风埃些子无由入,寒玉一泓清更多。老我未除尘俗病,欲烦洗雪起沉疴。"又云:"白雪封锁万山林,卜筑幽居深更深。养道不干轩冕贵,读书探取圣贤心。何为有大如天地,须信无穷自古今。欲鼓遗音弦绝后,关闽濂洛待君寻。"何大复[1]谓:"先生于容思先生,其始若张横渠之于范仲淹,其后若蔡元定[2]之于朱紫阳[3]也。"迨老以父游江南,历①涉险踪访,没于杨子江,人皆称其孝,而又重悲其死云。

先生初名桧,后更蕙,或作"桂",误。

【注释】

[1]何大复:即何景明(1483—1521),号大复山人,河南信阳人。弘治十五年(1502)进士,官至陕西提学副使,为当时文坛领袖,明"前七子"之一。

[2]蔡元定:蔡元定(1135—1198),字季通,学者称西山先生,建宁府建阳县(今属福建)人。蔡发之子。南宋著名理学家、律吕学家、堪舆学家,朱熹的得意门生和好友,有"朱门领袖""闽学干城"之誉。为学长于天文、地理、乐律、历数、兵阵之说,精识博闻。著有《律吕新书》《西山公集》等。

[3]朱紫阳:即朱熹。

先生门人甚众,最著名者,渭南薛敬之、秦州王爵。爵,字锡之。自少潜心力学,及长,从游先生门而知操存。郡守秦公与语,悦之,时与讲操存之学。及教后学,切切以诚敬为本。弘治[1]初,以国子生仕为保安州判,君出纳公、会计当,日不惮劳,保安称平焉。秦公后总督原州[2],聘君至原,三年相处如一日。及归,秦公赠以扬州盐引[3]数百石,君辞之,而恶衣恶食坦如也,州人咸称之。详载可泉胡公[4]纂《巩郡志》中。敬之,余别有传②。

【注释】

[1]弘治:明孝宗年号(1488—1505)。

[2]原州:宁夏固原。

[3]盐引:即"盐钞",取盐凭证,可流通,明朝时每引折盐300斤或银六钱四厘。

[4]可泉胡公:即胡缵宗(1480—1560),字孝思,又字世甫,号可泉,又别号鸟鼠山人,甘肃秦安人。正德三年(1508)进士,官至河南巡抚,有《鸟鼠山人集》《安庆府志》《苏州府志》《秦州志》等十余部著作传世。

○由《小泉周先生蕙》末段文字略论冯少墟对《关学编》单刻本有所增益

魏按:此上附录小泉先生门下王爵一段,为《关学编》诸单刻本所无,而全集本则有之

---

① 周刻本及柏刻本"历"字下有一"年"字。

② 介绍周蕙门人王爵、薛敬之此一段文字,底本及赵刻本、蒙刻本、柏刻本无。据冯刻本、洪刻本、文渊阁本、文津阁本、周刻本补入。

矣,故据全集本补入,详参脚注。盖诸单行本祖本为万历三十六年(1608)余懋衡刻本,其时或有不完。而后毕懋康于万历四十年(壬子,1612)编《冯少墟集》,少墟子嘉年天启元年(辛酉,1621)又增益之,而少墟先生此时尚在人世矣,固当见此集,或对《关学编》有所增益修订也?今《关学编》各本内容最全或经少墟亲订者,即此冯刻《冯少墟集》中之《关学编》也。学者识之。

大器张先生鼎 抑之张氏锐附① （〔明〕冯从吾编）

先生名鼎,字大器,别号自在道人,咸宁人。父廉,为山西蒲州知州。先生少从父之任,受学于河东薛文清公之门,用是日勤励于圣贤之学,诸子百家虽靡不研究,而一禀于濂、洛、关、闽之旨,文清公深器重之。归,补西安郡庠弟子员。景泰癸酉(1453),以《易》举于乡。成化丙戌(1466),成进士,授刑部主事,迁员外郎,冰蘖自持[1],推谳详明[2]。甲午(1474),出知山西太原府。太原为省会剧郡,故称难治,先生游刃有余,循良弁[3],三晋郡人德之,不忍先生离去。故九载考绩,晋山西参政,仍署府事。又四载,始迁河南按察使,振肃纪纲,奸贪敛迹,尝辨指挥董敬等人命之诬。弘治改元(1488),擢右佥都御史,巡抚保定等府。时畿内多事,盗贼纵横于途,行旅戒严,先生筑墙植树,自内丘[4]直达京师,由是道路肃然,至今赖之。值岁大祲[5],先生给粮赈济,民免流亡。辛亥(1491),晋户部右侍郎。寻以病请归。归四年,为弘治乙卯(1495),卒于家,年六十有五。

【注释】

[1]冰蘖自持:比喻处身寒苦而有操守。

[2]推谳详明:推究议罪,详细分明。

[3]循良弁:循良,奉公守法的官吏。循良弁,犹言在循良的官员中突出拔尖。

[4]内丘:河北内丘。

[5]大祲:大饥荒。

先生为人仁厚,敬慎事,不苟为,非义一介不取,进退唯命是听,终身恪守师说,不敢少有渝越。(魏按:范巽之于张横渠,笃信师说而善发其蕴;张大器于薛文清,终身恪守而少有逾越,其守护师道如是也。)文清公殁,其文集散漫不传,先生搜

---

① 底本此处无"鼎"字、"锐"字,据底本目录及冯刻本补入。

辑校正凡数年,稿始克成,乃为序梓而传之,至今学者尚论文清,必以先生之言为征信云。(魏按:张横渠《正蒙》赖苏季明而传,薛文清文集亦赖张大器而传,其传承师道如是也。)所著有《仕学日记》《自在诗文》《蠹斋传稿》若干卷。先生为都宪,为亚卿,皆三原王端毅公[1]冢宰[2]时所推毂[3]。其卒也,端毅公铭其墓,称其"理学传自文清公,高名可并太华峰",世以为确论。

【注释】

[1]三原王端毅公:即王恕(1416—1508),字宗贯,号介庵,又号石渠。陕西三原人。明朝中期名臣,与其子王承裕并为明代关学三原学派创始人。正统十三年(1448)进士,官至少傅兼太子太傅。谥号端毅,有《王端毅公奏议》等作品传世。

[2]冢宰:指吏部尚书。

[3]推毂:举荐。

魏按:张鼎(1431—1495),字大器,别号自在道人,咸宁人。出自薛瑄门下,薛瑄文集为其整理传世。所著有《仕学日记》《自在诗文》《蠹斋传稿》若干卷。

  时有秦州大参[1]张公锐,字抑之,成化(1465—1487)初举于乡。父敏,以国子生为江西布政司照磨[2]。公从之任,受学东白张先生元祯[3]。张先生者,豫章[4]名儒也,公由是学益有得。乙未(1475),登进士,授刑部主事,历员外郎、郎中,迁江西吉安知府。在吉安,政教兼举,士习聿兴,民用安业。坐忤权贵,调湖广、汉阳六载,以两郡令举,晋山东左参政。后致仕居乡,日进[5]执经诸弟子于庭,讲学不倦,乡间薰德焉。故陇西学者称为张夫子。可泉胡中丞缵宗[6]称公"诚确温厚,本之天性,而多学好古,汲引后进,尤人所不可及"云。

【注释】

[1]大参:即参政。明代在布政使下设左右参政。

[2]照磨:明朝在布政司等部门设立的掌管磨勘和审计工作的官职。

[3]东白张先生元祯:即张元祯,字廷祥,别号东白,南昌人。天顺四年(1460)进士,官至吏部左侍郎兼学士。在当时讲求性命之学,享有盛誉。

[4]豫章:南昌。

[5]日进:每天功勉。

[6]可泉胡中丞缵宗：即胡缵宗（1480—1560），字孝思，又字世甫。号可泉，又别号鸟鼠山人。甘肃秦安人。正德三年（1508）进士，官至河南巡抚，有《鸟鼠山人集》《安庆府志》《苏州府志》《秦州志》等十余部著作传世。

介庵李先生锦 仲白李氏锦附① 　　（〔明〕冯从吾编）

先生名锦，字在中，号介庵，咸宁人。幼警悟不凡。九岁失恃[1]，如安成[2]依舅氏韩君智，韩为择师教之。端坐终日，不逐群儿嬉。读书知大义，日见英发。比成童[3]，还，为诸生，受《易》于乡先生董君德昭之门。大肆力于学，每试辄为督学使者所称赏。后遇秦州小泉周廷芳讲学，得闻周、程、张、朱为学之要，遂弃记诵辞章之习，专以主敬穷理为事。又与渭南思庵薛氏、咸阳西廓姚氏[4]、同邑谊庵雍氏[5]丽泽[6]讲习，相劝相规。久之，践履醇茂，关中学者咸以"横渠"称之。（魏按：此当时学者以"横渠"誉人之例，可见横渠于当时已得士人推重，为关中士人品格之式。）济南尹恭简公[7]为通政时，使秦，闻先生名，延与语，大为惊叹。

【注释】

[1]失恃：指母亲去世。父亲去世为"失怙"。

[2]如安成：如，前往。安成，当为"安城"，山西运城安邑。

[3]成童：年龄稍大的儿童。或谓十二岁以上，或谓十五岁以上，说法不一。引申指青少年。

[4]咸阳西廓姚氏：指姚显，字微之，咸阳人。李锦、薛敬之讲友，因寓居西安西廓，学者称"西廓先生"。

[5]谊庵雍氏：李锦讲友，姓雍，号谊庵。咸宁人。其余不详。

[6]丽泽：谓两个沼泽相连。《易·兑》："丽泽兑，君子以朋友讲习。"后比喻朋友互相切磋。

[7]尹恭简公：尹旻（mín），明成化间的吏部尚书。

天顺壬午（1462），举于乡。成化戊子（1468），游成均[1]，友天下士，其学益进，大司成邢公让[2]深器异之，令诸子受业焉。后邢坐事下狱，先生倡六馆士伏阙抗章，明其无罪，虽于事无益，而先生之名重京师矣。尝爱武侯"静以

---

① 底本此处无二"锦"字，据底本目录及冯刻本补入。

修身,俭以养德""学须静,才须学"数语,揭之座右以自警。事亲色养备至,执丧尽礼,力绌异端。至今省会士大夫不作浮屠事,实自先生始。为孝廉居忧时,巡抚余肃敏公[3]欲延教其子,先生以"齐衰[4]不入公门"固辞,余益重之。后余知其丧不能举,赙[5]以二椁,先生却其一,曰:"不可因丧射利也。"郡大夫有与之厚者赙米数十斛,以辞命无俸米字辞。后周廷芳复过省,与先生印证所学,设问辨难,周为叹服。先生解经平正通达,不为凿说,且善诱后学,谆谆忘倦。出其门者如李参政仑[6]、刘尚书玑[7]、于知州宽[8]、董员外养民[9],及举人张子渭[10]、李盛[11]渐被尤深。

【注释】

[1]游成均:学习于太学。

[2]大司成邢公让:指当时国子监祭酒邢让。

[3]余肃敏公:指余子俊(1428—1489),谥肃敏,四川青神(今四川省乐山市夹江县青州乡金星村)人。景泰二年(1451)进士,天顺四年(1460)出知西安府,官至兵部尚书。

[4]齐衰:音 zī cuī,丧服。"五服"中列位二等,次于斩衰。其服以粗疏的麻布制成,衣裳分制,缘边部分缝缉整齐,故名。有别于斩衰的毛边。具体服制及穿着时间视与死者关系亲疏而定。

[5]赙:拿钱财帮助别人办理丧事。

[6]李参政仑:李仑,字世瞻,别号静庵,临潼人。成化五年(1469)进士,官至河南左参政。

[7]刘尚书玑:刘玑(1457—1533),字用齐,号近山,陕西咸宁人。成化十七年(1481)进士,明武宗户部尚书,著有《正蒙会稿》。

[8]于知州宽:于宽,曾任河南邓州知州。

[9]董员外养民:董养民,李锦弟子,事不详。

[10]张子渭:李锦弟子,事不详。

[11]李盛:李锦弟子,事不详。

先生数上春官[1],竟不第。成化甲辰(1484),谒选直隶松江府同知。职亲戎牒,夙夜精勤,奸无所售。有脱役垂四十载者,先生始发之,即令补伍,虽权贵居间,竟莫能夺。未究厥施,以疾卒于官。是在成化丙午(1486),年仅五十一。贫不能为棺敛,其僚友赙之,始克归云。

【注释】

[1]春官:指礼部。借指到礼部应试。

先生性刚介,不妄交接,不苟为然诺,义之所在,确然自信,不以一毫挫于人,尤重取予。所居仅蔽床席,茹淡服疏,虽至屡空,终不轻有所取。学务穷理性,体之身心。不好立言语文字,以故殁之日,遗稿无存。灵宝许襄毅公[1]为先生同志友,先生殁十年,襄毅公巡抚关中,属督学杨文襄公[2]表其墓。文襄公称先生:"挺然风尘之表,不苟简迁就,与世低昂。抱其贞璞,卒以完归。"而督学虎谷王公[3]亦称其"化如和叔[4]辞章外,贫似原思[5]草泽间"。呜呼,可谓深知先生者矣。

【注释】

[1]灵宝许襄毅公:即许进(1437—1510),河南灵宝人,成化二年(1466)进士,弘治十一年巡抚陕西,谥号襄毅公。

[2]杨文襄公:即杨一清(1454—1530),号邃庵,云南安宁人,成化八年(1472)进士,曾以副使督学陕西。

[3]虎谷王公:即王云凤(1464—1516),号虎谷,山西和顺人,弘治间督学陕西。

[4]和叔:指吕大临。

[5]原思:孔子的弟子原宪,字子思,亦称原思。以安贫乐道著称。

魏按:李锦(1436—1486),字在中,号介庵,咸宁(今陕西西安)人。受学秦州周蕙,得闻周、程、张、朱理学之要,尝与渭南薛敬之等共讲习,时关中学者常以"横渠"称之。未见有著述传世。

后数十年而有渭南李仲白氏者,名与先生同,字仲白,号龙坡,亦潜心理学。为诸生时,西蜀龙湾高先生俦[1]署高陵教事,仲白越疆从受学,与泾野吕先生[2]同门相切磋焉。正德庚午(1510),领乡荐,为宿迁令。著《劝农文》《劝孝文》以化俗,由是邑多孝子。又以脱余金买牛给民耕垦荒地。宿迁人称为"百年以来一人"。迁海州知府,致仕。初擢州时,不能具一花带,吕先生遗之一围。后去州抵家,犹是带也,其清苦如此。嘉靖丙申(1536),卒于家。吕先生铭其墓,称其"禀受懿嘉,学求根本"云。

【注释】

[1]西蜀龙湾高先生俦:即高俦,字宗伊,四川泸阳人,进士,曾任高陵县儒学教谕。
[2]泾野吕先生:指吕柟。传见本书《泾野吕先生柟》。

思庵薛先生敬之① （[明]冯从吾编）

先生名敬之,字显思,号思庵,渭南人。生有异状,长大雄伟,须髯修美,左膊一黑文字深入肤里。生五岁,爱读书。十一,解属文赋诗。稍长,言动必称古道,则先贤。景泰丙子(1456),获籍邑诸生,居止端严,不同流俗,乡间惊骇,称之曰"薛道学"。为文说理而华,每为督学使者所赏鉴。应试省闱[1]至十有二次,竟不售[2]。成化丙戌(1466),以积廪充贡入太学[3]。太学生接其言论,咸为叹服,一时与陈白沙[4]并称,由是名动京师。自太学归,二尊人相继殁,徒跣奔葬。时大雪盈尺,兼酒浅泥泞,亦不知避。后遂病足,值冬月辄发。母嗜韭,母殁,终身不忍食韭。

【注释】

[1]省闱:各行省主持的考试。
[2]不售:考试不中。
[3]以积廪充贡入太学:以食廪年高的廪生可充当贡生的规定进入太学。
[4]陈白沙:即陈献章(1428—1500),字公甫,别号石斋,广东广州府新会县(今广东省江门市新会区)白沙里人,故又称白沙先生,世称为陈白沙。明代著名的思想家、哲学家、教育家、书法家、诗人、古琴家。岭南地区唯一一位从祀孔庙的大儒,明代心学的奠基者,被后世称为"圣代真儒""圣道南宗""岭南一人"。谥文恭。著作后被汇编为《白沙子全集》。

成化丙午(1486),谒选山西应州知府。先生治应,首勤民耕稼纺绩。时当东作[1],循察田野。民艰于耕种者,赉[2]以牛种。民贫负租及不能婚葬者,皆助之。买牸畜[3]数十,给之茕民,令孳息为养。又务积蔬粟,不三四岁,粟至四万余石,干蔬数万余斤。寻当饥馑,应民免于死亡。其既窜而复归者三百余家,皆与衣食,补葺其屋庐与处。由是属邑闻风,复者沛然。又立义冢,以瘗[4]流民之死于道者。弘治戊申(1488)秋,南山有虎患,为文祭之,旬日间

---

① 底本此处无"敬之"二字,据底本目录补入。

虎死于壑。己酉(1489)春,萧家寨北平地有暴水涌出,一寨几至沉陷。先生亦为文祭告,水即下泄,声如雷鸣,民免于溺。他德政异政多此类,详守谿王公[5]撰碑记中。

【注释】

[1]东作:春耕。

[2]赉:音 lài,给予。

[3]牸畜:雌性牲畜。

[4]瘗:音 yì,掩埋。

[5]守谿王公:王鏊(1450—1524),字济之,别号守谿,江苏苏州人。成化十一年(1475)进士,官至户部尚书。

先生尤雅重学政,数至学舍,切切为言孔、孟之旨,由是应人士始知身心性命之学。奏课第一,弘治丙辰(1496),升金华同知。东南学者如陈聪[1]辈数十人,皆抠衣门墙[2]。居二年,致仕。撰《金华乡贤祠志》若干卷。正德戊辰(1508)卒,年七十又四。

【注释】

[1]陈聪:明代浙江临海举人,明正统十三年(1448)任永城训导。

[2]抠衣门墙:恭敬行弟子礼,拜其门下。

先生嗜道若饴,老而弥笃。好与人讲,遇人无问人省解不,即为说道,人或不乐听说,亦不置。又好静坐思索,凡有所得,如横渠法,即以札记。(魏按:薛敬之《思庵野录引》云:"张子曰:'心有所开处,辄便劄记之,不然则还塞之矣。故每于静坐,凡有所开处辄便记之,虽至更深鸡啼之际,亦自蓺火书之。'其苦心焦思,拟之周、程,其力最勇。故其所得,凡天地万物、阴阳消息之理最切,以其根于所自故也。仆自三十年来,颇会知读书,又得见小泉周先生廷芳之后,亦尝求静。凡每有所得,亦效张子之意,不间昼夜,顷刻辄便书之,以备遗忘。"据此可见薛敬之读书深受横渠影响。其集中引述横渠之语,亦多有之。)所著有《思庵野录》《道学基统》《洙泗言学录》《尔雅便音》《田畴百咏集》《归来藁》,及演作《定心性说》诸书,其言多有补于名教云。

其卒也,吕文简公[1]志其墓,略曰:"初先生致仕家居,以事入长安,栯获遇于长安之开元寺,因叩先生。先生言:'兰州军周蕙者,字廷芳,躬行孝弟,其学近于伊、洛,吾执弟子礼事之。吾入太学时,道经陕州,陈云逵[2]忠信狷介,凡事皆持敬遇之,吾以为友。凡吾所以有今日者,多此二人力也。'枏谒先生者再四,见先生年已七十,日夜读书不释卷。听其论议,皆可警策惰志,则亦今日之博学好古、死而后已者也。"又谓门人胡大器[3]曰:"为学隆师取①友、变化气质为本。渭南有薛敬之从周先生学,常鸡鸣而起,候门开,洒扫设坐。及至,则跪以请教。"又谓门人廉介[4]曰:"予闻诸思庵薛子曰:'介庵李锦,关西之豪杰也。甘贫守道,好学,至死不倦。今亡矣夫!'夫薛子,其亦见介庵而兴起者乎?"其学问渊源如此云。(魏按:非仅其学问渊源如此,其尊师尚友亦如此也。有如是师道之传承,方有泾野子吕柟之大成。今之学者,可不兴起乎!)

【注释】

[1]吕文简公:即吕柟。薛敬之弟子。传见本书《泾野吕先生柟》。

[2]陈云逵:字中夫,陕西弘农(今华阴)人,官至国子监丞。

[3]胡大器:吕柟弟子,字孺道,安徽休宁人,曾任经历司经历,编刻过《吕泾野先生十四游记》,在吕柟去世前从休宁来高陵探望,直至吕柟去世。余事不详。

[4]廉介:吕柟弟子,字清夫,陕西白水人,举人。余事不详。

魏按:薛敬之(1435—1508),字显思,号思庵,陕西渭南人,明代关中理学家。师承周小泉,下启吕泾野,为河东学派在关中重要传人。所著有《思庵野录》《道学基统》《洙泗言学录》《尔雅便音》《田畴百咏集》等书。

○略论河东之学关中早期传人

明代中期,关学兴起,其源流一则发轫于本土,一则来源于河东。黄宗羲所谓:"关学大抵宗薛氏,三原又其别派也。"兹就薛氏河东之学于关中承传而言之。《关学编》中所立传者,如前此凤翔默斋先生张杰、咸宁大器先生张鼎,关中薛瑄门人也;兰州容思先生段坚,私淑薛瑄者也。周小泉,承传段坚者也;李锦、薛敬之又出小泉门下者也。民国时期,张骥《关学宗传》补薛瑄关中弟子二人,韩城王懋德与孙辅。而后党晴梵《明儒学案表补》则根据《文清公实行录》增入薛瑄弟子六十八人,其中籍属关中的有:

孙辅,陕西韩城人,太原府同知;

郭震,韩城人,芮城训导;

张聪,韩城人。

---

① "取",他本同,唯周刻本作"求"。

高辅,韩城人。

贾琰,韩城人。洪洞知县。

江湖,潼关人,知州。

张泽,潼关人,知县。

赵春,长安人,知州。

段盛,韩城人,平陆县丞。

史华,韩城人,介休县主簿。

刘琛,韩城人,大同府经历。

冯纮,韩城人,广钧县主簿。

梁博,韩城人。

贾刚,韩城人,鸿寺序班。

吉节,韩城人。

以上15名及门弟子和"当系私淑其学之士"的韩城人张敏,共十六人。① 再加上原有的门下弟子张鼎、段坚、张杰、王懋德,私淑弟子段坚,则关中薛瑄弟子共十九人、私淑二人。

段坚门下,从游者众,多所成立。关中则有郡董学谕芳、罗金宪睿、彭少保泽、孙孝廉芳,秦州周布衣小泉五人。

周小泉门下,则有咸宁李锦、渭南薛敬之、咸阳姚徽之、秦州王锡之、肃州郑安、郑宁兄弟,凡六人;

李锦门下,则有参政李仑、尚书刘玑、知州于宽、员外董养民及举人张子渭、李盛,凡六人;

薛敬之门下,则有高陵吕柟、长安吉惟正二人。

凡此,自段坚、张鼎、张杰至吕柟四代,则关中有薛瑄之学者,有名字者凡四十人矣。由此可见河东学派在关中传播之盛。而后泾野先生吕柟出,门生遍布关中,则关中河东之学更为繁盛矣!

平川王先生承裕② 　　（〔明〕冯从吾编）

先生名承裕,字天宇,号平川,三原人。父恕,历官太子太保、吏部尚书,赠太师,谥端毅,为国朝名臣第一,道德功业,载在国史。成化元年乙酉(1465),先生生于河南宦邸,盖端毅公巡抚日也。（魏按:冯从吾《关学编》不以出

---

① 参见党晴梵:《明儒学案表补》,党晟所藏党晴梵手稿本,1929 年 8 月,第 20—23 页。

② 底本此处无"承裕"二字,据底本目录补入。

生地为入编准则,此其一例。)端毅公七子,而先生最少。

方儿时,即重厚如老儒,恒端坐,不妄言笑。(魏按:有天祺先生少年老成气象。)七八岁作《屋隙诗》,曰:"风来梁上响,月到枕边明。"又作先师孔子木主,朝夕拜之。春秋丁日,具香果,斋而祭。乃为斋铭曰:"齐不齐,谨当谨,万物安,百神统。圣贤我,古来胙。齐不齐,谨当谨。"太淑人廉[1],知之,以白端毅公,公喜曰:"此儿足继志矣!"十四五时,在南都从莆田萧先生学,萧令侍立三日,一无所授。先生归告端毅公曰:"萧先生待儿如此,谓不足教耶?"公曰:"善哉,教也,真汝师矣!"先生由是益尊师乐学,遂深造焉。(魏按:萧先生善教,端毅公明察,平川又好学,真是一段教人嘉话!大抵育人,非仅授学也。先应从尊师知礼处入门。傲气太长,教之无益。)年十七八,著《进修笔录》,崇仁吴正郎宣[2]序之以传。年十九,应乡试,督学戴公珊[3]试其文,奇之。丙午(1486),年二十二,举于乡。

【注释】

[1] 太淑人廉:太淑人,指王承裕的祖母。淑人,明代三品官员的祖母、母、妻的封号。廉,觉察。

[2] 崇仁吴正郎宣:即吴宣,生卒不详。字师尼,别号野庵,江西崇仁人。景泰四年(癸酉,1453)举人。授左都督会经历。坐劾长僚不法,逮下狱,十年始得释。改中军都督府,升镇远知府,道病卒。著《野庵文集》十卷。

[3] 督学戴公珊:即戴珊(1437—1505),字廷珍,号松厓。江西景德镇人。天顺八年(1464)进士,成化十四年(1478)迁陕西副使,官至南京刑部尚书。谥恭简。

丁未(1487),孝宗登极,召起端毅公为冢宰。先生侍行,读书京邸,与一时名公游,由是闻见益广,学益进。(魏按:横渠谓"为学不能无友",此则从平川身上可以见之。)癸丑(1493),第进士。会端毅公致仕,先生予告归,乃开门授徒,讲学于释氏之刹堂。至不能容,复讲于弘道书院。先生教以宗程、朱以为阶梯,祖孔、颜以为标准。语具督学虎谷王公《书院记》中。盖先生以师道自居甚严,弟子咸知敬学,故自树而成名者甚众。

久之,授兵科给事中,有《时政》《先务》等疏,皆切中时弊。两使藩国,馈遗一无所受。历吏科都给事中。正德[1]初,逆瑾[2]专政,群工多出其门,先生远之。又上疏乞进君子、退小人,及诸不法事。(魏按:先生刚直气节如此。)瑾怒,罚粟三百石输边。其恨犹未已,会先生以外艰去,始免。服除,瑾诛,以原官迁太仆少卿、本寺卿、南太常卿。时上南巡,先生夙戒牺牲帛祭品待祀。或曰:"上方用武,无暇于祀,焉用备为?"弗听。及上至,奏祀皆行之,言者愧服。(魏按:先生重礼先见如此。)己卯(1519),宸濠叛,欲趋南都,大臣分城以守,先生分守通济门。乃与家人诀别,登城誓死守之。(魏按:王承裕大义凛然如此。)会有逆党藏甲兵于樟以应贼者,先生觉发,服以上刑,都城肃然。(魏按:王承裕明睿威严如此。)壬午(1522),世庙[3]即位,改元嘉靖,论御贼①功,有白金文绮之赐。癸未(1523),迁户部右侍郎,提督仓场。寻回部。为世庙所重,赐献皇帝睿[4]笔"清平正直"四字。丁亥(1527),晋南户部尚书。己丑(1529),致仕。

【注释】

[1]正德:明武宗年号(1506—1521)。
[2]逆瑾:即刘瑾,明武宗时大宦官。
[3]世庙:明世宗嘉靖帝庙号。
[4]献皇帝睿:明世宗的生父。嘉靖三年(1524),明世宗追尊其生父为"恭睿献皇帝"。

林居[1]十年,惟以读书教人为事。当时称其济美,有范忠宣[2]继文正公之风。(魏按:论者有以关中王恕、王承裕父子,与范仲淹、范纯仁父子相比之说。)论荐者无虚日,庙堂方欲召用,而先生已殁,识者于是有苍生之恨云。卒年七十有四,盖嘉靖戊戌(1538)五月也。讣闻,赐祭葬如例,谥"康僖"。

【注释】

[1]林居:指致仕闲居。
[2]范忠宣:即文正公范仲淹次子范纯仁。

先生性笃孝,能悦亲养志,故端毅公爱之特甚。又善事诸兄,诸兄皆殊常友之。时序祀先,唯谨诲诸子侄以道。与人交,温乎可亲而又栗然不可狎,故与之交者,咸爱敬焉。(魏按:大类横渠气象。横渠气质刚毅,然与人交,日久则亲。)与长安高御史胤先[1]游,久之赠诗,以尧夫、正叔[2]与之,盖服其和粹严正,不易及也。自少乐多贤友,端毅公尤夙以尚友之道诲之,故一时海内名贤无弗

---

① "贼",他本同,唯文渊阁本、文津阁本作"敌"。

接者。自始学好礼,终身由之,故教人以礼为先。(魏按:亦是横渠教法。)凡弟子家冠、婚、丧、祭,必令率礼而行。又刊布蓝田吕氏《乡约》《乡仪》诸书,俾乡人由之。(魏按:又传蓝田乡礼。)三原士风民俗,至今贞美,先生之力居多。

【注释】

[1]高御史胤先:高胤先,字世德,西安人,成化二十三年(1487)进士,官至御史,巡抚大同,以刚正直言著称。

[2]尧夫、正叔:尧夫,指邵雍;正叔,指程颐。

所著有《论语近说》《论语蒙读》《谈录漫语》《星轺集》《辛巳集》《考经堂集》《庚寅集》《谏垣奏草》《草堂语录》《三泉堂漫录》《厚乡录》《童子吟薮》《婚礼用中》《进修笔录》《动静图说》等书。所述有《横渠遗书》《太师端毅公遗事》等书行世。(魏按:由此《横渠遗书》,大略可知其上继横渠之意。)端毅公林居日,著《五经四书意见》,独摅心得,自成一家,学者宗之。先生著述种种,盖多本之庭训云。①

门人马光禄理[1]、秦大参伟[2]、郝大参世家[3]、雒中丞昂[4]、张给谏原[5]、李宪副伸[6]、赵佥宪瀛[7]、秦明府宁[8]、王明府佩[9]、李孝廉结[10]。有名,光禄,别有传。

【注释】

[1]马光禄理:即马理。传见本书《谿田马先生理》。

[2]秦大参伟:秦伟,字世观,号西涧,陕西三原人。弘治十八年(1505)进士,授户部主事,历任山西参政、陕西参政。

[3]郝大参世家:参政郝世家。

[4]雒中丞昂:雒昂,字仲俛,号三谷,陕西三原人。嘉靖二年(1523)进士,官历右都副御史。

[5]张给谏原:张原,字士元,陕西三原人,正德九年(1514)进士,官至户部科右给事中。

[6]李宪副伸:李伸,字道甫,陕西三原人。弘治十五年(1502)进士,宪副,副按察使。

---

① "端毅公林居日,著《五经四书意见》,独摅心得,自成一家,学者宗之。先生著述种种,盖多本之庭训云"一句,底本及赵刻本、蒙刻本所无,据冯刻本、洪刻本、文渊阁本、文津阁本、周刻本、柏刻本补入。

王阳明讲友。

[7]赵佥宪瀛:赵瀛,字文海,号左山,陕西三原人。嘉靖八年(1529)进士,历至佥都御史。

[8]秦明府宁:明府,知县。即知县秦宁。

[9]王明府佩:知县王佩。

[10]李孝廉结:孝廉李结。

魏按:王承裕(1465—1538),字天宇,陕西三原人,王恕少子。与其父王恕为明代中期关学三原学派的创立者。学识渊博,著作甚富,主要著作有《论语蒙读》《论语近说》《星轺集》《谈录漫语》《辛巳集》《考经堂集》《横渠遗书》等十多种。

○略论三原之学

魏按:黄宗羲云:"关学大抵宗薛氏,三原又其别派也。其门下多以气节著,风土之厚,而又加之学问者也。"此语正道出明代关学三原一派之特质。三原一派,以王端毅公恕、平川先生王承裕父子开门户。而端毅公为当时名臣第一,所谓"两京十二部,唯有一王恕",即是对端毅公至评也。少墟编纂此编,非是要人学前人事功,乃是要人从理学做起,从做人做起,故不入端毅公,以免误滋后学也。然不可谓端毅公于理学无所识见。学者详之。又平川门下,卓著者甚多,以先生传中观之,则有此十先生也,皆风土之厚而又加之学问者也。而其最为卓著者,则谿田先生马理者,书别有传以大书之。

卷四

明

泾野吕先生柟①　　（〔明〕冯从吾编）

先生名柟，字仲木，高陵人。世居泾水北，自号泾野，学者尊之曰"泾野先生"。父溥，号渭阳，有隐德。先生少儁悟[1]绝人，羁丱[2]为诸生，受《尚书》于高学谕俦、(魏按：高先生，前李仲白传中以见之。学者当前后参看。)邑人孙大行[3]昂，即有志圣贤之学。又问道于渭南薛思庵氏，充乎有得。不妄语，不苟交。夙夜居一矮屋，危坐诵读，虽炎暑，不废衣冠。(魏按：如宽甫同先生气象，"平居虽大暑，不去冠带"。)

【注释】

[1] 儁悟：儁，音 jùn，即俊悟，聪明卓异。
[2] 羁丱：音 jī guàn，犹如羁角，喻童年。
[3] 大行：官职，主管接待宾客。

年十七八，梦明道程子、东莱吕氏[1]就正所学，由是学益进。(魏按：非是梦谈怪说，但沉浸已久，则梦中自有所感，读者明之。)督学遂庵杨公[2]、虎谷王公[3]拔入正学书院，与群俊茂游。大参熊公、李公延教其子，先生辞不获，乃馆于开元寺。后闻父疾，即徒步归，二公以夫马追送不及。先生曰："亲在床褥，安忍俟乘为也！"(魏按：真孝子方如此切切！)父寻愈，构云槐精舍，聚徒讲学其中，二公仍遣子熊庆浩、李继祖卒业焉。弘治辛酉(1501)，举于乡。明年，计偕不第，游成均，与三原马伯循[4]、秦世观[5]、榆次寇子惇[6]、安阳张仲修[7]、崔仲凫[8]、林县马敬臣[9]诸同志，讲学宝邡寺。尝约曰："文必载道，行必顾言。毋徒举业，以要利禄；毋徒任重，弗克有终。"(魏按：此二十四字学约，堪为今人效法。)日孜孜惟以古圣贤进德修业为己事。遣弟栖师事伯循，其入学仪式京师传以为法。同邑高朝用，时为地官郎，谓检讨王敬夫[10]曰："予邑有颜子，子知之乎？"敬夫曰："岂吕仲木耶？"自是纳为厚交。

---

① 底本此处无"柟"字，据底本目录补入。

【注释】

[1]明道程子、东莱吕氏:即程颢、吕祖谦。

[2]督学邃庵杨公:即杨一清。

[3]虎谷王公:即王云凤。

[4]三原马伯循:即马理。

[5]秦世观:秦伟。

[6]榆次寇子惇:即寇天叙(1480—1533),字子惇,号涂水,山西榆次人。正德三年(1508)进士,授南京大理寺评事,迁应天府丞。武宗南巡,江彬等恃宠为虐,天叙力与抗争,民得不困。嘉靖初以功迁刑部右侍郎,改兵部右侍郎。著有《涂水文集》。

[7]安阳张仲修:即张士隆(1475—1525),字仲修,号西渠,河南安阳人。弘治十八年(1505)进士,官至陕西提学副使。

[8]崔仲凫:即崔铣(1478—1514),字子钟,又字仲凫,号后渠、洹野,河南安阳人。弘治十八年(1505)进士,官至南京礼部右侍郎,谥文敏。其学以程朱为宗,曾斥王阳明为"霸学"。著有《洹词》《彰德府志》。

[9]林县马敬臣:即马卿(1499—1536),字敬臣,号柳泉,河南林县人。弘治十八年(1505)进士,选庶吉士,授户部科给事中,历任大名知府、浙江按察副使、浙江右布政使,官至右副都御史。

[10]王敬夫:即王九思(1468—1551),字敬夫,陕西鄠县人。弘治九年(1496)进士,选庶吉士,后授检讨,正德四年(1509)任吏部郎中,明"前七子"之一。

乙丑(1505),敬皇帝宾天[1],与诸生哭临,先生声出泪下,众哗为迁,弗恤也。孙行人殁于京,遗孤不在侧,先生衰绖[2]哭拜,吊者或曰:"礼与?"曰:"礼:'丧无主,比邻为主。'况师乎?"及返葬于乡,犹是服也。宿馆下三日,哭而相葬事。(魏按:以今日观之,孙大行仅泾野年少时一蒙师耳,而泾野能不忘师恩,敬师如此,真叫人感叹师道之所存。)既归,复讲学于精舍,从游者日众。

【注释】

[1]敬皇帝宾天:敬皇帝,即明孝宗,谥号敬皇帝。宾天,皇帝去世。

[2]衰绖:穿丧服。

正德戊辰(1508),举南宫第六人,廷对擢第一,授翰林修撰。凡知先生者皆喜曰:"今得真状元矣!"时阉瑾[1]窃政,以枌榆[2]故致贺,先生却之,瑾衔甚。自是逊避,不与往来。在翰林二年,操介益励。禄入,祇祀其先;父母书问至,必再拜使者受之,退而跪读。(魏按:如父母面临受训也。)期功丧,为位而哭,门无馈遗。时何粹夫瑭[3]为编修,以道自守,不为流俗所喜,先生日相切劘,欢如也。会西夏构乱,疏请上入宫御经筵,亲政事,不报。瑾恶其言,益衔甚。乃与粹夫相继引去。未几,瑾败,祸延朝绅,人咸服先生之明。(魏按:非智之明,乃德之明。)家居,杜门谢客者三年,台省交章荐其往拒逆瑾,卓识伟节,宜召擢大用。

【注释】

[1]阉瑾:宦官刘瑾。

[2]枌榆:同乡。

[3]何粹夫瑭:何瑭(1474—1543),字粹夫,号柏斋,河南怀庆人。弘治十五年(1502)进士,笃行励志,官至南京右都御史。明代著名理学家,推崇当务致用之学。

壬申(1512),起供旧职。上疏劝学,谓:"文王缉熙敬止,咸和万民,斯享灵囿之乐。元顺帝废学纵欲,盛有台沼,我太祖代取之,人主可不深念?"或谓"元主之戒,伤于太直",先生曰:"贾山借秦为喻,汉文尚能用之,况主上过汉文远甚,柟独不能为贾山乎?"疏入,上亦嘉纳。(魏按:刚直坦诚。)未几,乾清宫灾[1],复应诏言六事:一曰逐日临朝听政;二曰还处宫寝,预图储贰;三曰郊社禘尝,祗肃钦承;四曰日朝两宫,承颜顺志;五曰遣去义子、番僧、边军,令各宁业;六曰天下镇守中官贪婪,取回别用。不报。先生复引疾去。崔仲凫叹曰:"古有直躬,进退不失其道者,吾于吕仲木见之矣!"(魏按:前人已有此评,余又何复言哉!真正直躬而行,进退不失其道者也!)

【注释】

[1]乾清宫灾:指正德九年(1514)正月十六日宫内发生火灾,乾清宫被焚,明武宗下"罪己诏"之事。

归而卜筑邑东门外,扁曰"东郭别墅",四方学者日集。都御史虎谷王公荐其学行高古,乞代己任,不报。渭阳公病,先生侍汤药,昼夜衣不解带,履恒无声。如是一年,须发为白。比卒,哀毁逾礼。既葬,庐墓侧,旦夕焚香号泣,门人感之,皆随先生居。乃与平定李应箕、同邑杨九仪辈讲古今丧礼。(魏按:

事亲如此,慎之又慎。重礼如此,敬之又敬。)当襄事时,郡守致赙,受之,既而驰币匄[1]文,辞。门人问故,先生曰:"方卒哭而遽怀金为文,吾不忍也。"(魏按:守礼如此。)既禫,释服,复讲学于别墅,远方从者弥众。别墅不能容,又筑东林书屋居焉。镇守阉廖,馈以豚米,却之。廖素张甚,乃戒使者曰:"凡过高陵毋扰,有吕公在也。"(魏按:气节如此,不能不敬畏。)有客以兼金乞居间,先生笑而谢曰:"人心如青天白日,乃以鸟兽视耶?"其人惭曰:"吾姑试子耳。"(魏按:气节如此。小人何能试君子?此人真所谓过言过动而自诬诬人者也。然何能掩之?)门庭萧然,无异寒素。

【注释】

[1]匄:音gài,请求,乞求。

世庙即位,诏起原官。时朝鲜国奏称:"状元吕柟、主事马理,为中国人才第一,朝廷宜加厚遇。仍乞颁赐其文,使本国为式。"①其为外夷敬慕如此。上御经筵,先生进讲,适值仁祖淳皇后[1]忌辰,口奏宜存骖服[2]。礼罢,赐酒馔,朝论韪之。

【注释】

[1]仁祖淳皇后:指朱元璋的母亲。
[2]宜存骖服:应储存驾车之马,即建议当开科取士,选拔人才。

癸未(1523),分校礼闱,取李舜臣[3]辈,悉名士。时阳明先生讲学东南,当路某深嫉之,主试者以道学发策,有焚书禁学之议,先生力辨而扶救之,得不行。(魏按:吕柟之学,虽不同于阳明,然其气度胸襟,则自此事可见。)场中一士子对策,欲将今宗陆辨朱者诛其人、火其书,极肆诋毁,甚合问目②意,且经书、论、表俱可,同事者欲取之。先生曰:"观此人今日迎合主司,他日必迎合权势。"同事者深以为然,遂置之。(魏按:明察秋毫,退小人。就事而知其德性,就今而知其将来,可谓明矣。)念新天子即位,上疏请讲圣学,略曰:"学贵于力行而知要,故慎独克己,上对天心;亲贤远谗,下通民志。天下中兴,太平之业,实在

---

① "主事马理为中国人才第一,朝廷宜加厚遇。仍"数字,蒙刻本无,疑阙。
② "目",他本同,唯周刻本作"者"。

于此。"(魏按：吕柟讲学要旨，全在"力行""知要"四字。)不报。在史馆，与邹东廓[2]友善。(魏按：君子和而不同。)

【注释】

[1]李舜臣(1499—1559)，字懋钦，山东乐安人。嘉靖二年(1523)进士，官至太仆寺卿。

[2]邹东廓：即邹守益(1491—1562)，号东廓，江西安福人。正德六年(1511)进士，官至南京吏部郎中，任南京国子监祭酒。王阳明心学重要传人。

甲申(1524)，奉修省诏，复以十三事上，言颇过切直。时东廓亦上封事，同下诏狱。一时直声震天下，人人有"真铁汉"之称。(魏按：上言吕柟为"真状元"，此言吕柟为"真铁汉"。有此学则有此德，有此德则有此气节。)寻谪东廓判广德，先生判解州。道出上党，隐士仇栏兄弟，遮道问学。有梓匠张提者，役于仇氏，闻先生讲，喜甚，跽而求教。先生诲以善言，提大悟，昔尝取人一木作界方，至是遂还其主。仇氏兄弟益为感动。先生喜，形诸诗云："岂有征夫能过化，雄山村里似尧时。"(魏按：吕柟能化人如此！非仅道问学所致，亦尊德性所成也。)既至解，仰尧、舜故址，慨然以作士变俗为己任。解士子视圣学与举业为二，先生曰："苟知举业、圣学为一，则干禄念轻，救世意重。"于是讲学崇宁宫，每诲诸士，虽举业，拳拳不离圣贤之学。诸士皆欣然向道，以为圣贤复出也。(魏按：作士变俗。)会守缺，先生摄事，不以迁客自解免。(魏按：力道担当。)恤茕减役，劝农课桑，筑堤以护盐池，开渠以兴水利，善政犁然。(魏按：经世致用。)郡庠士及四方来学者益众，乃建解梁书院居之，选少而俊秀者歌《诗》、习《小学》诸仪，朔望令耆德者讲《会典》、行《乡约》，廉孝弟节义者，表其闾。(魏按：兴办教育。)求子夏后，教之学。建温公[1]祠，正夷、齐墓，订《云长集》。(魏按：缵续文脉。)久之，政举化行，俗用丕变。(魏按：全是横渠夫子、容思先生敦本善俗之教。在解州，吕柟又曾作《张子抄释》，刊《横渠易说》，大有功于横渠学说之传播。其所刻《横渠易说》，为现存最早版本。)

【注释】

[1]温公：司马光。

丁亥(1527)，转南吏部考功郎中。解梁门人王光祖谓"先生在解三年，未尝言及朝廷事"。(魏按:天祺先生"既出知公安,未尝以谏草示人,不说人以无罪"。泾野正有天祺风度气节。)为考功,躬亲吏牍。少司马王浚川[1]荐其性行淳笃,学问渊粹,迁南尚宝卿。久之,迁南太常少卿。往太常谯乐甚亵,先生悉革之。乙未(1535),迁国子祭酒。

【注释】

[1]王浚川:即王廷相(1474—1544),号浚川,河南仪封人。弘治十五年(1502)进士,官至兵部尚书兼掌院事,加太子太保。著名理学家,主张横渠虚气之说。

先生在南都几九载,海内学者大集。初讲于柳湾精舍,既讲于鹫峰东所,后又讲于太常南所,风动江南,环向而听者,前后几千余人。闽中林颖、浙中王健以谒选行,中途闻先生风,遂止,乃买舟泛江,从之游。上党仇栏,不远数千里,复来受学。先生犹日请益于甘泉湛先生[1],日切琢于邹东廓、穆玄庵[2]、顾东桥[3]诸君子。时东廓亦由广德移南,盖相得甚欢云。其在国学,益以师道自任,自讲期外,尤日进诸生,谆谆发明,使人人知圣人可学而至。尝取《仪礼》诸篇,令按图习之,登降俯仰,钟鼓管籥,洋然改观易听。有以孝廉著者,揭榜示旌。丧者吊而赗,病者问而医,死者哭而归骸其乡。又奏减历①,以通淹滞,绝请托,以杜幸门。凡监规之久弛者,罔不毕举。六馆僚属,观法清慎,诸生皆循循雅饬,一时太学有古辟雍[4]之风。京邸搢绅,多执弟子礼从学,而内使大兴沈东,亦时时听讲焉。其感人如此,人人称为"真祭酒"。(魏按:甚矣哉,先生之讲学东南!关学岂仅在关中乎?)

【注释】

[1]甘泉湛先生:即湛若水(1466—1560),号甘泉,广东增城人。弘治十八年(1505)进士,历官南京、吏部、礼部、兵部尚书。是当时与王阳明齐名的著名理学家,甘泉学派创始人。

[2]穆玄庵:即穆孔晖(1479—1539),号玄庵,山东聊城人,弘治十八年(1505)进士,官至翰林院侍讲学士,南京太常寺卿。心学主要传人。

[3]顾东桥:即顾璘(1476—1545),号东桥,苏州吴县人。弘治九年(1496)进士,官至南京刑部尚书。

---

① 柏刻本"历"字下有一"俸"字。

[4]辟雍：西周所设的太学。

台臣张景[1]荐其德行、文学真海内硕儒，当代师表。丙申（1536），晋南礼部右侍郎。东南学者喜先生复至，益日纳履其门，乃复讲于礼部南所。时上将躬视承天山陵，累疏劝止，不报。署南吏曹[2]篆疏，荐何瑭、穆孔晖、徐阶[3]、唐顺之[4]等二十人。入贺，会有论湛先生伪学者，先生白诸当路曰："圣皇在上，贤相辅之，岂可使明时有学禁之举乎？"事遂已。（魏按：又见吕柟气节、胸怀及影响。）

【注释】

[1]张景：嘉靖二年（1523）进士，曾任巡抚浙江监察御史。

[2]署南吏曹：代理南京吏部事务。

[3]徐阶（1503—1583），字子升，松江府华亭县人。嘉靖二年（1523）进士，官至吏部尚书兼文渊阁大学士。心学主要传人。

[4]唐顺之（1507—1560），号荆川，江苏武进人，嘉靖八年（1529）进士，官至右佥都御史。心学主要传人。

时霍文敏[1]为南宗伯，与夏贵溪[2]故有隙，时时噂沓[3]夏，先生乘间讽曰："大臣谊当和衷，过规之可也，背憎非体。"霍误疑先生党夏。已先生来阙下，夏已柄国，数短霍于先生，先生毅然曰："霍君性虽少褊，故天下才也。公为相，当为国惜才。"由是夏亦误疑先生党霍。会庙灾，自陈，遂致仕，然先生终未尝以此向人自白也。（魏按：吕柟之隐德在此。）归而讲学北泉精舍。越四年，壬寅（1542），七月初一日卒，距生成化己亥（1479）四月二十一日，年六十有四。卒之日，高陵人为罢市。休宁门人胡大器先至高陵侍疾，遂视殓殡而执丧焉。四方门人闻者皆为位而哭。

【注释】

[1]霍文敏：即霍韬（1478—1540），谥文敏，广东佛山人。正德九年（1514）进士，官至南京礼部尚书。

[2]夏贵溪：即夏言（1482—1548），字公谨，江西贵溪人。正德十二年（1517）进士，官至首辅。

[3]噂沓：相聚议论辱骂。

先生性至孝友俭朴,事继母侯,色养笃至。室无妾媵,与李淑人相敬如宾。(魏按:吕柟亦是能夫妇和顺者。)事叔父博如父。岁饥,尝分俸赒其族众。姊刘家窭[1]甚,时时济之。悯外祖宋乏嗣,每展墓流涕。从舅瑾寓同州,特访迓归。平生未尝干谒人,亦不受人干谒。不事生产。既殁,家无长物。

【注释】

[1]窭:音jù,贫困。

盖先生之学,以立志为先,慎独为要,忠信为本,格致为功①,而一准之以礼。重躬行,不事口耳。平居端严恪毅,接人则和易可亲,至义理所执,则铿然兢烈,置死生利害弗顾也。尝访王心斋艮[1]于泰州,赵玉泉初[2]于黎城。每遇同志,虽深夜必往访;苟非其人,即一刻②不轻投。教人因材造就,总之以安贫改过为言,不为玄虚高远之论。门人侍数十年,未尝见有偷语惰容。论者谓"关中之学,自横渠张子后,惟先生为集大成"云。

所著有《四书因问》《周易说翼》《尚书说要》《毛诗说序》《春秋说志》《礼问内篇外篇》《宋四子抄释》《史馆献纳》《南省奏稿》《诗乐图谱》《史约》《高陵志》《解州志》及《泾野文集》《别集》传世。

隆庆(1567—1572)初,赠礼部尚书,谥"文简"。

【注释】

[1]王心斋艮:王艮(1483—1514),号心斋,江苏东台人,王阳明弟子,泰州学派创始人。

[2]赵玉泉初:赵初,号玉泉,生卒不详。

魏按:吕柟(1479—1542),学者称泾野先生,是明代与王阳明、王廷相齐名的儒学大师。曾师事薛敬之,宗薛瑄"河东之学",为明代中期关学代表人物。一生著述甚多,主要有《泾野子内篇》《四书因问》《易说翼》《书说要》《诗说序》《春秋说志》《礼问内外篇》《史约》《小学释》《寒暑经图解》《史馆献纳》《宋四子抄释》《南省奏藁》《泾野诗文集》等。

---

① "功",各本同,唯蒙刻本作"切"。
② "刻",赵刻本、蒙刻本同,冯刻本、洪刻本、文渊阁本、文津阁本、周刻本、柏刻本作"刺"。

○略论泾野门下关中学者

魏按:泾野之门下,学生颇多。其关中学者,《关学编》收入三人,愧轩先生吕潜为正传,而石谷张节、正立李挺附焉。张骥《关学宗传》又补入十二人。据少墟《编》及张骥《宗传》,知泾野门下关中弟子有:高陵吉士(字廷蔼)、高陵权世用(号仲行)、高陵高玺(号国信)、高陵张云霄(号伯需)、高陵李洙(号师鲁)、高陵崔官(字仲学)、高陵墨达(字时显)、泾阳吕潜(号时见、愧轩)、泾阳张节(字介夫,号石谷)、白水廉介(号清夫)、肤施杨本源(字叔用)、宜君韦鸾(字仲禽)、蒲城原勋(字次放)、米脂艾希醇(字治伯、西麓)、咸宁李挺(字正立),共十五人,于此,可见泾野之学在关中授受之大略。

谿田马先生理 何氏永达附[①]   (〔明〕冯从吾编)

先生名理,字伯循,号谿田,三原人。弘治戊午(1498)举人,正德甲戌(1514)进士,皆高第。初授吏部稽勋司主事,寻调文选。甫一年,即谢病归。戊寅(1518),荐起考功。庚辰(1520),又送母归。嘉靖甲申(1524),复荐起稽勋员外郎,寻迁稽勋考功郎中。丁亥(1527),擢南京通政司右通政。戊子(1528),又谢病归。辛卯(1531),复荐起光禄寺卿。甫一年,又谢病归。归十年,又荐起南京光禄寺卿,至即引年致仕。(魏按:马理一生五次出仕,然时不久即以告病养亲归,所谓"爱道甚于爱官"者也。)乙卯(1555),年八十又二,其年十二月十二日夜,地大震,先生即以是夜卒,人皆恸之。(魏按:乙卯年当公元1555年,闰十一月十八日为公元1555年12月31日。然此次地震发生在乙卯年十二月十二日,则以公历计算,谿田去世当在1556年1月23日。)

先生幼敏慧,醇雅如成人。年十四为邑诸生,即称说先王,则古昔,研究五经,指义多出人意表。弘治癸丑(1493),先生年二十矣,会王端毅公致仕,康僖公以进士侍归,讲学弘道书院,先生即受讲康僖公所,于是得习闻国朝典故与诸儒之学。先生一切体验于身心,与同门友秦西涧伟作告文告先师,共为反身循理之学,以曾子"三省"、颜子"四勿"为约,进退容止,力追古道。康僖公深器异之,一时学者即以为今之横渠也。(魏按:当时关中学者,始以横渠称介庵先生,今复又以横渠许谿田先生,由是可见横渠于当时以得士人推重,为关中士人品格之式。)

邃庵杨公[1]督学关中,见先生与康德涵[2]、吕仲木[3],大惊曰:"康之文辞,马、吕之经学,皆天下士也!"是时,身未出里中,而名已传海内、动京师矣。

---

① 底本此处无"理 何氏永达附"六字,据底本目录及本传内容补入。

既如京,益与海内诸名公讲学,其意见最合者,则陈云逵[4]、吕仲木、崔仲凫[5]、何粹夫[6]、罗整庵[7]诸君子。于是学日纯,名日起,所在学者多从之游。督学渔石唐公[8]为建嵯峨精舍,渔石作记,称先生"得关、洛真传,为当今硕儒",四方学徒就讲者益众。其教以主敬穷理为主,士无问少长与及门不及门,无不闻风倾慕者。先生又特好古仪礼,时自习其节度,至冠、婚、丧、祭礼,则取司马温公、朱文公与大明集礼折衷用之,处父丧与嫡生母之丧,关中传以为训。(魏按:马理之学问,以礼教为本。)乃其难进易退之节,人尤以为不可及,尝曰:"身可绌,道不可绌;见行可之仕,惟孔子能之。下此者,须自揣分量可也。"仲凫称先生"爱道甚于爱官",当世以为确论。(魏按:马理之立身,以守道为本。)往安南,贡使谓部郎黄清曰:"故闻马先生名,愿一见。今不在仕列,何也?"黄曰:"先生高志,不欲官。"使人嘉叹以去。朝鲜国王奏乞颁赐主事马某文,使本国传诵为式,其名重外夷若此。(魏按:马理之名,远播海外。)

【注释】

[1]邃庵杨公:指杨一清。

[2]康德涵:即康海(1475—1540),字德涵,陕西武功人。弘治十五年(1502)状元,授修撰。明"前七子"之一。

[3]吕仲木:即吕柟。

[4]陈云逵:字中夫,陕西弘农(今华阴)人,官至国子监丞。

[5]崔仲凫:即崔铣。

[6]何粹夫:即何瑭。

[7]罗整庵:即罗钦顺(1465—1547),字允升,号整庵,江苏泰和人。弘治六年(1493)探花,官至吏部尚书。推崇横渠之学,批评阳明心学。

[8]渔石唐公:即唐龙(1477—1546),字虞佐,号渔石,浙江兰溪人。正德三年(1508)进士,官至尚书。

先生主事时,上书谏武宗巡游者二,后伏阙诤益力,杖于廷。员外时,值议大礼,率百官伏阙进谏,世宗震怒,命开伏阙者姓名,百官以先生名为首,逮系诏狱,复杖于廷,寻复官郎中。时奏寝庄襈之奏[1],即执政言亦不从。考察力罢执政私人,彭泽[2](少墟自注:广东人)力主被劾,调用魏校[3]、萧鸣凤[4]为正人,卒不改官,公论翕然,至今称为"真考功"。(魏按:谿田气节,即在于此。)嘉靖丙戌(1526),分校礼闱,所取皆海内名士,人尤服其藻鉴。

【注释】

[1]奏寝庄襗之奏:上书请求搁置户部主事庄襗所奏广东官吏侵吞官费一事。

[2]彭泽:此一彭泽不是兰州彭泽,而是广东承宣布政使司广州府南海县(今广东省广州市)人,明朝政治人物、进士出身。正德十二年(1517)登进士,授吏部验封司主事,后改吏部考功司主事。嘉靖三年(1524),升任吏部验封司员外郎。嘉靖五年(1526),再升稽勋司郎中。次年,改吏部文选司郎中。同年,改右春坊右谕德。嘉靖八年(1529),授掌文书官。嘉靖九年(1530),任太常寺卿。

[3]魏校:魏校(1483—1543),字子才,号庄渠,谥恭简,江苏昆山人。弘治十八年(1505)进士,嘉靖初,起为广东提学副使。

[4]萧鸣凤:萧鸣凤(1488—1572),字子雝,号静庵,浙江绍兴山阴大娄人。正德九年(1514)进士,嘉靖初督学广东。

先生喜接人,又喜汲引后生。年七十,归隐商山①书院,名益重,来学者远近踵集,缙绅过访与海内求诗文者无虚日。先生亹亹[1]应之不倦,山巾野服,鹤发童颜,飘然望之若仙,人以是益愿侍先生谈。诸得诗文者,又愿得先生亲书。先生不谈佛、老,不观非圣书。初年介而毅,方大以直,至晚年则益恭而和②,直谅而有容。其执礼如横渠,(魏按:正是横渠礼教气象。)其论学归准于程、朱,然亦时与诸儒异同,盖自有独得之见云。

【注释】

[1]亹亹:亹,音 wěi,勤勉。

所著《四书注疏》《周易赞义》《尚书疏义》《诗经删义》《周礼注解》《春秋修义》《陕西通志》与诗文集各若干卷。隆庆(1567—1571)间,追赠副都御史,赐祭葬。

先生门人最盛。有河州何永达,字成章,自号拙庵。以岁贡为清丰县丞,寻弃去。读书讲学,老而弥笃,寿九十有四。著《春秋井鉴》《林泉偶得》《圣训补注》《井鉴续编》诸书。先生尝寄以诗云:"杨柳湾头抚七弦,故人零落似飞绵。河滨尚有钟期在,青鸟音来动隔年。"其见重如此。

---

① "山",冯刻本、赵刻本、蒙刻本、柏刻本同。洪刻本、文渊阁本、文津阁本、周刻本作"此",误。

② "和",他本同,唯蒙刻本作"知"。

魏按:马理(1474—1556),字伯循,三原人,学者称谿田先生,三原学派重要传人。学宗程朱理学,更重笃行,一时学者尊其为"今之横渠也"。所著被辑为《谿田文集》十五卷,今有清嘉庆八年(1803)、道光二十年(1840)、道光二十三年(1843)惜阴轩刊本,又有道光二十年(1840)三原李锡龄及宏道书院刊本。另有《马理杂记》抄本传世。

○略论三原之学谿田门下传授

魏按:谿田之门下,除何永达之外,张骥《关学宗传》又补入杨守信、任舜臣、周廷三人。三人小传略云:

杨先生讳守信,字大宝,号对川,高陵人。遵父宗道,命游于门。嘉靖壬子,举于乡,官荣河县教谕,升大宁县知县,有政声。任先生讳舜臣,字承华。正德辛未进士,选给事中,以忤出,知长洲县。周先生讳廷,字公所。发愤懋学,能变化气质,中嘉靖戊子(1528)乡试。长安生黄甲为异端学,来嵯峨精舍,忠宪命与先生居而化之。俱三原人。

由此略知三原之学谿田门下传授,故略为之记。

苑洛韩先生邦奇 弟邦靖附①   ([明]冯从吾编)

先生名邦奇,字汝节,号苑洛,朝邑人。父绍宗,号莲峰,成化戊戌(1478)进士,仕至福建按察副使,学识才品,当世推重。先生幼灵俊异常,承训过庭,即有志圣学。为诸生治《尚书》时,即著《蔡传发明》《禹贡详略》《律吕直解》,见者惊服。

弘治甲子(1504),以《书》举第二人。正德戊辰(1508),成进士,拜吏部考功主事,寻转员外郎。辛未(1511),考察都御史,某私袖小帙窃视,先生曰:"考核公事,有公籍在,何以私帙为?"乃夺其帙,封贮不检,都御史为逊谢,众皆失色。(魏按:苑洛之刚直,正与泾野、谿田同。)调文选,太宰托意为官择人,欲发视缺封,先生执不可,太宰衔之。

会京师地震,上疏极论时政阙失,谪平阳通判。甲戌(1514),迁浙江按察佥事,时逆瑾钱宁,以钞数万,符浙易银,当事者敛馈恐后,先生檄知县吉棠散其敛,卒不馈。宸濠将举逆,先命内竖假饭僧数千人于杭天竺寺,先生立为散遣。濠又以仪宾托名进贡,假道衢州,先生召仪宾,诘曰:"进贡自当沿江而下,奚自假道?归语尔主②,韩佥事在此,不可诳也!"后三年,濠果通镇守,欲

---

① 底本此处无"邦奇 弟邦靖附"六字,据底本目录及本传内容补入。
② "主",他本同,文渊阁本、文津阁本作"王"。

袭浙江,赖前事发,奸不竟逞。(魏按:苑洛之刚直不阿如此,明察先见又如此。)先生谓镇守为浙蠹,诸不少假。镇守衔甚,诬奏擅革进贡,诽谤朝廷,逮下诏狱,为民。既归,谢客讲学,四方学者,负笈日众。

世庙即位,改元嘉靖,诏起山东参议,寻乞休。甲申(1524),大同巡抚张文锦阶乱遇害,时势孔棘,复以荐起山西左参议,分守大同。人皆危之,先生闻命即行,将入城,去二舍许,逆者使二人露刃迎,且故毁参将宅以愒之,先生奋然单车入,时诸司无官镇,人闻先生入,皆感激泣下,人心少安。(魏按:苑洛之胆略过人。)既而巡抚蔡公天佑至代州,先生亲率将领,令盛装戎服,谒蔡于代。蔡惊曰:"公何为如此?"先生曰:"某岂过于奉上者!大同变后,巡抚之威削甚,大同人止知有某耳,不身先降礼,何以帅众?"蔡为叹服。(魏按:苑洛既有谋略,又识礼节。)会上遣户部侍郎胡公瓒提兵问罪,镇人闻之,复大噪。先生迓侍郎于天城,以处分事宜驰白巡抚。诸军闻言出于先生,信之,始解。翌日,首恶就戮,先生谓侍郎曰:"首恶既获,宜速给赏以示信,庶乱可弭宁。不然,人心疑惧,将有他变。"侍郎不听,先生遂致仕归,后果如其言。(魏按:此又见苑洛谋略先识。)

戊子(1528),起四川提学副使。寻改右春坊右庶子,兼翰林院修撰。其秋,主试顺天,因命题为执政所不悦,嗾言者谪南太仆寺丞。己丑(1529),再疏归。寻起山东按察副使,大理左少卿,以左佥都御史巡抚宣府。时大同再变,王师出讨,百凡军需倚①办,宣府悉力经理,有备无乏。乙未(1535),入佐院事,寻改巡抚山西。时羽檄交驰,先生躬历塞外,增饬战守之具,拓老营堡城垣,募军常守,以代分番,诸边屹然可恃。(魏按:苑洛守边之功,大有范文正之风。)四疏乞休,复致仕。甲辰(1544),复用荐起总理河道,升刑部右②侍郎,改吏部右侍郎,太宰周公用,喜得佐理,翕然委重。丁未(1547),升南京都察院右都御史复进南京兵部尚书,参赞机务。五疏乞归,是在己酉(1549)。益修旧业,倡导来学。居七年,乙卯(1555),会地震,卒,年七十七。赠少保,谥"恭简"。(魏按:苑洛与谿田同罹难于斯,故两人卒日同。)

门人白璧曰:"先生天禀高明,学问精到,明于数学,胸次洒落,大类邵尧夫,而论道体,乃独取张横渠。(魏按:苑洛之学,虽出于朱子,然最后却返之横梁,故

---

① "倚",他本同,唯蒙刻本作"筒"。
② "右",他本同,唯蒙刻本作"左"。

于泾野、谿田相比,其阐发横渠之功最为卓越。)少负气节,既乃不欲为奇节一①行,而识度汪然,涵养宏深,持守坚定,躬行心得,中正明达,则又一薛敬轩也。"

所著有《苑洛语录》《苑洛集》《苑洛志乐》《性理三解》《易占经纬》《易说》《书说》《毛诗未喻》诸书传世。

魏按:韩邦奇(1479—1556),字汝节,号苑洛,人称苑洛先生。陕西朝邑人。一生著作甚富,主要著作有《性理三解》《苑落语录》《苑落集》《苑洛志乐》《易占经纬》等。

弟邦靖,字汝庆,号五泉。幼称"奇童"。年十四,举于乡。二十一,与先生同第进士,为工部主事,榷税武林[1]。比及瓜[2],有同年赵司李[2]以屈安人[3]病无子,买女婢遗之,拒不受。赵曰:"此越女有色者。"笑曰:"政恐若此耳。"(魏按:邦靖人品之正,于此见之。)既迁郎中,以建言逮狱,为民。嘉靖改元,起山西左参议,以病免。寻卒,年仅三十有六。汝庆父子兄弟,以学问相为师友,太史王敬夫[5]铭其墓,称为"旷世之英,全德之士"。所著有《五泉集》《朝邑志》若干卷。

【注释】

[1]榷税武林:武林,杭州。指征税于杭州。
[2]比及瓜:瓜,即瓜州,今镇江。比及瓜,到镇江。
[3]司李:即司理,意即掌狱论之官。为明至清初对推官的习称。
[4]屈安人:韩邦靖的妻子屈妇人。明代六品官之妻封安人,故称屈安人。
[5]王敬夫:即王九思。

○略论苑洛之学之归属及《明儒学案》"三原之学"之意义

苑洛之学,黄宗羲《明儒学案》将之归入"三原学案"之下。然苑洛非三原之人,其又不出于王恕父子及马理等三原诸子门下,其学大抵自其家学来也。故黄氏搁置,未必恰当。事虽如此,黄氏如此所做的根由,不能不辩。

以愚陋见,黄宗羲以苑洛归三原派,此并非认为苑洛出自三原门下,乃是其学派划分之必然。黄氏考察明代关学,大抵将其分为源于外来与发自本土两系。源于外来者,关中河东之传也;发自本土者,三原王氏之学也。然其三原之学,盖非仅以三原为限,而以三原代指发自关中本土之诸家学也。

---

① "一",他本同,唯蒙刻本作"异"。

余之此种判断,民国时期关中学者党晴梵早已见之。1929 年,党晴梵著成《明儒学案表补》一书,于其中《三原学案表补》中用虚线表达了韩邦奇、王之士与王恕之学的关系乃是"私淑其学而未及门者"的关系①,此种判断,对研究朝邑韩氏之学、蓝田王之士与三原王氏之学之关系,具有启发意义。黄氏《三原学案》中,朝邑韩邦奇、蓝田王之士二人并非三原人,与三原之王恕、王承裕、马理等也无师承关系。然黄氏何以将此二人及其门下弟子归入《三原学案》? 余曾为之疑惑不解。后考察方知,黄氏《三原学案》,乃其于《河东学案》之后而设,《河东学案》者,明关中学者对河东薛瑄之学直接承继关系也;《三原学案》者,明关中虽与河东之学无直接师承,然在学风上与薛瑄一致之学者也。此其所谓"关学大概宗薛氏,三原又其别派也。其门下多以气节著,风土之厚,而又加之学问者也"(黄宗羲:《明儒学案·三原学案》)②,故此学案虽名为《三原学案》,而非谓《三原学案》中之学者均出自三原王恕、王承裕门下,盖以"三原"标举关中河东之传而外之学者也,其所谓"别派"者也。晴梵先生所见,早发乎余所见近百年前也。

又按:黄宗羲以苑洛归属三原学派,亦其文献所限,不能明苑洛学问大旨也。黄氏《明儒学案·发凡》云:"是书搜罗颇广,然一人之闻见有限,尚容陆续访求。即羲所见而复失去者,如朱布衣《语录》、韩苑洛、南瑞泉、穆玄庵、范粟斋诸公集,皆不曾采入。海内有斯文之责者,其不吝教我,此非末学一人之事也。"③如黄氏所言,其于韩苑洛等先生之文集,见而复失,故不曾采入也。虽如是,后学不得以此而诟病先贤也。

○略论《关学宗传》所补苑洛门下弟子

苑洛门下,最出名者为富平斛山先生杨爵、容城椒山先生杨继盛,世所谓"韩门二杨"也。然椒山非关中人,故不得入关学。张骥《关学宗传》于斛山而外,又搜得出自苑洛门下朝邑张世荣(字仁亨,苑洛外孙)、朝邑樊得仁(字恕夫)、朝邑赵天秩(字仲礼)、朝邑赵瓘(字汝完,号西河子)。其实苑洛门下弟子,何止此数人! 拙作《韩邦奇评传》中"门人"一节,亦考出苑洛门下之关中弟子尚有朝邑赵世荣、赵芳、尚道、王赐绂、张思静,富平纪道,华州任代伯,渭南樊得仁,潼关张文龙等人,于此可见苑洛于河西影响之盛。

---

① 参见党晴梵:《明儒学案表补》,党晟所藏党晴梵手稿本,1929 年 8 月,第 24、第 25、第 26 页。
② 〔明〕黄宗羲著,沈芝盈点校:《明儒学案》,中华书局,1985 年,第 158 页。
③ 〔明〕黄宗羲著,沈芝盈点校:《明儒学案》,第 15 页。

宜川刘先生玺[1]　　（〔清〕李元春补）

先生名玺，宜川人，赋性端[2]方，博览群书。与兄琛同举宏治乙卯[3]（1495）乡试，人以公辅期之。琛登进士，任推官，历按察佥事。而玺方以道学自任，不急进趋。徙家长安，教授诸生，人争师事之，关中以理学名者，多出其门。冯从吾，玺外孙也，少时玺口授五经，昕夕诲育，竟传其学。后玺官卫辉通判，有廉名。兄琛，成化辛卯（1471）举人，知汝阳，称循吏。而琛居官，所至多政绩。长安称"三刘"。

魏按：此篇为桐阁所补，大抵略见冯少墟学术家庭渊源所自。

瑞泉南先生大吉　云林尚氏班爵附[4]　　（〔明〕冯从吾编）

先生名大吉，字元善，号瑞泉，渭南人。正德庚午（1510）举人，辛未（1511）进士。授户部主事，历员外郎、郎中，浙江绍兴府知府致仕。嘉靖辛丑（1541）卒，年五十有五。

先生幼颖敏绝伦，稍长，读书为文，即知求圣贤之学。尝赋诗言怀，有"谁谓予婴小，忽焉十五龄。独念前贤训，尧舜皆可并"之语。弱冠，以古文辞鸣世。入仕，尚友讲学，渐弃其辞章之习，志于圣道，然犹豪旷，不拘小节。

嘉靖癸未（1523），知绍兴时，王文成公倡道东南，讲"致良知"之学。王公，乃先生辛未（1511）座主[1]也。先生既从王公学，得实践致力肯綮处，乃大悟，曰："人心果自有圣贤也，奚必他求？"于是时时就王公请益焉。尝曰："大吉临政多过，先生何无一言？"王公曰："何过？"先生历数其事。王公曰："吾言之矣。"先生曰："何？"曰："吾不言，何以知之？"曰："良知自知之。"王公曰："良知却是我言。"先生笑谢而去。居数日，复自数过加密，来告曰："与其过后悔改，不若预言无犯为佳也。"王公曰："人言不如自悔之真。"先生笑谢而去。居数日，复自数过益密，曰："身过可勉，心过奈何？"王公曰："昔镜未开，

---

① 底本此处无"玺"字，据目录补入。"宜川刘先生"五字后原有一"补"字，既已注明，删。
② "宜川人，赋性端"六字，蒙刻本、刘刻本为夹注小字，柏刻本为正文大字。
③ "乙卯"，底本及蒙刻本、柏刻本均作"己卯"，然弘治间无"己卯"年，据《关学宗传》卷二十三《刘一轩先生》（即刘玺传）改。
④ 底本无"大吉"二字，亦无"班爵"二字，据底本目录补入。

可得藏垢。今镜明矣,一尘之落,自难住脚,此正入圣之机也。勉之!"先生谢别而去。(魏按:真一段授学佳话!由此可见阳明授学善诱之敏,瑞泉乐学坦荡之诚!)于是辟稽山书院,聚八邑彦士,身率讲习以督之,而王公之门人日益进。已又同诸同门,录王公语为《传习录》,序刻以传。(魏按:横渠所谓"善述其事""善继其志"者也!学生能刊先生著作,真先生一大幸事,学生一大乐事!先生书得学生刊刻以传,学生亦因先生书流布广远而显。无此事,瑞泉北归后,即使王学盛于南,然瑞泉或早为诸生遗忘乎!吾辈虽不可有此沽名之心,然亦须存此敬勉之念。先生授我之学,洗我之心,薪火能不传乎?勉之!勉之!)

【注释】

[1]辛未座主:即南大吉辛未年考中进士时之主考官。

越丙戌(1526),先生入觐,以考察罢官。先生治郡,以循良重一时,当事者以抑王公故,故斥之。先生致书王公千数百言,勤勤恳恳,惟以得闻道为喜,急问学为事,恐卒不得为圣人为忧,略无一字及于得丧荣辱之间。(魏按:不愧王门真徒,真得关中风骨!)王公读之叹曰:"此非真有朝闻夕死之志者,未易以涉斯境也!"同门递观传诵,相与叹仰歆服,因而兴起者甚多。王公报书为论良知,旨甚悉,谓"关中自横渠后,今实自南元善始"。

先生既归,益以道自任,寻温旧学不辍。以书抵其侣马西玄[1]诸君,阐明致良知之学。构湭西书院[2],以教四方来学之士。其示弟及诸门人诗有云:"昔我在英龄,驾车词赋场。朝夕工步骤,追踪班与扬。中岁遇达人,授我大道方。归来三秦地,坠绪何茫茫?前访周公迹,后窃横渠芳。(魏按:瑞泉承继横渠之志,自此诗句见之。)愿言偕数子,教学此相将。"而尤惓惓于慎独改过之训,故出其门者,多所成立。盖先生之学,以"致良知"为宗旨,以"慎独改过"为致知工夫,饬躬励行,惇伦叙理,非世儒矜解悟而略检柙①[3]者可比。故至今称王公高第弟子,必称渭南南元善云。所著有《绍兴志》《渭南志》《瑞泉集》若干卷行于世。

【注释】

[1]马西玄:即马汝骥(1493—1543),字仲房,号西玄。谥文简,陕西绥德州人。正德

---

① 底本与柏刻本为"柙",冯刻本、洪刻本、文渊阁本、文津阁本、周刻本为"押"。

十二年(1517)进士,官至礼部右侍郎。曾任国子监祭酒,主讲太学。著有诗集《公元集》等。

[2]湭西书院:也称湭水书院,位于渭南湭河西塬六姑泉处。

[3]矜解悟而略检柙:以领悟自夸而不守规矩。检柙,亦作"检押"。犹规矩,法度。

魏按:南大吉(1487—1541),字符善,号瑞泉,渭南(今属陕西)人。师承王阳明,曾刊布《传习录》。阳明心学流传关中,南大吉有首推之功。著有《绍兴志》《渭南志》《瑞泉集》等。

时有同州尚公班爵,字宗周,弘治甲子(1504)经魁。父衡[1],为浙江参议,公随父任,亦从王文成公学。后任安居知县。谿田先生撰《通志》,称公作县"刚果勤励,政举民安"。著有《小净稿》《云林集》。

【注释】

[1]衡:尚衡,字一中,弘治九年(1496)进士,授工科给事中,擢浙江右参政。

斛山杨先生爵① （[明]冯从吾编）

先生名爵,字伯修,号斛山,富平人。初诞时,室中如火光起,人咸惊异之。长美姿容,身满七尺。家故贫,年二十,始发箧[1]读书,苦无继晷资[2],尝以薪代,夙夜攻苦,每之陇上耕,即挟册往,意欣欣也。居恒念人当以圣贤为师,一切不禀古昔,何所称宇宙间。(魏按:斛山贫困如此,晚学如此,苦学如此,乐学又如此。其志魄远大超迈又如此!让人不觉心向往之!)

兄靖以掾误罹法[3],先生徒步百里外申厥冤,遂并系狱。先生从狱中上书,辞意激烈,邑令见而惊之曰:"奇士也,胡累至是耶?"立出之,给油薪费,督之学。(魏按:斛山气概如此,不能不动人!)

【注释】

[1]发箧:箧,音 qiè。指入学。

[2]继晷资:点油灯的钱。

[3]以掾误罹法:因为作官府属员时失误而触犯法律。

---

① 底本无"爵"字,据目录补入。

年二十八,闻朝邑韩恭简公[1]讲理学,躬辇米[2],往拜其门。公睇[3]先生貌,行行壮也,欲却之,父莲峰老人[4]谓曰:"意若非凡人。"数日,叩其学,诧曰:"纵宿学老儒莫是过,吾几失人矣!"既省语言,践履铮铮,多古人节,叹曰:"畏友也!"同门学者皆自以为不及。后与杨椒山[5]称"韩门二杨"云。

【注释】

[1]朝邑韩恭简公:指韩邦奇。

[2]躬辇米:用手推车装米。

[3]睇:音 dì,斜视。

[4]莲峰老人:韩邦奇父韩绍宗,号莲峰。

[5]杨椒山:即杨继盛(1516—1555),字仲芳,号椒山,河北容城人。嘉靖二十六年(1547)进士,官至兵部员外郎,因弹劾严嵩而被害。追谥"忠愍"。

年逾三十,督学渔石唐公[1],始首拔为邑诸生。嘉靖戊子(1528)秋,应试长安,就食食馆,客有遗金者,先生守之,客至,持馆人急,先生诘其实,付以金,客谢寡取,先生峻不允,乃敦请家止宿焉。是秋,即以《书》举第三名。明年,成进士,授行人,三使藩国,馈赠俱让不受,或以为矫,先生曰:"彼虽礼来,名重天子,使吾独不自重天子使邪?"闻者叹服。壬辰(1532),选山东道监察御史。时权臣当国,草疏将劾之,疏且具,会乡人有以垂白[2]在堂劝止者,乃移疾归。归未几,母殁,毁瘠逾礼[3],庐墓三年,有冬笋驯兔之瑞。服阕[4],家居授徒讲学者又五年。(魏按:孝悌也者,其为人之本欤!斛山知而行之。)

【注释】

[1]渔石唐公:指唐龙。

[2]垂白:白发下垂,谓年老。

[3]毁瘠逾礼:因居丧过哀导致身体虚弱超过了常礼。

[4]服阕:守丧期满而除服。阕,终了。

庚子(1540)秋,以荐起河南道,巡视南城,权贵敛避,而所睹时事,不胜扼腕。辛丑(1541)春二月初四日,上封事娓娓数千言,大约天下事内而腹心、外而百骸皆受病,足以失人心而致危乱者五:一则辅臣夏言习为欺罔,翊国公郭勋[1]为国巨蠹,所当急去;二则冻馁民闵不忧恤,而为方士修雷坛[2];三则大小臣工弗睹朝仪,宜慰其望;四则名器滥,及缁黄[3]出入大内,非制;五则言事诸臣若杨最[4]、罗洪先[5]辈非死即斥去,所损国体不小。(魏按:斛山之刚直如是。)是时,中外颇以言为讳,疏入,人皆愕然。上大怒,即逮系镇抚司,穷究其词,拷掠备至,先生一无讪[6]。(魏按:斛山之刚强如是。)是日,都城风大作,人面不相觑,都人呼为"杨御史风",其感动天地如此。先生身昼夜枷锁中,创甚,血淋漓下,死而复苏。先是,士大夫下狱并未有枷锁者,乃自先生始,盖贵溪[7]、翊国[8]意也。

【注释】

[1]郭勋(1475—1542),明初开国勋臣武定侯郭英六世孙,于正德三年(1508)承袭武定侯爵位,进封翊国公。挟恩宠,揽朝权,擅作威福,网利虐民,京师店舍多至千余区,为廷臣所恶,世宗怒其无人臣礼。嘉靖二十年(1541)九月十二日,诏郭勋下锦衣卫狱,论死。次年(1542)十月九日死于狱中。

[2]雷坛:道家祭祀雷神的祭坛。

[3]缁黄:指僧道。

[4]杨最(1472—1540),字殿之,号果斋,四川射洪县人。明朝大臣,左金都御史杨澄之子。正德三年(1508)进士及第,授工部营缮司主事。先后任工部都水司郎中、宁波知府、黄州知府、河南按察使、曲靖兵备副使、贵州按察使、陕西左布政使等职,入为太仆寺卿。嘉靖十九年(1540),上疏犯颜直谏,坐罪处死,时年六十九岁。隆庆元年(1567),追赠右副都御史,谥号"忠节",与杨爵、杨继盛并称为"明朝三直臣"。著有《杨果斋集》(又称《杨忠节公文集》),传行于世。

[5]罗洪先(1504—1564),字达夫,号念庵,江西吉安府吉水黄橙溪(今吉水县谷村)人,明代学者,杰出的地理制图学家,王阳明心学的重要代表人物,属江右王门学派,虽未及阳明之门,然师事王门学者黄宏纲、何廷仁,研究王守仁"致知"之旨。著有《念庵集》二十二卷,另有《冬游记》《广舆图》传世。谥文恭。

[6]一无讪:一点也没有屈服。

[7]贵溪:指夏言。

[8]翊国:指郭勋。

户部主事周公天佐[1]、巡抚陕西御史浦公鋐[2],相继申救,俱箠死。狱中守益戒严,人益为先生危,而先生处之自若。刑部郎钱公德洪[3]、工部郎刘公魁[4]、吏科给事中周公怡[5],皆先生同志旧友,先后俱以事下狱,相得甚欢。然自学问相劝勉外,各相戒不得言得罪事。钱先释狱,先生愿有以为别,钱曰:"静中收摄精神,勿使游放,则心体湛一,高明广大,可驯致矣。古人作圣之功,其在此乎!"先生敬识之,而乃日与周、刘切劘修诣不少辍。绎四子、诸经、百家,研精于《易》,著《周易辨录》及《中庸解》若干卷,诸所著作,略无愤悁不平语。诗文倡和,身世顿忘,如是者五年。乙巳(1545)秋八月十二日,上以受釐[6]故,放先生及周、刘归田里。而三人者犹相与取道潞水,讲学舟中,逾临清始别。

【注释】

[1] 周公天佐:周天佐(1511—1541),字子弼,号迹山。嘉靖十四年(1535)进士。授户部主事。嘉靖二十年(1541)夏四月,为疏救杨爵,帝览奏,大怒。杖之六十,下诏狱。天佐体素弱,不任楚。狱吏绝其饮食,不三日即死,年甫三十一。比尸出狱,曝日中,雷忽震,人皆失色。

[2] 浦公鈜:浦鈜(1482—1542),字汝器、号竹塘,今山东省文登县人,明朝政治人物,进士出身。浦政之子。正德二年(1507),乡试中举。正德十二年(1517),登进士,授山西洪洞县知县。嘉靖初年,召为湖广道监察御史,后因罢免武定侯郭勋奸贪,而得罪夺俸,因母丧丁忧,除服后,起任河南道监察御史,后因勘察罢免。嘉靖十九年(1540),起用出按陕西,曾论救杨爵而连罪下狱,后死于狱中。明穆宗即位后,恤典平反。

[3] 钱公德洪:钱德洪(1496—1574),名宽,字洪甫,因避先世讳,以字行,号绪山,人称绪山先生。明朝中后期哲学家、思想家、教育家。嘉靖十一年(1532)进士。浙江余姚人。王阳明的学生,是王阳明之后儒家心学的重要代表人物之一,于同时期的哲学家、思想家王龙溪齐名。德洪为学注重"为善去恶"的修炼工夫,对"天泉四句教"有独到见解。著有《绪山会语》《平濠记》《王阳明先生年谱》等。

[4] 刘公魁:刘魁(?—1549?),字焕吾,泰和人。生年不详,约卒于嘉靖二十八年(1549),少从王守仁游。正德二年(1507)举人。历知钧州、潮州,扶植风教。入为工部员外郎,疏陈安攘十事。后因极谏忤旨,廷杖,与杨爵、周怡同系诏狱,以气节著称。久之,释归而卒。隆庆初,赠太常寺少卿。魁于狱中,犹与杨爵、周怡讲论不辍。著有《省怨稿》五卷。

[5] 周公怡:周怡(1505—1569),字顺之,号讷溪。明代太平仙源(今安徽黄山)人。嘉靖十七年(1538)登进士,初任顺德(含河北省邢台市)推官,政绩优异。翌年,擢升吏部给事中。刚正直言,嘉靖二十二年(1543)六月,因上《勋大臣不和疏》,世宗大怒。以中伤朝廷罪被廷杖,下锦衣卫狱。隆庆元年(1567),穆宗即位,被复用,擢太常少卿。八月,降山东按察司佥事。隆庆二年(1568)六月改南京国子监司业,提督四夷馆,太常寺少卿。隆庆三年(1569)十月十七日卒于家。周怡一身正气,为官严峻廉洁,嫉恶如仇,论事辄

议,言之以诚,先后系狱五年,心迹坦然。隆庆六年(1572),敕建专祠祀之。天启二年(1622),追谥恭节。著有《讷溪文集》二十七卷。

[6]受釐:受神之福。

归,会熊太宰以谏仙箕忤旨[1],复逮三人狱。先生抵家甫十日,闻命即日就道,亲朋挥泪为别。先生无几微见颜面,身幽圜扉者又三年。丁未(1547)冬十一月五日,上建醮[2]高玄殿,灾,火围中恍闻呼三人名氏者。次日,释归为民。上之圣明,保全谏臣如此。(魏按:非上之圣明,实上之惧神也。"圣明"二字,下得巧妙,无奈中却有三分调侃。)既归,教授里中,贵人莫得见其面,疏粥敝履,怡然自适。己酉(1549)冬十月九日,卒于家,年五十有七。病革时,援笔自志,又惓惓以"作第一等事,做第一等人"教其子孙,无他辞。

【注释】

[1]熊太宰以谏仙箕忤旨:指吏部尚书熊浃因谏止道教符咒法术而忤逆皇帝旨意。
[2]上建醮:皇上设法坛做法事。

盖先生为人砭直不阿,而内实忠淳。自少至老,孳孳学问,以韩苑洛、马谿田为师,以杨椒山、周讷溪、刘晴川、钱绪山、蔡泆滨[1]诸君子为友。险夷如一,初终不贰,磨砺精光,展拓胸次,其所涵养者诚深,以故鼎镬汤火,百折不回,完名全节,铿鍧一代不偶也。彼世之浅衷寡蓄,耽耽以气节自多者,视先生当愧死矣。(魏按:少墟此一段真可谓至评!斛山之人格,真耿光四射,虽以气节名世,然实自理学内蓄而发之!彼世之以气节自多者,视斛山真当羞死矣!故学斛山,不当自其气节处着眼,而当自其理学处入手。)

先生没若干年,庄皇帝[2]以世庙遗诏,赠光禄少卿,录其后。今上用礼官议,谥"忠介"。

【注释】

[1]蔡泆滨:即蔡瑷(1496—1572),字天章,号泆滨,韩邦奇、湛若水弟子。河北省宁晋县百尺口村人。嘉靖八年(1529)进士,累官监察御史。巡按河南,刚直敢言,因事系狱,旋罢归。居家教授生徒,置瞻田,兴办泆滨书院、正学书院,在授学中努力弘扬甘泉的"江门心学"。甘泉为其撰《泆滨书院记》,寄去《息存箴》,寓书赞誉。蔡瑷将其刻于壁、碑。著有《泆滨集》十卷,《泆滨语录》二十卷。

[2]庄皇帝:即明穆宗。

魏按:杨爵(1493—1549),字伯修,号斛山,陕西富平人,明朝著名谏臣。早年曾从学于韩邦奇,与杨椒山并称为"韩门二杨",为明代关学三原学派重要学人。事又见《明史》卷一七、卷一八、卷二九等。今有《杨忠介公集》十三卷和《周易辨录》四卷、《斛山遗稿》等传世。斛山之学,亦有所传。张骥《关学宗传》所载,斛山门下有富平由天性(字纯夫)、富平纪中夫、富平张本礼三人。学者可参看。

愧轩吕先生潜 石谷张氏节、正立李氏挺附① （〔明〕冯从吾编）

先生名潜,字时见,泾阳人,号愧轩。尝谓"为学必不愧屋漏,方可为人",因取号以自警云。父应祥,嘉靖壬辰(1532)进士,为礼科都给事中,以论宫寮事夺官,为时名臣。

先生幼颖敏,读书即解大义。尝秘书《克己铭》怀袖中,时为展玩。(魏按:《克己铭》,横渠门人吕大临所著,铭文见卷一《吕大临传》。由此隐然可见关学传承之遥相呼应。亦可见明代关学与宋代横渠之学,非是师承血脉传承,乃是风骨魂魄传承。此正吾师刘学智先生所谓"宗风之传"也,吾师于关学传承显中见隐,断中见续,独具慧眼,真知灼见!)稍长,从都谏公[1]任,师事蜀进士赵木溪氏,闻木溪氏讲义理之学而悦,于是学甚力。归又师事泾野吕先生,深幸其得所依皈,凡一言一动,率以泾野为法。(魏按:尊师从礼如此,后人如何不效法?)于是学益力,而举子业亦益入理,为邑诸生试,每倾曹偶。学使者重其文行,拔入正学书院,以风多士。嘉靖丙午(1546),以诗荐乡书,卒业成均,友天下士,而名日起。时朝绅中有讲学会,每闻先生偕计至,亟延之讲。

【注释】

[1]都谏公:指吕潜父吕应祥。应祥任礼科都给事中,故如此称。

先生刻意躬行,远声色,慎取予,一毫不苟,而尤严于礼,诸冠、婚、丧、祭,咸遵文公惟谨,即置冠与祭器,式必如古人,或以为迂,弗恤也。(魏按:严守于礼,是横渠教法,亦是朱文公所尊。)先是,母柏孺人[1]病于京,先生扶母病西归,剂医百至。孺人病革,以先生且弱冠,命之娶,先生娶而不婚,日夜苦处丧次[2],

---

① 底本无"潜"字,据底本目录补入。亦无"节""挺"二字,据冯刻本补入。

既襄事,庐居墓所。服除,乃始①婚事,至孝之名动关中。事都谏公与继母张,曲尽孝养。都谏公病,至尝粪以验,殁则哀毁几绝。都谏公封事,故未留稿,先生走阙下,录原疏,请铭马文庄公[3],文庄公亟称之。事叔父,待诸弟,情爱备至。每岁时祭毕,燕诸族人,讲明家训。又率乡人行《乡约》,人多化之。(魏按:吕氏乡约,非止行于蓝田,康僖公行于三原,愧轩又行于泾阳也。)亲党有窘乏,辄怜而周焉。与人交,平易款洽,或有过,即面规之,而未尝背言其短。尝与友人蒙泉郭公郛[4]读书讲学谷口洞中,四方从学者甚众,听者津津有得,咸曰:"得泾野之传者,愧轩也。"当道旌异,无虑数十。

【注释】

[1]柏孺人:吕潜之母。古代称大夫之妻为孺人。

[2]苫处丧次:日夜在灵堂的草垫子上。苫,居丧时孝子睡的草垫子。丧次,停灵治丧的地方。

[3]马文庄公:即马自强(1513—1578),字体乾,号乾庵,陕西同州(今大荔)人。嘉靖三十二年(1553)进士。改庶吉士,授检讨。隆庆中,历洗马,直经筵。迁国子祭酒,振饬学政,请寄不行。迁少詹事兼侍读学士,掌翰林院。万历初,任礼部右侍郎、礼部尚书,张居正将归葬父,荐马自强入阁,诏太子太保兼文渊阁大学士,参与机务。

[4]蒙泉郭公郛:郭郛,传见本书《蒙泉郭先生郛》。

初,南祭酒姜公宝[1]建言:"天下人才多坏于举人之时,以其身阶仕进,而上无绳束甄别,故易坏也。请诏有司,推择举人中行谊修者,特抡擢,风士习。"于是抚按张公祉[2]等,交章以先生名上闻,遂辟入京,特授国子监学正。时马文庄公为祭酒,蒙泉郭公亦为助教,乃与郭公议,以泾野先生为祭酒时所布学约,请马公力举行之,由是讲读之声,彻于桥门。

【注释】

[1]南祭酒姜公宝:即姜宝(1514—1593),明镇江府丹阳人,字惟善,一作廷善,号凤阿。嘉靖三十二年(1553)进士,授编修,忤严嵩,出为四川提学佥事。迁南京国子监祭酒,罢纳粟例,复积分法以造就人才,并令公侯伯子弟及举人均入监肄业。官至礼部尚书。著有《周易补疑》《春秋事义全考》《资治大政记纲目》等。

---

① "乃始",他本同,周刻本、柏刻本作"始完"。

[2]抚按张公祉:张祉,嘉庆十七年(1538)进士,隆庆年间任陕西巡抚,上奏举荐吕潜。

万历癸酉(1573),调工部司务。会淮海孙公[1]、楚侗耿公[2]俱入京,先生数就两公质所学。同志方依先生为主盟,乃戊寅(1578)六月,一病遽逝,年仅六十又二。水部郎叶君逢春[3]状其行,大司马确庵魏公[4]铭其墓,宫保李敏肃公[5]为之传,皆实录,非溢美。

【注释】

[1]淮海孙公:即孙应鳌(1527—1586),字山甫,号淮海,谥文恭。贵州清平卫(今凯里)人。嘉靖二十五年(1546)中举人第一名。三十二年(1553)成癸丑科进士,选庶吉士,改户科给事中,出京为江西按察司佥事。历官陕西提学副使、四川右参政、佥都御史。隆庆六年(1572)建清平山甫书院,吴国伦提学贵州时,亲晤应鳌于山甫书院。官至工部尚书。晚年居如皋,卒后列孔庙乡贤祠。谥文恭。

[2]楚侗耿公:即耿定向(1524—1596),字在伦,又字子衡,号楚侗,王阳明再传弟子,人称天台先生。湖广黄州府黄安县人。嘉靖三十五年(1556)进士,历行人、御史、学政、大理寺右丞、右副都御史至户部尚书,总督仓场。晚年辞官回乡,与弟耿定理、耿定力一起居天台山创设书院,讲学授徒,潜心学问,合成"天台三耿"。著有《冰玉堂语录》《硕辅宝鉴要览》《耿子庸言》《先进遗风》《耿天台文集》等。谥"恭简"。今人整理有《耿定向集》。

[3]叶君逢春:即叶逢春(1532—1589),字叔仁,明代浙江余姚人。嘉靖四十四年(1565)进士。万历八年(1580)任庐州知府。

[4]确庵魏公:即魏学曾(1525—1596),字惟贯,号确庵。泾阳(今陕西泾阳)人。明朝大臣、学者。嘉靖三十二年(1553)进士,历任户部郎中、右佥都御史、辽东巡抚、右副都御史、吏部左侍郎等职。张居正主政后,魏学曾因与其不和,被贬回乡。张居正死后,改以南京户部尚书致仕。万历十八年(1590),受命为兵部尚书兼右副都御史,总督四镇军务。追谥"恭襄"。有《魏恭襄文集》等作品传世。

[5]李敏肃公:即李世达(?—1600),字子成,泾阳人。嘉靖三十五年(1556)进士。授户部主事。改吏部,历考功、文选郎中,与陆光祖并为尚书所倚。隆庆初,丁曾祖忧。起右通政,历南京太仆卿。

魏按:吕潜(1517—1578),字时见,号愧轩,陕西泾阳人。明代中晚期关学重要学人。师事吕柟,深得其旨,凡一言一动,率以泾野为法。尝与友人郭郛讲学谷口洞中,四方学者甚众,人皆以为得吕泾野真传。

时,从泾野先生学者,又有张公节、李公挺。

节,字介夫,号石谷,亦泾阳人。父幡,以文无害,官通州同知,公随之任。会甘泉湛先生讲学京师,通州距京师甚迩,公从之游,湛先生教以"随处体认天理",公大有省。无何,通州公[1]致仕,公归而补邑诸生,复受学泾野先生。为诸生四十余年,竟厄于场屋[2]。以积廪行将膺贡[3],叹曰:"吾老矣,安用贡为!"乃上书督学刘公辞廪。刘公雅知公学行,特加礼遇,仍扁其门曰"清风高节",寻奉例遥授训导职衔云。公为人方正介直,泾野先生深器重之,尝赠以诗,有"守道不回比旧坚"之句。生平不妄交游,独与愧轩、蒙泉诸君子相讲切。日坐南园草屋中,读书穷理,涵养本原,至老不倦,即恶衣粝食,澹如也。尝语学者曰:"先儒有云:'默坐澄心,体认天理。'又云:'静中养出端倪。'吾辈须理会得此,方知一贯真境。不尔,纵事事求合于道,终难凑泊,不成片段矣。"人皆以为名言。卒于万历壬午(1582),寿八十。贫不能葬,李敏肃公捐金助之,始克襄事云。

【注释】

[1]通州公:张节父张幡。因其任通州同知,故如此称。

[2]厄于场屋:厄,音è。困于科场。

[3]以积廪行将膺贡:按例廪生年久者可选拔为贡生。

挺,字正立,咸宁人,正、嘉间西安郡学生。性孤直,有义气,不随时頫仰。会有诏藩郡,如故事出诸生,分谕诸属,公以次出某邑,赠遗一无所受。(魏按:不受人之赠,亦不屈己之节。)尝自诵曰:"生须肩大事,还用读《春秋》。"泾野先生殁,又讲学谿田马先生所。往来三原路中,以盗死,人皆惜之。

蒙泉郭先生郭[①] （[明]冯从吾编）

先生名郭,字惟藩,号蒙泉,泾阳人。器宇凝重,童时屹若成人。甫八龄,即知诵读,谙声律。时从都谏龙山吕公[1]学,偶试以对,句云"晓风拂水面",先生辄应声曰"朝日射岩头"。(魏按:意在"仁者乐山,智者乐水"中。)龙山公计偕属受学东桥李公,与龙山公子愧轩先生同笔研。两人同肆力于学,即以圣贤

---

① 底本无"郭"字,据底本目录补入。

相期许,曰:"必不为世俗碌碌者!"补邑庠生,声名蔚起。父母相继逝,先生侍疾居丧,竭力尽瘁,家计窘甚,而处之裕如,朝夕攻苦,益潜心性命,不颛颛[2]竞雕虫之技。时盖未离庠校,而名已蜚三辅矣。

【注释】

[1]都谏龙山吕公:指吕潜父吕应祥。

[2]颛:音 zhuān,愚昧无知貌。

邑侯樊高其行,延居讲席,或有以千金求居间者,先生峻拒不纳。樊侯退而省其私,益用高之。嘉靖戊午(1558),年已四十有一矣,始举于乡。辛酉(1561)冬,以吕师会葬,遂不上公车,一时郡邑争表其庐,谓得古师弟之谊焉。(魏按:师弟之谊如此,不负吕公门墙矣!)先生举孝廉后,犹与愧轩先生读书龙岩洞中,学益有得,负笈从游者甚众。累试春官不第。

乙丑(1565),谒选河南获嘉[1]学谕,日与诸生讲学课艺,多所造就。隆庆庚午(1570),擢国子助教,值马文庄公为祭酒,教规肃然,先生赞襄之力居多。时年已五十有六,例不得入台省,同列欲先生少隐庚甲[2]应选,先生笑曰:"台省宁可不得,年其可隐邪?"仅得户部主事,朝论伟之。榷税九江,先生处脂润燐然不滓,弊剔奸锄,商旅胥悦。时有监关郡倅某者,墨吏也,束于新令不得肆,乃妄加污蔑。事闻诸朝,朝大夫共知先生贤,竟为白其诬。万历庚辰(1580),出守马瑚。马瑚,西南夷故地,俗陋易嚣,先生恩威并济,礼让躬先,裸夷数十辈,从其译酋,愿望见先生颜色,归而爱戴弥切。居未三载,闻有犹子之戚,念伯兄且老独居,遂投牒归。

【注释】

[1]获嘉:河南获嘉县。

[2]庚甲:古代星命术士把人出生的年、月、日、时用干支配合成八字来表示;据以推算命运,谓之"庚甲",又称"年庚"。这里借指年岁。

归田二十余年,自读书讲学外,他无所事。督学敬庵许先生雅重先生,檄县延为乡饮大宾,先生虽坚逊,恒虚席以待。(魏按:正所谓德高望重。)乙巳(1605)六月三日,无疾而卒。距生正德戊寅(1518)三月十二日,享年八十有八。士大夫及门下士追思无已,以其德履,私谥曰"贞懿先生"。

先生学重根本,笃于伦理,而兢兢持敬,自少至老,一步不肯屑越。暇中喜吟诗,卓有尧夫《击壤》遗意,有云:"学道全凭敬作箴,须臾离敬道难寻。常从独木桥边过,惟愿无忘此际心。"又云:"近名终丧己,无欲自通神。识远乾坤阔,心空意见新。闭门只静坐,自是出风尘。"又云:"莫道老来积德难,古人虽老志不朽。富公八十尚书屏,武公九十犹求友。老来闻道未为迟,错过一生宁不忸。从此努力惜分阴,毋徒碌碌空白首!"观此则知先生享上寿而完名全节,非偶然矣。先生与人言,每依大节,而出之蔼然可听,令人不忍别去,虽新进少年,延见必恰。生平手不释卷,冠履几榻,悉列箴铭,而晚年犹喜读《易》。所著有《自警俚语》《山居杂咏》《语略》《族谱》《仰郑堂集》。仲子九有,杀青①以传。九有,乙未(1595)进士,以猗氏令擢礼部主事,未究其用而卒,人皆惜之。

魏按:郭郛(1518—1605),字惟藩,号蒙泉,泾阳人,吕潜学友。明代中晚期关学代重要学人。所著有《自警俚语》《山居杂咏》《语略》《族谱》《仰郑堂集》,今多不传。

秦关王先生之士② ([明]冯从吾编)

先生名之士,字欲立,号秦关,学者称秦关先生。其先咸宁人,五世祖志和迁居蓝田,其后子孙因家焉。父旌,号飞泉,官代郡教授,明理学,有语录藏于家。

先生幼承庭训,七八岁即知学,教授公[1]授之《毛诗》《二南》辄解,辄为诸弟妹诵之。教授公喜有子。后治《大戴礼》,兼通《易》,为诸生,以文名庠校间。嘉靖戊午(1558),举于乡。己未(1559),试春官不第,由是益肆力举业者累年。后屡不第,幡然改曰:"所性分定,圣道远人乎哉?一曲经生,华藻奚为?"遂屏弃帖括[2],潜心理窟[3],毅然以道学自任。

【注释】

[1]教授公:指其父王旌,因曾任代郡教授,故称教授公。
[2]帖括:科举应试范本。
[3]理窟:道学义理的奥秘。

---

① "杀青",文渊阁本、文津阁本作"付梓"。
② 底本无"之士"二字,据底本目录补入。

为《养心图》《定气说》,书之座右,闭关不出者九年。蒿床粝食,尚友千古,行己必恭,与人必敬,饮食必祭必诚,兢兢遵守孔氏家法。一时学者以为蓝田吕氏复出,感慕执经者,屡满户外,士习翕然。又谓:"居乡不能善俗,如先正和叔何?"乃立《乡约》,为十二会,赴会者百余人。设科劝纠,身先不倦。诸洒扫应对、冠婚丧祭礼久废,每率诸宗族弟子,一一敦行之。于是蓝田美俗复兴。(魏按:《乡约》宋时拟成于蓝田吕氏,明时复振于蓝田秦关,民国再兴于蓝田兆濂,此可谓乡约于蓝田传承之"阳关三叠"。今吾师刘学智先生协同友人诸生谋划新乡约,亦期有助于风化欤?)

万历甲戌(1574),病瘁,属又哭母过毁,步履愈艰,终丧,而向道之心愈笃,谓"非博取远游,终难进道"。会仲子守,亦与偕计。己卯(1579),遂复如京。是时先生已久谢公车,第日与诸同志讲学都门之萧寺[1],崇正辟邪,力肩斯道。实时贵或谭及二氏,辄正辞距之不少假。既而道邹、鲁,瞻阙里,遍拜先师及诸贤祠墓,低回留之不忍去,梦寐如见其人。久之始归,由是秦关之名动海内矣,凡缙绅莅兹、道兹者,罔不式庐愿见,表厥宅里云。

【注释】

[1]萧寺:寺院。

岁乙酉(1585),德清许敬庵先生督关中学,讲学正学书院。先生,故许先生同志友也,礼征先生为多士式,先生亦乐就许先生,合志同方,相为切劘,时多士皆有所兴起。后许先生以应天丞谪归,先生亦南游讲学,出武关,浮江、汉而下,迂道江之右,会南昌章子潢[1]、新城邓子元锡[2],广信、衢州杨子时乔[3]、殷子士望[4]。复东渡浙水,见许先生于德清,东南学者闻先生至,多从之游。先生二子宗、容念先生疾,客久,肃迎归,是在己丑秋(1589)。明年庚寅(1590)八月,卒于家,寿六十有三。目欲瞑,以手示二子为诀,亦曾子启手足意也。

【注释】

[1]南昌章子潢:即章潢(1527—1608),字本清,江西南昌人,明代易学家。万历三十六年(1608)去世。著有《周易象义》《图书编》等。

[2]新城邓子元锡:即邓元锡(1529—1593),字汝极,号潜谷,人称"潜谷先生"。新城

县城南津(今属江西省黎川县日峰镇)人。明代中后期理学家、文学家。

[3]杨子时乔:即杨时乔(1531—1609),字宜迁,号止庵,信州上饶(今江西省上饶市信州区水南街道滩头)人。嘉靖四十四年(1565)进士。万历中,累官吏部左侍郎。绝请谒,谢交游,止宿公署,苞苴不及门,铨叙平允。卒,谥端洁。著有《端洁集》《两浙南关榷事书》《周易古今文全书》《马政记》等。

[4]殷子士望:即殷士望。字德远。明镇江府丹徒人,诸生。嘉靖中,倭寇入扰。父被掠,请代死。寇以火炙、刀刺之,士望受而色不变。倭寇乃舍之而去。嘉靖四十三年(1564)旌表。

先是,南司成赵公用贤[1]、柱史王公以通[2]相继疏荐。赵疏:"海内三逸[3],公居其一。"疏云:"孝弟力田,行不逾乎轨范;《诗》《书》敦悦,名已动于乡间。虽久婴足疾,而过庐者必式。宜如近王敬臣故事,授以京秩,俾表帅一乡,矜式后学便。"柱史疏大略与赵符。命下宗伯议,议如荐者指。先生为孝廉垂三十余年,竟不仕,角巾野服,悠焉终老。至是,诏授国子监博士。除目至,而先生已先物故四越月,一命不待,君子惜之。

【注释】

[1]南司成赵公用贤:即赵用贤(1535—1596),字汝师,号定宇,江苏常熟人,明朝学者、藏书家。隆庆五年(1571)进士。万历初,官检讨。万历五年(1577)因弹劾张居正,与吴中行同杖戍,被夺官归里。居正没,起官。终吏部侍郎。卒,谥文毅。南司成:南都祭酒。

[2]柱史王公以通:即王以通,生卒不详。字子贞,号肖拙,福建龙岩人。明万历八年(1580)进士。历任南城知县,高安知县,瑞州知府,韶州知府,湖广副使,贵州道监察御史。享年八十三岁。柱史:御史。

[3]海内三逸:指王之士、邓元锡和江右王门主将刘元卿。

先生生平修姱惇伦[1],笃于行谊,丁内外艰,毁几灭性,处昆弟怡怡[2]。未五旬失耦,誓不继,鳏居终身,其于世俗声色嗜好,一切漠然。(魏按:关学中之人物,如吕泾野夫妇相敬如宾,如韩邦靖不受越女,如王之士之鳏居终身,皆有家德之美。)性不问家而好施,喜活人,或谓:"贫,所济几何?"则曰:"吾尽吾心力耳!"置祠祭、墓祭二田,为宗族置义仓、义田,即榍晦[3]无多,实贫士所难。居恒晦迹却扫,即郡邑以币交,未尝苟受,亦未尝轻谒。至于访道求友,虽跋涉间关数千里,亦不惮远云。先生笃信好学,见彻本原,非沾沾矜一节一善以成名者。世或止以"甘贫苦节"称先生,是岂足尽先生哉!

【注释】

[1]修姱惇伦:姱,美好。品行洁美,敦厚超群。
[2]处晜弟怡怡:晜,音 kūn,古同"昆",兄。与兄弟相处和睦。
[3]楹晦:房屋土地。晦,古同"亩"。

所著有《理学绪言》《信学私言》《大易图象卷》《道学考源录》《易传》《诗传》《正世要言》《正俗乡约》《王氏族谱》《正学筌蹄》《阙里瞻思》《关洛集》《京途集》《南游稿》。所述有《先师遗训》《先君遗训》《皇明四大家要言》《性理类言》《续孟录》诸书行世。

魏按:王之士(1528—1590),字欲立,号秦关。陕西蓝田人,明代中晚期关学重要学人。颇有吕氏遗风,学者以为蓝田吕氏复出。曾立乡约并在乡间推行,"蓝田美俗复兴"。所著甚多,然多散佚。

以聘刘先生儒 子光文附① （〔清〕李元春补）

先生名儒,中部[1]人。中部刘氏,为邑世族,先生世父聪,成化丁未(1487)进士,官左佥都御史,巡抚顺天。父璋,举人,官南和令,升知霸州,皆著名德显绩。兄仕,正德辛巳(1521)进士,官主事,争兴献礼,廷杖不死。久之,起为员外郎,历郎中,旋以劾武定侯郭勋,又受廷杖,谪柳州。穆宗即位,以遗诏起大②仆少卿,谢病不就。从兄弟[2]佐,进士,户部主事。侃、仁、偘,俱举人。偘知闻喜、石州,并不愧家声。

【注释】

[1]中部:今黄陵县。
[2]从兄弟:同曾祖父、不同父亲或祖父的兄弟。其中同曾祖父、不同祖父的兄弟称为从祖兄弟;同祖父,不同父亲的兄弟称为从父兄弟。从父兄弟与今堂兄弟含义相同。

---

① 底本无"儒 子光文附"五字,据目录及内容补入。"以聘刘先生"后原有一"补"字,既已注明,删。
② "大",柏刻本同,蒙刻本作"太"。

先生性至孝,父尝仓卒被盗,先生与兄自外逾垣入,争求代,盗义之,释其父。嘉靖(1522—1566)间,以举人令安邑,补完县,升叙州同知,所至有惠政。迁庆藩左长史,以礼绳王,王不听,遂致仕归。

为学以诚一为本,辨析理义,毫忽不苟。子、史、百家言无所不通,顾一折衷于程、朱,学者争师事之。先生正己率物,危坐竟夕,衣冠必整。(魏按:前宽甫同先生、思庵薛先生,同此气象。)肤施杨大保兆[1]出其门,既贵,每见犹侍立终日,语人曰:"吾侍两宫,未若先生严。"(魏按:师道尊严,正在于此。于明代关学人物,此屡屡见之。)生平不近倡俳,虽宾祭,亦弗接于前。著有《邑志》《桥麓集》《刘氏家礼》。

【注释】

[1] 肤施杨大保兆:即杨兆,生卒不详。字梦镜,明朝陕西肤施(今延安市)人。明嘉靖三十五年(1556)中二甲第八十名。曾出任青州知府、绍兴知府、密云参政。军训严谨,驻边多次晋功,升蓟辽总督,官至南京兵部尚书、工部尚书、北京兵部尚书、工部尚书,加太子太保。重视家乡兴学,曾个人赞助设立"杨公书院",并亲书"云山一揽"题刻。清《延安府志》云:杨兆为人"风度凝峻""才兼文武"。

子光文,以明经知招远,擢判真定。有井出金,内官监采为民害,奏劾罢其事,一时权贵惮之。

伯明刘先生子诚 弟子诚附①　　([清]李元春补)

先生名子诚,宜川人。幼有至性,潜心书史。嘉靖时,举于乡,与温恭毅[1]砥行明经,一时老师宿儒翕然宗之。先生为学,既综六经,又精群纬,尤于周子《图说》《通书》,得抽关启钥之妙。每上公车,考东观遗阙、遐俗异语者三十年。己丑(1529),为杨起元[2]拟元,与他房陶望龄[3]争,或因北卷,欲置第二,杨不平,愤置之曰:"斯人道学渊懿,议论莹彻,非吾曹所及。"因刊其卷,布长安,自是退讲于乡。随人浅深,皆有成就,终身无攒眉事。一日,临觞不乐,谓弟子諴曰:"学无体用,便分物理、性命为二。吾学虽未见用,然缮性治世,放诸百世无疑也。第度设施,可泽于斯人,便可出而仕矣。"寻卒,学者

---

① 底本无"子诚"二字,据目录补入。"伯明刘先生"五字后原有一"补"字,既已注明,删。

尊为"大刘夫子"。

【注释】

[1]温恭毅：即温纯(1539—1607)，字景文，三原人。明嘉靖四十四年(1565)进士，历任知县、巡抚，吏部、工部尚书等职。他一生为创建地方公益事业不遗余力，虽三朝为官而家无积，是三原古龙桥的倡建者。天启初，追谥恭毅。有《温恭毅公集》三十卷传世。

[2]杨起元(1547—1599)，字贞复，号复所。明代广东省归善县塔子湖(今属惠州桥东)人。隆庆元年(1567)中解元，万历五年(1577)进士。历任编修、国子监司业、司经局洗马、国子监祭酒、南京礼部右侍郎、南京吏部右侍郎摄吏部、礼部尚书事。万历二十六年(1598)召为北京吏部右侍郎兼侍读学士，因母卒未任，持丧归乡。次年九月在惠病逝。谥文懿。

[3]陶望龄(1562—1609)，字周望，号石篑，明会稽(今浙江绍兴)人。明万历十七年(1589)，他以会试第一、廷试第三的成绩，做了翰林院编修，参与编纂国史；曾升侍讲，主管考试，后被诏为国子监祭酒。陶望龄为官刚直廉洁，不受滋垢。一生清真恬淡，以治学为最大乐事。他把做学问也当作息歇，并用"歇庵"二字名其居室，学人有时也称他为歇庵先生。陶望龄生平笃信王守仁"自得于心"的学说，认为这是最切实际的"著名深切之教"。工诗善文，著有《制草》若干卷、《歇庵集》二十卷、《解庄》十二卷、《天水阁集》十三卷。

子诚，字叔贞，读书国学，授湖南训教士。以不欺为本，立行、艺二格，有一善者记之行，勤诵读者记之艺。月得数人，以为老友，习容礼，童冠①仰焉。督学董其昌[1]闻之，聘入幕，旋擢盐山令，升横州。持节定交趾之难，所至皆有治绩。后卜居青门，与崔尔进[2]、文翔凤[3]等结"英社"②，有洛下遗风。生平雅度过人，宠辱不惊。著有《杖履》三篇，《尚书遗旨》二卷，详倪元璐[4]《志》中。

【注释】

[1]董其昌：董其昌(1555—1636)，字玄宰，号思白，别号香光居士，松江华亭(今上海市)人。明朝后期大臣，书画家。万历十七年(1589)进士，授翰林院编修，官至南京礼部尚书。崇祯九年(1636)卒，赐谥"文敏"。

---

① "冠"，柏刻本同，蒙刻本作"观"。
② "英社"，《关学宗传》卷二三《刘叔贞先生》作"耆英社"。

[2]崔尔进:生卒不详。字仰庵。明陕西西安左卫(今西安长安)人,万历三十二年(1604)进士。初授长子令,累迁御史,巡盐西浙,官至户部右侍郎。

[3]文翔凤:生卒不详,字天瑞,号太青,陕西三水(旬邑)人。约天启五年(1625)前后在世。万历三十八年(1610)进士。历官莱阳令,终太仆寺少卿。尝自制五岳冠,并以"五岳"自号,亦称"东极"。著有《东极篇》及《文太青文集》二卷,《太微经》二十卷。

[4]倪元璐(1593—1644),字汝玉,一作玉汝,号鸿宝,浙江上虞(今绍兴市上虞区)人,明末官员、书法家。天启二年(1622)进士,历官户部、礼部尚书,书、画俱工。与黄道周、王铎鼎足而立,并称为"明末书坛三株树",又与王铎、傅山、黄道周、张瑞图并称为"晚明五大家",为明末书风的代表。崇祯十七年(1644),李自成陷京师,元璐自缢殉节,卒年五十二。弘光时,追赠少保、吏部尚书,谥文正,清廷赐谥文贞。著有《倪文贞集》。

仲好冯先生从吾　　([清]刘得炯续)①

先生名从吾,字仲好,长安人。万历己丑(1589)进士。甫垂髫,即深契王文成公[1]"人心有仲尼"之语。尝受知于许督学[2],以圣学为己任。端静寡营,出入必以理学书自随。授庶常,每入朝,例饭中贵[3]舍,先生独携茶饼,子处披览,足迹不轻履。改御史,巡中城。时壬辰(1592)大计[4],包匦篚篸[5],不得入权门客。胡汝宁[6]屡弹不去,先生以疏逐之。神庙[7]中年,朝讲废,或饮酗,毙左右,先生抗疏,有云:"困曲蘖[8]而欢饮长夜,娱窈窕而晏眠终日。"神宗怒,将杖之,会长秋节,辅臣救免,遂告归。

【注释】

[1]王文成公:指王阳明。

[2]许督学:指许孚远。

[3]中贵:皇宫中有权势的太监或朝廷中的高官。

[4]大计:明清两代考核外官的制度,每三年举行一次。

[5]包匦篚篸:包匦,裹束而置于匣中,又是贡物的代称。篚篸,即篚与篸,即两种盛黍稷稻粱之礼器。又犹苞苴,指贿赂。包匦篚篸,这里指行贿送礼。

[6]胡汝宁:江西南昌人,号似山。万历二年(1574)进士。授潮阳知县,擢礼科给事中。十六年(1588),饶伸以论申时行下诏狱,汝宁复劾伸以媚时行,舆论薄之。官至礼科

---

① 底本无"从吾"二字,据底本目录补入。蒙刻本"仲好冯先生"后原有一"续"字,既已注明,删。"刘得炯续"蒙刻本此标题下又有"中卫刘得炯撰"六字,今为统一起见,改。

都给事中。有《掖垣奏议》。

[7]神庙:明神宗。

[8]曲糵:原指酒曲,这里为酒的代称。

三年还职,视长卢盐政,清吏弊,治奸贾,无稍贷。有史官求庇,先生反弹之,遂与要人左[1],以同台言事株连,削籍归里。益锐志圣贤之学,建关中书院。择士之秀者,朝夕讨论,一时士心归之,奉为模楷。里居二十六年,四方来学之士有千人,称"关西冯夫子"。

【注释】

[1]与要人左:与权势的显要人物意见相左。

光庙[1]改元,累召未行。熹庙[2]初,与邹忠介[3]同召。时广宁失守,经抚携手入关,先生疏请逮治,以勖守关将吏,遂以中丞佐西台,忠介为御史大夫。时有钟羽正[4]为左佥都,并称"西台三正人",善类每依为重焉。复议"红丸""梃①击"事,群小侧目,于是刺讲学者接踵,先生与忠介皆求罢。又二年,起总留台,未赴。即家,拜工部尚书。

【注释】

[1]光庙:明光宗朱常洛。公元1620年在位,因红丸案,仅在位29天。

[2]熹庙:明熹宗朱由校。

[3]邹忠介:即邹元标(1551—1624),字尔瞻,号南皋。江西吉水县人,明代东林党首领之一,与赵南星、顾宪成号为"三君"。万历五年(1577)进士,入刑部观察政务,与伍惟忠友好,为人敢言,勇于抨击时弊,因反对张居正"夺情",被当场廷杖八十,发配贵州,潜心钻研理学。万历十一年(1583),回朝廷吏部给事中,他又多次上疏改革吏治,触犯了皇帝,再次遭到贬谪,降南京吏部员外郎。以疾归,居家讲学近三十年。天启元年(1621)任吏部左侍郎,后因魏忠贤乱政求去。崇祯元年(1628年),追赠其为太子太保、吏部尚书,特谥"忠介"。

[4]钟羽正(1561—1636),字叔濂,号龙渊、龙源,益都(今山东青州)人,万历八年(1580)进士,除滑县令。时年甫弱冠,多惠政。累官工部尚书,会群奄用事,遂自劾归。旋夺官。崇祯初,复官,久之卒。有《崇雅堂集》十五卷。

---

① 底本为"挺",误,径改为"梃"。

是时，逆珰犹以人望羁縻，先生不与合，因疏辞，予致仕。次年，削籍。阿珰者授意抚臣辱之，毁书院，曳先师像，掷城隅以泄其愤。先生痛如切肤，恚恨靡宁，趺坐二百余日，遂以卒。后逆党诛，复原官，谥"恭定"，著有《关学编》《疑思录》《冯少墟集》。中卫刘得炯撰①

魏按：冯从吾（1557—1627），字仲好，西安府长安（今陕西西安）人。晚明关学重要代表人物。是篇《冯从吾传》，为朝邑学博刘得炯在乾隆二十一年（丙子，1756）赵璧重刻《关学编》时所续入。后李元春续补时一并收入。另，王心敬《关学编》续补中亦为冯从吾作传，而后柏景伟整合王、李两人关学编续补，取王所撰《冯从吾传》而删去李编中刘得炯所撰。但其中又删去王心敬一段按语，概为不完。陈校本《关学编》仍之。故在此附录王心敬《关学编》续补中所撰《冯从吾传》及附论，以备学者参考。

随附：

少墟冯先生 淑远周氏传诵、子真党氏还醇、白氏希彩、澄源刘氏波附

（〔清〕王心敬续）

先生名从吾，字仲好，学者称少墟先生，西安府长安人。父友，保定郡丞，以先生贵，赠通议大夫。先生九岁，通议公[1]手书王文成公"个个人心有仲尼"诗，命习字，即命学其为人，先生便亹亹有愿学志。弱冠，以恩选入太学。比归，德清许敬庵公[2]督学关中，开正学书院，拔志趣向上士讲明正学，闻先生名，延之与蓝田秦关王公[3]讲切关、洛宗旨，识力之卓荦，大为敬庵器重。

【注释】

[1] 通议公：少墟父亲冯友。
[2] 许敬庵公：即许孚远。
[3] 秦关王公：即王秦关。传见本书《秦关王先生之士》。

万历戊子（1588），举于乡。明年（1589），成进士，观政礼部，谓"士君子即释褐，不可忘做秀才时"，书壁自警。时入朝，多饭中贵家，先生独携茶饼往。寻选庶吉士，应馆课，不规规词章。尝以文人何如圣人，著《做人说》二

---

① 底本及赵刻本文末有"中卫刘得炯撰"六字，蒙刻本无。

篇。而其于一切翰苑浮华征逐，概谢绝不为，惟与焦漪园[1]、涂镜源[2]、徐匡岳[3]诸公立会讲学。既而改御史，巡视中城，司城者结首揆纪纲为属，先生疏斥之，权贵敛迹。督科胡某为政府私人，前后疏参者，神庙皆留中，先生列其状，得旨摘调。而是时神庙中年，倦于朝讲，酒后数毙左右给侍，先生斋心草疏，有"困曲櫱而欢饮长夜，娱窈窕而晏眠终日"等语。神庙震怒，传旨廷杖。会长秋节，以辅臣赵志皋[4]救免，一时直声震天下。命巡按宣、大，不拜，请告归。与故友萧茂才辉之[5]诸人讲学宝庆寺，著《疑思录》六卷。起河南道，巡盐长芦，清国课，除积弊。行部所至，必进讲诸生，著《订士篇》。

【注释】

[1]焦漪园：即焦竑(1540—1620)，字弱侯，号漪园、澹园，生于江宁(今南京)，祖籍山东日照(今日照市东港区西湖镇大花崖村)，祖上寓居南京。万历十七年(1589)会试北京，得中一甲第一名进士(状元)，官翰林院修撰，后曾任南京司业。明代著名学者，著作甚丰，有《澹园集》(正、续编)《焦氏笔乘》《焦氏类林》《国朝献徵录》《国史经籍志》《老子翼》《庄子翼》等。

[2]涂镜源：即涂宗浚(？—1621)，字镜源。江西南昌人，万历十一年(1583)进士。曾任黄冈县令，后升任山东道御史。万历二十年(1592)巡按广西，二十三年(1595)巡按河南，二十七年(1599)巡按顺天，又提升为大理寺丞，再升都察院佥都御史、兵部右侍郎，直至兵部尚书，加太子太保，封顺义王，荫升一级。去世后赠少保，谥"恭襄"。著有《阳和语录》《证学说》《延诗草》等。

[3]徐匡岳：即徐即登，字德俊，号匡岳，明代丰城人。万历元年(1573)举人，十一年(1583)进士。历官礼部郎中、福建提学副使、福建参政、河南按察使。著有《正学堂稿》八帙、《来益堂稿》四帙、《儒学要辑》八帙、《儒学》二帙、《易说》五帙、《书说》四帙、《诗说》五帙、《春秋礼记说》二帙、《逊国诸臣录》二帙及诗文若干卷。

[4]赵志皋(1524—1601)，明代内阁首辅。字汝迈，号濲阳，浙江金华府兰溪县(今浙江省金华市兰溪市)人。隆庆二年(1568)，进士及第，授职编修。万历初年，升为侍读。后出任广东副使、解州同知、南京太仆丞，历任国子监司业、祭酒，再升任吏部右侍郎、吏部左侍郎。万历十九年(1591)秋，升为礼部尚书兼东阁大学士，为内阁首辅。卒后赠太傅，谥"文懿"。著有《内阁奏题稿》《四游稿》《灵洞山房集》《濲阳诗集》等。

[5]萧茂才辉之：即萧辉之，名耀，长安县人，理学名师，冯从吾好友。茂才：即秀才。

暨新建用事[1]，台省[2]正人削籍者强半，先生与焉。策蹇抵里，则日事讲学，不关外事。著《学会约》《善利图说》。既而以怔忡处一斗室，足不至阈者历九年,盖藉养病谢亲知交游,一意探讨学术源流异同也。出则仍与周大参淑远[3]讲学宝庆,执经问业者日以众,当道于寺东创关中书院,为同志会讲之所。林居凡二十年,自非会讲,则不轻入城市。至于牍干公府,则一字不屑也。世推"南邹北冯",前后疏荐数十上。

【注释】

[1]新建用事:概指万历二十一年(1593)京察和二十二年(1594)"国本之争"起,明神宗以军政大黜两京言官之事。

[2]台省:尚书省、门下省、中书省的总称。

[3]周大参淑远:即周淑远,名传诵,西安府人,万历十七年(1589)进士。官至湖广左布政使,晚年讲学关中书院。

庚申(1620),光庙即位,以符卿、囧卿、廷尉[1]召,俱未行。次年(1621),熹庙改元,始应诏,历左副都御史。辽左陷,疏参经抚置之法。以"红丸"论李可灼[2],又论"梃击之狱,与发奸诸臣为难者,皆奸党也"。而于一切大狱则力任之,确乎不为人言摇夺,坐是与要人左,群党齿击矣。初,熹庙之立也,先生目击时事,内则旱荒盗贼,连绵纠结,而士大夫咸怀一切,莫肯顾虑,日惟植利结党为汲汲;外则辽左危急,祸且剥床及肤,而有事则将帅辄弃城宵遁,不知有死绥之义,无事则本兵经抚各自结党,互相排陷,不知和衷共济之道。于是挺身而出,冀以直道大义挽回其间。及出,则权所不属,势不可维,徒蒿目而视,殊无救济之良策。于是遇可言处,则明目张胆,纠弹不避,以一身彰宇宙之公道。

【注释】

[1]符卿、囧卿、廷尉:符卿,尚宝卿;囧卿,即太仆卿;廷尉,大理寺卿。

[2]"红丸"论李可灼:李可灼,明朝万历年间任鸿胪寺丞。万历四十八年(1620)八月二十九日,明光宗朱常洛身体不适。李可灼因内阁首辅大学士方从哲推荐,上呈红丸,明光宗朱常洛服下后,病情稍缓,暖润舒畅,直呼:"忠臣!忠臣!"于是下午三时复进一丸,九月一日五更时暴毙,在位仅29天。史称"红丸案"。事发后,朝臣议论纷纷,礼部尚书孙慎行、左都御史邹元标、给事中惠世扬等弹劾郑贵妃内侍太监崔文升、李可灼二人弑君。大学士方从哲从中调解,天启二年(1622),崔文升发遣南京,李可灼遣戍。

复与同官邹南皋[1]、钟龙源[2]、曹真予[3]、高景逸[4]数先生约会讲都城隍庙,亹亹发明"人性本善,尧舜可为"之旨,以启斯人固有之良,冀以作其国尔忘家、君尔忘身之正志,兼欲借此联络正人同志济国也。缙绅士庶环听者,至庙院不能容。或曰:"辇毂讲谈,谣诼之囮也。国家内外多事,宜讲者非一端,学其可已乎?"先生怆然曰:"正以国家多事,人臣大义不可不明耳!"邹南皋先生曰:"冯子以学行其道者也,毁誉祸福,老夫愿与共之!"于是十三道奏,建首善书院。院甫成,而人言至,先生与南皋后先去。温旨慰留,五请乃报。修撰文震孟[5]、御史刘廷宣[6]请留,同官钟龙源、高景逸请同去。

【注释】

[1]邹南皋:即邹元标。

[2]钟龙源:即钟羽正。

[3]曹真予:曹于汴(1558—1634),字自梁,一字贞予,解州安邑(今山西省运城市)人。万历二十年(1592)进士。以淮安推官征授刑科左、右给事中,转吏科给事中,遇事敢言。

[4]高景逸:即高攀龙(1562—1626),字存之,又字云从,江苏无锡人,世称"景逸先生"。明朝政治家、思想家,东林党领袖,"东林八君子"之一。万历十七年(1589)进士,后遇父丧归家守孝。万历二十年(1592)被任命为行人司行人。万历二十二年(1594),高攀龙上疏参劾首辅王锡爵,被贬广东揭阳典史。万历二十三年(1595),高攀龙辞官归家,与顾宪成兄弟复建东林书院,在家讲学二十余年。天启元年(1621),高攀龙重获起用,被任命为光禄寺丞。历任太常少卿、大理寺右少卿、太仆卿、刑部右侍郎、都察院左都御史等职。天启六年(1626),崔呈秀假造浙江税监李实奏本,诬告高攀龙等人贪污,魏忠贤借机搜捕东林党人。该年三月,高攀龙不堪屈辱,投水自尽,时年六十四岁。崇祯初年(1628),明廷为高攀龙平反,赠太子太保、兵部尚书,谥忠宪。著有《高子遗书》十二卷等。

[5]文震孟(1574—1636),初名从鼎,字文起,号湘南,别号湛持(一作湛村),南直隶长洲(今江苏苏州)人,文徵明曾孙,明代官员、书法家。天启二年(1622)四十六岁时,终于状元及第,授翰林院修撰。因疏陈勤政讲学,忤魏忠贤,被廷杖八十,贬职调外,愤而告归故里。崇祯初拜礼部左侍郎,兼东阁大学士。卒,年六十三。南明福王追谥"文肃"。著述颇丰,主要有《念阳徐公定蜀记》《剃茶说》《策书圆记》《姑苏名贤小记》《文肃公日记》《文文起诗》等。

[6]刘廷宣,字化卿,号方壶,晚号本庵,山海卫(今山海关)人。万历四十一年(1613)进士,授仪封县知县。钦取浙江道御史,弹章不避申贵。出巡陕西,复命转大理丞,主管当朝审核刑狱案件。

时,权珰[1]犹收人望,明年即家,起少宰,不拜。又明年,升右都副,掌南都察院事,固以疾辞。寻改工部尚书,推吏部,又以疾辞。家居杜门著书,而逆珰恚恨诸正人不已,于是次第倾陷,中旨,忽褫其官。珰党柄钧者又使其党乔应甲[2]抚关中,毁书院,窘辱备至。先生虽在病间,正襟危坐屹如也。丁卯(1627)二月,年七十一岁以正寝终。易箦[3]犹以讲学、做人嘱其子若孙。是岁,逆珰诛,诏复原官,赠太子太保,赐祭葬,易名恭定,荫其后人,复关中书院,祀之。

【注释】

[1]珰:中国汉代武职宦官帽子的装饰品,后借指宦官。
[2]乔应甲(1559—1627),字汝俊,号儆我,山西猗氏人。万历二十年(1592)进士。天启五年(1625),改以御史大夫巡抚陕西,受吏部尚书王绍徽指使毁关中书院。
[3]易箦:临终的时候。

先生之学,始终以性善为头脑,尽性为工夫,天地万物一体为度量,出处进退一介不苟为风操,其于异端是非之界,则辨之不遗余力。盖其秉性刚毅方严,既类伊川,又其经历深久,洞见前此讲学流弊,不无沦于谈空说寂之习,故一归于正当切实,如二程、晦庵,恪守矩矱不变也。然所守虽严,而秉心渊虚,初不执吝成心以淈大道之公。故于姚江"四无"之旨,吹毛求疵,不少假借,而于"致良知"三字,则信之异笃。尝谓学者曰:"'致良知'三字,泄千载圣学之秘,有功吾道甚大。"又曰:"非'无善无恶'之说,并非'致良知'之说者俱不是。"盖不欲以虚无寂灭,令后学步趋无据,而于本领头脑之确不可易,则又未尝同世儒门庭之见,妄筑垣堑也。生平自读书讲学、立朝建白[1]外,惟不废书法。外此则产业不营,妾媵不畜,宴会不赴,饮奕不喜,即园亭花木之玩,亦不留意。四方从学至五千余人。论者谓:"关中自杨伯起、张横渠、吕泾野三先生后,惟先生一人。"信不诬云。

【注释】

[1]建白:提出建议或陈述主张。

敬初读《关中书院志》,见中间对联题咏,多淑远先生手笔,至当事助创书院牒县之檄，亦多冯、周并推，而《少墟先生集》中《语录》之行世者，又多属淑远先生之叙，窃以为：淑远先生，断属冯先生当时同志切砥之密友，而吾党典型后进之先觉也。而郡志所载，寥寥如是，奚以范围后进？凡求先生之官业著述于咸、长士友者五六度，又读《少墟集》，见诸先辈叙言题跋及先师称说，皆云从其门者五千人。以海内重学之日，而先生以名儒风动，积至数十年之久，且众至五千人，其中卓立实诣，当且不一而足。于是又转求诸西安诸士友者亦六七度，最后又问诸冯宅异姓字、历、履犹有留籍者，乃淑远先生之详，既终不可得，而少墟先生五千受业之士，亦究无一可考于纪籍与其乡人。

呜呼！以淑远之高风好学，其事业亦必卓荦可训者多；冯门五千人之尊师尚道，其中特达笃雅，当且不一而足。乃竟以西安都会之地，百年未遥之时，二年中求索询访之勤至七八度，而不惟其细行述作，杳乎莫详，即其生平大略与其姓名梗概，亦十不得二三焉。将非子孙之继述，关祖父之存亡，而乡国之学士大夫，其好德乐善之纪载勤替，亦即关前此贤人君子之湮留耶。敬于淑远先生、冯门受业之五千士，既重为之惜，而且为此百年中诸公之后嗣与同乡接迹学士大夫惜矣！然向使其中卓荦者皆德重道隆，真足示型千百代而不可磨灭，亦安在不传世而行远者？则甚矣！士君子欲砥德励行，而或一得自足，半涂而止，精光不足以照当时而射来兹，皆自求速朽者矣。又可无鉴哉！又可无鉴哉！今独于《通志》得三原党还醇，于同州得白希彩，于先生《文集》得刘波三人焉。

魏按：王心敬此两段按语，见存于王心敬《关学汇编》之《少墟冯先生》后。然沣西草堂本《关学编》所无，盖柏景伟重订时所删也，而陈校本《关学编》依柏刻本，亦未加补入。窃以为，此关乎少墟学侣讲友及门人补亡，故补录之。

附：（魏按：此下四人传，为王心敬补入。）

周传诵，字淑远，西安左卫人。万历中进士。官至湖广左布政。时楚有税珰，虐焰鸱张，分巡佥宪以劾珰下狱，公力抗其锋，江、汉之民赖以少安，楚人肖像祀焉。晚乃告终养归，与冯少墟先生讲学关中书院。所著有《西游漫言草》。

党还醇，字子真，三原人。天启乙丑（1625）进士。授休宁令，抚字勤劳，补保定，调繁辰乡，吏畏民怀，循声藉甚。属有震邻之恐，早夜登陴，城破，遂不屈而死，署中妾、媵、仆从死者凡十二人。事闻，特加优恤，予祭葬。还醇尝受学冯少墟先生门,比其死也,士林以为杀身成仁,不愧其师云。

白希彩,同州人。性孝友而志向上。自受业少墟先生门,归联同志,以闻诸师者切磨之,为同州学会之先觉。

刘波,字澄源,陇州人。以明经授盩厔训导,有学有行,日与诸生以得之师者讲论不辍。或以时方忌讲学之风,有劝非其时者,澄源曰:"学之不讲,吾夫子且为忧。即如训导一席,是师席以讲为职者也,以讲为职而怠于讲,其如职分何?吾以尽吾训导之职耳,他何计焉?"诸生益信从之。

○略论少墟讲友及门下弟子

魏按:周淑远为少墟讲友,党还醇、白希彩、刘波为少墟门下。王心敬已于此略述矣。后李元春补入无知温先生、居白张先生,亦少墟讲友也,而廉夫赵先生、子宽盛先生、季泰杨先生,亦少墟门下士也,故附其传于后。而鸡山张先生,为少墟讲友,丰川、桐阁亦各有传,并附下,以见少墟学门下概略。

又按:民国时期,川人张骥作《关学宗传》,于少墟门下复补入富平李晖天(李因笃父)、韩城高泰吾、高陵吴崐毓、蒲城王仁苍、华阴刘中白、韩城晋德明、华州张本德、西安朱子节、华阴王虞卿、安定史星灿、泾阳杨凤阁、临潼周祚永、长安祝万龄、三原焦涵一、三原乔维岳、三原房秉中十六人,并上党还醇、白希彩、刘波、廉夫赵先生、子宽盛先生、季泰杨先生六人,合计二十三人,略得少墟门下传承概略。可谓为少墟补亡矣!

无知温先生予知 弟曰知附① 　　(〔清〕李元春续)

先生名予知,恭毅公[1]长子。方就外傅,所受书辄诵,暇即整襟坐,不作群儿嬉。既长,颛精经义,务学益力。案头恒置程、朱语录。时冯恭定家居讲学,与交最密,延之上座,以疑义相质。

【注释】

[1]恭毅公:即温纯。

先生性俭约,居恒布衣粗砺,晏如也。不喜见要人,间出,乘款段[1],世目为"清公子",以恩荫进南雍,壹遵国学科条,铢寸不敢违,大司成目送之曰:

---

① 底本无"予知"二字,据目录补入。"无知温先生"后原有一"续"字,既已注明,删。

"何物温生,迈迹乃尔?"匿身萧寺中,人莫可踪迹。独执经问字于焦太①史竑,欣然有会。其功以克己毋自欺为鹄,不欲骛于高远清虚。恭毅公建石渠,筑学宫,修城施粥,为德于乡,予知赞成居多。疾革,执两弟手曰:"《语》云'朝闻道,夕死可矣',于道幸非无闻,死矣奚憾!"言讫逝。以子树琼官,赠户部郎中,崇祀正学书院、郡县贤祠。

【注释】

[1]款段:指马行迟缓貌,借指马。这里喻指普通的生活。

仲弟曰知,字与恕,万历乙卯(1615)举人。生有异质,潜心坟典,名曰以起。性至孝,事母夫人惟谨,少有过,即长跪受教。出入里闬[1],遇先生,则执子弟礼。论文必化臭腐为神奇,来方伯复[2]、文光禄翔凤[3]皆重之。著有《屿浮阁诗文集》《帖括研几》等书。

【注释】

[1]里闬:指里门。代指乡里。

[2]来方伯复:即来复,字阳伯,三原(今陕西三原)人。万历四十四年(1616)进士,官布政使,备兵扬州。性通慧,诗文、书、画皆精。山水穷诸家微妙,格力俱胜。琴、棋、剑器及百工技艺无不通晓。

[3]文光禄翔凤:指文太清。

居白张先生国祥②　　([清]李元春续)

先生名国祥,字百③善,临潼人。万历(1573—1619)中进士。以理学自任,由大行历官礼垣、户垣[1],与杨、左[2]诸人,锐意倾否,每一谏章出,天下传之。生平不迩声伎,丧葬不用佛事,冯恭定公尝称为"名儒"。没,沈自彰[3]表之曰"理学名臣居白先生"云。

---

① "太",道光蒙刻本作"大"。

② 底本无"国祥"二字,据底本目录补入。"居白张先生"后原有一"续"字,既已注明,删。

③ "百",蒙刻本作"伯"。

【注释】

[1]礼垣、户垣:指礼部、户部。

[2]杨、左:指明末杨涟与左光斗的并称。杨涟与左光斗劾魏忠贤,两人同被诬陷入狱。

[3]沈自彰,生卒不详。字芳杨,大兴(今北京)人。万历中进士,知凤翔府。万历四十五年(1617),编纂刊印《张子全书》,重修张载祠于凤翔城内东街。又多方设法,查知张载十四代孙下落后,将其从河北滦县邀凤翔,使其主持横渠书院,并拨银一千两,于凤翔、眉县置庄田,以安置张载后裔,并作张载祠享之用。他好读书讲学,与凤翔名儒张鸡山友善,访问讲论不辍。

廉夫赵先生应震① 〔〔清〕李元春续〕

先生名应震,肤施人。生而庄重沉默,少就傅,即勉强力学。每进讲,必究义理所在,乐语程、朱之学。阅《五经》《性理》诸书,知圣贤理蕴在此。师冯少墟先生,为及门第一弟子。主大和书院讲,比肩从游者,皆师事之。归里,读书清凉山寺,购书万卷,执经问字者盈门。

天性纯孝,事孀母,尽菽水欢[1]。箪瓢自适,不受馈遗。会母卒,严冬不履而跣。岁祲,贫益甚,弟子或供饘粥,终不屑,曰:"菜根滋味,正著述受用物。"手不释卷,日事讨辑。有《考礼》《正乐》诸书,《理学汇编》《四书五经会心编》。然未经大用,赍志[2]而殁,远迩痛悼之。后二十年,督学汪乔年[3]表其墓曰:"理学真儒赵公应震之墓。"

【注释】

[1]尽菽水欢:菽水,豆与水。指所食唯豆和水,形容生活清苦。尽菽水欢,亦简称"菽水"等,常指晚辈对长辈的供养。

[2]赍志:谓怀抱着志愿。

[3]汪乔年(1585—1642),字岁星,浙江严州府遂安县(今浙江省杭州市淳安县)人,东林党人。天启二年(1622)进士,授刑部主事。历任刑部、工部郎中,陕西按察使,青州知府,治行卓异,迁登莱兵备副使。以父丧归家守孝。崇祯十四年(1641)任右佥都御史,巡抚陕西。会师出讨李自成,崇祯十五年(1642)二月十七日,李自成陷襄城(今河南襄城县),汪乔年不屈而死。南明时,追赠兵部尚书,清乾隆朝,赐谥"忠烈"。

---

① 底本无"应震"二字,据底本目录补入。"廉夫赵先生"后原有一"续"字,既已注明,删。

鸡山张先生舜典① （〔清〕李元春续）

先生名舜典,字心②虞,凤翔县人。万历甲午(1594)举人。自诸生,潜心理学,受知督学许孚远。后游江南,复从许学,因遍交邹南皋、顾泾阳[1]、冯少墟诸先辈,数年始归。谒选署开州学正,与诸生朝夕讲论,皆朱、程语录,不以举业为先。尝叹曰:"误天下人才者,八股也。"

【注释】

[1]顾泾阳:即顾宪成(1550—1612),字叔时,号泾阳,江苏无锡人。因创办东林书院而被人尊称为"东林先生"。明代思想家,东林党领袖。在万历八年(1580)中进士后历任京官,授户部主事。万历十五年(1587),因为上疏申辩,被贬谪为桂阳州判官。万历二十一年(1593),任吏部文选司郎中,掌管官吏班秩迁升、改调等事务。万历二十二年(1594),朝廷会同推荐任内阁大学士,顾宪成提名的人,都是明神宗所厌恶的,从而更触怒了神宗,被削去官籍,革职回家。顾宪成回到家乡以后,同弟弟顾允成倡议维修东林书院,偕高攀龙等讲学其中,同时宣扬他的政治主张。万历三十二年(1604)农历十月,顾宪成会同顾允成、高攀龙、安希范、刘元珍、钱一本、薛敷教、叶茂才(时称"东林八君子")等人,发起东林大会,制定《东林会约》。顾宪成等人在东林书院讲学之余,往往讽议朝政,逐渐聚合成一个政治集团——"东林党"。由于许多官员纷纷上疏推荐重新起用顾宪成,万历三十六年(1608),朝廷封顾宪成为南京光禄寺少卿,但是顾宪成没有接受任命,继续留在家乡从事讲学议政。万历四十年(1612),顾宪成于家中去世。天启初年,明熹宗赠顾宪成太常卿。后来东林党争爆发,被魏忠贤阉党削去封号。崇祯初年,顾宪成获得平反,赠吏部右侍郎,谥号端文。著作有《小心斋札记》《泾皋藏稿》《顾端文遗书》等。

升鄢陵令,尽心民事,细大必举。民间养生送死之具,皆备储之,以贷贫乏。时承平日久,先生制军器若干,皆精好,藏之库。人或讶之,先生曰:"行当有用。"去任后,边事急,州县急军器,以所贮应之,精利为他邑冠。(魏按:先见之明,真如范洛。)创宏仁书院,与诸生讲学,置经史数千卷。为令五年,鄢民戴若父母。

升彰德府同知,致仕。诸生从游者,常数百人。天启(1621)改元,升兵部

---

① 底本无"舜典"字,据底本目录补入。"鸡山张先生"后原有一"续"字,既已注明,删。

② "心"字,蒙刻本为"必",误。

武选员外。上疏辞,不允,盖异数也。复上疏:"劝圣学,远宦寺。"时魏阉已用事,先生特指斥之。因有沽名条陈之旨,遂不出。著《明德录》《致曲言》及诗文藏于家。

魏按:张舜典(约1555—约1626),字心虞,凤翔(今陕西凤翔)人。许敬庵门人,冯从吾莫逆之友。其著作有《致曲言》《明德集》二种,后经李颙订正合梓行世,改题名为《鸡山语要》。是篇《鸡山张先生舜典》,为李元春所撰。另,王心敬《关学汇编》续补中亦有《鸡山张先生》一传,而后柏景伟整合王、李两人关学编续补,取王所撰《鸡山张先生》而删去李撰,陈校本《关学编》仍之。今观之,丰川所撰《鸡山张先生》为传甚详于李传,故随附于此,以备学者参考。

随附:
鸡山张先生　　([清]王心敬续)

先生名舜典,字心虞,凤翔府人。万历甲午(1594)孝廉,官终特授武选员外,学者称"鸡山先生"。自诸生即潜心理学,受知督学德清敬庵许公。敬庵,理学名儒也。先生既举于乡,乃自歉"斯理不明,世即我用,我将何以为用?"仍裹粮南从敬庵学,因交江右邹南皋、常州顾泾阳二先生,其他缘途明儒,往往造访,以资印证,遂洞见明德识仁之旨。数年归,则冯少墟先生以侍御告归,讲学长安,当事者为建关中书院。乃深与订交,时时商证道术离合异同之故,称莫逆焉。

盖少墟恪守伊川、晦庵矩矱,先生则学主明道,以为学圣人之学而不知以本体为工夫,最易蹈义袭支离之弊,与冯先生意见微别。然先生心重冯先生之规严矩方,而非同执咨意见;冯先生亦重先生之透体通彻,而不类剖藩决离。故自此,冯先生有述作,多先生为之序首焉。(魏按:少墟、鸡山,学问宗主虽有所不同,然相互推服切磋如是,非后世以学相訾者可比也!)谒选署开州学正,挺立师道,与诸生朝夕提究,四书、五经外,多濂、洛、关、闽之书。不以举业为先,或有以非急为言者,先生喟然曰:"误天下人才者,八股也。且八股,士自急之,学博何容以重误人才者督之误乎?况学者苟知圣学为急,即皋、夔事业,皆将黾勉企及,何有区区八股不加力造耶?"一时举以配安定苏湖之教[1]焉,当事者特疏荐授鄢陵令。先生则悉心民瘼,农桑教养无微不举,至民间养生丧死之具,皆备而贮之,以待贫乏。时承平日久,先生独制军器若干,皆令精坚,藏之库。或讶其故,先生曰:"行当有用。"去无几,边事急,果征军器于州县,他州县皆仓皇莫应,独鄢陵以预备故,不劳费而应命,精好又独为他邑冠,邑人始服先生之先识焉。

【注释】

[1]安定苏湖之教:胡瑗在苏湖的教育方法。安定,即胡瑗。

当先生之初至鄢也,即创弘仁书院,置经史数千卷,政暇辄与诸生讲切道德、经济要略,而要皆归于仁为己任之意,以满吾性之量。盖即本明道识仁之旨,而会万理于一源,故书院即以"弘仁"题名焉。为令五年,鄢士民戴若父母,以治最荐升彰德府同知。先生以佐贰于时事无可措手,而随俗则又心耻尸素[1],乃斩然告致仕归。

【注释】

[1]尸素:谓居位食禄而不尽职。

即家为塾,与有志士究极学旨,不问寒暑。时少墟先生尚居里第,学会益盛,而先生则主盟岐阳,而从游亦众,时有"东冯西张"之称,学者尊之,不敢轩轾焉。天启改元(1621),升兵部武选员外,先生抗疏力辞"奉旨张舜典前来供职郎官",得此盖异数也。然当是时,魏阉用事势浸,张先生耳闻心忧,遂复上疏,恳恳以"劝圣学,远宦寺"为言,意中盖指斥有在,遂犯阉党之忌,因又奉沽名条陈之旨,先生遂坚卧不出,惟日著书讲学为事。年七十三,以疾卒。

晚年所著有《明德集》《致曲言》二书。《明德集》发明"体用一源"之旨为悉,《致曲言》中间多发明"即工夫以全本体"之旨,而实发明"即本体为工夫"之旨。盖一生论学不执一成之见,入主出奴[1],而大旨则归重明道一脉。故其论教人,每即下学日用绳墨,而指示上达尽性命之脉络,不厌谆复也。至生平事功,独鄢陵五年,所学不究于用,识者惜之。更加从先生学者其人甚众,以西方风气之醇茂,兼先生提唱之肫恳[2],力行实践,应多其侣,而以地远代移,纪载无征,此亦文献之一憾也夫。

【注释】

[1]入主出奴:原意是崇信了一种学说,必然排斥另一种学说;把前者奉为主人,把后者当作奴仆。后比喻学术思想上的宗派主义。

[2]肫恳:诚厚恳挚。

子宽盛先生以弘① 　　（〔清〕李元春续）

先生名以弘,字子宽,潼关人。万历(1573—1621)中进士,选庶常,授检讨,人称"小翰林"。父讷,字敏叔,隆庆辛未(1571)进士,入词垣[1],称"大翰林"。（魏按:此段以下,是写乃父。）少从马文庄公[2]游,性仁孝,年十七,以父都尉德剿洛南盗死,誓不与贼俱生,叩请当道捕贼,俱擒之。历官吏侍。时议封倭,讷抗言:"倭不退而求款,非情,宜控要害,集兵粮,为自治计。"倭果复叛。讷文章尔雅,节操清正,主试最称得人。著有《玉堂日记》百余卷,《定敏轩集》八卷,卒,谥"文定"。

【注释】

[1]词垣:宋翰林学士院的别称。元以后常沿用此称翰林院,亦称词苑。
[2]马文庄公:即马自强。

子宽承家学,又尝问业冯恭定。既早发,历官国子监祭酒。神宗末,引疾归。光庙践阼[1],起吏部侍郎,慨然以鉴才为己任。核名实,抑躁竞,起用废弃诸贤,汲汲恐后。熹庙登极,充日讲官,敷陈经义,因事开导,能以至诚动人主。有奏奉天母教[2]进自鸣钟诸奇器者,一切屏斥,并置《帝鉴图说》讲筵,以资法戒。是时,魏珰窃政,朝绅脂韦[3]趋附致鼎铉[4]。弘正色自立,故不得以阁员用,晋礼部尚书。归里,忧郁,卒。

【注释】

[1]践阼:走上阼阶主位;即位,登基。
[2]天母教:奉祀妈祖为神的宗教。
[3]脂韦:脂,油脂;韦,熟牛皮。战国屈原被流放后曾问自己:是廉洁正直出污泥而不染呢？还是像柔软的油脂和熟牛皮那样圆滑来待人处世呢？后用来形容处世圆滑阿谀。
[4]鼎铉:铉,鼎耳,以代鼎。鼎三足,有三公之象,故以喻宰辅重臣。

---

① 底本无"以弘"二字,据底本目录补入。"子宽盛先生"后原有一"续"字,既已注明,删。

弘性孝友,有休休之度[1],尤严取与,一介不苟。两世宗伯[2],卒之日,家无长物,人咸称之。著《凤手馆贴》四卷,《紫气亭集》十二卷,《中正学》《曲学》《真儒伪儒辨》,实有补于道统。

【注释】

[1]休休之度:指宽容大度。《尚书·秦誓》:"其心休休焉,其如有容。"

[2]两世宗伯:指盛讷、盛子宽父子两代为官。

季泰杨先生复亨① （〔清〕李元春续）

先生名复亨,咸宁庄敏公鼎[1]之后。天启癸酉(1633)举人。生而严重,不知嬉戏。年十一,辄向慕古人,初见冯恭定,言志,书"不愧屋漏,行所无事"以对。年五十四,授长治谕②,迁昌乐令。自矢曰:"一不剥民肥己,二不绥德尚刑,三不狥情枉法。"及署益都,尤注念"与民休息"四字。在昌乐,革去助解银,民间岁省银二千余金。强寇万余压境,家人惊恐,先生曰:"我朝廷官③,当以身殉社稷。"即登城守御。素性刚方,缙绅有不悦者,以大计中伤,谢政就道。而逆闯破长安,遂侨居泽潞,与同志讲学,三晋之士,翕然从之。丁亥(1647),归里遁迹。著书有《念祖录》一卷,《贯珠讲》四卷,《语对》一卷。编纂有《尚友录》《就正录》《书绅篇》数十卷。

【注释】

[1]庄敏公鼎:即杨鼎(1408—1485),字宗器,陕西咸宁(今西安)人,正统四年(1439)进士,授翰林编修。卒,赠太子太保,谥庄敏。著有《助费稿》二十卷。

○附记:王心敬《关学汇编》中桐阁续编所未及诸关学人物

魏按:因闻见所知、学问所主不同,王心敬《关学编》所续明代关学人物与李元春不同。除上冯少墟、张鸡山二人传记王、李二本各有所撰外,王心敬尚为泾阳张鑑、朝邑马二岑、泾阳王徵、蒲城单允昌、允蕃兄弟、蒲城王侣五人作传(允蕃、王侣传附于单允昌传

---

① 底本无"复亨"二字,据底本目录补入。"季泰杨先生"后原有一"续"字,既已注明,删。

② "谕",原作"论",据柏刻本改。王校本以为,明县属官名涉"谕"字者唯"教谕",因疑脱一"教"字,又误"谕"为"论",所言有理。

③ "官",蒙刻本作"宜",误。

中)。此五人传,柏景伟沣西草堂本《关学编》本亦采入。由此可见其所续明代关学人物。兹附录于是,以见明代关学干城及王、李二人所见不同。

湛川张先生鑑① ([清]王心敬续)

先生名鑑,字孔昭,别号湛川,世泾阳人。甫垂髫,举止言笑即不苟。年十四,随叔父文学朝宰读书甘州,即知攻苦。十七,出应童子试。督学楚侗耿公[1],理学名儒也,奇其牍,谓"雅正湛于名理",取入甘学第一。越岁癸亥(1563),抚军戴公闻其名,辟馆礼致。时则精研《易》理,著有《易占发蒙说略》行世。隆庆改元(1567),以恩贡肄业成均。助教郭公郛,宿学粹品也,命其子九里、九有相从受业,尝语人曰:"对张君如对尸祝,不敢萌邪念。吾且奉之为师,独二子云乎哉?"监满归,应乡试,不售。迎叔父朝宝柩于白水镇,出赀树其孽子,以延后嗣,乡里义之。乙丑(1565),馆于耀州通政乔公因阜[2]家,得尽读三石小邱山房藏书。著有《历代事实》《荒歌》行世。

【注释】

[1]楚侗耿公:即耿定向。
[2]耀州通政乔公因阜:即乔因阜,耀州乔世宁(1503—1563)之子,隆庆二年(戊辰,1568)进士,官至南京通政使,浙江督学道。著有《远志堂集》十三卷。

己卯(1579),入都谒选,授赵城令。祷雨立应,捍汾水狂澜。他善政种种,前后荐剡[1]屡上,业署卓异。而赠公忽捐馆[2]矣,先生扶柩归里,丧葬一遵典礼,戒荤酒,绝宴会,不近内室者三年。服阕,补定兴令。定兴,九省通涂,间阎[3]病于供应。先生设法办济,民以安枕。甫逾岁,连丁王母、母李宜人忧。先生居两丧,一如赠公。己丑(1589),襄事毕,创建先祠,群诸弟子讲学其中。辛卯(1591),复入京,补令迁安。滦水经城外,木筏例十取一,先生独二十抽一。他洁身裕民,教士禁奸,无不出诸邑上。时大仓王公秉政,闻其治行,欲借为荐剡光,乃奏并征天下三途贤,令为台谏,天子允焉。

【注释】

[1]荐剡:推荐人的文书。
[2]捐馆:死的委婉说法,"捐"指放弃,"馆"指官邸,字面上来说,就是放弃了自己的

---

① "鑑"字底本无,为标题统一起见,据本传内容补入。

官邸,一般是指官员的去世。后遂以"捐馆"为死亡的婉辞。亦省作"捐舍"。

[3]闾阎:原指古代里巷内外的门,后泛指平民老百姓。

先生业登咨单,而晋抚宁陵吕公坤[1]特疏请:"岢岚边疆要地,残敝日甚,非得循良如张某者治之不可。"遂擢岢岚令。迁安民赴都恳留,不报。先生单车赴任,首审其重累十一款,上状请除之,民气为之顿苏。次年,乃捐俸买耕牛,招徕逃户,归业者八百五十户。州水,旧资东门外一河,每遇寇警,则皇皇虞渴死,乃命工凿石成井;州煤炭,旧取诸二百里外,先生乃亲行相土至霸王山,视石色红鯊,檄窑户就凿,竟得煤料。州磁器,旧来自义唐桥,远距八百里,先生念煤出则陶可成,乃亲相山间,指土绀润地使陶,陶成,且为邻郡资;州民旧不能布,乃为置机杼,招男女教师给饩器,使教习,不三年,民皆余布,且可转售充赋税。于是,岢岚荒僻瘠困之区焕然改色,而颂声洋溢远迩矣。至如请纳本色以便军民,开太原西北谷别径三十里,免行者淹坠之患,皆先生"视民如伤"大政,他小者指不胜屈也。丙申①(1596),督御史魏公允贞[2]久欲大示激扬,乃檄全省守令集都台,署先生三晋循良第一,手醑[3]爵三饮之。

【注释】

[1]宁陵吕公坤:即吕坤(1536—1618),字叔简,一字心吾、新吾,自号抱独居士,明代归德府宁陵(今河南商丘宁陵县)人,明朝文学家、思想家。为人刚正不阿,为政清廉,与沈鲤、郭正域被誉为明万历年间天下"三大贤"。主要著作有《实政录》《夜气铭》《招良心诗》等,亦有《去伪斋集》等十余种,内容涉及政治、经济、刑法、军事、水利、教育、音韵、医学等各个方面。

[2]魏公允贞:魏允贞(1542—1606),字懋忠,号见泉,明大名府南乐县(今河南南乐)人。万历五年(1577)进士,与其弟允中、允孚(均为进士)并称为"南乐三魏"。历任许州判官、右通政、右金都御史、山西巡抚、兵部右侍郎等职。卒,谥"介肃"。

[3]醑:音 xǔ,古代用器物漉酒,去糟取清叫醑。

丁酉(1597),升太原同知,督偏头关军饷。遇岁大饥,悉心调剂,六军欢胜,而六年中且为国省冗费二万有奇。以暇又创制各色战车、护城悬楼、翻车、易弩等器,皆巧思独运,总督萧公大亨[1]使造式布诸诸边焉。癸卯

---

① 底本为"丙辰",误,当为"丙申",径改。

(1603),以劳疾决意告归,诸台不能留,乃上其绩于朝,遂加河东盐运司运同旌之。检囊仅数十金。药饵之余,与亲故及门辈论性命之学不辍。越再岁,乙巳(1605),年六十卒。

【注释】

[1]萧公大亨:即萧大亨(1532—1612),字夏卿,号岳峰,山东泰安州(今山东新泰)人,明朝后期重臣、政治家、军事家。嘉靖四十一年(1562)进士,初授榆次知县,累迁户部郎中,历任布政使、按察使。后巡抚宁夏、宣府,晋升为兵部侍郎,转右都御史,总督宣府、大同、山西三镇。召入京,晋少保兼太子太保,历任兵部、刑部尚书。致仕后卒于家,入祀乡贤祠。著有《今古文钞》《文章正宗》《岳峰萧公奏议》《家训》《夷俗记》等。

先生好学深思,诗、古文、词皆成家。然所深嗜者关、洛之学,而初不执宗旨为谈柄。尝以为圣学关键要在此心不自欺,吾辈但从行事起念时一一点检无愧,便是圣贤入路,若徒事语言而自欺不除,君子耻之。故生平不多著书。在家,则日用伦常,事事求慊[1]于心;历官所至,则念念切于民生国计,利不兴不已,害不除不已。以故官虽不逾五品,而功绩则卓乎古循良之遗徽[2]也。

【注释】

[1]慊:满足,诚意自足。
[2]遗徽:死者生前的美好德行。

殁之日,富平冢宰丕扬孙公[1],一代名臣也,议以"贞惠"私易其名。盖谓先生一生,不特洁己慎独之守正而且固,亲亲仁民之意挚而能弘,克合"贞惠"之旨。即如未冠,馆戴中丞署时,拒都护某五百金居间之求,却王大将军以爱女委禽[2]之议,当草茅[3]矢志之日,贞白[4]之操,已可对天日而孚乡邦。至督饷偏关时,昭雪营将陈某之被诬,奢服[5]税珰孙朝之积横。五任中,平反大辟,如杜九子、李冲霄等四十七事。有方面大吏之所赡顾依违而不敢直行其意者,先生皆从不忍一念,断而行之。易名"贞惠",夫奚惭焉!独以官卑未邀太常之褒,此士林不能已于三代之直也。生平道谊切摩,则秦关王公、石谷张公[6]、近山王公诸君子;而如及门王端节公徵[7],诲诱于童穉之年,后卒奉其心传,屹为一代伟人云。(魏按:王徵为张鑑外甥。少墟之学,与其外祖不无渊源;端节所学,与其舅父不无所自。)

【注释】

[1]丕扬孙公：即孙丕扬(1531—1614)，朝著名大臣，陕西富平县流曲镇南街人。明嘉靖三十五年(1556)进士，历任应天府尹、南京都察院右佥都御史、大理寺卿、户部右侍郎；诏拜刑部尚书、吏部尚书，太子太保等职。万历四十年(1612)挂冠出都，居家二年卒。赠太保，谥恭介。曾著《应时草》《巡按约束》《论学篇》等，其所编撰的《富平县志》为明代陕西八部名志之一，史称"孙《志》"。

[2]委禽：即纳采。古代结婚礼仪中(即"六礼")，除纳征礼外，其他五礼，男方都要向女方送上雁作为赞礼，所以称纳采为委禽。

[3]草茅：本意指杂草，引申为在野未出仕的人、平民。

[4]贞白：守正清白。

[5]詟服：詟，音 zhé，谓使之畏惧服从。

[6]石谷张公：指张节。传见本书《愧轩吕先生潜》。

[7]王端节公徵：即王徵，传见本书《端节王先生徵》。

二岑马先生嗣煜① （[清]王心敬续）

先生名嗣煜，字符昭。二岑，其自号也，同州人。父朴，历官洱海道副使，能文章。先生幼承庭训，弱冠即以古学自任。后感悟，信向理学，一以洛、闽为宗，戒空谈，敦实行。以选贡谒选山东济南府通判，清衙蠹，屏巨猾，一切馈遗俱绝。政暇，即与诸生有志者讲明学术。朔望[1]宣讲乡约，诲谕反复，尤谆复于忠孝节义之防，士民蒸蒸向风。

【注释】

[1]朔望：朔，是农历每月的初一。望，是农历每月十五。

会郡有叛兵之衅，武定州缺守，当事者委先生摄事，先生不辞而赴。至则悉力捍御，州赖以全，然贼炽，未受招也。未几，新守至，先生将去，士民遮道恳留，以为寇将再至，非得别驾威略镇捍之，将奈百姓何？因拥舆号泣，不听行。先生恻然，乃留与新守分城而守。贼至，则昼夜攻城，城且破，或劝先生易服而逃，先生瞪目曰："若等可去，我死此矣。"城破，贼重先生名，逼使降，先

---

① "嗣煜"二字底本无，为标题统一起见，据本传内容补入。

生大骂之,贼遂杀而投诸火。事闻,赠太仆少卿。

君子谓先生此时已无武定之责,本可以去,独以不忍负百姓之留,遂身殉而不悔,古之杀身成仁盖如是,而平日之讲学真不徒空谈也。

子稑土,敦庞向正学,从事李二曲,附载二曲门人之列云。

端节王先生徵 子永春附① 〔[清]王心敬续〕

先生名徵,字良甫,既第后,自号葵心,晚乃自号了一。卒之归于致命遂志,故殁而士林谥以端节,至今称"端节先生"焉。西安府泾阳人。生而器宇英迈。七岁从张湛川学,即言动不苟,文艺骏发。十六入庠,廿四举于乡,即自誓以天下为己任,因自号葵心。识者已知先生之志所在矣。困公车者三十年,孝事两亲,余惟讲学著书为事。芒履蔬食,一字不以干公府。母素多疾,百计医不愈。徒跣耀州,十武一叩,祷医宗孙真人洞,向夜望斗,膜拜百数,以祈增算。一时士大夫闻之艳羡曰:"良甫事亲如是,他日事君鞠躬尽瘁,当生死以之矣!"

年五十二,乃登天启壬戌(1622)榜进士。当是时也,明之季叶,盗贼、饥荒,海以内连绵不绝。先生自未第时,即蒿目而忧,讲经时济变之略,于凡兵阵、城守、积贮、制器之宜,无不究极其要。故初任广平司李,即赞守饬武备,演武侯八阵以御盗。他如辨白莲教之诬服,全活以数百千计;修整清河之水闸,溉石田以千顷计;筑成安之河坝,拯数邑之昏垫,不啻百十万。皆其救灾捍患大目。余丹笔明冤,难指数也。甫一年,丁母忧,柴毁骨立,不饮酒食肉、近寝室者,逾三年。服阕,再补广陵。值魏珰扇虐构"黄山"一狱,蔓引不可胜数。先生独矢天自誓曰:"司李,郡执法也。倘以平反斥去,是固所愿。废朝廷法,为己身功罪计,获罪于天,孰甚焉,死不敢为也!"一时默全为多。及珰祠之议兴,白下淮扬,累累相属,部使者以下竭蹶恐后,先生独与淮扬道阳伯来公[1]屹立不往,一时有"关西二劲"之称。盖来公三原人,与先生皆关西人也。甫一年,又以丁父艰去。计两任司李,实历官仅年余耳。先生设施固百不暨一,而胆略之弘伟,已声满绅间矣。服尚未阕,会登、莱叛将刘兴治据岛为乱,抚军孙公初阳[2]素悉先生干略,特疏起升山东登、莱兵备佥事,监辽东军务。先生固乞终制,不得请,则亲赴阙自恳,卒不允。奉特旨令与孙抚经营

---

① "徵 子永春附"五字,底本无,为标题统一起见,据本传内容补入。

岛事,及图恢复金、复、海、盖诸道。先生单车赴任,至则与孙抚惨淡经营。未几,叛将授首,恢复诸务,骎骎有绪[3]矣。而孔、李二叛将复自吴桥激变,贼党家属在内,外内势合而城遂陷。先生乃以舻艎航海归命,廷尉朝议,量其非辜,特赦归里。

【注释】

[1]阳伯来公:即来复,字阳伯,三原(今陕西三原)人。万历四十四年(1616)进士。

[2]孙公初阳:即孙元化(1581—1632),字初阳,号火东,上海川沙县高桥镇人,天启间举人。西洋火炮专家,从徐光启学西洋火器法,孙承宗荐为兵部司务,在边筑台制炮,进兵部职方主事。崇祯初,为职方郎中,三年以右佥都御史巡抚登、莱。崇祯五年(1632)因叛将孔有德攻陷登州,后孔有德在登州携带大量红夷火炮和炮手渡海投降后金,使后金有了火器攻城能力,孙元化因此被斩首于北京菜市口。著有《经武主编》等。

[3]骎骎:音qīn,形容马跑得很快的样子。比喻事业进展得很快。

是时,海内盗贼益众,而荒旱益甚。先生明见时事,知将益棘,于是筑室于园,严事天之课。立心则必以"尽性至命"为归,曰:"学不至此,则不可以对天。"讲学则皆拯溺救焚之务,曰:"学不至此,则言不得体天。"于救荒也,则以身倡,纠"仁社"赈之,一民饥如己之饥。于御盗也,则筑城浚隍,倡乡人固守。又筹辅车相依之势,约合三原令君公议救援战守之宜,复创为连弩、活桥、自飞炮诸奇器,以出奇制胜,卒之二邑俱赖以全。厥后,兵部尚书张公缙彦[1]志先生墓,谓"三原严邑而贼不敢犯者,皆先生之力"。盖是时张公令三原,本从先生受方略以保境,盖知之最详云。

【注释】

[1]张公缙彦:即张缙彦(1600—1672),字濂源,号坦公,又号外方子,别号大隐,河南新乡人,明末清初大臣,明兵部尚书,后降清。张缙彦任陕西省延安府清间县令时,该县已为李自成的农民军领地。张为保全明廷县署,向农民军宣扬忠义之道,使2000余名农民解甲归田。张调任三原县令后,又率乡旅镇压农民军,从农民军中抢出翰林程正揆之子。由于张缙彦效忠明王朝,镇压农民军有功,先后任户部主事、翰林院检讨、兵部给事中、侍郎、尚书等职。

既而逆闯攻关。先生自矢以死报国,遂更号了一道人。"了一"者,犹之

"葵心"之旨,而杀身成仁之志遂决于此矣。及逆闯至长安,果罗致缙绅大夫。先生乃手题墓石曰:"明进士了一道人王某之墓。"又书"全忠全孝"四大字付其子永春,曰:"吾且死,尚何名？要使女曹[1]识吾志耳！"越数日,贼果指名使使促行,先生引佩刀自誓。令邑者素重先生,乃縶子永春以行。先生送而慰之曰:"儿代我死,死孝;我自矢死,死忠。吾父子得以忠孝死,甘如饴也,尚何憾哉！"及永春既行,先生曰:"此行纵使贼听我,终不可苟生贼手。"从此遂绝粒不食。家人泣进匕箸不御,进药饵不御,阅七日捐馆舍。维时张公炳璇[2]以至戚视含殓,目见先生脱然委蜕,金色浮满大宅。尝语人曰:"先生属纩[3]时,独把予手,诵所谓'忧国思君',语甫毕而翛然逝去,一语绝不及他。但见其颜色如生。"

【注释】

[1]女曹:汝曹,尔等,你们。

[2]张公炳璇:即张炳璇(1587—1661),字仪昭,王徵表弟,号瓠庵。泾阳县温丰乡管村里(今泾阳县安吴镇窝子张)人。崇祯初贡生,举贤良正。崇祯十年(1637),被举荐为河北满城知县,其时大灾,设法赈救,全活灾民以万计。以法绳奸,以仁惠民,以文育士,以勤而有节课农商工贾,二年而俗淳化美,邑称大治。但时局动荡,本人又清介不群,遂解组归田。博古通今,长于词赋,有《瓠庵集》二十卷。王徵的墓志铭即为张炳璇所写。

[3]属纩:谓用新绵置于临死者鼻前,察其是否断气。代指临终。

噫！先生三十年勤事天之学,刻刻念念以畏天爱人为心,至是复以忠愤尽节。君子虽不语怪,要必有不死者存,远拟夷、齐,近媲文、谢[1],夫何议焉！顾未知文、谢当就义时,其气象从容,视此何如耳？呜呼！杀身成仁,从容就义,于先生备见矣。

【注释】

[1]文、谢:文,指文天祥;谢,指谢枋得。文天祥被元军逮捕后坚贞不屈,三年后被杀;谢枋得在宋亡后不事元朝,绝食而死。谢枋得(1226—1289),字君直,号叠山,江西省弋阳县周潭乡人,与文天祥同科中进士。在中国历史上,和民族英雄文天祥并誉为爱国主义的"二山"。志节耿耿,贫贱不移,坚贞不屈。南宋末年,不惜倾家荡产,聚集民间义军抗击外侮。南宋灭亡后,守怀抱节,严词拒绝元朝高官厚禄利诱。1289年4月,在被关押的元朝大都悯忠寺绝食殉国。

先生所著有《学庸解》《两理略》《士约》《兵约》《了心丹》《百字解》《历代发蒙辨道说》诸书,皆传于世。门人私谥曰"端节"。而海内深知先生者,则犹谓是特就致命遂志一节名先生耳,其实与先生生平之大志弘学未之尽云。

子永春,性至孝。当逆闯之变,威逼缙绅入谒,先生以死自誓。永春乃告邑令,愿身代父行。及行,而先生卒七日不食以死,永春亦卒无恙以归,俱如先生"父忠子孝"之旨,君子以为天伦之难事焉。永春事,备载《陕西通志》。(魏按:父忠子孝,大义凛然。何德斤斤于事天之学,而不以先生入关学!)

魏按:王徵(1571—1644),字良甫,号葵心,又号了一道人,陕西泾阳人。性聪颖,七岁从里儒张鑑游。少年受父师之训,遂有经世之志,专一好作古今所不经见、奇巧之器具,中国人最早习拉丁文者,陕西最早的天主教徒。所著《远西奇器图说录最》,为我国最先引进西方数学、力学及机械技术的一本图文并茂、内容新颖的重要著作。其著作还有《诸器图说》《忠统目录》《两理略》等制器之书。《陕西通志》《泾阳县志》有王徵传,又有清代张缙彦《明山东按察司佥事监辽海军务王公墓志铭》。另有陈垣《泾阳王徵传》(载《陈垣学术论文集》第一集,中华书局,1980年,227—231页)、宋伯胤《明泾阳王徵先生年谱》(陕西师范大学出版社,1990年)等,可了解其生平思想大略。

元洲单先生允昌 弟允蕃、仲襄王氏附① 〔清〕王心敬续

先生名允昌,字发之,元洲,其号也,家世蒲城人。父可大,号一山,以孝廉守苏州。子二,长即先生,次允蕃。一山庭训,素严而正,先生则尤生而慷慨,敦大节,自少读史传,即慕文文山、谢叠山之为人。万历戊午(1618),以麟经[1]魁乡榜。家居,与弟允蕃及友人王化泰[2]辈,立会讲学于静外园,从之游者甚众。其论学不专一家大旨,要归于尽性至命,而尤谆切于忠孝廉耻之防。时则国事浸非,迨启、祯间,盗贼旱荒,日奄延不可为。先生蒿目怆心,每与同志言及,辄抚膺浩叹,或至泪下,遂不复以进取为急,而悉心经世之务,间注释经书以发其胸中所自得。

【注释】

[1] 麟经:《春秋经》别称。相传孔子修《春秋》,绝笔于获麟,后遂把《春秋》称为《麟

---

① 底本标题为"元洲单先生兄弟",为标题统一起见,据本传内容改。

经》。

[2]王化泰,生卒不详。字省庵,明末清初蒲城人。性方严峭直,崇尚气节,与同乡单允昌经常研讨忠孝性命之学。明亡,单以不剃发殉国,王即隐身于医。年七十,不远数百里到盩厔访李二曲,自称弟子,求质所学。著有《迪吉录》《伪学禁》。

迨崇祯癸未(1643),逆闯陷关中,威逼缙绅从逆,先生乃遁迹深山,既而终殉志以死。当其未死也,亲知百方劝解,以位非大臣,奚为至此?先生号恸曰:"父子兄弟受国养士之恩,独惧贻累宗族,不敢为文、谢'二山'之为,更若觊觎偷生,何面目立于人间?又将来何以见吾父地下欤?"卒之决于殉志,时年五十有二。

盖先生赋性既烈,又其家庭父子兄弟及数十年朋友所讲切,于君亲大义见之最明,恒以得尚友古忠烈士为幸,故杀身成仁,无一毫沾濡意。呜呼,烈哉!同时从先生讲学,继先生挂冠长往者,盖十有二人,则先生道义之熏陶感格,亦盛矣哉!先生生平所著《春秋传瘖言》《四书说》皆梓行,余稿多毁于兵。至所传《诀友二语》则慷慨深切,闻者无不为之堕泪云。

弟允蕃,字茂之,崇祯壬午(1642)举人。与兄同志正学,互相激发,邑人有"二难"之目。癸未(1643)之后,负衲远游,竟不知所之。盖与其兄虽生死不同,要之同归于自靖其心,以不负其生平。呜呼,其雪庵、补锅[1]之流风余韵欤!殆与先生皆实以身讲,而不徒以口讲者也。所著有《学统堉篚集》《就古斋文集》,并诗稿藏于家。士林谓:"单氏四世七孝廉不为难,而如其兄弟同学亦复同节,则吾道之光而天伦之盛事云。"惜乎!从先生挂冠长往之十二人者,姓氏皆不传,独同邑王侣,与同讲习之化泰王公,其生平略可考焉。

【注释】

[1]雪庵、补锅:雪庵和尚和补锅匠。雪庵即叶希贤(?—1402),号雪庵,又名云,浙江承宣布政使司处州府松阳县(今浙江省遂昌县西屏镇)人。明洪武年间举贤良,任监察御史。曾上书明惠帝要求惩治李景隆死罪,后不得批准。建文四年(1402)六月,"靖难"兵起,奔逃中散失,家人疑其已死,以衣冠发丧葬。然希贤已抵蜀,隐姓埋名,削发为僧,号雪庵和尚,在重庆松柏滩建观音寺,朝夕诵经。时有隐者为补锅匠,二人结为友。常饮酒对歌,歌罢而哭,众人莫测其意。终时年逾百岁,告其徒曰:"我浙江松阳怀德里人也。"万历初年,有圣旨恤录,以表彰其孤忠大节。

敬按：单元洲先生，盖四十年前，闻诸其乡丕闾宁君诵其《诀友二语》，兼他友之传述，心重其志远而行烈，谨识之。然亦独得其为明孝廉，讲理学以身殉国之变。而名字与其述作，则莫之详也。今乃五托士友，询先生之志传、述作，与十二人姓字，仅得先生之略于邑志小传，并其杂著数篇，及其弟允蕃梗概。窃以为，即此可窥先生兄弟之风烈学术，并一时切摩之懿徽[1]。纵是十二人者名莫传，而要其精神，俱足与西山之饿夫[2]同列尔。（魏按：王心敬此一段按语，为光绪柏刻本所无，当是柏景伟、贺瑞麟、刘古愚重刻时所删去者也。陈校本以光绪柏刻本为底本，故亦失之。今据王心敬所著《关学汇编》清嘉庆七年（1802）周元鼎增修本补入。）

【注释】
[1]懿徽：美好的典范，道德的楷模。
[2]西山之饿夫：传说周武王灭商后，伯夷、叔齐逃到首阳山，不食周粟而死。后用"西山饿夫"指伯夷、叔齐。

附：

王侣，字仲襄，号再复，蒲城人。生而气禀清明。六岁入家塾，即静重如成人。年十六，便闭户诵读，自矢以七年为期，常昼夜攻苦，父兄以为勤习举子业也，乃其所研究者，则《五经》《性理》《传习录》等书。久之，倍于《太极图》有深契。尝谓："太极只是诚，先天消息，人能确认得一个太极，则天下无复余事。彼古今贤智，一行之长辄自矜炫者，只是不曾确认得一个太极尔。"未及七年，竟以积劳成疾，力疾赴试，成诸生，而疾遂不可起矣。临殁，神气不乱，盖年仅二十三云。后其父发箧，得《语录》五册，皆从濂、洛诸集中切身体验者语也。同邑单元洲先生深悼惜之，每以为使再复得长年，当必深有所诣。而享年不永，天心之无意于关学也夫？

卷五

清

复斋王先生建常① 关中俊、郭穉仲附　　（〔清〕李元春续）

先生初名建侯，后改建常，字仲复，号复斋，朝邑人。明发"梃②击案"，赠刑侍之寀从子。父之宠，镇抚散官，生先生十岁见背[1]。三岁已失母，事继母以孝闻。年二十，为诸生，学使汪乔年岁试取第一，食饩[2]。三十时，乃弃去，锐意圣学，闭户读书，凡六经子史，濂、洛、关、闽之书，无不详究。家贫，常不举火，而泰然自得，造次必于礼。吴县顾宁人[3]寓华下，慕之，数以疑义相质。富平李子德因笃[4]、华阴王山史宏撰[5]，数称其名于当道，作书责之。学使许孙荃[6]造庐，持金币为寿，不受；赠以诗请和，亦不答，题其门曰"真隐"。同里张让伯柟，成进士，始受业为弟子。

【注释】

[1]见背：谓父母或长辈去世。

[2]食饩：饩，音 xì。指明清时经考试取得廪生资格的生员享受廪膳补贴。亦即成为廪生。

[3]顾宁人：即顾炎武（1613—1682），南直隶昆山（今江苏昆山）人，本名绛，乳名藩汉，别名继坤、圭年，字忠清、宁人，亦自署蒋山佣。因为仰慕文天祥学生王炎午的为人，改名炎武。因故居旁有亭林湖，学者尊为亭林先生。明末清初杰出的思想家、经学家、史地学家和音韵学家，与黄宗羲、王夫之并称为明末清初"三大儒"。顾炎武学问渊博，于国家典制、郡邑掌故、天文仪象、河漕、兵农及经史百家、音韵训诂之学，都有研究。晚年治经重考证，开清代朴学风气。其学以博学于文、行己有耻为主，合学与行、治学与经世为一，成为清初继往开来的一代宗师，被誉为清学"开山始祖"。主要著作有《日知录》《天下郡国利病书》《肇域志》《音学五书》《韵补正》《金石文字记》《亭林诗文集》等。

[4]李子德因笃：即李因笃（1632—1692），字子德，一字孔德，号天生，明末清初陕西富平人。自幼聪敏，博学强记，遍读经史诸子，尤谙经学要旨，精于音韵，长于诗词，诗逼杜

---

① 底本无"建常"二字，据底本目录补入。

② "梃"原本为"挺"，误，径改。

肃,兼通音律,崇尚实学,为明清之际的思想家、教育家、音韵学家、诗人。被时人称为不涉仕途的华夏"四布衣"之一。著作有《古今韵考》《受祺堂诗文集》《瓯钵罗室书画过目考》《增校清朝进士题名碑录》等。

[5]华阴王山史宏撰:即王弘撰。传见本书《而时王先生宏学》。

[6]许孙荃(1640—1688),字生洲,号四山,江南合肥(今属安徽)人。康熙九年(1670)庚戌进士,选庶吉士,散馆改户部主事。官至陕西提学道。康熙十八年(1679)被荐举博学鸿词科,与试未中。著有《慎墨堂诗集》。

其学以主敬存诚为功,穷理守道为务。所著书,皆端楷细字,有《大学直解》一卷,《两论辑说》十卷,《诗经会编》五卷,《尚书要义》六卷,《春秋要义》四卷,《太极图集解》一卷,《律吕图说》二卷,《四礼慎行》一卷,《思诚录》一卷。生平注意尤在《小学句读》六卷,以此为入德之门。《复斋录》六卷,凡所学具见于此。而其要,在发明程、朱,以斥陆、王。此外,尚有《复斋别录》一卷,《复斋日记》二卷,余稿六卷。

其时里中同讲学者二人,一郭穉仲肯获,一关逊伯中俊。穉仲,明举人。性纯朴,不辨权衡。于书无所不窥,雷柏霖甚称之。逆闯入关,欲召用,亡去,系其弟肯堂,兄弟卒俱全。逊伯,号独鹤,初慕冯恭定学,笃行修。后与复斋殷殷讲《孝经》《小学》,居丧以礼,不用浮屠。所著有《巢居野人集》《鹤鸣阴和集》。将终,子请遗言,曰:"我之学本于孝,汝如是足矣。"口占断句云:"衣冠还大古,身体亦归全。七十八年内,一心常泰然。"

魏按:上录《复斋王先生建常》,见存于道光蒙刻本、同治刘刻本《关学编》。贺瑞麟以为,"先生此传,为国初朝邑学博刘得炯撰,补入《关学编》,吾师桐阁先生《续编》仍之。"(见下贺瑞麟按语)。然观乾隆赵刻本刘得炯所撰《复斋王先生》一传,与上传并非一文。故上传非如贺瑞麟所言为其师李元春取刘得炯所撰,而是李元春重作之传也。贺瑞麟于乾隆赵刻本、道光蒙刻本两本俱见,此显为失察也。兹录乾隆赵刻本刘得炯所撰《复斋王先生》,以备学者比照观览。

随附:
乾隆赵刻本中之《复斋王先生》　　〔〔清〕刘得炯续〕

先生初名建侯,后改建常,字仲复,号复斋,朝邑人。父之宠,为明镇抚散官,生先生十岁见背,三岁即失母,事继母以孝称。年二十,为诸生,学使乔年汪公岁试取第一,宜食饩,不就。至三十,绝意功名,遂弃儒巾,力为圣学,凡六经子史,濂、洛、关、闽之书,无不一一详究。又以《小学》为入德之门,条晰指示,以教学者。其用功,以主敬存诚为基本,以穷理致知为切务。杜门谢客,乐道安贫。督学许公孙荃闻其贤,造庐请谒,持金帛为寿,既见,匿不敢出。题其门曰"高隐"。富平翰林检讨因笃李公,素慕之,向显贵某吹嘘。闻之即寓书友人某谢而止之曰:"李先生素不识面而过于揄扬,得毋损知人之明乎?"自是不敢复道其姓名。其自守不苟,类如此。先生隐居五十七年,口不绝唫,手不停披,每元旦礼毕,未尝一日稍间。年八十有六,卒。康熙年间,易篑之前五日,犹手录《中庸辑说》至二十四章绝笔。噫!学至是亦云纯矣。夫世之读书取功名以图荣誉者,一旦弃其所学而寡廉鲜耻,甚且要截官师,靦[1]然无所不为。彼其视身心性命,不知为何物也。如先生者,不綦[2]难乎哉!先生凡所著,有五十余卷,《复斋录》六卷,《太极图集解》一卷,《律吕图说》二卷,《四礼慎行》一卷,《小学句读记》六卷,《大学直解》一卷,《行世两论辑说》十卷,《诗经会编》五卷,《春秋要义》四卷,《思诚录》一卷,《复斋别录》一卷,《复斋余稿》六卷,《复斋日记》二卷,俱未刊行。夫表扬前哲,吾儒之事也。谨摭事实并所著书续入集中,以俟后之君子论定焉。

中卫刘得炯撰

【注释】

[1]靦:音 miǎn,羞耻。

[2]綦:音 qí,极,很。

魏又按:除上刘得炯、李元春为王建常作传外,王心敬亦为之作小传也。此见嘉庆周刻本王心敬《续编》中《李二曲传 附同时向学暨同志切磨诸子》附见《王建常、关独鹤传》。亦随附于此,备学者对观。

随附:

嘉庆周刻本《二曲传》所附《王建常、关独鹤传》　　（〔清〕王心敬续）

王建常,字仲复,号复斋,朝邑人。性笃朴,有坚守。前明邑庠弟子员。及代革,不复应试事,日惟读宋、明诸儒先书,或有心得,即记录于册。家素贫,淡泊自甘,数十年如一日。晚病重听,尤深居简出。盖生平确守《孝经》始于立身之义,虽盛暑衣冠不去,(魏按:又同宽甫、吕泾野气象也。)其守为人之极难。至其生平述作,于吾儒、二氏之分辨之,尤不遗余力。

其诸尚志守节之逸民,与同时又有关独鹤者,亦朝邑人,逸其名,与其弟某者,俱为前代邑庠生。兄弟咸与仲复同操,亦不复应试,而好理学家言,朝邑人推为"一门两高士"。二曲先生过朝邑,尝一见之,后每称其"笃实朴茂,渊乎!见太古醇庞遗风,于仲复、独鹤伯仲之间"。惜乎,其学术之详无考,无从纪述云。

魏按:光绪间,柏景伟重刻关学诸编。取王心敬所撰《二曲传》中所附《王建常、关独鹤传》,而不取乾隆赵刻本、道光蒙刻本、同治刘刻本中之《复斋王先生》。柏殁后,贺瑞麟遵其嘱继续完成关学诸编刊刻,而于柏刻本《关学编》续编卷二增入此传,且在该传后,有一段按语。此一段按语为贺瑞麟后补,故道光蒙刻本、同治刘刻本所无,而王君美凤《关学史文献辑校》则据此二本而辑校李元春所续,故亦遗此按语也。由是之故,亦为补入之如下。

随附:
光绪柏刻本刘得炯所撰王建常本传后贺瑞麟按语
按:先生此传,为国初朝邑学博刘得炯撰,补入《关学编》,吾师桐阁先生《续编》仍之。柏君并刻丰川《续编》,以先生附见《李二曲传》。后于桐阁续编遂去此传,概不欲重出也。然王《续》于先生寥寥数行,殊属简略,今复补入李《续》,且节同治十一年学使吴大澂《奏请从祀疏》,有云:

王建常恪守程、朱,躬行实践,与盩厔李中孚同时而学问之纯粹过之。精切严整,直接明儒胡居仁。又当阳明学盛之时,立排异说,笃信洛、闽,其功不在本朝陆陇其之下,特因僻处一隅,不求名誉,名亦不显于世。然二百年来,秦士大夫知有程、朱、薛、胡之学,皆建常笃守之功。其言曰:"今之学者多是为名,若做切己工夫,则名心自消。"又曰:"凡学者立志,须是直要为天下第一等人,做天下第一等事。所谓第一等事,尽性尽伦是也;所谓第一等人,希圣希贤是也。"又曰:"学莫贵于自得,自得则所守不变,至老愈坚。"又曰:"自欺最细,如有九分义,杂一分私意,犹是自欺。"又曰:"日用工夫,大要察之念虑心术之微,验之出入起居之际,体之应事接物之间,必一一尽合道理,不愧不怍,方是切实。"至所辟阳明各条,辞严义正。一生得力,实与胡居仁《居业录》一脉贯通,渊源无异,而斥邪卫道,与陆陇其学术不谋而合,实为宋以后关中第一大儒。澄城张秉直谓其"主敬似胡敬斋,存养似薛敬轩。其言平正纯粹,温厚和平,亦似敬轩。而又能闇然自修,不求闻达,非笃实为己、刚毅有守者,夫岂能然?"识者以为确论。其所著书,皆足阐明圣学,羽翼经传。

按:此奏虽未奉行,然亦足以见先生之大概矣。附录大略,异日或有能为之者,亦吾道之幸也。

贺瑞麟并识

魏按:贺瑞麟此一段按语,虽误判李元春所撰《复斋王先生》为刘得炯所撰,然以为王心敬所续,过于简略,故重为补入其所谓刘得炯所撰之传(其实为李元春所撰),并加以同治十一年(1872)学使吴大澂《奏请从祀疏》,由此可见贺瑞麟崇尚朱子学、服膺王建常之心。

○略论王建常为明末清初关中大儒之隐者

魏按:王建常(1615—1701),字仲复,号复斋。陕西朝邑人。明时为诸生,明亡后遂弃之,发迹渭滨,闭户不出。少时师事其邑郭肯获(1602—1648,字稚中,号肃庵),长则与同邑雷于霖、关中俊相互砥磨,晚年与华阴王弘撰亦有商榷。学尊冯从吾,批判阳明学,恪守朱子学,亦对张载之学颇为仰慕。其著作有《春秋要义》六卷、《大学直解》一卷、《太极图说》三卷、《律吕图说》九卷、《小学句读》六卷、《复斋录》六卷和《复斋余稿》二卷。

由上刘得炯、李元春、王心敬所作传记及贺瑞麟按语,大略可知王建常确为清初与二曲并立另一大儒。如钱穆所云,其时在关中,"与二曲东西并峙"(钱穆:《中国学术思想史论丛》卷八《清儒学案序》,安徽教育出版社,2004年,372页)。但由于他闭户不出,故其学不传。后至乾隆间,华阴史调读其《复斋录》,始承其学。而后关中尊奉程、朱者,对其人其学大力表彰,认为"吾陕本朝惟朝邑王复斋先生学宗朱子"(张秉直:《萝谷文集》卷四《二高合传》),"其学之醇细有主,在二曲上"(李元春:《关中三先生语录序》),"关学自横渠后之明、国朝五六百年,诸儒造诣高下不同,求其纯守程朱粹然出于正者,复斋而已"(杨树椿:《杨损斋文钞》卷八《书王复斋传后》),"国朝吾关中讲学诸前辈,以朝邑王仲复先生为第一"(贺瑞麟:《太极图解跋》),一时甚至有"关学自横渠后,的(嫡)派真传,当推建常为第一"(《朝邑县乡土志》卷二《耆旧录》)。时人又称:关学"宋有横渠,明有苑洛,今有仲复","在明三百年,敬轩、敬斋后,无其伦比",又谓:"二百年来,秦士大夫知有程、朱、薛、胡之学,皆建常笃守之功","仲复才不及二曲,其学之醇细有主在二曲之上。"故王建之学,可谓"关西高蹈,当推独步","宋以后关中第一大儒"(《关学编(附续编)·复斋王先生》)。学者不可因其隐而淹之也。

茂麟王先生仁苍① 刘濯翼附　　（〔清〕李元春续）

先生蒲城人,失其字。(魏按:光绪柏刻本云:"字仁苍。")尝从冯恭定游,孝友睦姻,乐道好学。家营自得庵,逍遥静观,每题诗自况,有"洙、泗渊流,濂、洛授受。落花皆文,好鸟亦友"之句。教生徒掇科通籍,一时称盛。子仁,成进士。

同时,华阴有刘中白濯翼,亦从学冯恭定学,苦志笃行,为文细雅,以明经司训武昌。持躬以敬,范士以礼,大学士贺逢圣[1]雅重之。自恭定倡道关中,士闻风而起,一时多伟人。二人非登显仕,名不甚著于后,然其潜心道德,不可没也,学顾可不讲耶?

【注释】

[1]贺逢圣(1587—1643),明代湖广江夏(今湖北武汉)人,字克繇,一字对扬。万历进士,授翰林编修。天启间为洗马,拂魏忠贤旨,削籍。崇祯初复官。崇祯九年(1636),以礼部尚书兼东阁大学士入阁参政。十一年(1638),致仕,十四年(1641),再入阁,次年告归。张献忠攻陷武昌,投湖死。南明福王时,赠少傅,谥"文忠"。

魏按:光绪柏刻本《关学编》将此传置于《复斋王先生 关中俊、郭稺仲附》之前。盖以其从学于冯恭定之门邪?

文含王先生宏度②　　（〔清〕李元春续）

先生名宏度,咸宁人。秉志洁清,邃情古道,虽执艺制科,耻为帖括、记诵之学。顺治(1644—1661)时,以茅拔观光都门,孙北海[1]少宰一见定交,尊为性命之交,与编《道统明辨录》,有《正传》《单传》《别传》《羽翼》四指。寻赍志卒馆舍,北海作传哀之。

先生居处温恭,与物无竞,生平幽深澹远,常有伊人秋水之思,性行一如其名。文词风雅,先生大人无不珍者。著有《南塘遗稿》八卷,《片石语》八卷,《语鹤斋目③录》二卷。

---

① 底本无"仁苍"二字,据柏刻本《茂麟王先生》内容补入。
② 底本无"宏度"二字,据底本目录补入。
③ "目",蒙刻本、柏刻本均作"日"。

【注释】

[1] 孙北海：即孙承泽(1593—1676)，字耳北，一作耳伯，号北海，又号退谷，一号退谷逸叟、退谷老人、退翁、退道人，原籍山东益都，世隶顺天府上林苑(今河北大兴)。明末清初政治家、收藏家。明崇祯四年(1631)进士。官至刑科给事中。先投降李自成大顺政权，清顺治元年(1644)又投降清朝，历任吏科给事中、太常寺卿、大理寺卿、兵部侍郎、吏部右侍郎等职。富收藏，精鉴别书、画。著有《春明梦余录》《天府广记》《庚子消夏记》《九州山水考》《溯洄集》《研山斋集》等四十余种，多传于世。卒年八十五。

士奇谭先生达蕴① **龚廷擢附**　　（〔清〕李元春续）

先生名达蕴，城固人。性端谨，幼以"奇童"称。比登贤书，益自奋励，步趋每期古人，学者宗之。无分知与不知，行稍有所失，即动相戒曰："无为谭夫子知也！"（魏按：君子之风，可敬可畏！）不仕而殂，敬惮者咸沐造就。著述不传，然其行，大类萧先生矣，士岂以文词多哉！汉中士风埒[1]三辅[2]，入国朝讲躬行之学者惟先生，虽晦而显。

时又有戊子举人南郑龚若晦廷擢，亦潜心理学，文行并著。授邵武推官，有威惠，民怀吏畏。寻以疾，未尽其用。

【注释】

[1] 风埒：埒，音 liè。风气或名声等同、并列。
[2] 三辅：又称"三秦"，本指西汉武帝至东汉末年(前104—220)期间，治理长安京畿地区的三位官员，即京兆尹、左冯翊、右扶风，同时指这三位官员管辖的地区，即京兆、左冯翊、右扶风三个地方。隋唐以后称"辅"。

而时王先生宏学 **弟宏嘉、宏撰附**②　　（〔清〕李元春续）

先生名宏学，华阴人。父明南京少司马之良，字虞卿，尝从温恭毅、冯恭定游，皆器之。乡举后，六上春官，登天启乙丑(1625)进士。悉心经济，抚南赣，屡平寇，著战功。时称"前有文成，后有虞卿，得两王公"。有子六人，长即先生。

天资纯粹，好学笃行，履规蹈矩，深得濂、洛、关、闽之学。贼陷长安，遂隐

---

① 底本无"达蕴"二字，据底本目录补入。
② 底本无"宏学"二字，据底本目录补入。"弟宏嘉、宏撰附"六字据内容补入。

居不仕,益博览经、史,手自抄录,累年不懈。著有《孔氏图达天说九章》①《石渠阁文集》。

弟宏嘉,亦山居读书,终身不出,学守兼励,人称"云隐先生"。所筑手蓉阁,四方名流多题咏者。

少弟宏撰,以文章博雅,名动天下。康熙十七年(1678),与顾宁人等同征,固辞不允,至京师,不就职。著述满家,尤邃于《易》。晚年亦讲义理之学,有《正学隅见述》,辨"格物",主朱子;辨"太极",主陆子。

魏按:王氏兄弟之名,其"宏"字当为"弘",此为避乾隆之讳而借。

二曲李先生中孚②　　（[清]王维戊续）

先生名颙③,字中孚,盩厔人。学者称二曲先生。父可从,明季随制府汪公乔年征闯贼,战亡于河南之襄城。时先生尚幼,家贫甚,母彭抚之成人,教以忠孝节义,母子相依,或日不举火,恬如也。年十六,闻里塾诵书声,乐之,白母,亦欲从师读书。而修脯[1]不具,塾师无纳者,乃刻厉自学,逢人问字正句。家无书,从邑藏书家借读,过目辄能解记。经史诸子及二氏书,数年无不贯穿。忽悟曰:"学之道,吾心而已,岂他求哉?"由是,学一以躬行实践、悔过自新、反其性真为主,尝曰:"下愚与圣人本无异,但蔽于物欲,积而为过,其道在悔。悔则改,改而尽则本原复,复则圣矣。然悔过不于其身,于其心。于其心,则必于其念之动者。求之颜子,有不善,未尝不知,知必改也。吾人不能如颜子,必静坐观心,乃能知过。知过,乃能悔过;悔过,乃能改过以自新。"生平坎坷,百端志略,不移其始。人多怪之,至不敢与近。久乃莫不信之,虽儿童亦称"李夫子"。

【注释】

[1]修脯:旧时称送给老师的礼物或酬金。

康熙乙巳(1665),母弃养[1],哀毁骨立,勺饮不入口者五日。服阕后,之

---

①　"孔氏图达天说九章",底本作"孔时图达天说九章",据《同州府志》(咸丰二年刻本)卷二五《经籍志》、《华阴县志》(乾隆刻本)卷一五,改。

②　底本无"中孚"二字,据目录补入。

③　"颙",底本因避清嘉庆皇帝讳,缺,据周刻本、柏刻本补。

襄城,求父骨不得,致祭招魂,哀动阖邑。邑人为置塚立祠,先生取塚土升余还。后襄人于其处树松柏楸杨成林,竖碑题曰"义林"。春秋次丁,邑宰致祭,士大夫歌咏其事,有《义林集》。

【注释】
[1]弃养:父母逝世的婉词。谓父母死亡,子女不得奉养。亦泛指尊者、长者死亡。

生平足不及城市,虽达官贵人造庐顾问,无答拜者。惟应同州诸耆儒请,至同;应前邑令骆公钟麟[1]守常州请,至常;应总制鄂公善[2]关中书院聘,至会城。其在同也,李文伯[3]、马仲足[4]等年倍先生,北面执弟子礼,党两一[5]八十余,冒雪履冰,徒步就学,一时极人文之盛,问答载《东行述》。其在常也,讲学明伦堂,会者千人,郡人诧为江左百年未有盛事,问答载《南行述》。于是邻郡争邀,仰若山斗。毗陵郑公珏[6]有诗云:"斯文幸未丧,绝学起关西。逖矣李夫子,南游震群迷。"其在关中书院也,鼓荡摩厉,士习丕变。论者谓其"力破天荒,默维人纪",视冯少墟功为尤钜。时鄂公以地方隐逸荐,奉旨促起,以疾辞。后数年,当路又以海内真儒荐,又以疾辞。辞不允,绝饮食者五昼夜,诸公知不可强,乃以疾具覆。归,至家下楗,不复出户,窍壁以通饮食,即家人亦多不见。已而天子西巡,欲见之,以废疾辞不至。特赐"关中大儒"四字以宠之,大吏令表谢,亦终不肯。而家贫如故,督学许公孙荃割俸为易负郭田,如颜子之数。先生四十以前,尝著《十三经纠缪》《廿一史纠缪》,以及象数之学,无不有述。既以无当身心,不复示人。而门下士,录其讲学语为《二曲集》。鄠县王心敬,又录其讲四子书、反躬切己要语,为《四书反身录》。

【注释】
[1]骆公钟麟:即骆钟麟,字挺生,号莲浦,浙江临安人,清朝官吏。顺治四年(1647)进士副榜,授安吉学正。十六年(1659),迁陕西盩厔知县。为政先教化,春秋大会明伦堂,进诸生迪以仁义忠信之道。增删《吕氏士约》,颁学舍。立学社,择民间子弟授以《小学》《孝经》。康熙元年(1662),兼摄兴平、鄠两县,内迁北城兵马司指挥,复出为西安府同知。八年(1669),擢江南常州知府。寻丁母忧,士民乞留,不可。既归,连遭父丧,以毁卒。

[2]鄂公善:即鄂善(?—1679),那拉氏,满洲镶黄旗人,清朝官吏。顺治时自侍卫授秘书院学士,迁副都御史。康熙九年(1670),授陕西巡抚。历官陕西巡抚至陕西、山西、

云贵总督。"三藩之乱"起,随师进征,驻西安、汉中。招抚流民,守栈道。康熙十八年(1679)罢官,不久卒。

[3]李文伯:即李士璸(约1617—1707),字文伯,号玉山逸史,同州(今陕西大荔)人。顺治四年(1647)进士。年长于二曲而从学之,求学至诚。著作有《群书举要》《大学正谱》《四书要诠》等。

[4]马仲足:即马逢年,字仲足,同州人。年七十见李二曲,事弟子礼甚恭。

[5]党两一:即党湛,字子澄,同州人。冯少墟弟子。尝以"人生须做天地间第一等人,为天地间第一等事",故号"两一"以自勖。不事帖括,励志正学,年跻八旬,犹冒履冰雪,于五百里外访李二曲先生于盩厔,商证所学,不以己年倍长耻于请教。卒年八十四,二曲先生为之传。有小传见本书王心敬撰《二曲李先生 同时诸子及门诸子附》中。

[6]郑公珏:郑珏,常州宿儒。余事不详。

魏按:李颙(1627—1705),字中孚,号二曲,后世为避嘉庆帝讳,易其名为"容"。陕西盩厔(今周至县)人。艰苦力学,无师而成,清初关学代表人物,时人称其"倡绝学于盩厔,关中尊之拟于横渠"。其学旨于王阳明为近,故梁启超称其为"王学后劲"(梁启超:《清代学术概论》)。但在修养工夫上兼取朱、陆,故钱穆认为"二曲论学虽主陆王,然亦兼取程朱,遂为清初关学大师"(钱穆:《中国学术思想史论丛》卷八,367页)。李颙倡学关中,对屡作屡替之关学有复兴之功。时人仰其为"儒学巨宗""拟于横渠",称其承绪张载,"上接关学六百年道统",并将其与孙奇逢、黄宗羲合称为海内"三大儒"。著作有《四书反身录》十四卷、《续录》二卷、《观感录》一卷、《悔过自新录》一卷、《二曲集》二十六卷和《司牧宝鉴》一卷。

是篇《李二曲传》,为李元春命其门下王维戊撰。另,王心敬《关学编》续补中亦为其师李二曲作传,而后柏景伟整合王、李两人《关学编》续补,取王所撰《李二曲传》而删去李元春命其门下王维戊所撰,陈校本《关学编》仍之,未录。故在此据王心敬《关学汇编》清嘉庆七年(1802)周元鼎增修本,附录王心敬所撰《李二曲传》,并其所附"同时诸子及门弟子",以备学者参考。

随附:

二曲李先生 同时诸子及门诸子附　　(〔清〕王心敬续)

先生名颙,字中孚,学者称二曲先生,西安府盩厔人。前明天启丁卯(1627)正月二十五日,母彭氏感震雷之梦而生,生而气貌伟特。甫周岁,识者谓其必非常人。年九岁,入小学,从师发蒙,读《三字经》,私问学长曰:"性既本善,如何又说'相近'?"已颖慧异人。在小学,仅诵《学》《庸》,以婴疾[1]辍读。既而父可从从汪督师[2]征逆闯于河南,殉义襄城,母子茕茕,至日不再食。然每过学舍,辄欣然动心,而以束修无出,母子辄相对啼泣。于是取旧所读《学》《庸》,依稀认识,至《论》《孟》,则逢人问字正句。不一年,识字渐广,文理渐通,读书遂一览辄能记其大略。故年十五六时,已博通典籍,有"奇童"之称。然泛览博涉,殊无统纪也。

【注释】

[1]婴疾:缠绵疾病;患病。

[2]汪督师:即汪乔年。

年十七,得《冯少墟先生集》读之,恍然悟圣学渊源,乃一意究心经史,求其要领。甫冠,邑令山西樊侯,辛文敬[1]高弟也,闻其名,就家顾之,坐语移时,惊曰:"此关、洛辈人也!"即以"大志希贤"扁其门。而是时,邑之旧家,如二赵、南李及郿邑杜氏者,皆博藏书籍,先生一一借而观之,遂无所不窥,亦遂无所不知,而守则益严,虽箪瓢屡空,一介不以苟取,远迩咸以"夫子"推之,本省大僚表闾者后先相望。

【注释】

[1]辛文敬:即辛全(1573—1620),字复元,号天斋。绛州城内人,从安邑曹真予学,名声大振。当时各地著名的学者如关中冯少墟、楚中贺阳亨等人均请教于他,而在朝的官吏们如相国吴胜、祭酒倪元潞、御史路振飞等都争先向朝廷推荐他的才能和品德。大约公元1628年(崇祯年间),辛全到北京应试,宰相贺逢至特别上表举荐于朝廷,皇帝下诏给辛全以知府衔补用。此时辛全因母丧而匆匆回到故乡。办完丧事,突然得病,不治而死,平生抱负,竟不能付之实践。辛全一生安贫乐道,为当时人所敬仰,系绛阳学派的领袖人物。李生光、党成、文养蒙等人都是他的弟子。去世后,门人谥"文敬"。一生著作很多,有《养心录》《四书说》《五经管窥》《神京偶记》《衡门芹》《圣谕解》《孝经阙疑》《养正集》《易约》《经世硕画》《孝经翼》《孝亲篇》《治平野谋》《救急丹》《乐天集》等二十八种。

三十三岁,临安骆侯[1]莅邑,亲睹其言行丰采,大咤"为振古人豪,不当求诸今人?"遂事以师礼,时时诣庐请教。而同时东西数百里间,耆儒名士、年长一倍者,亦往往纳贽门墙,彬彬河、汾之风焉。

【注释】

[1]临安骆侯:即骆钟麟。

三十九岁,母彭孺人病,先生百方延医,衣不解带者数月。乃卒,恸母终身食贫,哀毁几于灭性。四十四岁,访父骨于襄城,盖先生久怀此志,以母老无依,故至此决计往也。至襄城,一时士大夫高其义,为之举祀置冢,岁时祀焉,今之义林、忠烈祠是也。而是岁骆侯晋守常州,乃遣人迓先生,为常人开导圣学。来使遇于襄城,遂敦迎至常。所属五邑皆设皋比明伦堂,次第会讲。注籍及门者至四千人,一时故老咸咤为百年未有之盛事。去后,五邑追忆风徽,梓《语录》一十八种,鼎建延陵书院祀焉。四十七岁,制军鄂公修复关中书院,造士延礼,启迪诸生,先生三辞不得,而后应命。鄂公既见,亲其仪范,听其议论,则信尚益深,随以"大儒"疏荐,兵部主政房公廷正[2]又以"大儒宜备顾问"荐,抚军又以"博学鸿辞"荐,交章上请,先后皆奉旨特征。守令至门,敦逼上道,先生卧病终不赴。

【注释】

[1]房公廷正:即房廷正,陕西三原人,进士。时任兵部主事。

自是闭户母祠,终岁不出。远方问学至者,启户与会。先生因人指授,无不各厌其望而去。由是,海内三大名儒,虽儿童走卒熟悉之。三大儒者,河南孙钟元先生奇逢、浙江黄黎州先生宗羲并先生也。七十六岁,圣祖仁皇帝西巡,诏见行宫,并索著述。先生时以老病卧床恳辞召。命惟以所著之书进奉。温旨:"处士既高年有疾,不必相强。"特赐御书"操志高洁"扁额,并御制《金山诗》幅赐焉。所呈《二曲集》《反身录》二书,则并荷"醇正昌明,羽翼经传"之褒,盖康熙癸未(1703)冬也。岁乙酉(1705),年七十八岁,四月十五日以疾卒。

先生之学,幼无师承,故早岁不无驰骋于三教九流。自十七知学后,则天德王道,源源本本,由宋、唐直溯于孔、孟。其生平论学,无朱、陆,无王、薛,惟是之从。尝曰:"朱子自谓某之学主于'道问学',子静[1]之学主于'尊德性'。自今当去两短,集两长。某生也愚,然如区区素心,则窃愿去短集长,遵朱子明训,敢执私意、昧公道,自蹈于执德不弘耶?"故所学不畸重一偏,落近儒门户之习。而如其事母之孝,则根于天性,至老弥笃。识者谓先生生平造诣充实光辉,要自行道,显扬一点血诚,扩而充之,畅茂条达,故道德风节,不至不休。呜呼,吾夫子行在《孝经》之志,先生允蹈之矣!葬之日,海宁大宗伯陈公[2]题其碑,襄城刘恭叔先生[3]表其墓,督学逢公[4]檄祀乡贤。盖关中道学之传,自前明冯少墟先生后寥寥绝响,先生起自孤寒,特振宗风。然论者以为少墟尚处其易,而先生则倍处其难。至如学不由师,未冠即能卓然志道据德,中年以还,指示来学,谆谆揭"改过自新"为心课,"尽性无欲"为究竟,以"反身"为读书要领,"名节"为卫道藩篱,则于圣学宗传,益觉切近精实。虽颜、孟、周、程复起,无以异也。中州潜谷张公[5]尝谓先生"殆曾子所谓任重道远之弘毅,孟子所谓先觉任重之天民",士林以为笃论云。

【注释】

[1]子静:指陆九渊。

[2]海宁大宗伯陈公:即陈诜(1642—1722),字叔大,号实斋,浙江海宁盐官人。康熙十一年(1672)举人,由中书舍人考选吏科给事中,历官至左副都御史。四十三年(1704),出任贵州巡抚,后调任湖北巡抚。五十年(1711),升工部尚书,转礼部尚书。后老病辞归。卒,谥"清恪"。著有《周易玩辞述》《诗经述》《四书述》《资治通鉴述》等。

[3]襄城刘恭叔先生:即刘宗泗,清河南襄城人,字恭叔。康熙二十九年(1690)举人。十四岁丧父,孝于母,事兄尤谨。兄卒后,抚勉诸侄,励学成名。有《中州道学存真录》《恕斋语录》《抱膝庐文集》等。

[4]督学逢公:即爱新觉罗逢泰,清朝皇室,满洲人,政治人物,进士出身。康熙三十九年(1700)登进士,授庶吉士。康熙四十二年(1703),授翰林院检讨。康熙五十六年(1717),担任陕西学政。后升任翰林院侍读学士。雍正年间,担任通政使司右通政。雍正十三年(1735),任通政使司通政使。

[5]中州潜谷张公:即张开宗,号潜谷,河南杞县人。与王心敬、康乃心交好。余事不详。

附:同时向学暨同志切磨诸子　(魏按:光绪柏刻本删去此数字。)

王化泰,号省庵,性刚,尚气谊。与同邑单元洲先生厚善,时时讲明忠孝性命之学。及国变,单以死殉国,公乃身隐于医,遂与同州白、张、党、马诸君子以学术相切砥,而于党两一尤称莫逆。然诸老皆敦尚行履,而省庵则中有独契。尝据静中所得连吟三绝,识者叹为见道之言。年几古稀,不远数百里造访二曲先生于盩屋,求质所学。一见心折,直欲纳贽门墙,先生以其年高几倍固辞。后又与同州泊如白公[1]肃车迎先生于白斋。晚而每自憾日泪岁暮，虚度此生，辄欷嘘涕零。生平性至直，见人过，辄面斥不贷，遇人一长一善，则又欣羡推许，不啻若其口出。刊布《迪吉录》《伪学禁》二书，寓淑人成物意，盖于为善惟日不足者也。卒年七十五。二曲先生为之传，太守董公为树墓道之碑。

【注释】

[1]同州泊如白公：即同州白焕彩，字舍章，号泊如，二曲门人。下有传。

魏按：底本此处有王建常及关独鹤传，已见录于前《复斋王先生建常》后，兹不赘。

党湛，字子澄，同州人。尝以"人生须做天地间第一等人，为天地间第一等事"，故号"两一"以自勖。父兄皆籍邑庠，两一独不事帖括，励志正学，常日手宋、明诸儒先书，恒不去手，会心者辄书之壁，壁为之满。性至孝，父患癫，家人莫敢近，两一独昼夜侍调养。及父殁，两一独庐墓三年，远迩称"党孝子"焉。（魏按：人有父性情如常而不能奉养，何况党湛如此之竟孝乎！）生平不营产业，薄田自给，箪瓢陋巷，恬不为意。晚年独处一窑，静久有得，觉动静云。为卓有持循，每遇同志，讲切辄娓娓不倦。年跻八旬，犹冒履冰雪，于五百里外访李二曲先生于盩厔，商证所学，留住积日，尝至夜分未尝见有惰容，亦不以己年倍长耻于请教。卒年八十四。张忠烈公深重其品，二曲先生为之传。既葬，郡丞郝公署州守，竖碑墓前，大书"理学孝子两一党先生之墓"以表之。

同时，本州有白焕采者，白希彩之弟，以积廪贡成均，每聆兄叙述师说，辄私窃向往。后乃博集群书，与乡先达太乙张公、陆海武公集同志讲明正学，既又与元昭马公讲学于寄庵。晚而与蒲城省庵王公[1]肃车迎二曲先生于盩厔，集同志日会家塾。前后凡两度为之，宾客满堂，略无倦色，一时同志依为主盟者积年。至于祀先、孝亲、恭兄、敦宗，与夫信友周急，美行缕缕，盖惟恐善之有一或缺于己焉。年七十八卒，二曲先生为之传，署州守郝公表其墓。

【注释】

[1]蒲城省庵王公：即王化泰，传见上。

张珥，号敦庵，同州人。为人好正学，尚德行。以进士林居，言行动止，非礼不为。至与乡人处,则退让谦恭,绝不以等威自异。同时,党两一向道而至贫,白泊如年等而守正,敦庵皆折节下之,州人无少长士庶,无不敬爱其为人者。岁戊申(1668),二曲先生为其乡肃迓至白斋,公之年几长先生一倍,有所请教,必跪而受教,先生每力辞之,不从。二曲先生每叹谓:"生而后时,不及见成。弘、嘉、隆间,先正风范如敦庵之笃雅谦恭,即前辈名世诸老,其质行何加焉?"盖明之一代,崇尚《性理》一书,宗法有宋濂、洛、关、闽五子。同州则风气之醇本甲三辅,兼浸被马二岑先生风泽;暨万历、天启间,西南二百里则冯少墟先生提唱正学者数十年;邻邑则蒲城单元洲先生以性命气节之学鼓舞同志。故一时同、蒲诸邑,流风广被,人士往往向往理学,惟恐或后,有宋道学之盛,不能过也。惜乎时移代易,记载缺然,可胜叹哉!①

魏按:陈俊民先生点校《二曲集》(中华书局1996年版)附录二有《关学续编本传》,题为王维戊所作。对观其文,则非王维戊所作《李二曲传》,乃王心敬所作此《二曲李先生同时诸子及门诸子附》也。当是整理不慎失察所至,学者详之。

丰川王先生心敬 子功、勋附② （[清]王维戊续）

先生名心敬,字尔缉,号丰川,鄠县人。初为邑弟子,岁试,督学待之不以礼,脱巾帻出,除其籍,(魏按:与武功孙酉峰先生脾气相当。见本书孙传。)遂从李二曲先生,专讲正心诚意之学。四十后,名闻海内,大僚争聘主讲。先生对卿大夫,必期以致君泽民;对学者,必期以成己成物。朱相国轼[1]督学时,数式庐问业。果亲王[2]至陕,亦殷顾问。总制额公忒伦[3]、年羹尧[4]先后上章荐,两征不起。乾隆元年(1736),蒲城某进士廷试,大学士鄂公尔泰[5]问:"丰川安否?"其人素昧先生,不能应,鄂公笑曰:"士何俗耶!天下人莫不知有丰川,为其乡人,反不知乎?"凡大吏来秦,鄂公必寄问先生起居。

【注释】

[1]朱相国轼:即朱轼(1665—1736),字若瞻,一字伯苏,号可亭,瑞州府高安县艮下村(今属江西省高安市村前镇艮下朱家村)人,清朝中期名臣,著名史学家,乾隆帝师傅。康熙三十三年(1694)进士,选为庶吉士。居官廉洁,刚正不阿,颇具惠政。历仕康熙、雍

---

① 柏刻本此处有"以上同时诸子"六字。
② 底本无"心敬"二字,据底本目录补入。"子功、勋附"四字,据内容补入。

正、乾隆三朝,官至太子太傅、文华殿大学士,兼吏兵二部尚书。颇具惠政,世人颂其"束其励行,通经史百家"。乾隆元年(1736),卒,时年七十二岁,谥"文端"。次年归葬故里,乾隆帝御赐"帝师元老"。

[2]果亲王:即爱新觉罗允礼(1697—1738),原名爱新觉罗胤礼,满洲正红旗人,清康熙帝第十七子,雍正帝异母弟,母纯裕勤妃。雍正元年(1723),被封郡王,雍正六年(1728)进亲王,封号"果",死后谥"毅"。

[3]额公忒伦:即额忒伦(?—1719),时任陕西总督。曾先后任西安驻防佐领、西安副都统。康熙五十二年(1713)授湖广总督。五十四年(1715),策妄阿拉布坦进犯新疆、青海、西藏诸地,他受命署西安将军,主军饷。又与策妄阿拉布坦部将战于狼拉岭、喀喇乌苏等处,累建军功。后因矢尽阵亡。

[4]年羹尧(1679—1726),字亮工,号双峰,安徽凤阳府怀远(今安徽省怀远县)人,后改隶汉军镶黄旗,清朝名将。康熙三十九年(1700)进士,官至四川总督、川陕总督、抚远大将军,加封太保、一等公。配合各军平定西藏乱事,率清军平息青海罗卜藏丹津,立下赫赫战功。雍正二年(1724)入京,得到雍正帝特殊宠遇,但翌年十二月,风云骤变,被雍正帝削官夺爵,列大罪九十二条,赐令自尽。

[5]鄂公尔泰:鄂尔泰(1677—1745),西林觉罗氏,字毅庵,满洲镶蓝旗人。康熙三十六年(1697)中举。雍正三年(1725),拜广西巡抚。雍正四年(1726),调任云贵总督,兼辖广西。雍正十三年(1735),雍正帝驾崩,与张廷玉等同受遗命辅政,担任总理事务大臣。乾隆十年(1745)病逝,享年六十六岁,谥号文端,配享太庙,入祀京师贤良祠。乾隆二十年(1755),坐胡中藻狱,被撤出贤良祠。著有《西林遗稿》。

  长子功,雍正八年(1730)以选贡为安福令。陛见,例陈折,上见而嘉之曰:"名儒子,故不凡。"令奏折者以为式。功居官有"冰心铁面"之称,著《蚕桑成法》一书,一时多遵行之。丁先生忧,以毁卒。

  次子勋,字茂宏,亦以选贡,仕至江南安徽副使道,所在善政及人。去任时,士民莫不流涕,人谓"与其兄,皆不愧为理学子"。

  魏按:王心敬(1656—1738),字尔缉,号丰川。陕西鄠县人。二曲入室弟子,尊崇心学。然对阳明"无善无恶心之体"予以批评;同时亦批评"朱子补经传"缺少"一段谦德,一段虚心"(王心敬:《丰川续集》卷一四《答无锡顾昀滋》)。又以为张载之学"如初出之月,托体虽高,光明未普"(王心敬:《丰川续集》卷五《横渠先生》),其著作则诚如程颐所说的"意屡偏而言多室"。但他对"横渠学宗,要于知礼成性,而教关中学者必以习礼为先"(王心敬:《丰川续集》卷二《答问录》)极为赞赏和重视。王心敬重视经世致用,对于农田、水利、漕运、荒政、马政、赋税、兵制、吏治、科举等亦靡不论究。王心敬有强烈的卫道意识,力维关学道统。在李颙谢世后,他力主正学,在关学史上具有十分重要的地位,当时即有"继横渠道统,承二曲心传"(王心敬:《丰川全集正编》卷二十《谢学宪陆俨庭先生匾联书》)之誉。著作颇多,有《丰川易说》十卷、《丰川诗说》二十卷、《尚书质疑》八卷、《春秋原经》十六卷、《礼记汇编》八卷、《关学编》六卷、《江汉书院讲义》十卷、《丰川全集正编》二十八卷、《丰川全集续编》二十二卷、《丰川全集外编》五卷、《丰川续集》三十四卷。又按:是篇《丰川王先生》,为李元春命其门下王维戊所撰。少墟之后,桐阁之前,丰川已对《关学编》先有补续。然桐阁续补,言丰川而不及此书,盖未知是书也。由是,《关学编》之补续,于清代则衍为丰川、桐阁二系,至柏先生而始合而为一也。

又按:清嘉庆七年(1802)周元鼎增修本王心敬《关学汇编》末,亦有周元鼎所撰《丰川王先生》,较该传更详。故于此附入王心敬《关学汇编》末清嘉庆七年周元鼎增修本周元鼎所撰《丰川王先生》,使周、李二传并存互见,亦学者所以用心之一端也。

随附:
丰川王先生[①]　　([清]周元鼎续)

先生名心敬,字尔缉,号丰川,鄠县人。父字中悦,生十岁而见背。母李孺人于流寇劫焚之余,拮据持家,育而教之,毫不姑息。先生年十八,补邑庠弟子,旋食廪。李孺人念俗学不足为,使离家就学于二曲先生。已又以兼习举业有妨正学,令谢去诸生,一意圣贤之务,曰:"吾不愿汝禄养,但能砥砺德业,与古人齐轨,无负父托,斯为孝耳。"岁中止许二三次定省,居数日即促之去。从学二曲者十年,一切需用皆母纺绩质产所供。先生佩服师训,尊闻而行知,遂为入室高弟。母尝问:"学圣贤者如何用功?"对曰:"以存心尽性为实履,成己成物为分量。"母曰:"汝便如此学去,若让古人独步,非夫也!"二曲先生每语人曰:"吾不及见古孟母,若尔缉母李太君,恐古人亦不过也!"特述《母教》一篇梓行之。(魏按:王心敬之成学,根源在于年少有此良母。母教之德,于子甚大矣,今人不可不慎!)

先生学既成,以母老归家侍养。日理经史,折衷自宋关、闽、濂、洛,以至河、会、姚、泾[1]之学,咸师其长,而融液于《大学》"明德""亲民""至止善"之宗。自信以为此道必合天德、王道于一贯乃本末不遗。用功之要,则敬义夹持,知行并进,方不堕于一偏。又曰:"全体必兼大用,真体必兼实功。"以故学

---

① 柏刻本"丰川王先生"后有"三原周元鼎续传"数字,既已注明,删。

业日粹，声闻日章。海宁陈实斋先生名诜，巡抚黔中，即阳明书院延礼师儒，将以倡明正学，特聘先生一往。又闽大中丞仪封张孝先先生名伯行，亦聘请入闽商证学术，皆以母老不赴。及实斋移抚湖广，累书聘之，母令之行，遂至楚，与张石虹、汪武曹相得，而书院愿从学者亦问学多人。先生答问，孜孜不倦，词旨明朗切实，闻者莫不厌服。归而母疾，既殁，丧葬尽礼，一时旌贤母者甚伙，皆实录云。服阕后，孝先先生抚苏，又聘之。先生乃至姑苏讲学。

【注释】

[1] 河、会、姚、泾：河，指河东薛瑄；会，指新会陈白沙；姚，指余姚王阳明；泾，指顾宪成，号泾阳。

时言学者争以辟陆、王为尊朱，先生一不阿附，直陈其所见，力与之辨。先生之子功请曰："学者讳言陆、王，心不没其长可矣，或宜讳言之，以息纷纷之争。"先生蹙然曰："小子言何鄙也！道者，万世之公也。余知言论世四十年来，颇费心力，违平日素心，取悦世儒，心何安乎？"又曰："象山义门风规、荆门政绩，阳明讨寇之略、推功之仁，使在圣门，恐尚列之德行，不止在政事、文学之科。即'无善无恶'四字，推以无意、无必、无极、太极之旨，亦未可非也。"盖其见道真切，立信明爽如此。

先是，鄂大中丞抚秦，即以二曲先生为当世第一人物，真正儒宗，荐达于朝，且特访以政事。鄂公之子曰额伦特，康熙五十五年（1716）总督湖广，耳先生名，又知其为二曲高第，遂以真儒复荐于朝，下地方起就征车，秦中制抚移文催并，先生乃从吴门返驾入关，辞疾不赴，奉有"疾愈起送"之部议乃止。额制军乃求其所著书，延礼江夏令金廷襄参编而梓行之，固先生实学之所感兴。而额公仰继父志，加意正学，使二曲师弟耀于当世，垂光将来，为国朝两庑议祀之所由基，其用心岂不深且大哉！

先生归而考订经书，有《易说》《诗说》《尚书质疑》《春秋原经》《礼记汇编》，皆精审详明，一洗前注之陋妄。其《答岳中丞》《寄陈实斋》《与陆学宪、金应枚》及《拟上部台筹荒》各书，尤足见其留心世务，通达古今事理，不愧"明亲一贯"之学旨也。年八十余卒。子三：功、绩、勋。所刻有《丰川正编》《续编》《外编》，凡讲学论政，皆词旨爽朗条畅，似得之王阳明云。

魏按：柏景伟重刻《关学编》时，删去李传而用周传。盖以周传在先且详也。然贺复斋不以为然，其在沣西草堂本《关学编》之《关学续编卷二》又录入李传，并于其后加按。兹录此按语如下。学者于此，可见柏、贺二先生学问主张所不同，亦可见复斋先生承敬乃师之意，而不得以先贤互訾也。

随附：
沣西草堂本《关学编》之《关学续编卷二》贺瑞麟按语
按：周勉斋元鼎所为先生传，已附入先生《续编》，柏君此刻，亦仍其旧，遂削去桐阁《续编》先生传，亦免重出。然周传虽详述先生辨学各语，而实不免滋后学之惑，今仍补刻李续，使周传并存互见，亦学者所以用心之一端也。

含中张先生秉直①　　（〔清〕李元春续）
张秉直，字含中。澄城县岁贡。尝问业朝邑王仲复[1]，留心程、朱之学，专以躬行实践为主。著有《四书疏证》《开知录》《文谈》《文集》，凡若干卷。

【注释】
[1]王仲复：即王建常，传见本书《复斋王先生建常》。

魏按：此《含中张先生秉直》，道光蒙氏本所无。然当是李元春补入者。而后贺瑞麟又续关学七人，其中《萝谷张先生》即《张秉直传》也。光绪柏刻本《关学编》之《关学续编卷三》收贺瑞麟所作传，而略去以上桐阁所作传。兹录贺瑞麟所作《萝谷张先生》如下，以与桐阁文互见。

随附：
萝谷张先生秉直②　　（〔清〕贺瑞麟续）
先生名秉直，字含中，号萝谷，澄城县人。世以诗书相承。幼失怙，叔父督责甚力，口授《小学》《四书》、《易》《诗》《书》三经，十龄时悉能背诵。稍长，即不自菲薄，不以圣贤为不可及。年二十，补诸生，制艺非其所好，博览群籍，于《六经》独重《四子书》，《四书》尤重《论语》。尝曰："孔子，万世之师

---

① 目录无此标题。底本标题中无"秉直"二字，据本传内容补入。
② "秉直"二字底本无，为标题统一起见，据本传内容补入。

也,学圣人者宜学孔子;《论语》,孔子教人之书也,学孔子不读《论语》,不得其门而入矣;朱子,孔子之真传也,学孔子者宜学朱子;《小学》,朱子教人之书也,学朱子不读《小学》,亦不得其门而入矣。《论语》《小学》多下学之旨,学者有可持循,要之,明理尽性,希圣达天,俱不外是。舍是他求,不入于卑近,则流为空虚矣。"(魏按:萝谷先生此见,正合复斋贺先生心意,此其推服萝谷之所由也。)先生广交一时名流,既从康百药无疾[1]游,又往谒二曲高弟王丰川心敬。不复应试,遂以学法除名,而元、明以来诸力学之人,程、朱后诸儒讲学之书,益周知而多购焉,故其为学以穷理为始,知命为要。

【注释】

[1]康百药无疾:即康无疾,字百药,号复斋,二曲门人,合阳康乃心子。

先生少有至性,读史至忠孝节烈,必再三诵,往往涕流被面。乡人有不法事,辄面数其过恶。一狂男子焚邑文庙先贤牌位,知县、学博皆自若,先生适在城,往哭之,遂置男子于理。内行纯笃,尤敦友谊。岁饥,质地赈给乡族,虽藜藿不充弗顾也。仁让之风,里党渐濡,二十年无争讼者。中丞陈文恭公[1]欲疏荐于朝,固辞乃止。先生虽与人无忤,而亦多不合。晚年所养益粹,矜持悉化。论者或高其严峻,或重其含容,至其探理精勤、见道亲切,同学或莫之知也。自谓与石门某氏有深契焉。

所著有《四书集疏附正》《论语绪言》《治平大略》《开知录》《文集》《文谈》《征信录》,已行于世。又有《删订四书集疏》《某氏遗言》《圣庙从祀位次私议》《读书存疑》《评学蔀通辨》等书。

【注释】

[1]陈文恭公:陈宏谋(1696—1771),字汝咨,曾用名弘谋,因避乾隆帝"弘历"之名讳而改名宏谋。临桂(今广西桂林)人。雍正进士,历官布政使、巡抚、总督,至东阁大学士兼工部尚书。在外任三十余年,任经十二行省,官历二十一职,所至颇有政绩,得乾隆帝信任。革新云南铜政,兴少数民族地区教育;经理天津、河南、江西、南河等处水利,疏河筑堤,修圩建闸。先后两次请禁洞庭湖滨私筑堤垸,与水争地。治学以薛瑄、高攀龙为宗,为政计远大。辑有《五种遗规》。乾隆三十六年(1791)卒。谥"文恭"。

魏按:张秉直(1695—1761),字舍中,号萝谷,陕西澄城县人。从学韩城吉儒宗、合阳康无疾,又往鄠县拜谒王心敬。终生以理学为务,不谄权贵,甘于清贫。为学尊崇程、朱,而力辟陆、王,对清初关中理学学者王建常非常推崇,所以钱穆有"萝谷独信好复斋"(钱穆:《中国学术思想史论丛》卷八《清儒学案序》,372页)之论。在关学史上地位相当重要,时人将之"推为横渠后一人"(戴治修,洪亮吉、孙星衍纂:《(乾隆)澄城县志》卷一四《闻人下》)。著作有《四书集疏》四十卷,《四书集疏附正》十九卷,《开知录》十四卷,《论语绪言》二卷,《治平大略》四卷,《文谈》一卷,《萝谷文集》四卷和《征信录》等。

相九马先生秖土[①] **同学诸人附** ([清]马先登续)

先生名秖土,字相九,同州人。高祖,文庄公[1]。祖,副使朴[2],功业文章名天下。父,赠太仆少卿嗣煜[3],生平以正学自许,著《五经初说》《寄园会语》《群玉阁诗集》。(魏按:由此可见朝邑马氏家学传承概略。)崇祯(1628—1644)时,由明经判济南,后殉难。遗先生年十三,赋质甚慧,读书一过不忘。从谭、董二庠师游,补诸生,食饩,旋充贡。既而叹曰:"圣贤之学,不在是也。"乃一意闇修[4]根极性命之要,务身体力行,与诸昆季及生徒,讲学邑圣母庙。往返必揖,行不径,坐不倚,虽酷暑,未尝解衣。(魏按:又同宽甫、吕泾野、王复斋气象也。))性至孝,痛弱龄见背,未获尽人子之养,每遇生忌辰,哭泣辄终日不食,凡事惟惧贻济南公[5]羞。

【注释】

[1]文庄公:即马自强。
[2]副使朴:即马朴,字敦若,号淳宇,马自强侄孙。
[3]嗣煜:即马嗣煜,马朴子。传见本书王心敬所撰《二岑马先生嗣煜》。
[4]闇修:闇,通"暗"。暗自修行砥砺,不为人所知。
[5]济南公:指其父马嗣煜。

当是时,李二曲先生以绝学为关西师表,先生慕之,因与族祖慄若栐,暨州耆宿白焕彩含章、李文伯士璸、蒲城王省庵化泰,延二曲于同,北面问学。于是郡绅王思若四服[1]、李淮安子燮[2]、张敦庵珥,皆踵接先生,事之尤殷。《二曲集》《体用全学》《读书次第》及《学髓》各编,皆先生与诸同学所手录。二曲西返,赠诗三首,乃设主于家奉之。康熙十七年(1678),二曲迫诏命,谢

---

① 底本无"秖土"二字,据目录补入。

绝人事,多士来谒者概不见,昕夕惟先生及富平惠霩嗣[3]、洛南杨尧阶、舜阶[4]侍侧。先生著有《白楼存草卷》《石斋诗》,卒年八十。

【注释】

[1]王思若四服:即王四服,字思若,号枕流居士,积学善文。崇祯五年(1632)拔贡。鼎革后,杜门不出,日灌园种花,聚友讲学,李长泰作《劲节吟》以美之。李士璸、张珥、白焕彩、党湛,皆其同社友也。州守赵三麟颜其居曰:"彦方风范。"年八十余卒。仍为树碑标其墓。著有《卧园集》。

[2]李淮安子燮:即李子燮,字以理,户部主事李修吉之孙。顺治间进士。任淮安推官。性刚直不阿,上官诬以赃,下法司勘讯,冘直不能屈。因告归。后游幕广西,吴三桂叛乱,叛党囚广西巡抚马镇雄。马托孤于李,后马氏一家惨死四十三人,而其子三人以子燮保全得免,义声远播。蒙恩褒奖,以部吏索金,弗应。授内黄知县,旋告归。杜门讲学,与张珥、李士璸师事李二曲。

[3]富平惠霩嗣:即惠霩嗣,字少灵,富平人,二曲门人。

[4]洛南杨尧阶、舜阶:洛南人,二曲门人。

魏按:是篇《相九马先生秽土》,为李元春嘱门下弟子、马秽土后人马先登所撰。另,王心敬《关学编》续补中《李二曲传》后所附《二曲先生及门诸子》中,亦有马秽土小传,柏景伟沣西草堂本《关学编》有取王编焉,而删去上传,以免重出。然贺瑞麟则又补入此篇,并于其后云:"按:先生传亦见丰川《续编》,未免太略,兹仍登李续中传,使学者并考之。"兹已录马先登所作传,又录丰川所作传如下。

随附:
《二曲李先生》所附《马秽土》　　(〔清〕王心敬续)

马秽土,同州人,马二岑先生子。生而习闻家学,兼气质醇悫[1],读书写字外,更不复识有可荣可慕事,亦不知世机械变诈事。中年纳贽二曲先生门,益向学守礼。先生尝言:"使世皆秽土,朝廷刑罚可使尽措。即理学家规矩准绳,亦可无事谆谆矣!"年逾七十卒。

【注释】

[1]醇悫:悫,音què,淳厚诚笃。

○附记：《二曲李先生》中"附二曲先生及门诸子"中其他李元春所未及者

魏按：上丰川王先生、相九马先生，盖二曲门下之高弟也，李元春已为作传。然桐阁毕竟非二曲门下，又生王心敬三十余年之后，概不闻二曲门下学者之众也。兹录入丰川续编中《二曲先生及门诸子》中桐阁所未及者，以补二曲门下诸子概略。

附：二曲先生及门诸子 以年齿生卒分先后① （〔清〕王心敬续）

李士琰，字文伯，同州人。未冠即知向学。甫四十，以积廪贡成均，不就廷试，惟文史自娱。性至孝，父疽发于背，衣不解带者月余，口咀疮毒而愈。庚辰②（1640）奇荒，以应聘入幕之金，籴粟活其亲眷数家。又尝拾五十金，仍访还其人。前后州守，闻名优礼。岁戊申（1668），二曲先生为其乡诸公敦邀，因闻性命之旨，欣然当心，乃首先纳贽，其实齿倍先生也，一时谓其"忘年向道，有古人风"。垂年九十，手不释卷。所著有《理学宗言》九种，藏于家。其殁也，二曲先生为之传。

蔡启胤，字绍元，天水人。弱冠入庠食饩，而性喜宋儒书，每至忠孝节烈，则往往拊膺向往，欲即其人。（魏按：心慕忠烈，不已也。）父病，吁天祈代，不时之需，旁求必获。尝为亲预营寿器，入山采漆，虎遇之辄避。寇起陷城，母被获，则哀号请代，寇感其孝，遂并释以归。（魏按：虔奉父母，不已也。）待三同胞弟，教训课业则甚严，而家庭居处恒怡怡如也。（魏按：善待兄弟如此。）癸未（1643），逆闯入关，兵薄秦、陇，乃衣冠趋学校龙亭，九叩恸哭，欲以身殉，其父固谕而止，然心终于此耿耿也。（魏按：家国情怀如此。）及以积廪将贡，遂坚谢不应，日惟耽玩濂、洛、关、闽诸书。（魏按：一心向道如此。）后闻二曲先生风，乃执贽门墙。每得书，必拜而后读，每发书请教，必拜以送使。（魏按：敬师如斯，如耳提面命，真不愧门墙。）逮后病危，两亲皆年及期颐尚在，子蓍问后事，则大恸曰："先亲而逝，吾罪人也。尚何言！"戒之敛以斩衰，暴棺野次，以明未能送终之罪。（魏按：依亲有愧，其在世奉养可知。）前后督学使者多旌其门。所著有《四书洞庭集》《蒙解集》《鉴观录》《溪岩集》，藏于家。弟启贤，孝友，性成亦知向正学。司铎盩屋，自处清洁，学政整严，盩屋士至今悉之。

张承烈，字尔晋，晚年自号淡庵，武功人。生而性任侠，年几五十一，且悔

---

① 柏刻本无此标题。
② "庚辰"，底本为"庚申"。然与本文下"戊申"上推，当为公元1620年，与传主行事不合。故以明末崇祯饥荒（1637—1643），暂定为庚辰（1640）年。

其前非,奋志心性之学,尝对人曰:"少无师承,为侠客误我二十年,为诸生误我二十年,今尚可为乡愿误乎?"乃节读程、朱书,交远迩正人。时长子志坦,几冠,亦笃向正学,乃率之受业二曲先生门。自是父子刻意砥砺,期于必若心斋父子[1]而后已。不幸志坦年三十亡,淡庵遂摧残不胜而卒,同人惜焉。

【注释】

[1]心斋父子:心斋,为阳明弟子王艮。心斋父子,指王艮、王襞父子。父子二人皆师事王阳明,故举此为例。

魏按:此处原有马稯士小传,已见录于前,不赘。

杨尧阶、舜阶胞兄弟,商州洛南人。早岁皆入庠食饩,同纳贽二曲先生门。洛南居商州东南万山中,风俗素称朴醇,尧阶兄弟本自洁修,自是益循礼矩,事事遵奉师训惟谨。制举外,读诸先儒书,讲反身悔过之旨,商州人有"洛南二士"之目。(魏按:王心敬以洛南兄弟二人续入关学,亦可见其所谓关中,已非仅限渭河两岸,而以秦岭以南陕西之属为关中矣。某以为,自少墟以来诸《关学编》者,心目中之"关中"不同今人所谓"关中"。今人所谓"关中",大抵今陕西境内渭河两岸之地也。而历代《关学编》者之"关中",则是一随历史变迁之观念。少墟之"关中",则为今甘、陕两省渭河流域为基本地域;王心敬之"关中",则拓展至今陕南也;李元春之"关中",则又拓展至今陕北也。仔细体察其编中甘陇、陕南、陕北之人物可见矣。今人以陕西之关中限关学之关中,自是一狭,不惟不合古人见识,于今弘扬关学又限于陕西而故步自封也。此虽非关义理,然不可不明。)

王吉相,字天如,邠州人。生而恬退端谅,非礼不行。中壬子(1672)乡试第一。丙辰(1676),成进士,选庶常。每自叹:"学不见道,何容以未信之身,立朝事主?"请告归,受业二曲先生门。先生授以知行合一之旨,天如躬行力践,期于必至。未三年,一病不起。君子以为如天如之行己有耻,使其造诣有成,学必不愧先贤,而一旦摧折,盖吾道之不幸云。

魏按:王吉相(1645—1689),字天如。陕西邠州人。王早年家境贫寒,勤奋好学,昼则佣工,夜则默诵。康熙十五年(1676)中进士,授翰林检讨,后改为翰林院庶吉士,不久因病归里。居家养病间,闻李颙之学,心慕不已,遂拜为师。闻学即践之于行,清修刻苦,置砖一块,每省有过,即焚长跪,加砖顶上,自怨自艾。李元春称其学"重躬行实践,而归主于心,归原于知,此真二曲之学也"(李元春:《桐阁文钞》卷四《四书心解序》)。不过,王吉相对阳明之学亦有不满处。著作有《四书心解》和《偶感录》。

李彦玱,字重五,三原人。生而清谨孝友,母殁,恪遵礼制,不饮酒食肉,居宿内室者三年。以孝廉考中书,待补家居。兄彦瑁,坦衷好施,历官凡数十年在外。彦玱代兄应门,恪恭恺悌。岁荒,尤悉心赈济宗戚。于二曲先生,以宗属事如胞兄,凡砥德进道之训,一一循奉惟谨。晚年应酬之余,辄闭门静坐,体认未发气象。二曲先生尝称之曰:"重五孝友性成,晚年尤笃信好学,吾党矜贵之品也!"及补授中书,为同官独受公共之过。一旦闻兄卒黄州,大恸得病而亡,士林惜焉。

罗魁,字仲修,咸宁人。为人敦笃好学,尤孝于事亲。自为诸生时,士林即重其为人,省中大僚每敦延以训子弟。后受业二曲先生门,尊闻行知,以选取拔教谕麟游,修学宫,振学规,梓布圣谕,旌表节孝,诸生中极贫者,往往节口赈恤之。及谢病归里,麟庠士追忆教泽,为立"去思碑"。闻其卒,则举祀名宦,盖入本朝来关以西教谕之仅见云。

同时如:富平孙长阶,清醇孝友,志朝正学,仅三十余,以副榜坐监成均卒;武功诸生张志坦,生于宦家,父子同心,励志希贤,年仅三十卒;韩城贾缔芳,生为贵公子,未冠即修洁好礼,崇向正学,亦仅三十余卒,识者咸为吾道惜焉。外如宝鸡李修,秉心慈良,天真未凿,盖亦不失为有恒;而如富平惠灵嗣,则笃于事师,及出宰通海,雅意循良,则亦师门之先觉云。

文佩,字鸣廷,平凉府泾州人。弱冠入庠食饩,而性嗜正学,年二十五,徒步五百里外,纳贽二曲先生门。归而倡率同志郭、张、李等四十余人为"正学会",商证师门宗旨。后又以会聚无地,又竭力倡众建师祠于居旁,定以朔望会讲之规,凡数十年不替。年六十一,训导汉中府宁羌州,甫逾一年,而遽以疾卒。鸣廷自少至老,孝友温恭,行谊修洁,而如其笃信好学,乐诲后进,尤为出于天性。凡交与者,无不爱敬其人,以为即古笃行之士,当无以过。及是以所施未究其志而卒,士林盖无不为之感慨悼惜云。

○附记:王心敬、贺瑞麟二人皆有逊功王承烈先生之传

魏按:王心敬辑《关学汇编》,泾阳逊功先生王承烈亦参订也。然丰川《关学汇编》亦有王承烈传。盖丰川《关学汇编》,成于逊功殁后也。故于此书之末,附王承烈之传也。后贺瑞麟亦撰有逊功之传。兹录此二传,以见逊功生平涯略及丰川、复斋所见不同也。

逊功王先生承烈① （[清]王心敬续）

王承烈，字逊功，号复庵，泾阳桥头人，端节王先生四世孙也。（魏按：湛川先生张鑑为端节先生王徵舅父，端节先生王徵为王承烈曾祖父，此亦家学之渊源，某所谓家庭生命之不息也！人命有息，然家庭之命，自有文脉则不得息焉。如泾阳王先生之家传，再如高陵杨恭懿父子三代之传，朝邑韩苑洛三代之传，马文庄数代之传，凡关学中有师承、有家学，学者于此编血脉中可见。勿以闲笔代过。）少以精举子业，兼博通声诗、古文词，士林雅重其品。久困场屋，四十三岁以《五经》发解，名噪艺林，而逊功不以为荣也。及鄠邑令芜湖张侯开馆造士，以重币敦延师多士馆余家，讲明心性及修己治人之学，乃舍其学而惟余言之是从。（魏按：由是言观之，王承烈亦王心敬门下高弟也，其不惟参订丰川《关学编》，亦为丰川之学开张门户也。真如南瑞泉事阳明子于会稽也。）逮捷南宫，馆庶常，辨诸儒真伪，务求力行，甘贫守志，劝学不替。世宗皇帝[1]继承大统，闻其品操学行，不次擢台垣，刚方守正，不避权要。奉有督粮湖北之命，讲"明明德"之旨于养心殿，上为称赏，谓其学有本源。随藩江右，操严而行惠，向学益笃，冀于斯道大明，展其所学，以报国恩。复由副宪历少司寇，未及期而卒。呜呼！年六十有四，学未究其施，朝野同志盖不能不为吾道惜也。养廉，偶有赢余，即用以惠民济贫及修废兴学，不问私殖，亦不为子孙计。殁之日，几无以殓。盖其清操，实为绝德。著有《日省录》《毛诗解》《书经解》行于世。②（魏按：《关学编》诸文献中，王心敬为门下弟子作传入关学，此或唯一特例。非是私淑偏爱，盖是逊功先生德业所然，亦是丰川先生师心所然也。）

【注释】

[1]世宗皇帝：指清世宗雍正，公元1722年至公元1735年在位。

魏按：李元春之后，其门下三原贺瑞麟又续关学七人，其中有《逊功王先生》，即王承烈传。沣西草堂本《关学编》之《关学续编卷三》收入。兹录其文，以与丰川《二曲传》所附小传互见。

---

① 周刻本无此标题。
② 柏刻本此处有"以上及门诸子"数字。

随附：

逊功王先生承烈[①]　　（〔清〕贺瑞麟续）

先生名承烈，字逊功，号复庵，泾阳人，端节公徵曾孙也。年十九补诸生，敦内行，家贫，授徒孝养无缺。晚始通籍，授翰林检讨，改监察御史，巡视东北城，巨室仆戚[②]羁贾人米价，假威怒骂，仆匿其戚巨室第中，先生执而置之法。署掌山东道，旗豪杀人巧脱，以他人抵狱。九门提督已定案，诸法司莫敢异同，先生抗争，卒得免。补吏科掌印给事中。召入养心殿，讲《大学》"明明德"，辨儒释之分。上大喜，出为湖北督粮道，迁江西布政司。巡抚某尚苛急刻深，先生劲正无所阿，及以都察院右副都御史召进见，具札直陈，上怒，立檄某置对，某语塞，遂落职，授先生工部右侍郎，以此名闻天下。又调刑部，病痁寖剧，逾岁卒，年六十四。（魏按：此段叙逊功先生晚年事，较丰川传详，可补其略。于此可见逊功人格之刚直不阿，气节之凛然不屈。）

对亲知子弟言，常以叨恩位列九卿，未得尽展其志，泪辄潸潸下。先生自少勤学，兄事王丰川先生，（魏按：逊功师事丰川，于此点明。兄事，非以兄长为事，以师为事也，古人师生以兄弟称。）讲明心性修己治人之学。成进士，出李安溪文贞[1]之门，益研宋儒书，身体心验，力行可畏。所著《日省录》，切己内考，不为空言。《诗说》既成，病中夜不能寐，犹思《尚书》疑义，且伏枕起草，竟《古文》二十八篇。尝曰："吾年自四十，庶几无一事不可对人言者，生平禄赐惠民济济，修废兴学，必于官中尽之。"没之日，几无以为敛。观先生忠诚，终始勿替，可谓不所学者矣。

丰川先生《关学续编》已附先生卷末，然尚未详，故复为先生传。

【注释】

[1]李安溪文贞：即李光地（1642—1718），字晋卿，号厚庵，别号榕村，福建泉州府安溪（今福建安溪）人。清代康熙朝大臣，理学名臣。康熙九年（1670）进士，历任翰林院编修、翰林学士、兵部右侍郎、直隶巡抚，协助平定"三藩之乱""统一台湾"，康熙四十四年（1705），拜文渊阁大学士兼吏部尚书。卒，谥"文贞"。雍正元年（1723），加赠太子太傅，入祀贤良祠。著有《历像要义》《四书解》《性理精义》《朱子全书》等书。

---

① "承烈"二字底本无，为标题统一起见，据本传内容补入。
② "戚"，原作"成"，据《清斋堂文集》卷九《刑部左侍郎泾阳王公神道碑》改。

魏按：王承烈(1666—1729)，字逊功，又作巽功，号复庵，陕西泾阳人。王徵四世孙。为官二十余载，以清正廉明著称。家居时，兄事王心敬，自谓为学得益于王心敬较多。后转尊朱子，推崇李光地之学。曾问学张伯行，与朱轼、方苞论学。其学重在修己，不尚空谈。认为阳明"学出于禅"，然对王阳明之才品功业颇为肯定。对张载之学，亦颇推崇，他认为"张子灼见道体处，透辟精密，宜其与周、程、朱子并案"（王承烈：《日省录》卷一），而张载之学之所以不彰，在他看来"大抵《正蒙》文字，贤者多不能耐其艰苦"（王承烈：《日省录》卷一）。著作有《毛诗解》《尚书解》《书经解》《日省录》二卷，文集、诗集若干卷。

酉峰孙先生景烈① 　　（〔清〕李来南续）

先生名景烈，字孟扬，武功人。学者称酉峰先生。为诸生时，入院试，有公役无礼于一生，不可堪，先生从旁观，大怒，遽殴之，援以见督学。（魏按：先生于无礼公役脾气不好。丰川先生因公役无礼于己而掷貌罢考，酉峰则因公役无礼于他人而抱打不平，大有关中学人气概。）督学察其意气非常人，勒责役，好慰先生。先生成进士，授检讨，告归，惟以讲学为事，先后主讲兰山、明道、关中诸书院，而关中书院为最久。先辈如崔虞村[1]、陈榕门[2]两中丞皆重之。督学杨梅似[3]谓"关中一时人才济济，尤以先生为当世无双"，频就函丈质业，夏日见之，至不敢摇扇。

【注释】

[1]崔虞村：即崔纪(1693—1750)，初名珺，字南有，号虞村，一号定轩。山西永济人，清朝官吏。年幼丧母，哀毁如成人。事父及后母孝。康熙五十七年(1718)进士，改庶吉士，授编修。迁国子监司业，以母忧归。服阕，补故官。三迁祭酒。乾隆二年(1737)，移署陕西巡抚。著作有《周易讲义》《学庸讲义》《论语温知录》《读孟子札记》《读周子札记》《诗书讲义》等。

[2]陈榕门：即陈宏谋。

[3]杨梅似：浙江人，余事不详。

先生教人，专心《小学》、四子书；讲四子书，又恪守考亭注，而析理之细，直穷牛毛茧丝，多发人所未发。如讲《中庸》"天命之谓性"，谓"天命善，不命恶"；讲《论语》"三让"章注"大王因有翦商之志"，谓"人疑此，由看得'志'字小"；讲"四勿"章"复礼"，"礼"字即"为国以礼"之礼。其说之洞澈多如此。

---

① 底本无"景烈"二字，据底本目录补入。

为制艺,似西江,而精密则自成一子;为古文,似庐陵,有逸气。著有兰山、明道、关中诸书院《讲义课解》《康对山武功志注》《删定对山集》《合阳县志》。成就关中人士甚众,各以其才,尝曰:"吾门治古文之学者,有韩城某某、洛南某某;治义理之学者,则有临潼某某"云。

魏按:孙景烈(1706—1782),字孟扬,又字竞若,号酉峰,陕西武功人。其为学无门户之见。虽学尊朱子,但不辟陆、王。终生"研究经义",书院讲学,其学"于关学多所发明"(王杰:《葆淳阁集》卷五《孙母刘太孺人墓志铭》),当时即"为关中学者宗仰"(同上)。对关学衰落局面,起而振之,其弟子王巡泰称其"继横渠后潜心正学,任道甚力"(王巡泰:《太史孙酉峰先生文集序》)。可见,孙景烈在关学史上应当具有重要地位。著作有《四书讲义》十卷,《滋树堂文集》四卷,《酉峰文集》二十二卷,《(乾隆)合阳县全志》四卷,《(乾隆)鄠县新志》六卷。其他著作如《易经管见》《诗经管见》《慎言录》《滋树堂存稿》《酉麓山房稿》《邠封见闻录》《可园古今文集》等,卷数俱不详。

零川王先生巡泰① （[清]李来南续）

先生名巡泰,字岱宗,居临潼之零口镇,故自号曰零川。先王父翼②,宁夏县教谕。先生承其家学,又受业于武功孙酉峰先生门下,酉峰称其门"治古文之学者",则指韩城王文端[1]、洛南薛内翰退思[2]诸人;称为"义理之学者",则惟指先生一人。先生自从酉峰游,恪尊其说,以窥关、闽,因灼见道源,深达理奥。论说多阐儒先之秘,正偏曲之谬,为今日说,以示学者不可自懈,尤足针痿痹之病。由乾隆甲戌进士,铨授晋之五寨,粤之兴业、陆川,所在有实政。寻复内擢吏部,皆能以经术饰治。先后主讲临潼、渭南、华阴、望都、解州、运城,多所成就,学舍或不能容。

【注释】

[1]韩城王文端:即王杰(1725—1805),字伟人,号惺园,陕西韩城人。清朝状元、名臣,有清一代陕西第一名臣。初在南书房当值,后经多次升迁,官至内阁学士。乾隆三十九年(1774)任刑部侍郎后又转调吏部,擢升右都御史,乾隆五十一年(1786)出任军机大臣、上书房总师傅,第二年又出任东阁大学士,总理礼部。嘉庆帝即位,仍为首辅。王杰在

---

① 底本无"巡泰"二字,据底本目录补入。
② "先王父翼",柏刻本及《关学宗传》卷《王零川先生》作"父翼"。

朝四十余年,忠清劲直,老成端谨,不结党营私,不趋炎附势。嘉庆十年(1805),王杰去世,享年八十一岁,追赠为太子太师,谥号文端,祀于北京贤良祠。

[2]洛南薛内翰退思:即洛南薛韫,字叔芳,号尺庵,酉峰门人。雍正朝进士、庶吉士,历任陕西宣谕化导使、翰林院检讨、广东韶州知府、广东广韶连道、监察御史,著有《晖远堂媵言》《周易象》《诗序辨参》《周易荟萃》《澳门记》。

然仕学历年,家无余赀。没之日,葬不能具礼,墓石亦未有也。道光甲申(1824),关中士大夫搜得先生著作十余种,公举乡贤,陈之当事。乙酉(1825),上其事于朝,朝廷俞允。又醵金[1]建祠,拓茔域,置祭田,立石以表其墓,其风闻于后如此。

【注释】

[1]醵金:醵,音jù,集资,凑钱。

著有《四书日记》《解梁讲义》《格致内编》《齐家四则》《服制解》《仕学要言》《丁祭考略》《河东盐政志》《兴业县志》《纯孝录》《劝戒录》《文法辑要》《童子指南》《知命说》《零川日记》,《诗集》二卷,《文集》四卷,《制艺》六卷。门人又辑其治绩,为《从政遗编》一卷,自订《年谱》二卷。

魏按:王巡泰(1722—1793),字岱宗,号零川,学者称零川先生,陕西临潼县人。师从华阴史调、武功孙景烈。孙景烈对其有"治义理者巡泰也"之推许。为学尊崇朱子,批评陆、王,于史调学旨相近,然多来自得。于关学外传贡献颇大,曾于山西解梁书院、河北尧山书院向学子讲述冯从吾、王建常、孙景烈等人之学说,且对关学"提唱宗风,与多士努力景行"。故孙景烈称"岱宗固足羽翼关学者也"(孙景烈:《滋树堂文集》卷一《王岱宗四书文序》)。著作除《四书日记》外,还有《解梁讲义》《仕学要言》《丁祭考略》《格致内编》《齐家四则》《纯孝录》《劝戒录》《文法辑要》《童子指南》《知命说》《从政遗编》《零川日记》和《零川文集》等。

伯容刘先生鸣珂① （〔清〕李元春续）

先生名鸣珂,蒲城诸生。有文名,试辄高等。有志圣贤之道,以李延

---

① 底本无"鸣珂"二字,据目录补入。"伯容刘先生"前原有"后补"二字,既已注明,删。

平[1]、湛甘泉[2]随处体认天理为宗。父克佐,尝有句云:"借问当年程伯子,观物何似静中天。"母和,抚育群孤,化及物类。伯容曰:"仁厚不及吾父,宽洪不及吾母,沉静简默不及吾弟,一门之内,皆吾师也。"(魏按:能从家中领会受教如此,是善学心,亦是孝悌心。)其弟名仲弢,伯容常与仲弢暨屈子悔翁[3]及佩玉[4]访关中三李[5],然亦不师三李也。后仲弢举于乡,悔翁以诗酒周行不反,佩玉死无所归,伯容殡之。

【注释】

[1]李延平:指李侗(1093—1163),字愿中,南剑州剑浦(今福建南平)人。学者称为延平先生。李侗师事罗豫章(从彦),为朱熹老师。

[2]湛甘泉:即湛若水。

[3]屈子悔翁:即屈复(1668—1745),清代诗人。初名北雄,后改复,字见心,号晦翁,晚号逋翁、金粟老人,世称"关西夫子"。蒲城(今属陕西)县罕井镇人,后迁县城北关。十九岁时童子试第一名。不久出游晋、豫、苏、浙各地,又历经闽、粤等处,并四至京师。乾隆元年(1736),曾被举博学鸿词科,不肯应试。七十二岁时尚在北京蒲城会馆撰书,终生未归故乡。著有《弱水集》等。

[4]佩玉:即屈琚,字佩玉,屈复侄孙,蒲城人。少好读书,曾从李二曲、李柏游,二李皆器重之。岁辛未(1691),关中大饥,馆于鹿邑,因移家就食。后因父卒,送葬归,以哀毁而卒。

[5]关中三李:关中三李说法颇多,这里指李二曲、李柏、李因笃。

康熙壬申(1692),西安大荒,蒲为甚。伯容就食延安,居柏林寺。日傍古柏,手一编。僧曰:"求生不得,读此奚为?"伯容曰:"应饿死,不读书也死;不应饿死,读书却不得死。"(魏按:生死非吾所能,读书则是我分内事也。)

时有路姓富翁,闻而异之,即欲辞其子之师马姓者,而延伯容。伯容曰:"翁延我,我生;辞马,马死。宁我死,毋令马不得生也。"未几,马以病殁,乃延伯容。伯容曰:"马,韩城人,韩亦大荒,今马之妻子在,翁能赡其妻子,待年丰送其柩归,我即应翁,不然否。"翁如伯容言。故伯容生,而马之妻子亦不死。(魏按:伯容大义,于此见之。)

伯容操行,凛若冰霜,及见其人,则和平大雅,如坐春风中。既志圣学,遂不复应试。著有《大中疏义》五卷,《易经疏义》四卷,《古文疏义》十六卷,《唐诗疏义》四卷,俱未镌。《砭身集》二卷,甥屈笔山[1]刊之在延安。同邑南阜人景嵩亦馆延,闻其辞路氏学,访之,因定交。《砭身集》之刊,实为序。

其后,扶风有费善斋,名尚友,诸生,亦讲正学。《槐里寱言》,予命儿南,录其若干条,刊之附后,足见其概。朝邑李元春时斋撰。

【注释】

[1]屈笔山(1711—1756),字文翰,号昆柏,陕西蒲城人。清雍正元年(壬子,1732)举人,乾隆元年(丙辰,1736)进士。先任铜梁、交城县知县,乾隆十三年(1748)迁西宁府教授。

魏按:刘鸣珂(1666—1727),字伯容,号诚斋,陕西蒲城人。少承庭训,即有志于圣贤之学。其学多从体认中得来,以程、朱为尊,对陆、王多所批评。贺瑞麟认为,"吾乡自朝邑王复斋先生后,首推先生"(贺瑞麟:《清麓文集》卷四《题〈砭身集〉写本》)。著作除《砭身集》六卷、《大中疏义》五卷、《易经疏义》四卷、《古文疏义》十六卷和《唐诗疏义》四卷。

又按:此《伯容刘先生鸣珂》为李元春所后补,而后其门下高弟三原贺瑞麟又作《伯容刘先生》,载之光绪柏刻本《关学续编》卷三。其事略可相互参见,故录其传以互见。

随附:

伯容刘先生鸣珂①　　(〔清〕贺瑞麟续)

先生名鸣珂,字伯容,蒲城诸生。自少有志圣贤之学,大抵以正心诚意为指归。其于天人、理欲、王霸、儒释之分,辨之极精,阒然自修,不求人知。康熙壬申(1692),岁大荒,就食延安,日傍柏林寺古柏,袖书披读,寺僧异之,问曰:"乾坤何等时也,求生不得,读书何为?"先生曰:"该饿死,不读书也死;不该饿死,读书却不得死。"

其时有富翁路姓,欲延先生教子,而辞其师马姓者,先生曰:"君延我,我生;辞马,马死,宁我死耳。"辞不就。未几,马病死,乃延先生,先生又曰:"马先生,韩城人,韩亦荒,今马死,妻子归亦死,不归亦死。君能养其妻子,待年丰,并其枢送归,我即应君,不则不也。"路闻先生言,益钦服,学生值日支应马妻子,间有惰者,辄责之,于是马妻子得不死。友人死无所归,先生为之殡,其志节如此。

潜心程、朱,随处体认,有所得辄笔之于书。父克佐尝有句云:"借问当年

---

① "鸣珂"二字底本无,为标题统一起见,据本传内容补入。

程伯子,观物何似静中天。"母和苦抚群孤,化及异类。哺雏鸡死,他鸡代哺,如己雏,卒各成。盖先生之学,其来有自。尝曰:"古人'高山景行',处处皆是。吾仁厚不及吾父,宽洪不及吾母,沉静渊默不及吾弟,一门之内,皆吾师也。况古人乎?"又曰:"天地人物,本是一个物事,只是多一壳子耳。"旁注云:"壬申避荒至洛邑,卧于大樗之下,仰观天,俯察地,悠然有会,因援笔书此。"又曰:"论心便有人心、道心,《大学》'明德',则以心之纯乎道心者言。"又曰:"心者,理气之会也,气之精明在此,理之凝聚亦在此。"又曰:"精义,所以为集义之地;徙义,所以尽集义之事。"又曰:"伊尹乐尧、舜之道,却变揖让为征诛,非精一工夫到极头处,如何做得此事出?"又曰:"曾子曰'与朋友交而不信乎',又曰'以文会友,以友辅仁',博约工夫,俱资友以成,离却'信'字,讲学辅仁,终有不尽处。"又曰:"孟子论友,发前圣所未发,说不挟贵,直到天子友匹夫;说取善,直到尚友千古。真石破天惊之论,道理却极平实,极精当。"又曰:"人生百年瞬息,俗事不得不应,俗人不得不接,但精力有限,羲皇以来之心法,并未得贯彻于一心,而发已白,齿已动摇,尚与碌碌者辈讨生活耶。古人杜门谢客,不为无见。至论阴阳、礼乐,精微之致,尤多允当明晰,足补先儒所未备。"即此可见先生所学之深矣。所著有《砭身集》《大中疏义》,又有《易疏义》《古文疏义》《唐诗疏义》,惟《砭身集》行世。

桐阁李先生元春[①]　　〔清〕贺瑞麟续

先生名元春,字仲仁,又字又育,号时斋,朝邑人,学者称桐阁先生。嘉庆戊午(1798)科[②]举人。少极贫,父文英,诸生,时游贾,先生与母居。方八九岁,日拾薪,饲蓄驴,恒代贫。家砲碾,得麸糠,采蔬和蒸以为食。一日,过里塾,闻诵书声,哭告母,欲读书。母喜,遣入学。十二三,塾师偶讲《论语》"仁而不佞"章,辄苦思前后诸章言"仁"不同及注语,乃悟圣门之学全在求仁,惟"当理而无私心""非全体不息,不足以当之"二语为尽。(魏按:桐阁少年处境,类似二曲,其好学之心,亦如二曲。)十四,应府试,于书肆见薛文清公《读书录》,减两日食购得之。自此决志圣贤,于书无所不读。河滨先生[1]为先生族祖,遂尽观河滨家藏书,得程、朱各集。父殁[③],痛父望己切,益锐志于学。乡荐后,

---

① 底本无"元春"二字,据本传内容补入。
② 柏刻本《关学续编》卷三贺瑞麟《桐阁李先生》无"科"字。
③ 柏刻本《关学续编》卷三贺瑞麟《桐阁李先生》"殁"作"殳"。

九上春官不第。年四十余,以母老,绝意功名,日侍母,不远离。母百岁卒,邑宰举先生孝行,以书坚辞。后闻举孝廉方正,亦坚辞。生平未尝乞假及妄受人,居京邸,亦未尝以一刺谒人,贵官有欲见者,谢弗面。

【注释】

[1]河滨先生:即李楷(1603—1670),字叔则,号河滨、岸翁,陕西朝邑人。天启四年(1624)举人,后多次应试不中,便居家潜心读书。入清,官江苏宝应知县。晚年回归故乡,应聘参编《陕西通志》,撰三十二卷。后又撰《朝邑县志》四卷,《洛川县志》二卷。其著作甚富,其子李建选编为《河滨全书》一百卷。存世的有《河滨诗选》《河滨文选》《河滨遗书抄》等。

其学恪守程、朱,辨陆、王。尤恶近世毛奇龄[1]怪论,特刊行戴大昌《驳四书改错》一书。尝曰:"陆、王之偏,坐不知学;考据之僻,坐不明理。"其自致力,以诚敬为本,而笃于躬行。① 孝友、睦姻、任恤,诸善不胜述。威仪容止,至老如一。人问何以养之,曰:"吾一生惟寡欲而已。"先生虽不仕,然极留心世务。邑中如坐运、换仓诸弊,屡上书当事求革之。为所居十四村联行保甲、立邑文会,意在明学化俗。自教授桐阁,至主讲潼川书院及邑华原书院,恳恳为诸生告以圣贤之学,但不废科举而已。老作检身册,有曰:"三代下有道之士,惟有席珍待聘,否则便涉干谒。朱子虽云'孔孟生今日,不能不应科举',然如搜检,待士非礼,孔、孟必不应也。即如孝廉方正之举,自汉以来,自投文券,予即不能应,况有使费,孔、孟岂为之乎?"识者以为至论。先生资禀气象,刚毅敦笃,故其立言皆博大切实,而不为无用之空谈。

【注释】

[1]毛奇龄(1623—1716),清初经学家、文学家,萧山城厢镇(今属浙江)人。原名甡,又名初晴,字大可,又字于一、齐于,号秋晴,又号初晴、晚晴等,以郡望西河,学者称"西河先生"。明末诸生,清初参与抗清军事,流亡多年始出。康熙时荐举博学鸿词科,授检讨,充明史馆纂修官。寻假归不复出。治经史及音韵学,著述极富。所著《西河合集》分经

---

① 贺瑞麟《关学续编·桐阁李先生》传中无"辨陆、王。尤恶近世毛奇龄怪论,特刊行戴大昌《驳四书改错》一书。尝曰:'陆、王之偏,坐不知学;考据之僻,坐不明理。'其自致力"数十字。

集、史集、文集、杂著,共四百余卷。

著述甚富,有《四书简题》《诸经绪说》《诸史闲论》《诸子杂断》《诸集拣评》《正学文要》《道学文副》《关中道脉四种书》及《桐阁文集》《杂著》,凡数十种。

年八十六卒。越二年,邑人士请以先生入祀乡贤。

魏按:贺复斋《关学续编》中又有《桐阁李先生传》,然其文与上传略同,其不同处已出校记,故不赘录。

又按:李元春(1769—1854),字仲仁,又字又育,号时斋,人称桐阁先生,陕西朝邑人。九上春官不第,遂绝意仕途,潜研理学。先后主讲于朝邑华原书院、西河书院,同州府丰登书院,潼关厅关西书院和大荔县冯翊书院,后又筑桐阁学舍,居家授徒,故门下多士。杨树椿、王会昌、王维戊、马先登等均为其门下高足,最著者当推三原贺瑞麟。其学倾向朱子,而不辟陆、王,并非贺瑞麟所谓"自少讲学即主程、朱,于心学良知之说辟之甚力"(贺瑞麟:《清麓文集》卷二三《李桐阁先生墓表》)。于朱子亦非唯命是从,认为论学要"存一公心",强调"学有体用",经世致用。李元春对"张横渠欲治天下以礼"(同上)很推崇,所以他主张"教人以礼",并强调"礼当常讲"。对关学及关中文化之文献整理贡献甚大,经其整理的关学文献有《关中道脉四种书》《关中两朝文钞》《关中两朝诗钞》《关中两朝赋钞》《青照堂丛书》和《青照堂丛书摘》等,又补续《关学编》,使关学薪火相续。李元春在关学史上具有相当重要的地位,贺瑞麟认为"桐阁先生之于关中,犹朱子之于宋,陆稼书之于国朝"(谢化南编:《清麓遗语》卷三《经说二》)。其著述丰富,多达四五十种,收录于《桐阁全书》《青照堂丛书》。

○附记:贺瑞麟《关学续编》所撰史调、郑士范、杨树椿三传

魏按:李元春之后,其门下三原贺瑞麟又续关学七人,沣西草堂本《关学编》之《关学续编卷三》已收入。其中刘鸣珂、王承烈、张秉直、李元春四传已见录于前。兹附录其《复斋史先生调》《冶亭郑先生士范》《损斋杨先生树椿》三传于此,以见桐阁前后关学之传。

复斋史先生调[①]　　([清]贺瑞麟续)

先生名调,字匀五,号复斋,华阴人。父克巖,明武清令标之季子。先生幼笃谨,长潜心经史。康熙庚子(1720),乡捷后,得王复斋集读之,恍然曰:

---

① 底本无"调"字,据本传内容补入。

"读书非为科名已也,将以求其在我者。"遂立志以圣贤为师。搜《近思录》《二程遗书》及薛、胡[1]诸儒集,日夜勤劬。自衣冠居处之细及应事接物,咸恭恪有法度。居华山云台观二十余载,教授生徒,四方从游者甚众。崔虞村[2]中丞重其学,延掌关中书院。

【注释】

[1]薛、胡:即薛瑄、胡居仁。
[2]崔虞村:即崔纪。

后谒选,得福建仙游令。至则设学、行、才三则取士。闻有孑然特立、足不履公庭者,从一奚奴[1]式其庐,观者不知为邑宰也。簿书余暇,即与诸生讲学,建书院,置膏火,以奖劝多士。折狱惟恐下情不达,不轻事笞杖。其他救荒、缓征、赈穷、惩盗诸惠政,不可枚举。竟以枘凿不入,十阅月而告归。尝言:"士人立身大节,出处去就,胡可苟同流俗!"盖其不屑不洁,养之诚有素也。

归田后,主讲临潼横渠书院。教人以存心立品、辨明义利为大端。零川王巡泰实出其门。没之日,孙酉峰先生表其墓曰"史君急流勇退,有劲骨,有恒心,足以羽翼关学"云。所著有《志学要言》《从政名言》《镜古编》《杂著》《语录》共若干卷,行世。

【注释】

[1]奚奴:奴仆。

魏按:据《清麓文集》卷十五,此传题目下按语"此本门人王守恭作,以既为先生所妆录,故不复别出",可知本传原出于复斋门下王守恭之手也。

又按:史调(1697—1747),字匀五,号复斋,晚号云台山人,陕西华阴县人。早年志在科举功名,后得王建常《复斋录》读之,潜心理学。为官未十月,以病坚辞,归田后,主讲关中书院和临潼横渠书院,造就颇众。其为学主张"存心利物"(《史复斋文集》卷三《辛酉都中发》)。强调"事事务为躬行实践"(周长发:《史复斋文集序》),于阳明学和禅宗亦有激烈批评,故有人称其学为"关中之实学"。著作有《史复斋文集》《志学要言》,《从政名言》《镜古篇》等。

冶亭郑先生士范① 　　（〔清〕贺瑞麟续）

先生名士范，字伯瀍，一字冶亭，凤翔县人。生而明敏笃诚，甫成童，潜心正学，躬行践实。事继母以孝闻。道光壬午（1822）解元，以知县拣选贵州，摄印江、安化，补清溪、贵筑，擢平越知州。所至为政悉本实心，印、安二邑治行尤异。贵筑，首邑也，治狱悉委僚宷。先生曰："县令与民相见，惟此时耳，而又假手于人乎？"故首邑亲讼，惟先生则然。赋性恬淡，不乐仕进。既迁平越，移疾而归。

家素丰，回难作，凤郡围急，独捐银万三千两，城守始备。戒严三月，援兵不至，白郡守募人突围，赴京乞师，诏发兵，城围始解。回民素敬先生，虽称乱，相戒不敢犯郑氏。及先生避地入城，载书数车，猝遇贼骑，知为先生，皆夹道立不敢动。先生在车中遥语以勿伤人，众皆唯唯。盖其德孚异类有如此，识者以为无异黄巾之罗拜康成也。（魏按：大有萧先生气概。）

先生自少至老，未尝一日去书，见异书必手自缮录，雠校精审，蓄书最富，凤郡好学之士多借观焉。而其诲人孳孳不倦，尝令读《朱子全书》《小学》《近思录》等书，曰"此洙、泗真传，我辈宜终身研究，身体力行者也。其一生学力悉注于此"云。（魏按：郑士范之所崇，即复斋之所学也。）

著书甚多，已刻者有《朱子约编》《朱子年谱》《许鲁斋年谱》，未刻者又有《四书小注约编》《春秋传注约编》《三礼表》《盛世人文集》。

魏按：郑士范（1795—1873），清末绅士，经学家。字冶亭，凤翔县高王寺人。道光二年（1822）乡试第一，后在贵州历任印江、安化、贵筑知县及平越知州，重视兴教办学。后回凤翔。同治元年（1862）劝告回民勿起义、勿杀人，后入城协助知府张兆栋守城并镇压起义，晚年居家著述。撰有印江、安化、贵筑、平越诸志，《春秋传注约编》《朱子年谱》《许鲁斋年谱》《归雨集》《帚猗察集》等。

损斋杨先生树椿② 　赵氏宏斋、张氏元善、李氏蔚坤附　　（〔清〕贺瑞麟续）

先生名树椿，字仁甫，号损斋，朝邑人。诸生，初受业邑贡生李来南。来南父，即世所称桐阁先生者也，树椿辄从问学，有志洛、闽。后与二三知友讲益切，绝意进取，于名利泊如也。事母至孝，处兄弟、待朋友恳恻直谅。其为

---

① 底本无"士范"二字，据本传内容补入。
② 底本无"树椿"二字，据本传内容补入。

学坚实刻苦,默契精思,养深而纯,守严而固。常论为学之要曰:"无'朝闻夕死'之志,无求为圣贤之志,无以天下为己任之志,工夫所以常悠悠。"(魏按:横渠云:"志大则才大、事业大。"正是此意。)又曰:"'未发''已发',此处不分明,存养省察皆靠不得。"又曰:"君子之学必以诚,诚穷理则真知,非止诵读;诚居敬则实践,非止讲论。"(魏按:横渠云"益物必诚""自益必诚",正是此意。)虽处草野,无一念不在天下国家,一夫不获其所,辄恻然伤之。晚年学益邃,县宰黄照临[1]特设友仁书院延主讲。学使吴大澂[2]以学行疏于朝,略曰:"朝邑杨树椿隐居华山,潜心理学,除岁考外,不入官府,有古君子之风。臣按临同州,适来应试,询其所读性理诸书,融会贯通,实有心得。平日涵养之功,一本程、朱主敬之学,所谓笃行谨守,不求闻达,亦足为世风矣。"奏,奉谕旨,加国子监学正衔。

【注释】

[1]黄照临:黄碧川(1834—1890),字照临,湖南石门县北乡雁池坪(今雁池乡雁池坪村)人。同治元年(1862),以廪生资格参加湖南乡试,中为举人。同治七年(1868)擢陕西知县,旋晋同知直隶州知州兼山阳县县令,政绩突出。光绪五年(1879),以知府身份晋见光绪帝。光绪九年(1883),诏授山西大同知府。光绪十年(1884)四月,奉旨署理山西按察使(俗称臬台)。光绪十一年(1885)正月,以亲老患病,乞养回籍。居家期间,湖广总督张之洞曾飞章调黄旅职,终未前往。情愿居家读书讲学,赋诗行文。光绪十六年(1890)六月,染上热疹,七月初四病卒于老家,享年五十七岁。著有《梦山馆诗》二卷。

[2]吴大澂(1835—1902),初名大淳,避清穆宗讳改名为大澂,字止敬,又字清卿,号恒轩,又别号白云山樵、愙斋、郑龛、白云病叟。江苏吴县(今江苏苏州)人。同治七年(1868)进士,历任编修、河北道、太仆寺卿、左副都御史等职。光绪十二年(1886)擢广东巡抚。光绪十三年(1887)八月,署河南山东河道总督。光绪十八年(1892)授湖南巡抚。中日甲午战争起,他率湘军出关收复海城,因兵败革职。卒年六十八。著有《说文古籀补》《古玉图考》《权衡度量考》《愙斋集古录》《恒轩所见所藏吉金录》《愙斋文集》等。

魏按:杨树椿(1819—1874),字仁甫,号损斋,陕西朝邑人。初受业于李元春长子李来南(1801—1860,字熏屏,朝邑人),遂有志于濂洛关闽之学,后拜于李元春门下。为学一本程、朱,强调"密作工夫",大其规模。对阳明之学不以为然,然亦不激烈批评,并且对程、朱学者对陆、王之学的一概批评有所不满。杨树椿在关学史上具有一定的地位,贺瑞麟认为"关中之学,国朝自朝邑王仲复先生恪守程、朱,躬行实践,为不愧大儒。百余年而桐阁先生继之,又数十年,而君继之"(贺瑞麟:《清麓文集》卷二二《国子监正学衔生员杨君仁甫传》)。著作有《读诗集传随笔》一卷,《四书随笔》三卷,《学旨要略》一卷,《损斋语录钞》三卷,《损斋文钞》十五卷、《外集》一卷首一卷和《西埜杨氏壬申谱》十卷。其著作被辑为《损斋全书》一书。

　　同时大荔廪生赵凤昌,字仲丹,号宏斋,与树椿同学,亦闻桐阁先生之学。二人同居,读书太华洛桥,先后几二十年,互相规切最至。(魏按:相交砥砺如是。)凤昌性狷急,然斤斤有守,温恭笃实。家庭之间,怡怡如也。卒年四十二,自恨学未成。时捻匪入关,病中犹对树椿言甚悲,且曰:"吾秦糜烂至此,宜设身处地筹方略,毋令人笑吾儒有体无用!"其所存如此。(魏按:心忧乡土如是。)殁后,督学吴大澂扁其门曰"笃学勤修"。

　　门人张元善,字葆初,亦大荔人。始志学,即好性理诸书,访师友求道甚功。尝自讼曰:"不闻道不如死,或谓'才可就功名而不就,力不能为圣贤而必为',元善不顾也!"(魏按:志学如是。)夫妇相接以礼。(魏按:夫妇相敬相守,亦关学家庭之一贯传统。)修墓致祭,必谨天旱。闻征呼急或官示不便民,宿疾辄发。气象毅然,见者生畏,而意思恳恻,人多乐就之。年甫冠,以劳瘵卒。妻李矢志守节。

　　李蔚坤,字匪莪,华阴人。初从树椿问学,后受业芮城薛仁斋。亲没,守礼甚严。读书,一字一义必求心解。每言学术之歧或时事之艰,几痛哭流涕。岁荒,友人为官买赈粮,嘱以毋徇私,且曰:"用材要当,储材要广,宜因事用人,毋为人求事。"年四十七,以失明卒。有《请学疑语》,附见《仁斋集》中。

　　魏按:赵凤昌,损斋讲友;张元善、李蔚坤,损斋门人。贺复斋与损斋同为桐阁门下,能为其师立传;亦为其友立传,能为其友讲友立传,又为其友门人立传,如此不负桐阁门下之意,师弟相传,风沿有自。

后编

魏按：《关学编》创自少墟先生，经丰川、桐阁诸人不断补续，至贺复斋而延伸至损斋先生及其门下。然贺复斋、柏景伟、刘古愚亦关学之传也，于此三大儒，不特近代关中学者有所论述，川籍寓陕学者张骥《关学宗传》亦为三先生立传，故后编不得不以三先生入关学也。兹编以墓表、墓志铭为据，略见三先生之概略，并以张氏《关学宗传》中之三先生传附焉。

卷一

柏子俊先生

魏按：柏子俊先生之生平学术，主要见于贺瑞麟所作《柏君子俊传》（《清麓文集》卷第二十二）、刘古愚所作《同知衔升用知县柏子俊先生墓志铭》（《烟霞草堂文集》卷四）、门下赵舒翘所作《柏子俊先生墓表》（《续陕西通志稿》卷二百十一）、其子柏霆蕃所作《柏子俊先生行状》、张元际所作《清故长安柏汉章先生墓志铭》及张骥《关学宗传》中之《柏子俊先生》等。兹录刘、贺所作铭、传，及张骥《关学宗传》中先生之传，略见先生生平为学大略。

同知衔升用知县柏子俊先生墓志铭　　〔清〕刘光蕡撰

魏按：此文据刘古愚《烟霞草堂文集》民国戊午（1918）苏州版卷四录入点校。西安市长安区博物馆藏墓志铭题作"清故长安柏子俊先生墓志铭"，题下有"皇清诰授奉政大夫、特旨交部议叙、赏戴蓝翎、钦加同知衔分省补用知县、定边县训导、乙卯科举人柏公沣西先生墓志铭"48字。

光绪十七年辛卯（1891）冬，十月既望，越日昧旦[1]，前关中院长沣西先生卒于长安冯籍村里第。远近闻之，怅失所依，奔走而吊，哭者千余人。士之奋于庠序者谓："安仰放天，胡不憖遗[2]，遽夺先生，是降大割于西土也！"

先生貌魁梧，望而凛然。处事接物，不挠以私，进退必归于义。性抗爽，剖别是非，不妪煦[3]作长厚态。赴人之急，如谋其身。友教四方，善启发。其规过，必直抉根株，而示以所能改；劝善，则诱掖奖借，必使欣欣自奋，不能自已。故当时虽多畏忌先生，及卒则同声悼怛，无异词也。

【注释】

[1]昧旦：天将明未明之时；破晓。
[2]胡不憖遗：憖：音yìn，愿；遗：留。胡不憖遗，为什么不愿意留下这一个老人。
[3]妪煦：妪，指地赋物以形体；煦，指天降气以养物。原指生养覆育，这里指和悦之色。

先生生道光中叶,时天下平治久,风俗渐弊,奸豪肆无所忌,鱼肉穷弱,官吏偷惰,苟目前无事,患遂积于隐微。欲挽救,非开诚布公、综核名实、痛除蒙蔽、习以达民隐不可。故先生务抑强扶弱,常自树于众曰:"有欺凌贫弱者,余其即主也。"人遂以任侠目之。未弱冠,东南兵事起,先生知祸必遍于天下,于是好与健儿游,畜健儿常数十百人。留心天文舆地之学与历代兵事战守攻取之略,其成败利钝,必究其所以然,人又谓先生喜谈兵。(魏按:大类横渠少年气象。然非所好,形势然也。)甫壮,陕回构乱,先生会试适报罢,急间道归。陕西遍地治团练,冯籍在省垣[1]西,可犄角。当事不以团事属先生,发巨饷,先生亦不闻。故封翁及太夫人坚不令先生与团事。陕祸益急,奉父母匿南山,转徙荒谷。父母先后殁,丧葬尽礼。及多忠勇[2]肃清陕境,围川匪盩厔,战死城下。今陕西提督军门雷公正绾[3]为帮办,驱回逆而西,多部多随之。有傅先宗[4]者,后以提督战死甘肃,招先生入幕,募勇士湖北,与围金积堡。傅隶某帅为选锋,敬信先生,而帅武夫,不知进止机宜。傅以闻于先生者语帅,悉龃龉。傅则礼先生益厚,不令去。师溃,乃得归。于是先生益习甘肃山川道路、战守形势、贼情伎俩、官军勇怯。而刘忠壮[5]逐捻陕西,先生为向导,又得所以制捻匪之法。

【注释】

[1] 省垣:省会,此处指西安。

[2] 多忠勇:即多隆阿(1817—1864),字礼堂,呼尔拉特氏,达斡尔族,清代隶属满洲正白旗,清朝名将。同治元年(1862),陕西回民起事,多隆阿于十一月抵达潼关平叛。同治三年(1864)四月,多隆阿攻占盩厔,进城时遭流弹击中,延至五月十八日伤重不治。赠太子太保,予一等轻车都尉世职,入祀京师昭忠祠,谥忠勇。

[3] 雷公正绾:即雷正绾(?—1897),字伟堂,四川中江人,清朝将领。由把总从军湖北,积功至游击,赐号直勇巴图鲁。咸丰八年(1858),从多隆阿援安徽石牌、潜山、太湖、桐城,诸战皆功最,累擢副将,以总兵记名。十一年(1861),败黄文金于蒋家山、项家河、江家河、麻子岭,一月五捷,授陕安镇总兵。

[4] 傅先宗(?—1871),字昆亭,湖北江夏人,清末爱国将领,参与镇压陕甘回乱,屡立战功,以身殉国。

[5] 刘忠壮:即刘松山(1833—1870),清代湖南省长沙府湘乡县人,字寿卿。随左宗棠远征西北,戍边御侮,匡危靖乱,以功擢千总、守备、肃州镇总兵、广东陆路提督。晋号达桑阿巴图鲁,赐黄马褂,予三等轻车都尉世职。甘肃安定一战,不幸亡故,赠太子少保,加

骑都尉兼一云骑尉,入祀京师昭忠祠,谥"忠壮"。

蕡时避贼省垣,与同邑李编修寅[1]始交先生。先生屡入左文襄[2]、刘果敏[3]两帅幕,方筹筑堡寨以卫民居,设里局以减徭役,提耗羡以足军食,徙回居以清根本,开科举以定士心。先生契余两人,每驰驱归,即招余两人饮。上下议论,故凡为桑梓计者,蕡多与闻。其后,立节义祠,起崇化文会,办积义仓,设牛痘局,改新里甲,修普济桥,及重葺冯恭定公祠,创建少墟书院,其事或行或不行,或行之而阻于浮言;或始不行,事势所迫,卒不得不如先生言者不备书,书其大者四事。

【注释】

[1]李编修寅:即李寅(1840—1878),字敬恒,咸阳渭河北庇礼村(今咸阳市渭城区渭阳镇)人,书香世家,其家族农商兼营。刘古愚同乡好友。

[2]左文襄:即左宗棠(1812—1885),字季高,一字朴存,号湘上农人。湖南湘阴人。晚清军事家、政治家,湘军名将,洋务派代表人物之一,与曾国藩等人并称为"晚清中兴四大名臣"。左宗棠早年会试,屡试不第,后遍读群书,钻研舆地、兵法,参与平定太平天国运动、兴办洋务运动、镇压捻军,平定陕甘同治回乱,收复新疆,推动新疆置省。历任闽浙总督、陕甘总督、两江总督,官至东阁大学士、军机大臣,封二等恪靖侯。去世后追赠太傅,谥号"文襄",并入祀昭忠祠、贤良祠。著有《楚军营制》《朴存阁农书》等,其奏稿、文牍等在晚清辑为《左文襄公全集》。

[3]刘果敏:即刘典(1818—1878),字伯敬,号克庵,宁乡县人,咸丰六年(1856)奉命在宁乡办团练,保训导。十年(1860),助左宗棠办理军务,转战于江西、浙江、安徽等省,先后授知县,升知府,擢浙江按察使。同治七年(1868),调甘肃按察使,协助左宗棠办理陕甘军务,同年署陕西巡抚。光绪元年(1875),左宗棠督办新疆军务,率兵征讨阿古柏之乱。刘典到兰州,任后方留守,筹兵转饷,为收复新疆竭尽全力,授太仆寺正卿,旋升布政使。光绪四年(1878),刘典病逝于兰州,谥"果敏"。遗著有《从戎识实》。

一抚北山土匪。先生自甘归,知其地苦寒贫瘠,南勇所畏,非用土勇不可。北山土匪者,今乌鲁木齐提督董公福祥[1]所集团众,以御回逆者也。回逆陷庆阳,扰延、榆界,北山无兵,民始自卫,久而乏食,遂以劫掠。先生谓民激于义愤,起与贼角,劫掠非得已,况不攻治城、不仇官,与乘乱滋事者殊。而当贼匪猖獗,能自立,其义勇可用。乃购得庆阳府民贺姓、张姓,具得团众情事,授之词,使禀当道。时左文襄追捻匪而东,刘果敏驻节三原,得禀大喜。

知谋出先生,函询所以抚状,立委前环县令咸宁翁健入山受抚,而湖南主事周瑞松与偕,颇忌其功,谓团众不可用,有出虎进狼喻。抚不如法,得其前锋扈璋壮士五千人,勒令归农。董遂远扬,不可抚。其后刘忠壮由鄜、延进攻宁、灵,收而用之,深得其力。转战甘肃,出关,至今屹为巨镇。

【注释】

[1]董公福祥:即董福祥(1840—1908),字星五,甘肃环县(当时属宁夏固原)人,清末著名将领,官至太子少保、甘肃提督、随扈大臣,赐号阿尔杭阿巴图鲁。同治三年(1864),组织汉民民团反清,后在陕北被左宗棠部刘松山击败,投降清军,所部改编为董字三营,先后从刘松山、刘锦棠平定陕西、甘肃、西宁(今属青海)等处回乱,升为提督。光绪元年(1875),又随刘锦棠进兵新疆。以收复乌鲁木齐等地及平定南疆阿古柏骚乱有功,得左宗棠赏识。光绪十六年(1890),擢喀什噶尔提督。光绪二十一年(1895),率部至甘肃平息回乱。后调甘肃提督。光绪二十三年(1897),奉调防卫京师,所部编为荣禄所辖武卫后军。光绪二十六年(1900),义和团运动迅速发展,清廷采取"招抚"策略。董福祥部士兵纷纷加入义和团,杀死日本驻华使馆书记官杉山彬,并参与围攻东交民巷使馆。八国联军侵占北京时,董福祥率军护卫慈禧太后和光绪帝西逃。清政府与八国联军议和过程中,外国侵略者要求处死董福祥,清廷不允,旋被解职,禁锢家中。光绪三十四年(1908)病死于甘肃金积堡(今属宁夏吴忠)。

一办理回逆臆议。左文襄之进兵甘肃也,驻节西安,议所向。先生首陈十六事,略谓:回逆性贪多疑,胜则散掠,败则聚守,而各诡以求抚。彼既以抚愚我,我何妨以抚制彼。大军宜分三路,中由邠、乾以出泾、原、汧、陇,回既受抚,有汉团牵制,必不敢动。巩昌新复,秦州通川、汉粟货,即为进剿河州根本。河州平时为回逆渊薮,苟能克复,即绝兰州以东各回西窜之路,马化龙必已胆慑。以北路劲兵入宁夏,拊金积堡之背,而扼其吭,势可待其内溃。惟陕回穷凶极恶,不能使借口为汉民所逼,必奋死冲突,而南勇轻脆,不如北人坚苦耐劳,宜少调南师,多用土勇及土司、土番,教以官军阵法,必易成功。议上,幕府士湘、陕参半,谓论南勇触时忌,宜去。先生不可,曰:"非吾薄南勇也。湘、楚各勇,平洪逆、捻匪,功名富贵,倦而思归。强之来,不哗溃即倩雇顶替。游勇降众,哈希成军,今各营其为湘、楚产者有几?回逆诚易平,惟惜二十余年军兴流弊,尽驱而归之陕、甘,事定后,不无隐忧耳。"乃离去。然文襄才先生,属刘果敏。既而高忠壮为部下所戕,果敏思先生言,力延入幕。先生雅不欲,以方清理长安差徭,不能不借力于大府,乃勉赴数月即归。其后甘、陇兵事,多符先生言。(魏按:柏景伟所虑长远,真有谋略。)先生已入南山,读儒先身心性命书,不复慷慨谈天下事矣。

一为咸、长赈①荒。光绪丁丑(1877),晋、豫、陕大旱,无麦禾,先生方病肺忧甚。既偕同人闻于朝,得赐赈。时宫农山[1]太守署西安府事,谓咸、长首邑,为四方则,宜敬慎将事,躬延先生主之。先生创为各村保各村法,以贫民稽富民粟,使无藏匿;以富民核贫民户,使无冒滥。不足,以巨室之捐输济之。富不苦抑勒,而贫得实惠。古所谓救荒无善策者,得先生法,弊悉除,盖全活数十万人。(魏按:善法,善法!后牛兆濂亦借用此法赈灾济民。)

【注释】

[1]宫农山:即宫尔铎(1838—?),字农山,一字退园,号师吕居士,别号抱璞山人,清光绪时怀远人(原籍江苏泰州),国子监生,太史宫星楣之侄。曾任陕西乌延(今横山县南)知事,延安、同州(今大荔县)知府。兼安边同知三品衔,诰授通议大夫。为著名书画收藏家、鉴赏家之一。生平著述有《思无邪斋古文》八卷等。

一为创立求友斋课。先生之入山也,门弟子强之出,请授制举业。其后,各书院延主讲席,先生思造士以济时艰,天下虽大定,西夷日强,恃水战踞我沿海各口,必讲求陆战以窥我内地,其患已棘。而陕士习帖括,病空疏,无实用。乃创立求友斋,以经史、道学、政事、天文、舆地、掌故、算法与士子相讲习。三原胡观察砺廉[1]出千金以为赀,泾阳氂妇吴周氏[2]以两千金益之。兼刻有用书籍,士习丕变。今学使柯逊庵[3]扩为味经书院刊书处,先生虽不及见,其端则自先生发之也。

【注释】

[1]胡观察砺廉:胡砺廉(1843—1887),字子周。清代西安府三原县东关(今三原县东关)人。出身书香门第,反对八股取士,崇尚实学。出资赞助柏景伟、刘光蕡创立了"求友斋",指导学生学习天文、地理、算术等经世致用之学,并创设书局,刊刻了《梅氏筹算》《平三角举要》等实学书籍。

[2]泾阳氂妇吴周氏:吴周氏(1868—1910),清代泾阳县鲁桥镇孟店村(今属三原县)

---

① "赈",原作"振",形近而误。

人,女,地方财阀。娘家为名门世族。十七岁时出嫁本县蒋路乡安吴堡村吴家,丈夫吴聘因染疾不愈,婚后数日死去,因吴家无男丁承嗣,吴周氏成为吴家惟一继承人,此后吴周氏即被称为"安吴寡妇"。光绪庚子年(1900),八国联军侵入北京,慈禧太后仓皇逃到西安避难,吴周氏趁机以"助纾国难"名义,向慈禧太后贡银十万两。慈禧嘉许其举,诰封二品夫人(吴周氏死后被诰赠一品夫人),赐御笔亲书"护国夫人"的金字牌匾。

[3]柯逊庵:即柯逢时(1845—1912),一作凤逊,字逊庵、懋修,号巽庵,别号息园,湖北省大冶市金牛镇人,光绪九年(1883)取进士,点翰林,改庶吉士,授翰林院编修。历任江西按察使、湖南布政使、广西巡抚、兵部侍郎、"督办八省膏捐"大臣、兼总理各国事务大臣、湖北铁路协会名誉总理等职。光绪二十七年(1891)任陕西学政时,曾经奏建刊书处,创建书院,书院先后由史梦轩、柏子俊、刘古愚主持,历经三十年,于光绪二十九年(1903)改为泾阳县立小学堂。清廷覆灭后,赋闲武昌,研究医学,校刻医书多种,是民国初年有名的医生。

生平谊笃师友,张星垣孝廉,先生课师也,令宜君罣[1]吏议负债,卒,不得归,先生葬之村东。贷百金,资其幼子归湖南。同邑杜子宾,先生蒙师也,没,无子,先生为立嗣,恤其夫人终身。先生为邑弟子员,受制举业。及治经史法于固始蒋子潇[2]孝廉,孝廉移讲丰登书院,以先生从。适孝廉以猝中风痰卒,有典史单澐者,素嗛孝廉,造蜚语,谓死于非命,院中士皇皇不知所为。先生谓院长死,无子,府县官皆主人,宜视含敛,待三日不至。而单澐率皂役数人突至,坐讲堂,拘院夫、门夫,讯院长死状。诸生不胜其忿,先生直上,批其颊,捽以下拳,而数之曰:"此何地?汝何人?师座可容汝鞫狱耶?且院长死,无言非命者,汝独言,则汝自知故。汝欲诬何人?而刑逼门院夫取证耶?"院中士闻先生言,悉气壮,哗而和之。澐大惧,叩头哀乞。先生曰:"府县至,恕汝。"澐致书,府县须臾至,诸生与视敛,实病,无他故,事乃解。其勇决赴义多类此。

【注释】

[1]罣:音 guà,被别人牵连而受到处分或损害。

[2]蒋子潇:即蒋湘南(1795—1854),字子潇,清代河南固始县城关陪濠沿人。道光五年(1825),河南学政吴巢松举其为拔贡。次年入京,结识阮元、顾莼、黄爵滋、龚自珍、魏源等学者名人。曾任河南学使吴巢松和陕西学使周元祯幕僚。十五年(1835)中举。二十四年(1844),大挑二等,补虞城教谕。绝意仕进,专事游幕讲学,潜心研究经学,先后主讲于关中书院、同州书院,并修纂《蓝田县志》《泾阳县志》《留坝厅志》《同州府志》《夏

邑县志》《鲁山县志》等志书,最后完成《陕西通志》稿。咸丰四年(1854)八月卒于陕西凤翔。

先生讲学,宗阳明良知之说,而充之以学问,博通经史,熟习本朝掌故,期于坐言起行。其学外似陈同甫[1]、王伯厚[2],而实以刘念台[3]慎独实践为的,故不流于空虚泛滥。同时,贺复斋讲学三原,恪守程朱,与先生声气相应,致相得也。先生刻《关学编》未竟,嘱复斋续成之。

【注释】

[1]陈同甫:即陈亮(1143—1194),字同甫,世称龙川先生,婺州永康(浙江永康)人。学术以经世济用为本,王霸杂用,为永康学派的代表。孝宗时多次上书,力主抗金,反对议和。南宋绍熙四年(1193)策进士,擢第一。授金书建康府判官厅公事,未至而卒。有《龙川文集》三十卷,《龙川词》一卷,《补遗》一卷。词风慷慨豪雄,梗概多气,为著名的辛派词人。《全宋词》存词七十余首。

[2]王伯厚:即王应麟(1223—1296),字伯厚,号深宁居士,进士出身,南宋著名学者、教育家、政治家。他祖籍河南开封,后迁居浙江,历事南宋理宗、度宗、恭帝三朝,位至吏部尚书,是一位忠肝义胆的直臣。

[3]刘念台:即刘宗周(1578—1645),字起东,别号念台,明朝绍兴府山阴(今浙江绍兴)人,因讲学于山阴蕺山,学者称蕺山先生。万历二十九年(1601)进士,天启元年(1621)为礼部主事,四年(1624)起右通政,参与东林党活动,曾因上疏弹劾魏忠贤而被停俸半年并削籍为民。崇祯元年(1628)为顺天府尹、工部侍郎,十四年(1641)为吏部侍郎,不久升任左都御史,因上疏与朝廷意见不合再遭革职削籍。南明弘光朝复官,又因与马士英、阮大铖不合而辞官归乡。清兵攻陷杭州,以礼来聘,刘宗周"书不启封"。绝食二十三天,于闰六月初八日卒。刘宗周曾在东林、首善等书院与高攀龙、邹元标等讲习,后筑蕺山证人书院讲学其中。学宗王阳明,提倡"诚敬"为主,"慎独"为功,人称"千秋正学"。黄宗羲、陈确、张履祥、陈洪绶、祁彪佳等著名学者与气节之士均出其门下,世称"蕺山学派"。所著辑为《刘子全书》《刘子全书遗编》。

先生以乙卯(1855)举人,大挑[1]得定边训道,军兴未赴。其赏戴蓝翎也,以巩昌解围,攻克熟阳城功;其奏以知县升用也,以回逆起,办团城防绩;其奏请分省补用,并加同知衔也,以幕府劳勋,刘果敏特保。均先生去后,主者心稔先生功,借他事以酬,先生不知也。今秋,鹿中丞[2]、柯学使以经明行修,历主书院勤劳特荐,先生辞讲席已二年。特旨交部议叙,朝令未闻,先生已疾亟不能待矣。

【注释】

[1]大挑:清乾隆以后定制,三科以上会试不中的举人,挑取其中一等的以知县用,二等的以教职用。六年举行一次,意在使举人出身的学子有较多的出路。

[2]鹿中丞:鹿传霖(1836—1910),字润万,又字滋(芝)轩,号迂叟。直隶(今河北)定兴人。同治元年(1862)进士,选翰林院庶吉士,初入清军胜保部,对抗捻军。历任广西兴安知县、桂林知府、广东惠潮嘉道道员、福建按察使、四川布政使、河南巡抚。光绪十一年(1885)调任陕西巡抚,次年(1886)因病开缺。十五年(1889)复任陕西巡抚。光绪二十一年(1895)调任四川总督,二十四年(1898)戊戌政变后任广东巡抚,次年(1899)调任江苏巡抚,兼署两江总督。二十六年(1900),八国联军攻占北京,鹿曾募兵三营赴山西随护慈禧、光绪帝到西安,被授两广总督,旋升军机大臣。二十七年(1901)回京后兼督办政务大臣。宣统嗣立,鹿与摄政醇亲王同受遗诏,加太子少保,晋太子太保,历任体仁阁、东阁大学士,兼经筵讲官、德宗实录总纂。宣统二年(1910)逝世,赠太保,谥文端。著有《筹瞻疏稿》等。

先生高祖万青,贡生,行载省志《孝友》《义行》及《经籍志》。祖世朴。考松龄,郡庠生,妣刘。以先生贵,赠奉政大夫、宜人。弟景倬,性友爱,先生疾,目不交睫,见先生,必强欢笑。先生察其神瘁,劝令休息,毋过忧。余两视先生疾,得其状,叹兄弟如一身,于此犹信。呜呼,可以风矣!先生配袁宜人,先卒。先生铭而葬之祖茔,虚右以待。子震蕃,廪膳生,从予游。将于明年二月二十五日启宜人窆,葬先生,索予铭。予及李编修与先生交谊若兄弟,先生长予一终,李长予三岁。先生及李以道德、经济自任,予时习古文辞,戏曰:"勉之,他日志君,无枯吾笔。"李卒于戊寅(1878),葬以己卯(1879),予述其行事,先生览之,笑曰:"铭,予可胜任。"予亦笑应之。今甫一终,又铭先生。戏言竟成谶耶?然予已四十有九矣。其于人世能几何?时知交零落,谁与为欢?吁,悲已!辞曰:

可系援[1]于穷弱,不濡忍[2]于诸侯。心慈以惠,气劲以遒,其古豪侠流耶?然而理会其通,学粹以融,议严方外,诚一体中。桑梓谋豫,整旅图丰,菁莪[3]蔚起,沐雨嘘风。盖悲悯在胸,侠烈为骨,道义积躬也。历讲泾干、味经、关中,多士喁喁[4]矣。此何人哉?子俊字,景伟名,避难以石樵自署,晚筑学稼园以躬耕。苍龙右绕,沣左萦魄,产灵芝气,星精毕郢[5]。刘光蕡曰:是为沣西柏先生之佳城。

【注释】

[1]系援:依附求助。

[2]濡忍:柔顺忍让。

[3]菁莪:音 jīng é,《诗·小雅》中《菁菁者莪》篇名的简称。《诗·小雅·菁菁者莪序》:"菁菁者莪,乐育材也,君子能长育人材,则天下喜乐之矣。"后以"菁莪"指育材。

[4]喁喁:形容众人景仰归向的样子。

[5]毕郢:即咸阳北之原,在殷为程伯国所在地,在周为毕公高的封地,故称毕郢原。"郢"也作"程"。

柏君子俊传 癸巳　　〔清〕贺瑞麟撰

魏按:此文据《清麓文集》光绪二十五年(1899)刘氏传经堂刻本卷第二十二录入点校。癸巳,为光绪十九年(1893)。"贺瑞麟撰"四字,为编者所加。

君姓柏,名景伟,字子俊,长安人。高祖万青,贡生,著有《家箴辑要》。祖世朴,父松龄,郡庠生。母刘氏。君少读书,见两亲拮据,即慨然立志,默念:"不自奋,吾亲勤劳何时已耶?"欲睡,辄以木自击其首。(魏按:忧亲自励,自警不已,今人有之乎?)弱冠,入庠,旋食饩,有声黉序[1]。然英迈之气,已咄咄逼人,貌魁梧,目光炯然,望之可畏。河南孝廉蒋湘南子潇主讲丰登书院,君从之学,蒋病风,死大荔。典史单澴素嗛蒋,诬谓死非命,三日不得殓,且率役突至,踞讲席,拘门院夫,欲刑逼取证。诸生忿甚,君直上批其颊,拳而数之,澴惧哀乞,卒致书府县亲视敛,知无他故乃解,由是义声震一时。

【注释】

[1]黉序:黉,音 hóng,黉序,古代的学校。

素有任侠风,见不平事,辄发愤尝曰:"有欺凌弱贫者,吾即其主也。"喜谈兵,早岁得举。同治初,会试报罢,闻陕回起,间道归,常事饬团练,亟方欲一试,为陕民复仇雪耻。而两亲年老,奉以匿南山荒谷,及相继殁,丧葬尽礼。回西窜,多忠勇部下傅先宗者,隶某帅为选锋,独知君,延入幕,以君语语帅,悉不合,帅卒溃,君归。然以此益习甘道路山川形胜贼情军机。刘果敏之抚北山土匪也,得庆阳民禀,知谋出君,用其策,而卒为忌者所阻,令壮士悉归农,不得收击回功。为之首者,今乌鲁木齐提督董福祥。遂远扬,后刘忠壮乃资其力,左文襄进兵甘肃,君陈办回十六要务,文襄多采其说。然幕府率湘人,以君南勇不如北勇坚苦耐劳,忓当事意。及为桑梓、筑堡、减徭、赈荒诸大端,前后邑宰大宪皆倚重,依君筹划事赖以举。

盖君好经济,重事功,意气慷慨,欲有为于天下而竟不得伸其志,晚岁授诸生制艺,多掇巍科[1]以去。又与咸阳举人刘光蕡创立求友斋,课士以经史、道学、政事、天文、舆地、掌故、算法,关中士风为之一变。历主泾干、味经、关中诸书院讲习,教诸生必谆谆敦品励行,虽严立风裁而爱才如命。明冯恭定公少墟先生倡明关学,近少知者,君思一振儒业,议修恭定祠于省城,兼为少墟书院。长安知县焦云龙[2]首捐千金,一时大宪亦多量助,且刻《关学编》正续各集,功未竣而君殁。然其惓惓于关学者,其心未已也。

【注释】

[1]巍科:犹高第。古代称科举考试名次在前者。

[2]焦云龙(1840—1901),字雨田,长山县(今属淄博市)周村区贾黄乡丁家庄人。自幼读书勤奋,课余不辍习武。为人慷慨倜傥,乐于助人。同治十三年(1874)进士。历任陕西三原、安康、富平、长安、咸宁等县知事,绥德、商川知州,潼关厅同知等职。凡到任之处,则教民致力开垦荒田、疏通河道、勤俭耕稼、植桑养蚕、纺织编造,以兴农为本;设育婴堂,创利民事业;提倡教育,兴办塾学,刊印古籍,重修县志。先后兴修三原正谊书院、米脂同川书院、富平湖山书院、频阳书院、潼关关山书院、长安鲁斋书院等。

君磊落直爽,初不拘小节,及读儒先书,反躬收敛,尝谓诸生曰:"吾昔过举,君等亲之,君不复为此矣!"其学主王文成,然精研博览,务求践履,无任心之弊,谊笃师友。尝葬课文师宜君,令张某贷百金归其子湖南。蒙师杜某没,无子,为立嗣,恤其夫人。终身与弟景倬友爱由笃,君殁,景倬哭之甚恸。由举人大挑定边训导,未赴任,屡以军营功,赏戴蓝翎知县,升用分省补用,并加五品衔。将殁前数月,督学柯以经明行修保奏,特旨部议,竟不及待。子一,震蕃,廪生。

清麓氏曰:昔余晤君省垣,君虚怀索书,为赠"本道德流为经济,由中和养出性情"二语,求相切劘。后闻君常悬座右以自警省,其真勇于为善者欤!再见味经,抵掌纵谈天下事,至夷祸不胜感慨,已复愀然不乐,有君国之忧焉。见近世士习,颓靡空疏,不能自立,故论学不分门户,兼收并蓄,而未免偏重阳明以为有用道学,虽与国朝大儒清献陆公力尊考亭不当自辟门户之说有所未合,然迹其所至,亦岂非豪杰之士乎哉!

柏子俊先生　　张　骥撰

魏按:此文据张骥《关学宗传》民国辛酉(1921)陕西教育图书社排印本卷五十五录入点校。"张骥撰"三字为编者所加。

先生讳景伟,字子俊,号忍庵,晚年自号沣西老农,长安人。自少读书力学,欲睡辄以木自击其首。弱冠,为诸生,食饩。咸丰五年,举于乡。同治初,大挑二等,选定边县训导,以回乱未赴。奉父母避居南山,转徙荒谷间。亲殁,哀毁逾恒,丧葬如礼。服阕,偕提督傅先宗召募湖北,以功赏戴蓝翎。十月,中丞刘霞仙①[1]以团防劳绩奏请以知县选用,钦差大臣左宗棠、暨帮办刘典先后论荐,诏以知县分省补用,并赏加同知衔,旋请假归,一以讲学为志。

【注释】

[1]刘霞仙:即刘蓉(1816—1873),字孟容,号霞仙,湖南湘乡人,清朝湘军将领、桐城派古文家,官至陕西巡抚。其代表作为《养晦堂文集》《思辨录疑义》等。

历主味经、关中各书院讲席,又与咸阳刘古愚创立求友斋,以经史、道学、政事、天文、舆地、掌故、算法、时务诸学教诸生,分别肄习,关中士风为之一变。重修冯恭定公祠,刊其《关学编》,序而行之。光绪十七年(1891),抚军鹿传霖、学使柯逢时以经明行修请于朝,诏下部议。十月卒,年六十一。先生之学,外似陈同甫、王伯厚,而内则以刘念台"慎独实践"为宗。不居道学之名,教人敦品励行,虽严立风裁而爱才如命,学者宗之。著有《沣西草堂文集》,行世。

---

① 底本作"先",据清王之春《椒生随笔》有《刘霞仙中丞自陈语》,另据清曾国藩《复刘霞仙中丞书》(见〔清〕李瀚章编译:《曾国藩书信》卷四,中国致公出版社,2011年)可知,"先"当为"仙"之误。

魏按：柏景伟(1831—1891)，字子俊，号沣西，晚号忍庵，陕西长安县人。幼师事鄠县贾积中，长就学于关中书院，深受山长蒋湘南(1795—1854，字子潇，固始人)器重。曾先后主讲于泾干、味经、关中各大书院。造就多士，其中最知名者，莫过于长安赵舒翘和醴泉宋伯鲁。其学以刘宗周入手，强调明体达用，"先求自立"。柏景伟对张载之学有承绪之志，他明确表示"横渠是吾师"(《柏子俊先生文集》卷八《田家杂兴·其四》)。力振关学，其建立少墟书院和冯从吾祠以张扬关学，延请贺瑞麟续《关学编》并刊刻之，以续关学之传，所以贺瑞麟称其"惓惓于关学者，其心不已也"(贺瑞麟：《清麓文集》卷二二《柏子俊先生传》)。故唐文治先生认为"柏先生之学，关学之正传也"(唐文治：《柏子俊先生文集序》)，时人视其为"关学之后劲"(吉同均：《沣西草堂诗集跋》)。著作有《柏沣西先生遗集》六卷和《沣西草堂集》等。

卷二

贺瑞麟先生

魏按：贺瑞麟之生平，兴平门人马鉴源作有《贺复斋先生行状》，高陵门人白遇道作有《贺复斋先生墓志铭》，蓝田门人牛兆濂作有《贺复斋先生墓表》，兴平门人张元勋编有《清麓年谱》，山东般阳门人孙乃琨编有《贺清麓先生年谱》，于先生事略学术，记载甚详。兹编取白遇道、牛兆濂所作墓志铭、墓表，及张骥《关学宗传》中先生之传，略见先生生平学术概略。

贺复斋先生墓志铭　　白遇道撰

魏按：此文据白遇道《完毂山房寱语钞存》民国六年（1917）刊本下册录入点校。"白遇道撰"四字为编者所加。

先生姓贺氏，讳均榜，名瑞麟，字角生，号复斋。先世西安渭南人也。国初，远祖光辉迁居三原北陇里之响流堡。曾祖应祥，妣氏秦。祖瀛，妣氏王。父含章，妣氏盖。世德厚积，至先生以理学鸣。生于道光四年（1824）正月十八日，卒于光绪十九年（1893）九月初五日。门人遇道，馆谷省垣，讣至，为位而哭，悼天之不爱道也。嗣孤篯，将以明年二月二十七日葬清麓之后冈，谓宜志墓。自惭浅见薄识，不足阐发蕴奥，虽尝执经考道，而汩于俗学，未常一日侍函丈得闻道也，而义不得辞，瞰叙崖略。

先生昆弟五人，序居其季，生而歧嶷[1]，读书敏悟。未龀[2]，父偶出对曰"半耕半读"，即应之曰"全受全归"。弱冠，有声庠序，居父母丧，谨遵《朱子家礼》，人有言，弗恤[3]也。闻朝邑李桐阁先生讲儒先之学，往从之游，归而欲辍举业，恐涉偏害道，思七昼夜。筮《易》得《大过》象，志遂决，时行年二十九。后与芮城薛君于瑛、朝邑杨君树椿友善，志操弥坚。二君者，世所称仁斋、损斋先生者也。

【注释】

[1]歧嶷："歧"，当作"岐"。嶷，音yí。《诗·大雅·生民》："克岐克嶷，以就口食。"

毛传:"岐,知意也;嶷,识也。"后谓幼年聪慧为"岐嶷"。

[2]未齓:齓,音 chèn。未齓,指儿童乳齿未脱。

[3]弗恤:不忧悯;不顾惜。

同治初,避地绛阳。颠沛之际,未尝忘学,邑侯余君虩阳,请归主讲学古书院,预约不设帖括,立《学约》《学要》各六条,语在《集》中。先是,葺麻庐于南李村南,距先垄数十武,名曰"有怀草堂"。庚午(1870),始买山泾阳清凉原,因土室为清麓精舍,授徒讲学,来者麕集[1]。邑侯焦君云龙,即其地建书院,前抚军谭文勤公[2]颜之曰"正谊",中丞冯展云公[3]书之。甲戌①(1874)制科,荐举孝廉力正,不就。抚军刘霞仙公请讲学会垣,制军左文襄公请主讲兰山书院,皆不应。督学吴公清卿、柯公巽庵,先后以经明行修疏荐,奉旨予国子监学正衔,晋五品衔。平生未尝干人而礼无不答,不为矫激诡异之行。曾至会垣、至同州、至富平、至凤翔,报主人之礼,因会讲《学》《庸》《西铭》,行古乡饮酒礼、一时观者如堵墙,谓数十年来无其盛也。

【注释】

[1]麕集:麕,音 qún。麕集,成群聚集。

[2]谭文勤公:即谭钟麟(1822—1905),字文卿,谥文勤,晚清政治人物。湖南茶陵人。咸丰进士。历任江南道监察御史、杭州知府、杭嘉湖道、河南按察使、陕西布政使、护理巡抚,实授巡抚。在陕任内,体察民情,更易苛例、设书局,兴义学,教民种桑养蚕纺织,疏浚郑白渠,有政声。光绪七年(1881)擢陕甘总督,立官车局以纾转运,罢苛捐以舒民困。光绪十七年(1891)以尚书衔补吏部左侍郎,兼署户部左侍郎。光绪十八年(1892)署工部尚书,旋迁闽浙总督。光绪二十年(1894)署福州将军。光绪二十一年(1895)调任两广总督,镇压孙中山领导的广州起义,杀害了革命党人陆皓东。光绪二十五年(1899)告归。光绪三十一年(1905)病逝,终年八十三岁。他为人老朽,思想落后,同时也是反对变法、因循守旧的顽固派之一。中国国民党元老谭延闿是他的庶出三子。有《谭文勤公奏稿》。

[3]冯展云公:即冯誉骥(?—1883),字仲良,号展云、崧湖,晚年号卓如、钝叟,斋名为"绿伽楠馆"。少时,肄业于两广总督阮元创立的学海堂书院。道光二十年(1840),领乡荐。二十四年(1844),考取进士二甲第六名,授翰林院编修,累督山东、湖北学政。同治年间,回端州丁忧,受聘主讲广州应元书院。光绪五年(1879)八月,擢陕西巡抚。光绪

---

① "甲戌",原文为"壬戌",据年谱,当为"甲戌"。

九年(1883)七月,陕西道监察御史刘恩溥弹劾其贪渎、任用非人,于十月被革职,致仕居扬州。平生嗜书画。

　　体貌魁梧,器宇凝厚,晚岁造诣精深,晬然渊然,德充之符正,学书无不浏览,而一以朱子为归。制节谨度,起居有常,盛暑严寒,必正襟危坐,从未见有倾攲之容。其教人也,必令从事《小学》《近思录》,以立大学之基。喜容接后进,虽一话一言,偶尔弄翰,皆寓奖劝诱掖之意,故从之者众,化之也远。讲学之初,一是规于礼法,骇俗惊世、腾谤充溢,而屹然不为之动,履道益力,所谓"独立不惧,遁世无闷"者。先生以之无公事不履城市,而于振穷垦荒,均田积谷诸事,一皆恳恳赞治,盖学兼体用,非性命空谈者比也。

　　关学之在孔门者,石作、壤驷尚已! 踣于秦,晦于汉,接敝于唐,至有宋,而横渠崛起,蓝田三吕同时称贤。至金之杨君美,元之杨元甫,明之泾野、谿田、少墟,国朝之王仲复、孙酉峰,以及李桐阁先生,罔不遵守正轨,力矫功利驳杂之习。一脉之传,勿绝如缕。先生起而绍承之,刻苦自励,刚毅坚卓,无横渠、少墟之科第,而志必希圣贤;无泾野、谿田之官职,而心不忘拯济。先生尝谓"朱子集诸儒之大成",而先生者,亦可谓集关学之大成矣。惜昊天弗吊一老不遗,向学之士宗仰顿失,而门人小子竟莫遂初心而卒业也。悲夫!

　　编辑有《朱子五书》《信好录》《养蒙书》《诲儿编》,著有《三原县志》《三水县志》,皆刊行。又《清麓文钞》《语录》若干卷,未梓。配氏杨、氏张、氏林。林生子二,铭照、肖陆,皆幼殇。女一,适庠生王映墀。副室刘,生女三,俱幼。邑侯刘君青藜视含敛,命犹子伯箴遵例兼祧。铭曰:

　　　太华圭棱,洪河气势,是挺哲人,担当道艺。
　　　矫矫先生,肥遁居贞,与世无忤,与物无营。
　　　属守徽国,绵延道脉,耕道得道,猎德得德。
　　　学者宗之,太山北斗,名动公卿,宠赐我后。
　　　正学光昌,邪说不蠹,将统群伦,偕之大路。
　　　何意少微,一夕星陨,逸矣高踪,畴为接畛。
　　　其人则往,其道则留,火新不尽,万禩千秋。
　　　吉壤既卜,崇坟载峙,后有替人,于弦瞻跂。

贺复斋先生墓表　　牛兆濂撰

魏按：此文据牛兆濂《蓝川文钞续》民国乙亥（1935）芸阁学舍刊本卷四录入点校。"牛兆濂撰"四字为编者所加。

先师复斋先生之殁垂四十年，学者之向仰且久而弥光也。其学行载在国史及私家著述与夫志状年谱，凡诸门人之所记录，不啻详矣。独表阡之文为宁河高太常公所撰，虽极意推崇，而于先生之为先生则有似未深悉者。一则素非相识，二则学派各别。高公盖不分门户者，故先生极力严辨之处，皆高公所以为未足之处。惧后之览者不惟不足以知先生，且或因以隘先生，非细故也，是不可以不辩。同人谋取及门所记得之闻见之实者，续刻诸石以存先生之真，而拙稿谬备采择，极知管蠡之见无当高深，然一得之愚论，世者或有考焉。

先生姓贺氏，讳瑞麟，号复斋，三原人。当科举盛行之日，从李桐阁先生闻程、朱之学，屏弃荣利，锐志圣贤，以立志、居敬、穷理、反身为纲要，与朝邑杨损斋、芮城薛仁斋往来讲切，有"三先生"之称。信《小学》《四书》如神明，遵横渠熟读成诵之说，严为己为人之辨，于心术隐微之际，反躬克己，学如不及。其日用伦常，自洒扫应对以至冠、昏、丧、祭，造次必以礼法。俾先王遗教，彬彬见诸实行。平居惓惓，无一念不在天下后世，于古圣贤为学、为治之要，靡不究极原委，务可措之事业传之无穷。而出处之义，守之綦严，不肯轻身干进。

其论学也，于阳儒阴释之辨，剖析微芒，不少假借。尝谓："论人宜宽，论学宜严。三代以上，折中于孔子；三代以下，折中于朱子。"又言："程、朱是孔、孟嫡派，合于程、朱即合于孔、孟，不合于程、朱，即不合于孔、孟。朱子之学明，然后孔子之道尊。"虑程、朱以来，讲学精要之书北方学者多所未见，乃旁搜善本，手自校订，各为序说，发明要义，俾读者知所向往，兼致勉进之意。于是传经堂所刻宋五子以下许、薛、胡、陆之书风行海内，四方学者藉知读书之将以何为，与正学程途之所在且不难，家有其书而读之。其沾丐后学，干城斯道，厥功顾不伟欤！

兵荒之际，凡城防、筹赈、均田、清徭、善后各役，靡不身任劳怨。民间疾苦所在，每为上书当事，所全甚众，乡人赖之。教人不尚词华，圣贤经训，必使实体诸身，不徒为章句之习。出其门者，率通经修行，循循雅饬，稽古爱民，有安定之风。大吏先后敦请主讲关中、兰山各书院，均谢不往，然倡行乡约及古乡饮酒礼，到处讲学，俾横渠遗教，畅然行乎三辅海内。有志之士闻其风者，不远数千里来禀学焉。先生晚岁特建朱子祠于三原北城，大其规模，使学者知所宗主，其不得已之苦心，昭然若揭矣。惜乎！未竟厥施，仅以讲学终老，庸非命耶？《明道行状》有曰："胸怀洞然，澈视无间。测其蕴，则浩乎若沧溟之无际；极其德，美言盖不足以形容。"先生有焉。

先生笃信朱子，性命以之。于朱子之学，用力既深，故其所得，有非他人所及知，其德业所就，亦非末学所敢妄议。生平著述，一言一字，无不与朱子相发明。有志朱子之学者，于先生考之可也。方今异学争鸣，纲常扫地，游其门者犹能守其师说，历三十余年不少变。方议以先生学行上之，当事公请从祀先圣庙庭，则盛德之入人者深也。先生从子伯箴，实奉祀事，以公议书来征文，谨述其所及知者如此。知德君子，当无疑于阿好云。

贺复斋先生　　张　骥撰

魏按：此文据张骥《关学宗传》民国辛酉（1921）陕西教育图书社排印本卷五十四录入点校。"张骥撰"三字为编者所加。

先生讳瑞麟，号角生，字复斋，三原人。父含章，字贞堂，生五子，先生最少。年十七为诸生，旋食廪饩。以父命受学于邑孝廉王次伯先生之门，潜心道学，不专事举业。既又得薛文清公《读书录》读之。年二十四，从桐阁游，于周、程、张、朱书无不悉心究极，益愤志圣贤之学。与杨省斋[1]、王铁峰[2]诸人互相切劘，绝意仕进，学诣深纯。先后主正谊、学古两书院讲席，修己教人，一以程、朱为法，丝毫不容假借，一时躬行实践之士多出其门。抚军刘霞仙以孝廉方正举于朝，吴清卿督学复以贤才列荐，诏加国子学正衔。光绪辛卯（1891），督学柯逢时举经明行修之士，先生衰然居首[3]，奉旨赏加五品衔。著有《清麓文集》二十三卷，《清麓日记》五卷。

【注释】

[1]杨省斋：省斋，当为"损斋"。指李元春门人杨树椿，其号损斋。传见本书《损斋杨

先生树椿》。

[2]王铁峰:即朝邑王会昌,字炽侯,号铁峰,桐阁门人。

[3]裒然居首:裒,音póu,出众的样子。首:第一。裒然居首,指人的才能超出同辈。

魏按:贺瑞麟(1824—1893),字角生,号复斋,陕西三原县人。师从李元春,与杨树椿、薛于瑛相互砥砺,遂弃举业,潜心理学。其学以程、朱为准,对程、朱以外之学说,皆予以批评。故其虽师从李元春,但其学与清初关中理学学者王建常为近,故他对王建常推崇备至,认为王氏"实为宋以后,关中第一大儒"(《清麓文集》卷五《书〈关学编·王复斋先生〉传后》)。对张载"以礼教关中",亦甚为推崇,"生平以倡复横渠礼教为己任"(《清史列传》卷六七《儒林传上二》),又"欲仿横渠井田之意",曾购田四十八亩,但"以回乱,田荒,遂废"(谢化南编:《清麓遗事》)。贺瑞麟对关学的护持颇为有力,其主编的大型丛书《西京清麓丛书》,使得大量关学著作得以保存;其又对上自张载下迄柏景伟的关中理学学者进行评定和论说,续编《关学编》,鼓励关中学人永承薪火,绵延关学道脉。贺瑞麟毕生以弘扬程朱理学为己任,主讲书院多所,如学古书院、正谊书院、鲁斋书院等,后又创建清麓书舍,讲学其中,故门下造就颇众,其中关中弟子较著名者有牛兆濂、马鉴源、王守恭等人。然能传其学者,当推蓝田牛兆濂。著作主要有《清麓日记》五卷,《清麓文集》二十三卷,《清麓答问》四卷和《清麓遗语》四卷。

卷三

刘古愚先生

魏按：刘古愚之生平，有历史学家陈寅恪之父陈三立所作《刘古愚先生传》(《烟霞草堂文集》卷首)、安徽学人陈澹然所作《关中刘古愚先生墓表》(《烟霞草堂文集》卷首)等。今录二陈先生所作传、墓表及张骥《关学宗传》中先生之传，以见先生生平学术涯略。

关中刘古愚先生墓表　　陈澹然撰

魏按：此文据刘古愚《烟霞草堂文集》民国戊午(1918)苏州版卷首录入点校。"陈澹然撰"四字为编者所加。

有清末造，关中大儒刘古愚先生毅然以经世厉天下，卒不获伸其志，以殁，天下哀之。自东西列国环逼吾华，汉已来性理、考证、词章举不克救危亡之祸。先生衋[1]焉伤之，锐思以其学倡天下，使官、吏、兵、农、工、商各明其学以捍国家，而其事则自关中始。盖其道本诸良知，导诸经术，天地民物，一贯以诚，而不矜古制。凡列国富强之术，天算、地舆、格致、经纬万端，靡不体诸身，而因以授其弟子。同、光之世，科制既深，关学尤多黤[2]塞。先生主泾阳泾干、味经、崇实诸书院三十载，首刊经史，以致用为倡，扩之新籍、新图，以广其神智，从而受业者千数百人，关学廓然一变。关中古称天府，海通而后，新法曶[3]如，灾寇迭侵，民生日蹙。先生赈灾抚寇，内患寝夷，乃建义仓、制碉堡于咸阳，防世变。久之，复创义塾于咸阳、醴泉、扶风，导之科学，余则练锸[4]械，寓兵谋，以风列县，要使一乡、一邑皆有凛乎一国之风。乡邑既安，则益募钜金二十万，谋汽机、开织业，以兴民利，精诚所积，一绝厥私。故上下翕然，迅如流疾，其爱乡如此。

【注释】

[1]衋：音 xì，悲伤痛苦。

[2]黤：音 yǎn，深黑色。

[3]曶：音 hū，古通"忽"。

[4]鎗:通"枪"。

烟霞洞者,郑子真[1]栖隐九崾[2]山下胜地也。戊戌(1898)政变,新法若仇,先生叹曰:"国不可为已!"则遣生徒退兹土,诸弟子筑烟霞草堂,讲学其中。于时万山岑寂,天地萧寥,痛党祸之蜩螗[3],忧宗邦之陨灭,恒至悲歌痛饮,泣下沾襟。悲灡既深,目辄瞀,盖其身愈隐而志愈悲矣。冥思既久,独念外侮侵陵,文言俱阂,声音之道,天籁所基,乃创《字诀》一书,以求深合五洲之变,要使环球列国,晤对一堂。书成,而两目炯然竟还其朔初。

【注释】

[1]郑子真,生卒年不详,名朴,字子真。西汉末年左冯翊谷口(今陕西礼泉东北)人。隐逸民间,修身自保,非其所有,决不苟求。耕于岩石之下,名震京师。汉成帝时,元舅大将军王凤以礼相聘,他则不诎而终。

[2]崾:音zōng,古代把小的山梁称为崾。

[3]蜩螗:音tiáo táng,亦作"蜩螳"。蜩为蝉类的别名;螗是蝉的一种,体小,背青绿色,鸣声清圆。蜩螗比喻喧闹、纷扰不宁。

先生尝慨京师滨大海,津、沽有警,必徙关中。则东走潼关,察地形,谋战守;北顾河套,筹垦牧以扼蒙边。惨淡经营,为清室西迁之备,闻者笑之。庚子(1900),联军陷京师,言辄验。先生北望乘舆[1],朝夕哭,呕血,几亡。辛丑(1901)变法,贵州学使奏举经济特科,不赴。陕甘总督重其贤,奏请赴兰州大学专教事。弟子难之,先生叹曰:"吾安忍去此土哉!顾念陇西之患,莫大于回汉之争,祸且中于西北。诚得回汉诸生掖而导之,使相缔结,陇事其有豸[2]乎?"既至,总督崧蕃[3]尊礼甚。先生日劳讲授,咯血不休,逾年,竟殁兰州大学,其爱国如此!

【注释】

[1]乘舆:旧指皇帝或诸侯所用的车舆。这里指八国联军入侵北京,慈禧西迁的行辕。

[2]豸:音zhì,通"解",解决。《左传》:"使其子逞其志,庶有豸乎?"

[3]崧蕃(1837—1905),字锡侯,瓜尔佳氏,满洲镶蓝旗人,崧骏弟,清朝大臣。咸丰五年(1855)举人,历任吏部郎中、湖南按察使、四川布政使、贵州巡抚、云贵总督。光绪二

十六年(1900),调陕甘总督。于城南建立大学堂,分两斋,东斋考文,西斋讲武。三十一年(1905),调闽浙总督,未上,以疾卒,追赠太子少保。子外务部主事豫敬,以员外郎补用。

先生讳光蕡,字焕唐,陕西咸阳人。天秉奇杰,读书目书数行,性耻文人,文则浩气纵横,不加雕饰。幼孤,贫益甚。弱冠,避寇醴泉,为人磨麦,鬻饼饵求食,而读书不倦。乱定,补诸生,举乙亥(1875)乡试,赴春官不第,则教授以终,而名乃重于天下。独其宅心之广、律己之严、接物爱人之诚挚,则有非亲炙莫能知者。先生大道为公,独忧乡国,粗衣粝①食,处之泰然。冬不炉,暑不扇。自少至老,黎明即起,终日辄危坐读书,或批答诸生日记,至丙夜乃休。所言无一非经世治民之道,饥寒贫窘,泊若相忘。晚年束修所入,尽诸轧机、制蜡及义塾之中,未尝一私厥室。黠者或相侵蚀,亦置不言,或告之,则曰:"吾以开风气也。"天怀浩落,耻鹜时名。诸生贤者爱护推扬,靡微弗达;否则,训斥必严。诸生敬献,致酒米,则受之,金帛缗钱,未尝一纳。或怪之,则曰:"吾已食禄也。"故弟子畏而爱之,亲如父母。甲午(1894),中东一战,国变日深,被发缨冠,竟遗宠辱,力所能致,死生以之。戊戌(1898)后,大府媢嫉[1]时闻,处之若素。久或悔其无状,聘使交欢,未尝一答。盖其则毅诚洁,乐天知命之精神,实非寻常所能窥测。尝谓:"六十后,当合经、史、百家,独成著作。"今所传《烟霞草堂遗书》二十余种,大都因时抒写,先生未尝以著作目之。

【注释】

[1]媢嫉:音 mào jí,嫉妒。

嗟乎!邦家不造,丧我儒宗,至乃并著作而靳其一泄,呜乎,岂非天哉!岂非天哉!关中自横渠倡道,名哲代兴,大都明体为宗,而时措或寡。晚近鹜名之士,号通时变,而行谊或不忍言。先生慧本诚生,用归时措,孤寒特立,廓此闷樵,贫贱不移,威武不屈。呜乎,可谓百代真儒矣!殁当光绪二十九年(1903),春秋六十有一,归葬咸阳某山之原。弟子王君典章[1]刻其遗书,搜其轶事;士大夫上之史馆,列之儒林,其人已垂不朽。吾惧后世不获窥其深际也,特表其墓,待后之论儒术者择焉。

---

① "粝"字原缺,补。

民国十二年（1923），夏历癸亥，秋七月，皖江陈澹然[2]表

【注释】

[1]王君典章：即王典章（1865—1943），字幼农，以字行，三原县马额镇魏回村人，曾受业于刘古愚、柏景伟。后以监生授例为后选训导，因赈济有方，保以知县，分省补用。光绪三十年（1904）入四川，委任布政使署文案。先后任直隶州知县、新宁知县，光绪三十四年（1908）署打箭炉直隶厅同知兼兵备处，为驻藏大臣、川黔边防大臣筹备粮饷。宣统三年（1911）任宁远府兼兵备道，领巡防营。当年，四川发生"保路运动"后，众望所归，被推选为都督。但他以大局为重，坚持四川统一，宁任知府，不做都督。时蔡锷赞扬他"威信过人，汉夷悦服"。中华民国三年（1914）任广东高雷道道尹，同时领警卫军五营，节制陆军一个团，兵权超过驻地之镇守使。他整肃吏风，除暴安良，所辖十一个县，政通人和。康有为赞扬他"临莅高雷，威惠流闻，我泽如春"。民国四年（1915）反对袁世凯复辟帝制，愤然辞职，以示抗议。民国五年（1916）任广东粤海道尹，民国六年（1917）辞职。民国十年（1921）王被江苏当道选用，督查厘税，筹办赈灾，任沪宁、沪杭铁路税务总局总办。民国二十一年（1932）末，任陕西省政府委员兼民政厅厅长。救灾赈济。民国二十六年（1937），以七十四岁高龄辞去省府委员职务，专事赈灾工作。民国三十二年（1943）八月十七日逝世，享年七十九岁。其师刘光蕡、柏景伟去世后，公曾经之营之，独自出资为两师刊印文集。在苏州收集整理编印了《刘古愚烟霞全集》《柏子俊沣西草堂文集》等，为传承恩师的学术思想做出了功德无量的义举。

[2]陈澹然（1859—1930），字剑潭，安徽省安庆（今安徽省安庆市枞阳县仪山乡）人。其家境贫寒，幼时从父读，九岁能操笔为文，聪慧异人，才思横溢。后应试桐城，在数千人中，澹然文压群芳。光绪十九年（1893）恩科举人。著有《江表忠略》《异伶传》《原人》《原人订本》《寤言》《权制》《田间兵略》《波兰遗史》《哀痛录》《中国通史》《诗文集》《庵文简四书考证》《万国公史议》等。

刘古愚先生传　　义宁陈三立[1]撰

魏按：此文据刘古愚《烟霞草堂文集》民国戊午（1918）苏州版卷首录入点校。

先生刘氏，名光蕡，字焕唐，号古愚，陕西咸阳人也。少失怙恃，稍长，避回寇醴泉、兴平间，窘至粥饼饵于市，夜复为人转磨屑麦，资一饱。乱定，归里试，入府庠，交名儒李编修寅、柏举人景伟，遂益究汉、宋儒者之说，尤取阳明本诸良知者归于经世。举光绪乙亥（1875）科乡试，赴礼部试，不第，乃退居教

授数十年,终其身。

【注释】

[1]陈三立(1853—1937),字伯严,号散原,江西义宁(今修水)人,晚清维新派名臣陈宝箴长子,国学大师、历史学家陈寅恪、著名画家陈衡恪之父。与谭延闿、谭嗣同并称为"湖湘三公子";与谭嗣同、徐仁铸、陶菊存并称为"维新四公子",有"中国最后一位传统诗人"之誉。光绪十八年(1892)壬午乡试中举,历任吏部行走、主事。光绪二十四年(1898)戊戌政变后,与父亲陈宝箴一起被革职。中国民国二十六年(1937)"卢沟桥事变"后,北平、天津相继沦陷,日军欲招致陈三立,陈三立为表明立场绝食五日,不幸忧愤而死,享年八十五岁。陈三立生前曾刊行《散原精舍诗》及其《续集》《别集》,去世后有《散原精舍文集》十七卷出版。

当是时,中国久积弱,屡被外侮,先生愤慨,务通经致用,灌输新学、新法、新器以救之。以此为学,亦以此为教。历主泾阳泾干、味经、崇实诸书院。其法分课编日程,躬与切摩,强聒不舍。门弟子千数百人,成就众,而关中风趋亦为一变矣。生平持论,略具于所为《学记臆说》①。《自序》曰:

"呜呼!今日中国贫弱之祸谁为之?画兵、吏、农、工、商于学外者为之也!以学为士子专业,讲诵考论以骛于利禄之途,而非修齐治平之事、日用作习之为。故兵不学而骄,吏不学而贪,农不学而惰,工不学而拙,商不学而愚、而奸欺。举一国为富强之实者,而悉锢其心思,蔽其耳目,系其手足,伥伥惘惘,泯泯棼棼,以自支持于列强环伺之世,而惟余一士焉。将使考古证今,为数百兆愚盲疲苶之人指示倡导,求立于今世以自全其生,无论士驰于利禄、溺于词章,其愚盲疲苶与彼兵、吏、农、工、商五民者无异也。既异矣,而以六分之一以代其六分之五之用,此亦百不及之势矣!告之而不解,令之而不从,为之而无效,且弊遂生焉。彼六分之一之士,其奈此数百兆愚盲疲苶之民何哉?然则兴学无救于国之贫弱乎?曰:救国之贫弱,孰有捷且大于兴学者?特兴学以化民成俗为主,而非仅造士成材也。风俗于人材,犹江河之蛟龙也,江河水积而蛟龙生,风俗醇美而人材出焉。无江河之水,即有蛟龙,亦与鱼鳖同枯于肆,而安能显兴云致雨、以润天下之灵哉?故世界者,人材之江河、而学其水也。化民成俗,则胥纳士、吏、兵、农、工、商于学,厚积其水以待蛟龙之生

---

① 古愚此书名为《〈学记〉臆解》,故此处"说"字,当为"解"字。

也。兵练于伍,吏谨于衙,农勤于野,工巧于肆,商智于市,各精其业,即各为富强之事,而又有殊异之材,挺然出于群练、群谨、群勤、群巧、群智之中,以率此练、谨、勤、巧、智之群,自立于今日之世界,不惟不患贫弱,而富强且莫中国若矣。"

又以为孔子学,"时习"尽之矣。欲以学治万世天下,必因时制宜,与世推移,而后不穷于用。故学于古者,必以身所值之时习之,习而得古人立法之意,则以应当世之变,然后推行无弊。孔子为时中之圣,其道所以能治万世之天下也。他所撰著,根据指要,探圣哲遗文之精蕴,比傅时变,深切著明,类多前儒所未发。而制行坚苦,不欺其志,矫迂疏之习,绝诡荡之弊,闳识孤怀,罕与为比。呜呼,可谓旷世之通儒已!

先生既劬[1]于教学,复懃懃[2]为乡人改故习,图久远之利,振灾抚寇,种植、纺织,刊书之局、制蜡之厂,靡不殚竭心力而策其效焉。中间遘疾,几盲。归卧烟霞草堂,因悟声音转注之奥,欲以声统义,合中外文读法为一,成《童蒙识字捷诀》十余卷。书成,目复明。及贵州学政荐应经济特科,谢不赴。生平严取予,虽处穷困,一介不苟受。忘身与家,枯槁忧国,既历甲午、庚子之变,势益亟,语亟辄痛哭。与人接,不挠不忤,出恻怛至诚,即有负之者,置弗较。从游徒众,尤依之如慈父,仰之如天人。其精神意气,凛然无一念不系民物,无一息不勤课诵也。岁癸卯(1903),甘肃长吏聘主大学堂,先生以边地回汉之争,系大局安危,欲假学渐摩开其塞陋,弭隐患,遂决行。未几,病作,欧血授课,致不起,卒年六十一。

【注释】

[1]劬:勤劳。

[2]懃懃:做事尽力,不偷懒。

所成书数十种类,讲示学者取便,非以自名。颇散佚,为弟子王君典章次第搜刊,曰《立政臆解》一卷,《学记臆解》一卷,《大学古义》一卷,《孝经本义》一卷,《论语时习录》五卷,《孟子性善备万物图说》一卷,《管子小匡篇节评》一卷,《荀子议兵篇节评》一卷,《史记货殖列传》一卷,《史记太史公自序注》一卷,《前汉书食货志注》一卷,《前汉书艺文志注》一卷,《古诗十九首注》一卷,《陶渊明闲情赋注》一卷,《改设学堂私议》一卷,《濠堑私议》一卷,《团

练私议》一卷,《烟霞草堂文集》《诗集》凡十卷,行于世。赞曰:

关儒绍延,淑躬缮性。孤起恢张,道该物竞。

孰播遗书,裨瀛辉映。学说寖昌,验翰大运。

刘古愚先生　　张　骥撰

魏按:此文据张骥《关学宗传》民国辛酉(1921)陕西教育图书社排印本卷五十四录入点校。"张骥撰"三字为编者所加。

先生讳光蕡,字焕唐,号古愚。晚以目疾,又号薯鱼,咸阳人。少失怙恃,倚诸兄成立。家贫甚,卖饼,为人转磨以为食,然读书不稍辍。(魏按:少孤自立,大类横渠、二曲。)应童子试[1],以冠军入府庠,肄业关中书院。时同邑李敬恒[2]编修学守阳明,长安柏子俊孝廉学宗念台,先生相与淬励,且益讲求圣贤经世之务。光绪乙亥(1875),举于乡。试礼部不第,遂绝意仕进,主味经书院讲席。又设求友斋,搜刻有用书籍,躬任校雠。

【注释】

[1]童子试:科举中录取秀才的考试。

[2]李敬恒:即李寅(1840—1878),字敬恒,咸阳渭河北庇礼村(今咸阳市渭城区渭阳镇)人,书香世家,其家族农商兼营。刘古愚同乡好友。

先生学术,推重姚江,会通闽、洛。常曰:"程、朱内外教养,是圣门自《小学》自《大学》周详绵密工夫。陆、王重内轻外,是教后世少壮废学者直捷简易工夫。一《论语》教法,一《孟子》教法也。阳明以救学程、朱末流之弊耳,当识圣贤救时苦心,何尝不殊途同归。故讲学不分门户,而以致用为期。"其大要以诚明立体,以仁恕应物,直指本源,切于世用,与黄梨洲、颜习斋[1]颇相暗合。其功效所至,则尽人性、物性,使民昌国富,天下翕安,始满学之分量,盖非空谈标榜者所能同日语也。

【注释】

[1]颜习斋:即颜元(1635—1704),明末清初思想家、教育家,颜李学派创始人。原字易直,更字浑然,号习斋,直隶博野县北杨村(今保定市博野县)人。一生以行医、教学为

业,继承和发扬了孔子的教育思想,主张"习动""实学""习行""致用"几方面并重,亦即德育、智育、体育三者并重,主张培养文武兼备、经世致用的人才,猛烈抨击宋明理学家"穷理居敬""静坐冥想"的主张。其主要著述为《四存编》《习斋记余》。

以教士有方,赏国子学正衔,又以校书功晋五品衔。后卒于兰州讲舍,年六十有一。著有《大学古义》《孝经本义》《论语时习录》《孟子性善备万物图说①》《立政臆解》《学记臆解》《考工记札记》《诗大旨》《书微意②》《管子小匡篇详评》《荀子性恶篇详评》《新序详评》《史记校勘记》《汉书校勘记》《史记自叙今注》《儒林传今注》《货殖传今注》《汉书艺③文志今注》《食货志今注》《读通鉴日记》《方舆纪要叙详说》《文献通考叙详说》《味经书院志》《两汉治乡考》《壕堑私议》《团练私议》《国债罪言》《修齐直指评》《童蒙识字捷诀》《烟霞草堂诗文集》。

魏按:刘光蕡(1843—1903),字焕堂,号古愚,陕西咸阳县人。少年家境贫寒,艰苦力学,同治四年(1865)应童子试,名列榜首。同年入关中书院,受业于书院山长黄彭年。光绪元年(1875)乡试中举。翌年(1876),赴京会试落榜,从此绝意仕途,从事教育。先后主讲于泾阳泾干书院,陕甘味经书院,陕甘崇实书院和甘肃大学堂。维新运动之初,刘光蕡在陕西积极响应康有为、梁启超等变法,并派弟子陈涛、邢廷荚往北京、上海,与康有为商讨国事,"一时有南康北刘之目"(于右任:《怀恩记》,见傅德华编:《于右任辛亥文集》,复旦大学出版社,1986年,271页)。戊戌变法失败,因主张变法被解除味经书院和崇实书院的职务。次年(1899),由其弟子邢廷荚等邀请,往醴泉烟霞草堂讲学。光绪二十九年(1903)应甘肃总督崧蕃聘请,往兰州任甘肃大学堂讲习。因积劳成疾,于八月十三日,病逝兰州。刘光蕡推崇阳明"致良知"之学,而不废朱子"格物穷理"之说,对西学也很重视,然亦只是择其适用者,拿来而已。坚信只要中国富强,"孔孟之教,未必不可雄驾诸洲也"。对刘光蕡的思想,钱穆先生评价说:"古愚承数百年关学传统,闻风奋发,本阳明良知之教,通之经术,欲使官、吏、兵、农、工、商各明其学以捍国。"(钱穆:《中国学术思想史

---

① 底本作"孟子性善图说",《烟霞草堂文集》卷首有陈三立所撰《刘古愚先生传》,所述先生著作中,有《孟子性善备万物图说》一卷,加之,《关学宗传》本卷所附《文录》有《孟子性善备万物图说题辞》,据此增补"备万物"三字。

② 底本作"书微旨",《烟霞草堂文集》附录收录刘古愚经学著作,其中有:《诗大旨》《书微意》等;另《烟霞草堂文集》收录有李岳瑞所撰《墓志铭》,其中所及刘古愚著作时,有《书微意》一书,据此更正。

③ 底本作"蓺",据文意,当为"藝"。

论丛》卷八《清儒学案序》,378页)刘光蕡一生潜心于教育,其门下才俊不穷,其中关中弟子著名者既有戊戌变法中的维新志士李岳瑞,又有辛亥革命的功臣于右任;既有水利学家李仪祉,又有报刊大家张季鸾等。其学说对于近代陕西颇具影响,且影响深远,以致于学贯中西的吴宓在"追溯师承渊源"时,都不能不感叹"则于古愚太夫子不敢不首致其诚敬"(吴宓:《空轩诗话》,香港龙门书店,1967年,第10页)。就刘光蕡在关学史上的地位来看,时人对其有"百代真儒"(陈澹然:《关中刘古愚先生墓表》)或"近百年陕中大儒"之称,认为"同、光之世,科制既深,关学尤多黯塞",得刘光蕡"以致用为倡","关学廓然一变"。张舜徽先生强调,"百年以来关中学者,要必以光蕡为巨擘焉"(张舜徽:《清人文集别录》,中华书局,1963年,第555页)。刘光蕡著述颇丰,现有其弟子整理的《烟霞草堂遗书》和《刘古愚先生全书》二书。

文征录

魏按：《文征录》非录《关学编》之文献，略录与关学关系甚大之重要文献两卷也。

卷一为关学与关中人文之主要文献。关学非等同于关中之学，然亦根植于关中，为斯地之理学也。冯少墟以为，我关中于明代有四绝，李梦阳之文学，王端毅之事功，杨斛山之节义，吕泾野之理学也。凡文学、事功、节义不可必，所必者，惟理学耳（参看《冯从吾集》卷十一《池阳语录》卷上《河北西寺讲语》）。然有理学，则有节义、事功，而有能载道之文也。故关中之理学固为关中事功、节义、文学之根底，而关中之事功、节义、文学则理学之蕴发也。少墟此说，王丰川、李桐阁皆有继承阐发，汉杨四知之节义，宋游师雄之事功，非与关学无关者也。故欲明关学之影响浸润，不能不知关中人文之盛也。兹取九畹先生刘绍攽《关中人文传》《关中人文后传》《书关中人文传后》，及桐阁先生李元春《梓里赋》《秦赋》《续秦赋》，以明我关中明清人文传承之主要源流及代表人物，以见我关中人文之盛久，以启我秦人振兴关中之自信，亦以为将来关学谱系之充容提供一文献借鉴矣。

卷二为关学近代转型后之主要文献。张骥《关学宗传·自叙》云："吾寓关中，留心关学。以余所见，三水萧筱梅，坚苦卓绝似二曲。临潼郭希仁，明体达用类古愚。而所闻则有高陵白悟斋，蓝田牛梦周，恪守西麓之传，皆关学之晨星硕果。"如是则萧筱梅、郭希仁、白悟斋、牛梦周四人，亦关学之薪传也。而曹冷泉《陕西近代人物小志》之"理学"部分，判为"烟霞学派"和"清麓学派"两类，大抵皆关中理学人物也。其下贺复斋、柏子俊、刘古愚、杨仁甫四先生之外，又有李敬恒、王铁峰、白五斋（即张骥所言白悟斋。白遇道初字悟斋，后改五斋）、牛蓝川、张鸿山五先生。而其文艺、史学、事功门类下，亦有萧筱梅、郭希仁、于右任、李仪祉、张鹏一等出于复斋、古愚门下诸先生，其学虽不同于传统，然可谓与传统之关学无关乎？后人不可坐视而罔闻矣。小子不敢妄撰，取曹冷泉《陕西近代人物小志》而点校之，以见晚清民国关学代表人物，并俟有识者将来考见焉。又，曹冷泉于1941年所撰之《关学概论》，为以现代学术范式系统研究传统关学之第一篇文字，刊为现代关学研究开先河之作；即以今观之，其论中所见仍不失为当今研究关学之借鉴，故亦录入其文，以见传统关学之特色概貌，并为学者探究关学提供一文献参照也。

卷一

关中人文传

〔清〕刘绍攽撰

魏按：据乾隆四十三年（1778）刘传经堂版刘绍攽《九畹续集》卷一录入点校。"刘绍攽撰"四字，系编者所加。

关中古帝都，太史公称其有先王之风，哲士挺生，代不乏人矣。近今之士，或践履躬行，或殚精著述，诗书之泽，圣人之徒也。见闻所及，李颙诸人可纪已。

李颙者，盩厔人也，字中孚。父可从，崇祯十四年，从总督汪公乔年出关征闯贼，战死襄城。颙年甚少，稍长，求父死所，母不许，奉遗齿晨夕严事，母殁合葬。既除服，乃齐衰哭于城隍庙，然后徒跣行。未至襄，襄城隍以其事见梦于襄令。令觉而异，阴使人物色，厚遇之，指示战场。白骨千万，垒若邱山，不可辨，颙痛绝，致祭招魂归。襄人举祀起冢，并封暴骨。昆山顾宁人作《襄城纪异诗》，传写遍海内。邑宰骆公钟麟，执礼如弟子。制府百执事，数请之，皆称病不谢。再举博学鸿词，不应。早岁困踬，或教令谋食。彭太夫人诫以勿规小利，乃益勉学。织履为生，春夏藜藿果腹，秋冬木实芜菁，常有菜色，而母子嬉如也。学使者许公孙荃，为易田三十二亩，仅免饥寒。康熙四十二年，圣祖西巡，入潼关，手诏宣见，颙年已七十余矣，以老不至。复诏就其家，取所著《二曲集》《四书反身录》，命近臣校阅，藏之中秘。年七十九卒。颙笃实行，其学大致主象山，生平不妄交，四方问遗者，相属于道，皆却之。惟与李柏、因笃善，人称"三李"，恨不识其面。然因笃受职归，谒颙。颙曰："是借径南山者也。"闭不纳。三请乃见，士论高之。

李柏，字雪木，郿人。少贫，佣于酒家。乡先达从酤，逊其貌，为诵诗十章，即上口。授书，过目不忘，劝之学。乃入太白山十年，成大儒。名公卿多招之，柏度不获行己志，卒辞谢。朝夕讴吟，拾山中槲叶书之。门人都其集，曰《槲叶集》。

李因笃，字天生，一字子德，富平人。为明诸生，弃，游塞上，靖逆侯张又南督兵松江,尊贵,坐见客。独接因笃,必重礼之。会诏举博学鸿词,又南及阁学李公天馥交章荐,召试体仁阁下,以布衣授检讨。未几,以母老告归。为人貌朴,性质直。初入都,南人易之。一日宴集语杜诗,因笃应口诵。或曰:"偶熟此耳。"诘其他,即举全部。复言其精奥,皆前人所未发。《朱竹垞集》述之甚详。在馆职时,王阮亭、汪苕文主诗社,竖南北帜,士多屈服,因笃与抗礼。萧山毛奇龄,亦天馥所荐,称天馥老师,侍立比弟子。因笃独齿序呼之曰兄。奇龄善古韵,与因笃语辄抵牾,众莫能定,惟顾宁人是因笃而非奇龄。宁人著《音学五书》,因笃多与力焉。因笃学富而诗最工,彭都宪启丰序《李石台集》,称为"鸿博大科中第一人也"。曾作《长安秋兴》八首,孙豹人谓"少陵无以过之"。有《受祺堂诗文集》。

豹人,名枝蔚,三原人。世为大贾,业盐筴。甲申之乱,枝蔚年二十四,散家财,求壮士起义。不果就,只身走江都,折节读书,遂以诗名世。年六十,与因笃并举博学鸿词。时有奔竞执政之门者,京师语曰:"万方玉帛朝东海,一点丹诚向北辰。"枝蔚耻之,求罢,不允。促入试,不终幅而出。天子诏试,诸布衣处士有文学素著、老不任职事者,授京衔以宠其行。及格者八人,枝蔚与焉。部拟正字,上薄之,特与中书舍人。吏部集验于庭,独卧不往。旋被敦促,乃徐入逡巡。主爵者见其须眉皓白,引之使前,曰:"君老矣。"枝蔚正色曰:"未也,我年四十即若此,且我前以老求免试,公必以为壮。今我不欲以老得官,公又以为老,何也?"部臣愕谢。卒以老官之。枝蔚貌魁梧,性伉直。初以明季流离,好讲兵事。家在三原,毁于贼。比从京师归,复走江都。著《溉堂集》。王阮亭云:"古诗能发源十九首汉魏乐府,兼有陶、储之体,以少陵为尾闾者,今惟焦获先生一人耳。"从之游者,皆有声海内,而王又旦最著。

又旦,合阳人,字幼华,父早世,贫不能就傅,从仲父斗南学。仲仅识字,与又旦说经,必先就邻舍生受解义,记其语,归而诵之。又旦复述,务肖其语,义是而语稍变。扑之,日课数千言,否亦扑之。其学为最苦,然因以富。弱冠举于乡,令潜江,才三十耳。豹人时居江都,迎之受诗。比入为给谏,已能颉颃。豹人、朱竹垞称其"兼综唐宋人之长,独不取黄山谷"。年五十一卒。著有《黄湄集》。

当是时,关西之士耻效章句,皆以通经学古为尚,卓然名家者:三原则有温日知、韩圣秋。圣秋为吏部郎,日知有弟自知、与知,皆处士。泾阳则有李念慈、张恂。念慈字屺瞻,尝为令,荐博学鸿词不第。隐居峪口山,诗曰《峪口山房集》。恂字稚恭,一字壶山,以进士为江南理刑,善画,落笔片纸值千钱。皆与三李、豹人、黄湄辈还往酬答,而名稍后。惟华阴王弘撰、朝邑李楷,与三李、豹人、黄湄辈齐名。

楷字叔则,著《河滨全集》,令宝应,以直废。康熙二年,抚军贾公汉复请董《陕志》,弘撰尚为诸生,从楷编摩。楷善古赋,文朴茂,钱牧斋亟称之,得名在三李前。三李推楷先进,弘撰与三李同时,于楷为后辈,而楷喜从弘撰。弘撰读书华山,好《易》,精图象,学者翕然宗之,得一言以为重。凡碑版铭志,非三李则弘撰,而弘撰工书法,故尤多于三李。然三李、弘撰常在京兆、扶风间,冯翊以东,推康乃心。乃心字孟谋,王阮亭奉使过秦,见其《题秦庄襄王墓诗》,为延誉。登康熙己卯贤书。初,乃心力学好古,人莫知之。虽与王又旦同里,而又旦宦外,及又旦归,乃心名已成。自三李至乃心,皆同时稍有先后,其间弘撰、乃心最少,乃心尤小于弘撰。弘撰晚年,三李辈已殁,犹有乃心。乃心老,弘撰亦故,士乃零落矣,独武功康吕赐、鄠县王心敬二人耳。

吕赐字一峰,以明经居龟山,竟岁不入市。心敬字丰川,幼学于中孚,为邑弟子,岁试,提学遇之不以礼,发愤曰:"昔陶令不爱五斗米,我岂恋一青衿乎?"遂脱巾帻出,除其籍。二人为理学,俗未之识也,独泾阳王承烈首礼之。承烈字逊功,在翰林十余年,无知者。雍正元年,相国朱公轼密启拜谏议,参楚藩,晋江西布政使,所至以廉直著,清操过人,不负所学,卒于司寇,至无以敛。有《复庵诗说》若干卷。康熙年间,公忧居,会朱公为督学,访士于公,乃知有康、王。数造庐问业,人始称之。然吕赐居远,谢交游,故声华黯淡;心敬居近,而鄠令金某罢职,尝依心敬,后复官,时称道,是以吕赐老死,而心敬为当事所知。总制额公忒伦、年羹尧先后上章荐,两征不起。当羹尧为大将军,声势烜赫,士多想望,争欲出其门。羹尧招心敬,心敬不往。羹尧败,士诖误,或禁锢终身,心敬不与也。雍正八年,心敬子为令,陛见例陈摺,上见而嘉之曰:"名儒子,故不凡。"令奏摺者以为式。乾隆元年,蒲城进士廷试,大学士鄂公尔泰问:"丰川安否?"进士素昧丰川,不能应。鄂公笑曰:"若不识关中儒者,何太俗耶!"秦中新除大吏来,与夫皇华经过,鄂公必寄声候丰川动定,其见重当世如此。

丰川时,泾阳有刘涵,三原有袁仁林。仁林字振千,饬躬嗜古,洞黄老术,注《参同契》,高出诸家,以明经终。涵字若千,官翰林,擅名词苑,卒扬州太守,然不若蒲城屈悔翁复,不仕,不再娶,踪迹遍天下,诗名震一世。司寇张公鹏翮、冢卿杨公超曾,先后荐之不起,访之不见,与丰川相辉映也。丰川后,寂无人焉。有则指目牵引,群怪聚骂。忆少小闻长老言三李时,人守公论,士有定评,及丰川崛起,非有遗行也,远方邻境交口诵,而鄂之争名者,造为谗谤,复何俸三李之盛哉。信乎,名誉之光,道德之行,难已!丰川有《江汉书院讲义》《语录》诸书。

九畹子曰:会稽沈子天成,勤探讨,留心当世务。尝言:"我朝儒者,首中孚、宁人,而中孚刊落声华,固当在宁人先。"可谓知人能论士矣。今之世,莫不知丰川,鲜能识一峰,其亦折衷于沈子之论哉!

(议叙夹写,左萦右拂,无不如意。而沉郁顿挫之中,又极矫健。是能得龙门之神髓,非徒摹写其面貌也。西江石虹村先生。)

关中人文后传

〔清〕刘绍攽撰

魏按:据乾隆八年(1743)刘传经堂版刘绍攽《九畹古文》卷一录入点校。"刘绍攽撰"四字,系编者所加。

昔后稷封邰,不窋窜戎,公刘处豳,太王迁岐,文王作丰,武王都镐,皆在关中,故其民有先王遗风。朱子曰:"雍州土厚水深,其民重厚质直。以善导之,易以兴起而笃于仁义;以猛驱之,其强毅果敢之资,亦足强兵力农而成富强之业,地气然也。"是以圣贤挺生,屡世不乏。近日学者,多言诗文,要其宗主,举不外是。诗始苏、李,文推史、汉,苏家杜陵,(即今咸宁县。)李家成纪,(即今陇西。)皆秦产也。班在扶风,人无异说,马迁生长龙门,河津之人,援以自重,世人多惑焉。《地理今释》曰:"龙门山,在陕西西安府韩城县东北五十里,大河之西,东与壶口相望。"《太史公自序》亦云:"先世入少梁。"少梁,古梁国,后名夏阳,即今韩城。(《经史注》及《路史》《通典》诸书皆同。)又曰:"错孙靳,赐死杜邮,葬于华池。"又曰:"靳孙昌,昌生无泽,无泽生喜,皆葬高门。"夫杜邮,在咸阳西。(见《索隐》。)华池者,晋灼谓"在鄜县",《索隐》谓"在夏阳西北。"苏林以高门为长安北门,《索隐》谓"在夏阳西北,去华池三里"。(今韩城有里曰高门,又有太史公墓左建石为记。)语不同处,而同在秦,迁之为秦人信矣。九峰蔡氏作《书传》,既云"龙门;《地志》在冯翊夏阳",又何以称"今河中府龙门县"?(《皇舆表》:"河中府,即今蒲州;龙门县,今河津县。")盖山势绵亘广阔,禹凿为二,半晋半秦。(按:宋李复谓:"禹凿龙门,起于唐张仁愿所筑东受降城之东,自北而南,至此山尽。")在秦者,以韩侯重,(即《诗》:"韩侯封国。")故舍山系国。在晋者,因得托名。而迁之世居不外高门,则实秦也。秦之人文,于斯盛矣。余既网罗近今,统为一传,复就所闻,并著于篇。

王建常,字仲复,邠州长武人。早弃帖括,居河渭之间,著述自娱,尝作《律吕图说》二卷。原本朱、蔡,参之李文利、王子鱼、邢云路诸书,而折衷以自得之义,昆山顾宁人一见折服,曰:"吴中未有也。"

富平曹玉珂,字陆海。耀州宋子真,皆不及详其事。子真并逸其名,然子真尝与王山史同修《秦志》。陆海,见王阮亭《居易录》,称为"一时人豪,而知者盖鲜"。泾阳雷伯籲,明季避居淮扬,与孙豹人善,余少见其文集,今失之,询于乡人,亦无能举其名,则修身砥行而湮没不彰者,独三人哉!

蒲城屈复,字悔翁,年十九,试童子第一。忽弃去,走京师。四方学诗者,多从之游。韩城张廷枢为大司寇时,欲上章荐,力辞不就。乾隆元年,冢宰杨超曾举,应博学鸿词。杨未见复,复亦不谢。所著《弱水集》,甚富。江南许元基,品其诗为"国朝第一"。无子,终不再娶,时人方之林和靖。

张郊,字东野,三原人,妻何氏,早丧,鳏居终身。常读《文选》,好为绮丽之音。以孝廉,授邠州博士。之任,载书数车,曰:"吾老是中矣。"

论曰:东南,物之发生;西北,物之成熟。(见《史记》。)发生华叶,成熟者实。秀而不实,实未有不华者。华实并茂,秦实有焉。以余所交,潼关杨鸢、秦安胡釴,方将勤探讨,追前修。杨成进士,胡以乡贡,名之显晦未知,视建常诸人,何如也?

(继原曰:前传离奇,此传严整,起手辨龙门处,亦极反复驰骋。自来修"秦志"者,如马豁田、冯少墟、李叔则、王山史诸前辈,皆见不到此。)

书关中人文传后

〔清〕刘绍攽撰

魏按:据乾隆八年(1743)刘传经堂版刘绍攽《九畹古文》卷九录入点校。"刘绍攽撰"四字,系编者所加。

秦古帝都,代不乏人,我朝造士,尤多间出,余既网罗旧闻,两为立传,甲子孟冬,偶过新繁,于石幢书斋,见邓孝威《诗观》初集,采集秦风,余所不逮者,十六人。

泾阳郭士璟,字饮霞,一字梅书。任玑,字啸庵。张载绪,初名湛儒,字水若。郭磴公,字石公,一字横山,有《琼花草堂集》。王祚昌,字天叶,有《渔古堂近诗》。韩城李国琏,字连城。李化麟,字溪河。景麟,字星河。三原房廷祯,字兴公,一字慎庵。王相业,字子亮,一字雪蕉,有《泗滨草》。狄道张谦,字牧公,有《得树斋诗集》。临潼吕振之,字大律。长安王严,字平格,一字筑夫。宁夏曾畹,字楚田,一字庭闻。兰州凌元羸,字蔚侯,有《存园诗集》。固皆大雅,卓尔可传。略存梗概,庶几他日考焉。

(九畹自记曰:"《诗观》载'泾阳张恂有《西松馆诗集》',亦余初传所未及也。)

梓里赋

〔清〕李元春撰

魏按:该文据光绪十年(1884)朝邑同义文会刊本《桐阁先生文钞》卷十一录入点校。"李元春撰"三字为录入者所加。原赋中夹注甚多,观览略有不便,今改为赋文与注文上下分列,上赋下注,以便观览。其下《秦赋》《续秦赋》,亦同此例。

李子自北归,将由蒲津朝渡,西望邑里,叹息者再。有途中友,揖而问曰:"先生何叹也?"李子曰:"旭日远射,是吾桑梓,幅员虽隘,形胜无比。风土人物之美,旧皆足纪,越至于今,乃少替矣。当有人焉,救其弊而振其靡,而吾不知其谁是,能无慨乎?"友曰:"盛衰之理,伊古无常,国家犹尔,况子之乡?但若所言,某实未详,愿请道之。"李子良久未答,既渡行十余里,憩于道旁之客馆,为芜词以告之曰:"某欲作赋,才愧孟坚,矧述乡土,辞遑求妍,敢撮大略,吾子裁焉。"

溯自芮伯,肇国于先,临晋筑垒,厉共之年。

周时,大荔戎与芮国皆在邑地。秦灭芮,至厉共伐大荔戎,取其王城,筑高垒,以临晋国,更名临晋。

历汉及晋,名犹相沿,后魏之时,析置五泉。

真君七年,置五泉县。太和十一年,分置南五泉县。盖邑镰山麓有太奇、象底、蔡庄、苦泉、西庄五泉,故名。

西魏分壤,邑隶东偏。始锡今称,以据朝阪。

朝阪,亦曰华原。其东偏,自北至南数十里,朝日映之,山光灿烂,故名。俗读"朝"音为潮,误甚。

河滨、河西,唐初易前。

武德三年,析置河滨县。乾元三年,改河西县。

自是以来,旧治复还。

子试观其疆域,识其川原:

叶。

南绕渭水,北枕镰山,西临冯翊,东扼蒲关,河腾涌于左侧,洛蜿蜒于中间。诚三秦之隩区,重百二之防闲。若乃流或等金,

县北五十里,旧有金水河,即洽水,入县界东,折入河。土人资以溉田,重之如金,今流绝。

陂目通灵。

在县西北十里,旧溉田,今亦废。

沙苑一带,崇阜垒垒,

在县西南,洛、渭之间,起县界西,跨同州至渭南,凡八十里。

池泽四所,野草青青。

县西北十五里,有盐池,《唐书》所谓"小池有盐者也",今不恒有。西南沙苑中,有太白池,洞然深黑,常有云气,亦能致雨。太白池北五里,有麻子池,皆鹹瀉之地。又有莲花池,在二池间,今为风沙所没,不可复识。

斯并势兼利害,时有废兴,不必共侈夫极威,要皆言之而足听。况乎考厥名迹,亦云多有。

稽废宅于吴起,霸里村外,因存遗祠;

县南二石狮,高五尺许,身有金星,传起宅中物。

赐食于绛侯,高阳城中,常沽美酒。

今西高城为古高阳,周勃食邑也。一名怀德城,旧出美酒。

望仙立观,原属汉武之基;

今上官村有武帝祠以此。

长春作宫,永忆隋代之后。

长春宫在县城西北华原山上,周武帝保定五年宇文护筑,隋置殿其上。唐高祖起兵,西济河,至邑,舍此休士,资永丰仓,后尝命太宗镇此。又李怀光据此宫,马燧百计攻之不能下,曰:"三面悬绝,不可攻也。"杜子美诗云"天晴宫柳暗长春",亦谓此也。肃宗时,为

安庆绪所焚。

铁牛镇于古渡，明皇偕从臣而吟诗；

  唐开元十二年，铸铁牛置河两岸，各四牛，下为铁山，尾施铁轴，以系浮桥，旁置铁人象系牛。宋嘉祐中，河涨桥坏，尽曳西岸牛于河。元僧怀丙为机法取牛河中，已得三牛，以人有异议，丙怒去。明初，一牛犹在河中，东岸具存，不知何时并没。明皇有《渡蒲津》诗，时张九龄等，并有和章。

牧马置夫旧坊，宇文战高欢而植柳。

  宇文泰与高欢战于沙苑，既胜，命骑士各植柳以旌武功。又以地宜六畜，置沙苑监养，上供牛羊。隋唐因置马监，宋置牧龙坊。又唐王重荣败朱玫，亦在沙苑。

石多前喆之题，

  新市镇饶益寺，有藏春坞，贮古名贤石刻，多不存，今独殿壁上有宋贾炎诸人题名、金赵拃记。县城西华原山东岳庙碑，有唐初功臣鲁国公等手迹。官庄里，有元嶰嶰子山《复王由义札》行书百十五字。又县西南簸箕掌灵应观，有张三丰题诗碑。

寨纪平章之筑。

  县东北四十里干社寨，元戈平章筑以为保障之所，今湮。

小荀之故里传疑，

  有魏荀丞相坟，或云魏文侯庶子繁坟。

王林之名村已久。

  晋临晋令王林之墓所在。

幽求空留夫冢宅，

  在县东北六十里华原之麓，金水之南浡洛堡，或云非其真宅。

扈锷尚护其邱首。

  白冢镇以有扈锷冢名，旧有馆冢旁者，夜宿，见一人甲胄来，曰："我白马将军也，此吾宅，安得据之？"由是知为锷墓。

延祥有镇，封祀何主？

  仓头村，故延祥镇，以永丰仓得今名。向有土神祠，宋真宗祀华岳，渡渭阻风，梦老父出迎，且曰"助以冰桥"。帝感其灵，物色之为土神，赐冕旒，封城隍。

载中邑乘，均传不朽。

产则瓜、柿、梨、枣、葱、韭、蒜、姜、猫眼枸杞、沙焦麻黄、河水之鲤、苦泉之羊；

  苦泉，一名双泉，其水饮羊，易肥而不膻。同州茧耳羊，以出苦泉者为上。

夭桃繁于洛岸，

  洛北岸种桃数十里，三月花开，乘舟赏玩，为邑中胜景。桃亦甚佳。

木棉重夫南阳。

木棉丝出南阳洪者,断则易续,引之易长。

俗则男耕而力,女织而善。服贾为多,执技较鲜。士砥廉隅,人耻巽懦。王事争勤,公赋易藏。赋赢三万,无不乐输车牛;里凡卅六,谁复忍为丝茧?

　　邑旧三乡,曰长春、洛苑、都仁。今分东、西、南及东北、西北,通计五路,有八镇。南,新市、赵渡;北、白冢、双泉、两女;东,旧大庆关、新大庆关;西,伯市、高城、浐浴、故现、永兴。今旧大庆关与西五镇俱废。村在明初凡三百有奇,里分八十有二。以后沿至国朝,村仅百八十一,计地丁连闰共征银三万八千七百一十七两有奇,起差大约银百两。为甲十,甲为里十二,里为运,运分为三,里分为三十六。

是以世毓俊彦,共仰前踪,则有严、雷数代,高、程两忠;韩家之父子并美,樊门之弈叶俱荣;王有三族,李称三宗。

　　叶。

严氏之著者:翰林当后汉而显名,遗胄不绝;

　　东汉初,严彭祖为左冯翊,子孙因家临晋。至汉末,有严翰林复守本郡。翰林四世孙稺玉,仕北魏,封合阳侯。稺玉四世孙协,仕唐,为洮州都督,袭封。协子方约,方约子损之,损之子司业,司业弟士良,俱贵显,以行义友爱著于时。

善思举销声而及第,平冤有功。

　　严譔,字善思,父延,通儒术,晓图谶。善思传其业,明天文,善风角,褚遂良等奇其能。高宗封泰山,举销声幽薮科及第。武后时擢监察御史。又为详审使,活死囚八百余人,断疑狱百人。后继李淳风为太史令,占诸张败及诸陵墓事,俱验。子向,为凤翔尹,有声。

懿绛县之良宰,擢台宪而乃终。

　　明严天祥,字叔善,嘉靖甲辰进士。知绛县,廉直得民。三年,擢河南道监察御史。行过傅说庙,从者皆见天祥呓语与傅丞相约见期。居御史任三月,遂卒。天祥,望仙里人,未知与善思皆翰林后否。

雷氏之著者:将军著矢而不动,贼帅怀疑而缓攻。

　　雷万春,朝邑人,旧志不载。

爵号耿介,霓亦廉能;

　　叶。爵,防于里人。明成化丁酉举于乡,先知清苑、郯州两任,杨文襄大重之,升大名府同知。霓,登成化丙午科,知中牟,志称其忠厚。

国柱谏臣,雷士桢,字国柱,新市镇人,韩苑洛外孙。少颖悟,有风节,从苑洛学。长,登万历甲戌进士。为御史,三日即疏论潘晟,直声动朝廷。其他详具邑志。族弟元善,亦登万历丙戌进士,知仁寿县,有政声。

伯华神童。

　　雷子真,字伯华,安仁里人。少时与韩五泉并称奇童,正德辛巳登进士,授潜山县知县,未之任,卒。相传子质为诸生李九畤后身。

惟柏林之居士,乃艺苑之子龙。

雷于霖,字午天,号柏林,县西寨人。崇祯癸酉举于乡,幼负奇志,入国朝,隐居,以理学文章自任。睢阳汤文正公兵备潼关时造其庐。先河滨曰:"柏林文以胆胜,真文中子龙也。"所著有《柏林集》《太极图说》等编。

至于程编修之偕亡,徒保身之哲;高御史之死难,甘受灭顶之凶。村竖咸道,缕述无庸。

韩氏之盛,始自莲峰,按察七闽,明正五刑。

叶。韩绍宗,字裕后,号莲峰,南阳洪人,成化丙辰进士。为福建按察副使,执法不挠。尝辨寿宁侯客樊举人狱,人服其刚直明允。又尝论义男妇死乱者,三原王冢宰亦心折。弘治初,疏论时政,多见俞允。有四子,长邦彦,正德丁卯举人,官至郑州知州;次洛苑先生邦奇;次五泉先生邦靖;季邦翊,为固始县丞。

苑洛实间世而出,五泉本天授之聪,事业既著,学术俱鸿。

苑洛,字汝节,正德戊辰进士,官至南京兵部尚书,事业著述,具见史志,为一世大儒,卒谥恭简。弟五泉,字汝庆,十四举于乡,二十一同苑洛成进士,官至山西左参议,抗直素著。其诗文,康对山、王浒东俱屈服其才。与苑洛尤友爱,卒之先呼苑洛曰:"吾其逝矣。十九日必大雷雨。"其日果然,遂卒。年才三十四,无子。

樊氏之先,参政誉隆,幸英庙之能识,惜拟议之成空。

樊冕,北石村人,明初进士,为河南参政。先为都给事,吏部拟冕户部侍郎,英庙方向冕,曰:"冕可吏部。"无何大行,不果用。

掾吏之才,何止堪尉;樊资,成化时以掾吏任荣县典史,尝出俸赈饥,单骑谕盗,弘、正间荣之宦游秦者,多登堂拜谒,或至泣下。

恕夫之马,不愧乘骢。

樊得仁,字恕夫,苑洛门人,以正德丙子举人知河津县,擢御史,上尝褒曰:"忠劳可嘉。"

三王分洛水之南北,三李傍渭滨之西东。高城多贤,河汀为最;

王河汀先生,名谟,字子扬,嘉靖癸丑进士。初仕至山西按察司副使,兵备岢岚,放还。后起山东,视海防,迁左参政,分守山西河东。历官刚直有为,议兵尤见方略。而文章著述,先河滨称其"派宗扶风,与少华、槐野颉颃"。兄学诗子言,嘉靖庚子第三人,乡荐知河内县。从兄渭汀学古,与河汀同壬子举人,至壬戌成进士,仕至郎中,出知汉阳府,俱有声。弟学让子鲽如念塘,以万历壬午举人,官至贵阳知府。郭子章大重之,荐拟贵宁道,未报,以忧去。起复,补两浙盐使,奏最为天下第一。渭汀子家允锡吾,以万历乙酉举人,仕至永平郡丞。河汀孙孙绶紫侯,万历壬子举人,以会试语侵宦官,抑置副车,教授闻喜,后盐使聘主秦、晋、豫三省馆教,闻誉大起。紫侯子尧日陶都,以国朝丙戌岁贡,历官莘县知县,书法绝一时。念塘子斗三在玑,以崇祯癸酉举人,入国朝官邵阳知县,与父俱工书。他如王报春育万,登国初乙酉科,官永年,有善政。子鹏翼六翻,登康熙辛酉科;鹏程拚九,为己卯省元,皆有名,至今科第不绝。

泊里尽贵,文石谁同?

泊村王氏,自弘治时郎中汝器奄始著。以后奄子朝雍仲和,以正德丁卯举人,仕至山西按察金事;朝塾仲冕,以正德丁丑进士,仕至宿州知州;朝弼季良,以嘉靖乙酉举人,任井陉、永清两县。仲和子三省诚甫,以正德癸未进士,历任彰德、保定、潞安知府;三益谦甫,以嘉靖己酉举人,仕至保安知州,政行俱著。诚甫子雁峰公传,嘉靖庚子举人,任高邑,以诗鸣于时。雁峰子嗣蕃育之,万历癸酉举人;嗣美实之,万历庚辰进士,仕至山东按察,生平以刚直著。文石先生,按察兄副贡在宇子也,名于陛,字启宸,别字文石。少有神童名,万历丁未进士,历官岢岚兵备,升布政。告归,作漫园,自称漫公,著有《漫公集》。改革后,闭户不出,日长偃卧。辛,不受吊,不树碑。先河滨公称其"达不玷名,穷不惭节"。文石从子镕,字翼扃,崇祯辛未进士,历汶上、东阿令;镁,字翼治,国朝顺治丙戌举人,为阳信令,俱有声。后尚两世登科,凡九世。

侍郎名臣,狱察奸小;

王之寀,字芷苛,又字心一,万历辛丑进士,尝讯梃击,事详载《明纪》。

复斋隐士,理守中庸。

复斋先生,名建常,侍郎犹子。年三十,以诸生丁前明改革忧,闭门谢人事,读书穷理,笃志力行,翼朱子,斥阳明,著述甚多。许督学作《关中六君子咏》,以复斋为第一,题其门曰"真隐"。余谓:"复斋学术之正,不在冯恭定下"。

若论一人之雅望,足媲两姓之休声。

叶。侍郎后,惟复斋一人,余谓可与高城、泊村二王并。

季白真太白之后,

李朴,字季白,衔子里人,万历辛丑进士。性骨鲠敢言,由主事升至郎中,先后上章无数,人争传诵,而朝臣多忌之。放归,吟诗自娱,所著有《调刁》《雪亭》二集。孙育才,康熙甲子举人。

河西振陇西之风。

河西自乐平公李聘后,四世高科。

吾家由司徒而初昌,昆季比三珠之美;

司徒为余七世族祖,讳联芳,字同春,万历丁未进士。兄讳时芳,平度州知州。弟讳继芳,三河县知县,政行并显于时。

令闻至叔老而益茂,著述推一代之雄。

叔老讳楷,号岸翁,一号河滨,学问之博,著作之富,书法之肆,在国初海内,皆推无两,至今共称"河滨夫子"。

此后固难历数,要尚不少宏通。

河滨三子,俱知名。文章、著述及书法,推三老,立庵为最,后尚多作者。

他如远有文彻之清名,

隋时人。

仲方之世德;

元王由义、字仲方,礼部侍郎。欧阳元①尝赞曰:"由义,真贤者也。"作《王氏世德记》。

王嘉议之醇笃,

王良,健儿村人,洪武时贡入太学,仕至刑部侍郎,授嘉议大夫。

乔参知之谨饬;

乔诚,安仁里人,历官山西布政司参政。《一统志》称其"处心忠信,措事宽平,不愧长者"。

周通政之殁后明冤,

名彧,明初以人材进。每弹劾着绯衣,见之者皆待罪。卒有忌者谮其贪,下狱死,籍其家始知冤,因赐祭。

杨方伯之仕等家食;

名恭,西庄里人,文皇时为陕西布政,事详邑志。

蔚光禄由吏俏而获旌,

名能,字惟善,受春里人,宣德五年,以吏员进,历事五朝,终光禄卿,尝赐锦衣金带,以旌其忠。三原温公纯,厅署芳规,标公事以为法则。

刘太守以老成而尽职。

名伟,中曲里人,成化戊子举人,由文水知县为御史,旋出知兖州。志称其"老成宽厚,又以孝著"。

清杨疆张,

杨珪,中曲里人,天顺壬午举第三,仕至太仆丞。张澄源,字静夫,仓西村人,嘉靖戊子举人,仕至解州知州,自号一可。

同一介直。

近有标赤太史,名流亟赏其文;让伯户曹,逸老特嘉其志。

张太史表,仓西村人,顺治己丑,馆选未遇,时著《肥游草》,熊雪堂令合肥时,为梓传

---

① 即欧阳玄,避康熙帝讳改欧阳元。

者也。族子枏,字让伯,顺治己未进士,始受业于王仲复,仲复称其"立志直欲赶上横渠",仕由巴县升户部主事。

提学无惭弓冶,冠带生辉;

张好奇,字知天,顺治壬辰进士,为河南提学。父纶音,字作钦,万历辛丑进士,官至湖广按察,邑城内人。

筠石克绍箕裘,辞华独备。

刘峒,字星柱,号筠石,故现人,康熙戊午举于乡,仕为榆林教授。父玺,字尔符,号三峰,顺治丁亥进士,官乌程,称廉干。父子皆肆力古文,著书若干卷。峒弟崛,康熙己卯举人,亦有名。

无不自奋而出群,故致宏声而弗坠。又若赵良纯孝,

元人。

李济守法;

怀恩里人,明初副都御史。《一统志》称其"才敏学优,历官守法"。

周道之舍骑卒,

道,沙底人,由助教擢御史、山西按察司佥事。舍骑卒,事详邑志。侄瑄,以举人为通判,亦称廉。

靳能之识门甲;

能,沙底人,正统时举人,仕为马邑教谕、山阴知县。在马邑恤门者某,事详邑志。

萧都谏事不避难,

萧斌,嘉庆里人,正统乙丑进士,官吏科都给事,通政司通政。志称"事不辟难,门无私谒"。

牛郎中峻而非狭。

牛斗,字应宿,蔡家堡人,弘治甲戌进士,官至兵部郎中,革先朝冒滥,不通夤缘,详邑志。

君仪之却金,比四知而适类;

程范,字君仪,正德丁卯举人,初任开封府通判,尝叱却仓官馈余金,后除大名府,善治盗,然以劲直不容于时。

公见之兴利,列三贤而允洽。

段朝宗,字公见,鲁坡村人,嘉靖乙未进士,官至给事,廉介敢言,后知徽州,为利民事颇多。郡故有彭泽、王继礼二祠,以朝宗参之,名"三贤祠"。

别有鑑寰朴诚,言动必循礼节;

翟事心,字鑑寰,平罗村人,贫。时授经高阳,言动以礼。万历丁酉,举于乡,知保昌县,士民建祠祀之。后调判东昌、署濮州,归,著《抱瓮集》十卷。

绿野豪放,笑傲皆成文章。

　　张徵音,字祚康,号绿野,白冢人,万历丙子举人。初仕山右,守城御盗有方,继调河南孟县,作堤,民名"张公堤"。又调宝丰,感时政,作《旁观》《抵掌》等书。绿野才佚宕,笑傲皆成文章。

松园讲学,

　　王钺,字敔甫,号松园,崇祯己卯举人。入国朝,官吴桥,遽归。以著书讲学为事,所著有《松园集》《性理三解》等书。

穉仲退藏。

　　郭肯穀,字穉仲,阳昌村人,崇祯己卯举于乡。明运终,隐居不仕,与复斋为道学友。弟肯堂,亦弃诸生。逆闯入关,强征肯穀,肯穀亡去,系其弟肯堂,亦不屈,兄弟卒得全节,时称"二难"云。

独鹤保身体而常泰,

　　关中俊,字逊伯,号独鹤,望仙观人,慕冯恭定之学,以力行自任。入国朝,去诸生,隐居读书,著有《巢居野人集》《鹤阴鸣和集》。学以孝为本,将殁,口占句云:"衣冠还太古,身体亦归全。七十八年内,一心常泰然。"弟中伟,亦弃诸生不试。

公黼裂冠衿而岂狂?

　　王宸,字公黼,泰安堡人,因求父尸不得,绝意仕进。尝以诸生揖贵者见忤,遂自裂其冠衿。性嗜山水,工绘画,诗亦多警句,雷柏林、先河滨皆深重之焉。

其余亦屈指之而不尽,总可为闾里生光者也。

友曰:"如子之说,历世未远,典型匪遥,且古今等耳,何事感喟于一朝?"李子乃复慨然而叹曰:"此有故矣。地之灵秀,惟人主之,风自上行,俗由下移。古道不讲,积而日漓。富者习骄逸而轻弦诵,贫者谋衣食而废经畬。弗求者甘自弃,从事者安于卑,固应大贤之希觏,至诣之莫追焉。得司牧善治,志士共维,庶乎昔日之盛,可以指日而期。"友笑曰:"人之好善,谁不如吾。信斯言也,豪杰具在,胡不持子说而遍告乎!"

秦赋有序

〔清〕李元春撰

　　魏按:该文据光绪十年(1884)朝邑同义文会刊本《桐阁先生文钞》卷十一录入点校。"李元春撰"三字为录入者所加。

班孟坚赋西都,张平子赋西京,后多因之,或意存讽规,或言主铺张,各极巨丽,难复续矣。余生其地,念今昔之殊势,知隆替之有由,意有所感,不敢拟于前贤,故为《秦赋》。疆域山水外,独详人物,并略远而述近,以川岳钟毓,何代无之,用以自励励人云尔。

有金天之奥府兮,实少皞之所司。卦占兑而为说兮,候应秋而及时。既天门之伊迩兮,亦地首之在兹。本日星之所入兮,即山水之所基。鹝鹑首而开国兮,肇凤鸣于西岐。历代以为都会兮,今则以为极要之藩篱。疆域缘以益拓兮,设官遂有合而有离。始则京兆之独理兮,继则金城之分治。东则徙函谷而为潼兮,洪涛长抱而迅驰;西则嘉峪遥固夫肃、凉兮,沙漠直抵于远夷。少习名曰武关兮,南通楚、蜀而崄巇。延、榆并边于灵、夏兮,北俱接乎鄂尔多斯。其山由昆仑而祁连兮,自此原分为两支。左则贺兰远暨乎辽海兮,桥山自内而附之;

<small>祁连山在张掖西南。东迄永昌南为雪山,迄凉州南为姑臧,直抵中卫为沙山。又东结为黑山,迄黄河,复东出为南、北二支。北支东北出为贺兰,披黄河北行,迄灵州、宁朔、宁夏抵平罗,北三百里为黑山,又北出,迄古定襄东至高阙,又东为阴山,绵亘万里,极辽海。南支东北出为桥山,迄庆阳东、鄜州、延安,西南尽三水分水岭,北尽葭州艾蒿坪,绵亘八九百里。</small>

右则肇积石而抵陇兮,吴岳自标夫异姿。

<small>由大积石东至西倾,又东至鸟鼠,又东南至朱圉,又东为陇,为岍,为吴岳。岍、陇实据秦、宁、凤、汉,当陕、甘之交。</small>

由是又界而为二兮,胥自秦、凤而东移。九嵕、嵯峨之相继兮,终南、太华之咸祠。

<small>由岍、陇东北出,踰凤翔为岐山,又东北至乾州为梁山,又东至醴泉为九嵕,又东北至淳化为甘泉,又东北上为韩城之少梁,为龙门,皆在渭北。其东南出者,踰宝鸡为太白,又东为终南、秦岭,又东为骊山。其阴为蓝田山,又东为少华、为大华。其阳为洛南之熊耳,熊耳南出为商山,商山东出为武关。大华东为潼关,北偏依河,皆在渭南。</small>

褒、沔由嶓冢而大巴兮,循汉而又多参差。

<small>嶓冢在宁羌,亦岍、陇之南出者。</small>

其水则汉本分为两源兮,河自出于一枝,二者环其外以作卫兮,渭则中贯而委蛇。

<small>西汉水由秦州、嶓冢而西南会白水为嘉陵江,又西南迄四川之广元。东汉水由宁羌、嶓冢而东北,又东而南,穿兴汉之境,至白河入湖、广界。河贯于甘肃者,自河湟东北尽宁</small>

夏之北境；河绕于陕西者，由府谷北，南至于华阴。

河之上，灂、洮、湟、浩、高平、奢延、野河、秃尾、延秀、濯筋之尽纳兮，

河、兰诸水皆入漓，洮、岷诸水皆入洮，西宁、碾伯诸水皆入湟及浩亹，固原、中卫水皆入高平川，榆、靖、怀、远水皆入奢延，神木诸水皆入野河，葭州、秃尾河、清涧、延川诸水皆入延秀河，延安数邑水皆入濯筋河，而黄河尽纳之。

其下，渭携汧、泾、沮、洛、沣、涝、滈、灞、潼、戏而偕罹。

自渭源、陇西以东诸水皆入渭，由静宁、秦安以下诸水皆入陇，陇州以下水皆入汧，凤翔合郡水皆入雍。其北，自平凉以东南合马莲河，邠州、醴泉、泾阳、高陵水皆入泾。自同、耀至富平诸水皆入漆、沮。自安化东南，邠、延州郡水皆入洛。其南，盩、鄠以东诸水皆入沣、滈、涝、潏、灞，新丰诸水皆入潼、戏，而诸大水皆入渭。渭至华阴三河口入河。

汉合沔、沮、褒、廉、壻、洋、木马、饶、风月间、洵、丹以共奔兮，此皆名川之可考而知。夫惟势据天下之上游兮，设险直严于坤垠。若其秀灵之所结兮，钟毓尤历古而多奇。远者吾不暇数兮，指近今而无非懿仪。

以宦业著者：庄敏独识夫廉耻兮，端毅尽辅弼之职；

杨庄敏鼎，字宗器，咸宁人。少贫，常恨学晚，锐意力学，登乡荐为第一，正统中会试亦第一，由编修仕至户部侍郎。尝折中贵牛玉欲折江南粮实内帑，谏廷、绥用兵预征边饷。寻致仕，为缙绅宗，谓诸子曰："吾生平无可取，但识廉耻二字耳。"王端毅恕，字宗贯，三原人，正统中进士，庶吉士，孝宗朝仕至户部尚书。自初仕，扬历中外凡四十五年，持正尽忠，疏三十余上，皆剀切。年九十，犹考论著述，卒赠太师。明三百年，称名臣者，以恕为首。子承裕，字天宇，弘治进士，仕至南京户部尚书。卒，谥康僖。人云"明有端毅、康僖，比宋之二范。"

公度立朝而正色兮，廷臣使外而尽力。

王竑，字公度，河州人，正统己未进士，授户科给事，弹劾不避。郕王监国时，六科劾王振、振党马顺叱众，竑捽顺发，咬其面，因并劾振党王、毛二长随。景泰初，总督漕运，不待奏，赈民饥，民立生祠。英宗时，升兵部尚书，规画事机，中外赖之。后以荐岳正、张宁不报，乞休。卒，赠太子少保，谥庄毅。黄谏，字廷臣，兰州人，博学工书，登正统壬戌第一甲第三名进士，历官编修、侍讲、尚宝寺卿。使安南，风节凛然，交趾人至今称之。尝出金属自霍州归葬曹月川于渑池。以乡人忠国公石亨事败谪判广州，从学者甚众，广人为立祠。著有《书经集解》《使南稿》《从古正文》《兰坡集》行世。

胡光禄见怜于俳优兮，阎考功雅重于相国。

胡恭，字敬之，扶风人，景泰中举人，仕至光禄卿，清贫几不举火。一日内宴，俳优为一人体貌羸瘁，傍一人问曰："尔非胡光禄耶？何至此？"曰："俸禄不给耳。"上恻然，因赐金币。子宗道，成化中进士，仕至四川参政、应天府尹，以清慎著。阎仲实，字光甫，陇州人，早慧,善属文,成化中进士。为考功,每规时宰,时宰重之。弟仲宇,字泰甫,亦成化中进士。按察山东,擒妖僧,巡抚湖、广,擒剧贼,升兵部尚书,有赂刘瑾欲夺其位者,遂移病去。同族价,字允德,亦成化中进士,庶吉士,巡案河南,以奏,刘瑾罚米,家为一空,后升四川参议。

世隆比高于华岳兮,达夫家裕夫燕翼。

雍泰,字世隆,咸宁人,成化中进士。初为吴县知县,滨湖作堤,民名"雍公堤"。擢御史,声震京师,巡盐两淮,淮人歌之,巡抚宣府,士民祇畏。升南京户部尚书,刘瑾以不附己斥归。灵宝许襄毅尝曰:"关西有二高,一华岳,一雍世隆也。"卒,谥端惠。著有《奏议》五卷、《正谊庵诗》六卷。刘聪,字达夫,中部人,成化中进士。性刚果,仕历太平推官,彰德知府,佥都御史,巡抚顺天,皆著风裁,有异绩。弟璋,字尚德,以举人仕南和令,升知霸州,修水利,禁豪侠,具著奇政。子佐,登进士,授户部主事,监收小滩税,豪势请托不行。著有《北原集》。次侃,次仁,皆举人。次偘,以举人知闻喜、石州,称廉洁。璋子仕,字以学,正德中进士。为刑部主事,争兴献礼,为郎中,劾武定侯郭勋,累受廷杖,谪戍。穆宗立,起太仆少卿,不就仕。居家至孝,著有《廓南集》。仕弟儒,字以聘,亦以孝著,以举人令安邑,补完县,升叙州同知,皆有惠政。迁庆藩长史,以礼绳王,王不听,遂致仕。儒正己率物,太保杨兆出其门,既贵,每见犹侍立终日,语人曰:"吾侍两宫不若先生严。"著有《刘氏家礼》《桥麓集》。仕子光升,官新泰知县。儒子光文,官招远知县、真定通判,俱有家风。

鸣远共绵于政和兮,琛、玺、琦疑出于一域。

刘镛,字鸣远,清涧人。以举人历仕长沙知府、山东参政,以清介名。子介,字师惠,弘治中进士,仕至太常少卿,有声誉,与罗圭峰善,著有《南都》《北都集》《东峰咏稿》。镛族子兰,字庭馥,弘治中翰林检讨,后由王府长史晋嘉议大夫,不附阉瑾,著有《石台集》。介子维纶,字子孚,正德中进士,由滑县令擢御史。介孙大观,由孝议令历仕至赵府长史。大观子士麟,以举人令定襄,皆不愧父师之训。白行顺,字政和,政绩赫然,载《名臣录》。弟行中,字大本,正统中举人,仕至监察御史。按广东,贪墨望风去,总两淮盐政,尤以清白自持。后白璧以举人令定襄,白宗舜以举人知蒲州。宗舜子慧元,崇正甲戌进士,令任丘,死难。璧孙日可,以举人砥德乡里,著有《敦本堂稿》,门人私谥"文靖先生"。白氏科第至今不绝。刘琛,宜川人,与弟玺同举弘治中。琛登进士,官至按察司佥事,玺官卫辉通判。兄炎,亦成化中举人,政绩俱著,号"长安三刘"。玺,冯少墟外祖也,关中理学,盖多出其门。刘琦,字庭珍,洛川人,正德中进士,仕至兵科给事,累以抗疏,谪戍。后上亦念之,曰:"是尝进谠言者也。"敕还,以疾卒。天启中,刘秉三纮以省元登进士,以文章名,与中部、清涧、宜川刘皆世科第。

东氏盛于咸林兮,两王在余邑而亦匹。

东思忠,字进伯,华州人,成化中进士。为刑部主事,多平反;转四川按察副使,屡剿逆命,西北倚为长城。子汉,以举人仕至员外,不愧父风。郊,字希守,正德中以进士历官监察御史，谏武庙幸居庸，论钱宁纳贿、江彬窃权，止张阳鬻盐席，以刚直著。野，字希孟，以进士知陈留县，息讼防河，治盗兴学，诵声遍野，升刑部主事。余邑泊里王氏，自郎中耆兴，凡九世科第，与高城王氏并。详《梓里赋》。

道伸学莲峰而不愧其名兮，伯翔全塾师而已见其德。

屈直，字道伸，华阴人，成化中进士。尝学于余邑莲峰先生。莲峰，韩苑洛父也。苑洛弟五泉妻屈安人，即直女。直仕至南京都御史，刚直敏达，所至宦迹有声。莲峰由福建按察入觐，驻通州，使苑洛先至京见屈。屈时与韩新缔姻，食惟设生韭一品。苑洛饱食之，归谓莲峰曰："关中犹有人，屈秋官不愧门墙。"张羽，字伯翔，南郑人，弘治中进士，授行人。塾师陈以事戍辽东，羽请辽差侯师，卒全师以归。正德时，不附宦瑾，瑾败，授御史，仕至南京工部侍郎，亦以廉直多才著。卒，上为震悼。

韩廷器随事而纳忠兮，彭济物屡出而剿贼。

韩鼎，字廷器，合水人，成化中进士，为给事。孝宗即位，首陈公铨选、经财用、严兵卫、崇天道四事，又谏西夷贡狮宜罢遣、皇嗣未广宜多置后宫、不当建设斋醮，又发神乐观董素云奸事，随事纳忠，无不称旨。尝谓"攻君过不若养君德，谏官言事宜在经筵进谏"，人以为名言。升江西按察副使，后讨平吐蕃，升兵部侍郎，著有《斗庵集》。彭泽，字济物，兰州人，弘治中进士。为人长大，腰带二十围，平居寡笑，虽恒语如叱咤，有文武才略。初守真定，有阉宦窃权，人争附之。泽曰："吾岂有附人者哉？"置一棺于堂后，曰："有不测即附诸棺。"历官按察使，总制湖广、四川，先后讨平霸州贼刘六、刘七，蜀贼薛廷瑞、鄢本恕，累加太子少保、太保。嘉靖初，拜尚书，以老致仕，卒谥襄毅。

綮御史之起于秦安兮，王范亦先后而显于西北。

秦安张锦，字尚纲，成化中进士，仕至副都御史，巡抚宣府，以直正闻。子潜，称才子，仕至参政，卒华州。范镛，字鸣远，巩昌人，以进士仕至巡抚。王璠，字廷瑞，宁远人，以进士仕至山西参议。其乡评宦绩，俱称明时之鼎足。

宁夏有知兵之佥事兮，谁又弹学士而著直。

张嘉谟，字舜卿，宁夏人，弘治中进士。初为兵部主事，以偏师破山东贼，升员外。彭泽征蜀贼，疏请与行，乃告彭以大兵取重庆，已由汉中入夔峡夹爇之。卒奏功，升山东按察佥事。生平好书，诗文亦敏捷，著有《云谷集》《西行稿》。黄绶，亦宁夏人，嘉靖中进士，望重朝绅，巡按山东，督学北直，士仰民怀。大学士翟銮二子登第，绶弹之，有"一鸾当道，双凤齐鸣"之句。

尚书闻仲房之恂朴兮，太保传梦镜之赞翊。

马汝骥，字仲房，绥德人，正德中进士，貌恂恂若无能，而沉毅有大节。以编修极谏武宗南狩，受廷杖，后升礼部侍郎，典礼多资订，加侍讲学士。卒，上悼之，加赠尚书，谥文简。杨兆，字梦镜，肤施人，御史本深子，嘉靖中进士。仕至兵部尚书，明达国体，才兼文武，朝廷倚重者数十年，卒赠太保。

希文之名重朝廷兮,惟贯之勋在社稷。

温纯,字希文,三原人,嘉靖中进士。除寿光令,劾巨寇马天保;征给事中,发巨珰陈洪不法事,雪沈鍊冤。历升至左都御史。刘哱之乱,画坐困、火攻二策,卒平之。尝请行考选、罢矿税、释逮系诸臣,疏十四上不报,乃约诸大僚伏阙泣请。上怒,问谁倡者。对曰:"臣纯也。"上亦霁威。告归,行义于乡。讲学谆谆于"精一""一贯"两言,著有《历官疏草》《学一堂全集》《杜律一得》《大婚汇纪》。卒,赠太保,谥恭毅。弟编,字希孔,守汉南,有包待制之称。子予知,以恩胄进南雍,人目清公子,冯少墟雅重之。以子琼,官赠户部郎中。日知,举人,文太青尝以方之康武功。魏学曾,字惟贯,泾阳人,嘉靖中进士。初授户部主事,分宜为相,欲一见改吏部,终不肯。督饷宣府,适敌骑薄城,遽戎衣乘城,指授方略,敌遁去,擢光禄少卿,寻拜金都御史。抚辽东,以计擒叛卒黄勇,晋吏部侍郎。新郑、江陵同在政府,方皆倚为重,学曾以不附江陵斥归。江陵败,起为尚书,督陕西三边军务,破明、庄二部,晋太子少保。叛寇哱拜父子之歼,皆其谋也。

或友刚峰而无愧兮,或甘与杨、左而同卒。

李世达,字子成,泾阳人,嘉靖中进士,仕至南太宰,与海刚峰意气相期,卒谥敏肃。张问达,字诚宇,万历中进士,由高平令仕至少司寇。神宗大渐,与顾命,光宗不豫,消选侍之谋。后以客、魏乱政告归,削职追赃,曰:"吾得与杨涟、左光斗同,死无憾。"崇祯立,赠恤有加。

月余之阁臣文庄靡忝兮,三事之自誓玫父何失?

马文庄公,名自强,字体乾,同州人,嘉靖中进士,有转导神宗功,进文渊阁大学士,月余卒。长子怡,以举人仕至山东参议,有政声。季子慥,万历中进士,仕至南尚宝寺卿,生平匿名迹,远权势,以足疾不获大用。张士佩,字玫父,韩城人,嘉靖中进士,仕至开府,屡立战功。尝曰:"吾有三事:在官不取赎钱,迁陟不用贿赂,居家不行请托。"终身不愧斯言。

叔孝声余于所居兮,蓝石抱愤而成疾。

孙丕扬,字叔孝,富平人,嘉靖中进士,为人亢率爽豁。仕至吏部尚书,峻节硕画,为世名臣。再秉铨衡,独以遴选抚臣为兢兢。今京师犹名其所居地曰"孙公园",盖重之也。孙玮,字蓝石,渭南人,万历中进士,仕至冢宰,以妇寺窃权,惨及杨、左诸人,抱愤成疾,卒。生平忠直敢谏,清廉不受馈遗,以名分定皇储,尤得大体,谥曰庄毅。

耀州推后泉之父子兮,潼川美盛家之作述。

王邦宪,字后泉,耀州人,嘉靖时举人,由徐沟令升莱州府通判,民立生祠。文章气节,关辅称美,子孙显者三十余人。长子国,万历中进士,负将相才,仕至兵部右侍郎。巡抚保定,讨平大盗刘应第、董世耀等,晋都察院右都御史,与弟礼部尚书图,称"二难"。康熙间累征其章奏,惜经后燹,存者甚少。图,谥文肃。盛讷,字敏叔,潼关人,隆庆中进士。少从马文庄公游。年十七,以父都尉德战亡于洛南盗,泣请当道兵,卒平之。仕至吏部侍郎,亢直敢言，节操清正，主试最称得人，著有《玉堂日记》百余卷、《定敬轩集》八卷，卒谥文定。子以宏，字子宽，万历中进士，选庶常，历官祭酒，引疾归。光庙践阼，起为吏部侍郎，以鉴才为己任。熹庙登极，充日讲，因事开导，能以至诚动人主。以不附魏珰，不得以阁员用，晋礼部尚书，忧郁卒。

兰有劾分宜之兰谷兮，复有抗江陵之汝立。

邹应龙，号兰谷，嘉靖中进士，刚正敢为，以御史席藁劾分宜父子，罢之，仕至副都御史，巡抚云南。吴执礼，字汝立，以进士仕至户部侍郎，屡与江陵抗，见嫉，乞归，江陵败，复起。

张给事能救夫忠愍兮，刘中丞日讨夫军实。

张万纪，字舜卿，狄道人，嘉靖中进士。以礼科给事疏救杨忠愍，遂外补。著有《讲学语》《超然山人集》。刘四科，号健庵，紫阳人，隆庆中进士。仕至兵部尚书，巡抚蓟镇，日讨军实。卒，赠太子少保。

山辉脱闯难而卒申兮，茂衍治刑名而罔失。

朱廷璟，字山辉，富平人，前兵部侍郎国栋子。闯逆据西安，械致之，得免。中顺治己丑进士，仕至登莱副使、河南参政，尝散库金弭兵变，又招降逋寇于下。后致仕，惟留心彝鼎书画。王孙蔚，字茂衍，临潼人，与叔元衡、元士同登顺治壬辰进士。初仕刑曹，都下有"玉铭钱谷、茂衍刑名"之谣。玉铭，谓大司农三原王宏祚也。后历官湖广按察、福建布政，值军兴，判事如风雨。诗才亦婉丽，著有《轺香集》。子天宠，登贤书。

杨素蕴能劾夫逆藩兮，梁子远甘处丁僦室。

杨素蕴，宜君人，顺治中进士。由东明令擢御史，以奏吴逆被谪。变起，起山西督学，有"关西夫子"之称，后历仕安徽、湖广巡抚。梁鋐，字子远，三原人。博学笃行，顺治时登进士，选庶常。仕至仓场总督、户部侍郎。三十年犹僦屋而居。

闾里道刘老之清介兮，宸衷知张公之谨谧。

刘荫枢，字相斗，韩城人，康熙丙辰进士，性至孝。由兰阳令入谏垣，章数十上，皆关大计，后仕至黔抚，诸苗皆感其恩信。雍正初，上笃念老成，赐金归里，里人荣之，至今闾里犹争称"刘胡子"，以其多须而老也。张大有，合阳人，康熙中进士，十年为总漕，人称其一尘不染。雍正时，赐以"清勤"二字，卒谥文敬。

嘉鲁如之墨吏见惮兮，异逊功之慈乌共瞷。

刘曾，字鲁如，临潼人。父秉携，邃易学，有《学易窥言》八卷。曾弱冠从李二曲学。康熙己未，成进士，由溆浦令擢吏部主事，迁员外。有墨吏以千金为寿，正色曰："刘曾岂受暮夜金者耶？"后仕至云南按察使。王承烈，字逊功，泾阳人。康熙癸酉，以五经发解，乙丑成进士，选庶吉士，累升至刑部侍郎。尝召对养心殿，讲大学"明明德"章，赏赉甚渥。卒之夕，有慈乌数千绕室。赐祭葬有加。所著有《日省录》《毛诗解》《尚书今文解》。

至文端之正色立朝兮,荣遇视前人而且为远轶。

　　韩城相国王文端公,乾隆辛巳殿元,毕生以清白刚介自持,两朝宠遇俱极隆,今上称其"正色立朝"云。

以儒术著者:余邑之韩氏为优兮,渭上之南家多贤。

　　韩苑洛邦奇,著有《易占经纬》四卷、《性理三解》七卷、《志乐》二十卷、《文集》二十二卷。五泉邦靖,著有《诗集》四卷、《朝邑志》七篇,详见《梓里赋》。南大吉,字元善,渭南人,正德中进士,官至户部主事,以文行名世,当官任事,屹然有执。罢归,构书院教四方学者,成就甚多。著有《瑞泉集》《绍兴志》《渭南志》。弟逢吉,字元贞,嘉靖中进士,仕至督学副使、雁门兵备,著有《姜泉集》《越中纪传》,关中至今称"二南"云。逢吉子轩,字旸谷,嘉靖中进士。以主事较京闱试,甄拔皆时俊,擢四川副使,摄督学,万历时迁山东参议。著有《渭上稿》《文献志》《订证通鉴》前编、续编,《渭南志》《南氏族谱》《诗文绳墨》《古人字法章颜》。好学不倦,没之夕,犹赋《远游篇》以训子。轩第三子师仲,字子兴,万历中进士。以少司成典试留都,称得人,后仕至南大宗伯。体癯素,腰盈围,隔膜见脏腑,而目精炯烁,神气倍王黎杖,较录至夜分不倦。搜辑《王允宁文集》三十八卷、《刘东陵集》十卷、兄《宪仲集》三十六卷,增定《关中文献志》八十卷,成父未竟之业,所著有《元麓堂文集》五十卷、《集杜诗》五卷、《渭南志》二十五卷。大吉孙企仲,万历中进士,崇祯时仕至南吏部尚书。自成入关,不食,卒。轩孙宪仲子居益,字思受,万历中进士。貌清癯,弱不胜衣,而怀经国大略。抚闽,破擒红毛寇高文律等。崇祯时,仕至工部尚书,宠遇极隆。自成僭号,怒加炮烙,终不屈死。著有《青箱堂集》六卷、《晋政略》二卷、《抚闽疏》四卷、《三署摘稟》五卷、《军中小简》二卷、《瀑园志》六卷、《致爽堂诗》二卷。企仲长子居业,字思诚,万历中进士,官礼部主事,自成加害,赠太仆寺少卿,有诗文数十卷。企仲次子居仁,字思敏,天启中进士,仕至祭酒,卒赠礼部侍郎,著《遁修堂集》十卷。

三水衍太青之奕叶兮,三原溯阳伯之薪传。

　　文太青翔凤,万历中进士。其先振,洪武中御史,以谏忤太祖,将加铲头刑,拥土至颈,色不变,太祖奇而释之。传八叶至在中,字少白,万历中进士。廷对拟第一,江陵以策对有"一气未通,两鞾未除"之语,抑置三甲,仕至祠部郎。以忤冯珰,挂冠归,建乐育书院,讲内圣外王之学,从游士万计。所著有《观宇》《观宙》《天经》《天雅》《天典》《天引》《天朔》《天极》各三十六帙,人称"关西夫子"。在中弟在兹,字少元,万历中进士。读书目数行下,长古文词,尤善书,与衡山伯仲。太青,在中长子也,八岁通五经,即得大人尊天作圣之学,弱冠已破万卷。闱中雷何思得其论策,曰:"此必三水文翔凤也。"历官山西督学,擢南光禄,以弹魏珰回籍。所著有《九极》等书,余充栋莫殚。尤深于《易》,推自有生民以来二百七十万二千六年之所未有,覃心二十六年,著《太微经》,表里《皇极》。其为诗不肯袭唐,赋在汉人以上,博奥人不能读,四方从学者三万余人。卒,门人私谥曰"文公"。弟毓凤,字太彤,举人,为武城令。归,日与及门讲论,著有《淼园集》《琳园集》《学水园草》。来复,字阳伯。其先世恭,洪武中以贡士仕至佥都御史,弹劾不避权势。有谮恭者,上辄私幸其第,见夫人绩绵,恭方荷锄园中,遂诛谮者而益重恭。嘉靖中有来聘,以进士擢御史,议大礼,受廷杖,迁四川丹棱令。尝为文驱虎,虎就捕。历升至按察使。复,万历中进士,历官方伯,负琦玮经济之略,学问渊博,文词赡雅,书、画、琴、棋、医学、星占,靡不精究。至不拜魏祠,尤称其节。弟临,博学宏才,与兄齐名,以明经仕为州守,以忤时归。著有《丛笙斋集》三十卷。

景叔之行足师世兮,玉垒之手不释篇。

乔世宁,字景叔,耀州人。嘉靖中,以解元成进士,仕历湖广督学、四川按察使,以忧归,遂不出。自读书外,绝无所好,行足师世,蔚为儒宗。王元正,字顺卿,盩厔人,与兄元凯同举正德中进士。元正授翰林庶吉士,补检讨,以议礼谪成四川茂州,有善政。其为人外和内刚,自幼至老,手不释卷,为文宏博典则,尤长于诗赋,著有《四川总志》《威茂通志》《玉堂志》《玉垒集》《四乐同声》诸书。初号三溪,后戍茂,更号玉垒,学者称玉垒先生。

夫子誉播于洽阳兮,有自得之庠生亦不惭于儒先。

褚锦,字文扬,合阳人。性至孝,亲没,庐墓。平居与人寡合,家城市,绝迹公门,言动必遵于道,乡人呼"褚夫子"。任无极令,未几归。国朝王茂麟,蒲城人,孝友睦姻,乐道好学,家营自得庵,题自况有"洙、泗源流,濂、洛授受,落花皆文,好鸟亦友"之句。教授生徒多通籍者。长子仁成,进士,诸子各授一经,有先儒风。

文含订交于北海兮,曲江之明经实同邑而比肩。

王宏度,字文含,咸宁人。邃情古道,耻为帖括学。顺治以茅拔至都门,孙北海少宰一见,定为性命交,与编《道统明辨录》,有正传、单传、别传、羽翼四指。寻卒,北海作传哀之。著有《南塘遗稿》八卷、《片石语》八卷、《语雀斋日录》二卷。刘祐,字笃生,性孝友,为诸生,试辄冠军,尤工古文辞,于历象医卜家言无不窥,问业者户外屦满。岁荐后,益键户教授。尝立仁义社仓以赈贫,没而学者思之,如丧典型。著有《曲江草》。其子鑑,以第八人成进士。

以文章著者:空同首振于北地兮,武功与鄠杜而齐起。

李梦阳,字献吉,庆阳人,号空同子,母梦日堕怀而生。十八举乡试第一,弘治癸丑进士,为主事。尝弹寿宁侯,既为韩文草疏劾刘瑾,放归。瑾败,起江西提学副使,一变士习,卒以才高,负气免官。振兴古文,直追先秦两汉,古诗法汉魏,近体法盛唐。著有《空同集》,为明前七子之冠。康海,字德涵,武功人,弘治中进士,廷试第一。负俊才,于书览而不诵,悉其意而遗其词,为古文词,扶衰振靡。性豪放,不闲小礼,恃才凌人,人多忌之。以救李梦阳为刘瑾,瑾败,罢不复用,益纵游览,肆力诗文,故虽废而名益著。尝为乐章,求律于太常氏,审定黄钟,研易数,历律、太乙、六壬、针灸、药饵、阴阳、卜宅靡不穷究,著有《武功志》《对山集》。其父镛,字振远,世称康长公,以文章名世,仕平阳知府。其兄阜,十八卒,有集。弟员外浩、主事演,皆有文名。王九思,字敬夫,鄠县人,弘治中进士,翰林检讨,仕至郎中,以刘瑾同乡左迁。遂归以诗文自娱,著有《溪陂集》《碧山乐府》《鄠县志》,与李空同、康武功为前七子之三。弟九泉,举人;九峰,监察御史,亦有声。

孟独久列于诗人兮,光世早颂夫才子。

张治道,字孟独,长安人,正德中进士。由长垣令征刑部主事,与部僚薛蕙、刘储秀、胡侍以诗名都下,称西翰林。意不乐官,引疾归,家居四十年。著有《太微前后集》《嘉靖少陵志》《长垣志》。刘储秀,字士奇,咸宁人,正德中进士,仕至户部尚书,为陶仲文、严嵩构罢。胡侍,字承之,咸宁人,仕至鸿胪少卿,以议礼被谪。张凤翔,字光世,洵阳人。少颖异,日记数千余言,能左手书。弘治壬子,杨邃庵督学关中,以李献吉及秦安张潜为三才子,秋试同举。丙辰入对大廷,俱高第,名出李上。无何卒,年三十,李为作《哀凤操》。

淳若可泉之拟古兮,捷若景仁之伸纸。

胡缵宗,字可泉,秦安人。七岁学《春秋》,即知大义。长,潜心横渠之学。正德中,登进士,仕至河南巡抚,政绩卓然。以火灾引咎归,日闭阁著书,有《辛巳集》《丙辰集》《鸟鼠山人小集》《拟古乐府》《春秋本义》诸志书。赵时春,字景仁,平凉人。年十四举乡试,十八举礼部第一,改庶吉士。仕至山西巡抚,为人严毅介特,一时文学、气节、政事之声,振动天下。其少时读书,日记万余言,凡史所载天文、地理、户口、钱谷之数,历历诵之不爽。文若诗,豪宕闳肆,伸纸行墨,滚滚而出,自合法度。唐荆川于文士少许可,曰:"宋有欧、苏,明有王、赵。"其推重若此。著有《浚谷集》二十卷。

槐野原宗乎马迁兮,河汀派出于班氏。

王维桢,字允宁,华州人,嘉靖中进士,选庶吉士,历仕南祭酒、谕德。与袁炜典顺天试,受知肃皇。炜枚卜,上问维桢,而维桢死矣。维桢有深沉大略,而独以著作名世,古文自空同而下论者,以槐野为次。王学谟,号河汀,予邑人,详《梓里赋》。

惟训落笔而千言兮,道甫之诗亦可以名世自予。

张光孝,字惟训,华州人。嘉靖中,以举人为西华令,工词藻,落笔千言,著述甚多。李三才,字道甫,临潼人。万历中进士,与魏允贞、李化龙以名世期,仕至户部尚书,诗亦卓出一时。

世珍赵屏国之镌华兮,人传武叔卿之锥指。

赵崡,字屏国,盩厔人,万历时举人。才高学博,文宗秦汉,诗法盛唐,书初法虞伯施,后综诸家,尤喜搜金石遗文,悉加评跋,著有《石墨镌华》,一时纸贵。武之望,字叔卿,临潼人,万历中进士。由霍邱令历升至太常寺卿、副都御史、登莱巡抚、三边总督,所在称能。著有《扣缶集》《鸡肋编》《海防要疏》《举业卮言》等书籍。

河滨独极其闳肆兮,圣秋力挽夫颓靡。

先河滨,讳楷,字叔则,衣钵太青,渔洋尝言"关中文人,以河滨为第一"。韩诗,字圣秋,三原人,崇祯时举人,学问渊邃。为诗文,以力挽颓靡为己任。在广陵与泾阳马御辇元御、榆林王相业雪樵及先河滨,号"关中四子"。著有《学古堂集》《明文西》行世。

豹人曾征夫鸿博兮,天生尝召而修史。

孙枝蔚,字豹人,三原人,博学工诗。康熙中,举博学鸿词,以年老授内阁中书归,有《溉堂集》。李因笃,字子德,一字天生,富平人。年十一为诸生,当明季乱,遂弃去,肆力为古文辞,尤长于诗歌,著有《受祺堂集》。康熙十七年,诏选儒臣,纂修《明史》。天生以荐授翰林检讨,天下称天生及盩厔李中孚、郿县李雪木为"关中三李"。

雪木之学贯百家兮,无异之王公倒屣。

雪木名柏,以诸生避兵入太白山,屏居读书数十年,其学贯穿百家,著有《槲叶集》。王宏撰,字无异,号山史,华阴人。父之良,字虞卿,天启乙丑进士。仕至都御史,巡抚南赣,屡平大寇如普薇等,明称"前后两王公",谓文成与虞卿也。无异遭明末乱,读书不出,品谊、诗文重一时,所至王公倒屣。顾宁人访之华下,居数年,同被征,名愈著。有《周易筮述》《山志》《九军图》《文集》等书。其兄宏学、宏嘉尤博雅高洁,毕生不出华山,著述亦富。

云雏之华山名经兮,太乙之闻逾贵仕。

东云雏荫商,举人,淹通古今诗文,重法度而拟议变化,自极才人之致,足迹半天下,交游多贤豪,尤好书画,善鉴赏。著有《华山经》一卷、《臆略》十卷、《文集》十卷。康乃心,字孟谋,号太乙,以《题庄襄王墓诗》受知渔洋。其所为文,亦横绝一时。

总贯如建侯而足传兮,吟咏如幼华而堪企。

王豫嘉,字建侯,扶风人,顺治中进士,有操行,博综典籍,所著诗古文词甚多。王又旦,字幼华,合阳人,顺治中进士,令江南。从孙豹人受诗,入为给谏,与渔洋为诗友,名著京师,著有《黄湄诗集》十卷。

屺瞻有集而宁湮兮,穉恭落笔而争市。

泾阳李念慈屺瞻,尝为令,荐鸿博,不第,隐居峪口山,诗曰《峪口山房集》。张恂,字穉恭,以进士为江南理刑,工诗文,又善画,落笔片纸值千钱。

以节义著者:王朴之烈犹张紞兮,程济之忠犹高翔。

朴,同州人。洪武中,以进士官御史,日奏事争辩。上怒,命斩之。反接至市,复敕还,曰:"改乎?"曰:"臣无罪,不宜戮,有罪又安用生之?"复命反接出,过史馆,呼曰:"学士刘三吾志之:某月日皇帝杀无罪御史朴也。"临死作诗寄父。行刑者复命,上怒其不先闻,并坐死。张紞,字文昭,富平人。建文中,为吏部尚书。文皇即位,自经吏部后堂,死。程济、高翔,予邑人。济有道术,为岳池教谕,上书言某日西北有兵起。责其妄,将杀之,呼曰:"陛下且囚臣,至期无兵,死未晚。"已而靖难兵起,赦为编修。从建文出,遇险济,辄以术脱。翔与济同学,官御史,金川门破,济曰"愿为智士",翔曰"愿为忠臣"。文皇召翔,翔丧服入见,大哭,语不逊,遂族诛。

韩永未可为奸党兮,景清之死有余芳。

　　永,西安人。建文时,为兵科给事。北师入,与陈迪等同以奸党逮至,欲官。永曰:"吾王蠋耳。"不屈死。清,真宁人。洪武中,第二名进士。初赴举,宿淳化,主家女为妖所凭,是夕妖不至。翌日女诘之,曰:"避景秀才也。"女父追及清语之。清书"景清在此",令帖户首,妖遂绝。领乡荐,游国学,同舍生有秘书,清求之不与,固请,许次日即还,而生旦即索。清戏曰:"我书也。"生怒讼之祭酒,祭酒命各背诵,清诵彻卷,而生不能诵一句,祭酒叱生,清乃笑还之。建文时为御史,太宗即位,方孝孺、练子宁等皆死,清独委蛇,人疑之。太宗夜梦绯衣人带剑犯阙,星者亦奏文曲犯帝座甚急。次日朝,清独著绯,果搜得剑。清骂不绝口,断其舌,含血喷帝衣。命杀之,剥其皮实草,挂朝门。帝出郊祀,草人断索逼帝前,为犯驾状。是夕精英又迭见,后时入殿庭为厉。帝命籍其乡,名曰"瓜蔓抄"。

更有巨敬之愿为族灭兮,爰启李著之称下官于奏章。

　　巨敬,灵台人,为御史,建文之难被逮,责问不屈,与景清同族灭。李著,凤翔人,由太学授御史。土木之变,景帝监国,渐起即真议,著争之,章疏不用"群臣",祇称"下官启殿下",言颇切直。景帝曰:"御史醉耶?"对曰:"下官正言,非醉也。"终不屈,遂得罪。英宗复辟时,特旌其忠。

尚文没沙漠而获褒兮,间钲败蛮中而卒有旌扬。

　　王尚文,商州人,性刚直。正统中进士,授户部主事。己巳之变,没沙漠,朝廷以衣冠葬之。间钲,字静之,泾州人。成化中进士,仕至贵州布政。蛮人福米禄作乱,钲同将官讨之至安南,裨将潘江轻敌深入,钲言不听,同败死事。事闻,褒恤有加。

斛山被逮而不肯辞家兮,友石避画而何嫌踰墙。

　　杨爵,字伯修,号斛山,富平人,嘉靖中进士。身长七尺,美姿容。年二十,始发箧读书,师事韩恭简,恭简叹为"畏友"。官御史,时大旱,上方为方士修雷坛,竭赀役民,爵上疏,言甚切直。下诏狱,考掠备至,几死复生,械系五年得释。会熊太宰谏仙箕忤旨,上大怒,曰:"固知释杨爵妄言者至矣,速逮。"爵时抵家方十日,忽校至。爵曰:"若复来乎?"谬答曰:"吾他往,一省公耳。"爵曰:"吾知之矣。"与校同食已,曰:"行乎?"校曰:"盍一入为别?"爵立屏前曰:"朝廷有旨见逮,吾行矣。"即行。又系狱三年始还,未几卒。卒之前有大鸟至,爵叹曰:"伯起之兆至矣。"援笔自志,惓惓以"作一等事,做一等人"教其子孙。在狱中著有《周易辨录》《中庸解》《文集》五卷。米万钟,号友石,安化人。万历乙未进士,累官太仆寺卿。博雅风流,当时推第一,尤善书画,名传海内。魏忠贤欲令画屏,万钟闻之,踰墙走江南,终不与画。

庙中莫解兵备之袍带兮,诏狱恨杀主事之魏珰。

　　张春,字泰宇,同州人,万历中举人。备兵关左,与大司马王之臣同事。杏山破,绝粒不食,求死,或劝之。春屏居庙中,衣南国袍带,百结不解,死之,人皆为赟泣。王之寀,予邑人,由无极令入为刑部主事,首发张差梃击事,朝野题之。未几,魏珰得政,以三案杀忠,

299

削籍下诏狱死。崇祯时,赠侍郎。

华阴建双烈之祠兮,汴桥增同姓之光。

　　杨呈秀,字实甫,华阴人,万历中进士。博极群籍,历任长山、太谷、灵清、枣强县令,擢司农主政,出执顺庆,有"爱民亲若子,执法定于山"之句,以忤贵宦罢归。会流寇乱,结乡勇,每战获捷。崇祯七年,贼众大至,迎战于县西二十里,不胜,或劝之退避,喝曰:"丈夫受国恩,临难当致死,岂甘缩首求生?"遂奋呼当先,贼磔杀之。直指傅永亨以闻,赠光禄少卿。弟呈芳,字酒源,体貌魁梧。呈秀被执,芳单骑入贼营,横战至暮,身带重伤,犹杀数十人,项将断,呼兄之声不绝。直指并以闻,建坊旌表。顺治间,督学田厥茂檄县建双烈祠。从弟呈芬,字含蔚,博学善书。闯贼入关,独守母不去,贼感而舍之。姬文引,字士昌,华州人,万历中举人。令滕县,天启二年到任甫十七日,妖贼犯境围城,五更城陷。贼逼文引从,文引骂不绝口,写遗状一纸并印付家人,题诗一首,衣冠北望、西望,再拜投缳死。文引初膺乡荐,梦长髯金冠绯袍者曰:"吾与汝同姓,异日见汝汴桥。"及之任,过泗水,谒季路祠,宛如梦,其地则汴桥也。暨闻警,父篆叹曰:"吾儿死矣。"事上,赠太仆卿。子琨,以荫历仕郎中、保定巡道,有善政。

融我之磔杀于贵兮,勉南之被斩于商。

　　张耀,字融我,三原人,万历中举人。尝从学于温恭毅,仕至贵州布政。乙酉,献贼至,力战被执,大骂,贼磔杀之,眷属十三口同被害。盛以恒,字勉南,潼关人,讷之侄,鹿邑令诩之子,万历中举人。尝受学于冯恭定。令商城,练乡兵,降贼一丈青,擒贼一字王展翅飞等,升开封府丞,以商城急留守。城陷被执,贼以好官,命释缚,恒痛骂,被斩。事闻,赠河南按察司副使。

二岑声佛而援范兮,仲玉誓神而斥姜。

　　马嗣煜,字元昭,号二岑,同州人,文庄公从曾孙。父朴,历官洱海道副使,文章著述闻天下。二岑以明经仕济南通判,摄武定州事。始至,议守御缮,睥睨,命各村落备树枝、车两贲送关厢。亡何兵至,令以所备塞道路。恐众乱,诡谓曰:"昨梦关帝告我城无虞。"遂刑牲于壮缪庙,且令守神者皆声佛。贼果阻且疑,他去。会新守范如游至,二岑将归济南,士民留之,二岑与范分城守。贼大集,城破,贼欲胁之降,大骂不屈。群刃二岑,火之,范亦死。范,合阳人,其族自嘉靖中参政邃以来为著姓云。卫景瑗,字仲玉,韩城人,万历中进士。官御史,首劾阁臣周延儒,后巡抚大同。甲申二月,自成犯太原,布置战守法。宁武告急,欲援,阻于镇臣姜瓖。三月初一日,贼至,瑗出力战,而姜瓖内变,城陷被执。自成好谕之,乃大呼皇上,哭不顾。顾见姜瓖,骂曰:"贼奴卖我,关帝必杀汝。"越三日,自成谓:"尔真忠臣,吾送尔归。"曰:"国破,何家可归?速杀我。"奋骂,以头触阶石,血被面,贼卒不杀。越六日,行至海会寺,南向痛哭曰:"臣失守封疆,愿为厉鬼杀贼。"呼二子德、敏诀别,继母自经死。任秦翰,顺治辛丑进士,由礼部主事出知龙安府,刚正有能名,景瑗所育也。

携笏有洋县之李兮,受刃有扶风之王。

洋县李遇知，字伸伯，万历中进士。令东明，筑堤防河，民名曰李公堤。为给事，荐邹元标，共论弹魏忠贤。忠贤欲害之，卒不能。册封蜀藩，尝却其馈金。后以修庆陵功升仓场尚书，五经枚卜，见沮于乌程相，加宫保，转南吏部尚书。自成陷京师，遇知携笏印缢红庙，为人所持。贼执之，七日不食死，妻亦先于城破日自缢，胡世安宗伯议谥曰"忠节"。扶风王玑，字玉温。任国子学正，奉命协修二十一史，升户部郎中，后为凤阳副使。流寇至，极力御之。忽降兵内溃，玑愤甚，执刃转战，被执。贼百计胁从，骂不绝，令杀之。望阙再拜，延颈受刃。

毓初原自为名族兮，振声讵真为贼兄。

文毓初，米脂人，崇祯中进士。官南阳兵备，闻贼破城，慷慨死。其族郢允，以进士官司李，告归，极有学守，学者私谥"文贞先生"。郢允子元复，为侍御。李振声，米脂人，崇祯中进士，由偃城令擢御史，巡按湖广。闻贼陷承天，被执。贼诈呼为兄，执礼甚恭，振声大骂曰："速杀我。"至裕州加害，振声遥拜帝及亲而死。死之日，黄雾四塞，义者推墙掩其尸。

苟复守棺而不去兮，马珝遇害而足伤。

苟复，字元煦，山阳诸生。明末，流寇陷商州，父日跻骂贼遇害，复遍觅父尸归葬。甫及圹，遇贼至，复守父棺不去。贼问，曰："宁与父同死。"贼感其孝，为共葬之。马珝，武功人，以贡生知永嘉。耿精忠叛闽，珝与副使陈丹赤协谋防御，守将租鸿勋杀丹赤，倡众从逆，珝不屈，遇害。赠浙江布政司参政，谥忠勤。

彼滑令之死难诚苦兮，自古更未若昭代之旌扬。

癸酉，妖贼林清勾结河南滑县贼李文成，约期九月十五日进京滋事。滑县知县强克捷先访拏李文成及牛亮臣，逆党冯克善因于九月初六日劫狱，强遂死之。署中凡死三十六人，家属俱遇害，惟二子逃归。长子妇徐氏骂贼，被活钉脔割。上闻，甚痛悼之，称其功在社稷，敕专祠致祭，谥忠烈，并以三十六人从祀。徐氏赐谥节烈，赠恭人，别立祠。荫子逢泰骑都尉，官工部主事。丁丑，赐子望泰进士，庶吉士。强，戊辰进士，韩城人。上以此念韩城士风，又增文武学额。

惟道学之不绝兮，世赖扶以弗倾。在关辅而尤盛兮，更间气之笃生。自张、吕之倡始兮，遂接踵于前明。容思或方于伊川兮，默斋当拟于文清。

段坚，字可久，初号柏轩，改号容思，兰州人，景泰中进士。早读即知正学，人以伊川目之。仕福山令，升莱州及南阳，所至倡明周、程、张、朱之学。在南阳，创志学书院，治行皆天下第一。告归，讲授东园，卒，门人私谥"文毅先生"。著有《柏轩语录》《容思集》。张杰，字立夫，号默斋，凤翔人。父琎，工部主事。杰正统中领乡荐，以亲老就山西赵城训导。薛文清公与讲身心性命之学，叹曰："此圣人徒也。"家居，弟子日众，以五经教之，学者称"五经先生"。

晚学钦小泉之有造兮，得师慕大器之品莹。

周蕙，字廷芳，号小泉，山丹人，后徙秦州。年二十，听人讲《大学》首章，始奋然感动，读书。为临洮卫备军，戍兰州，守墩，闻段容思讲学，从之，慨然以程朱自任，卒为大儒。尝正冠、婚、丧、祭礼，学者至今遵之。张鼎，字大器，咸宁人，蒲州知州廉之子，成化中进士，历官户部侍郎。幼受学薛文清公门，得其真传，尝搜辑文清集为序传之，著有《仕学日记》《自在诗文》《蠹斋博稿》。

介庵能弃夫词章兮，思庵自近夫朱程。

李锦，字在中，号介庵，咸宁人。尝学于周小泉，遂弃记诵词章之习，专以主敬穷理为事。天顺时举于乡，官松江同知。灵宝许襄毅属督学杨文襄表其墓。薛敬之，字显思，号思庵，渭南人。成化中贡入太学，与陈白沙并名。仕山西应州知州，升金华同知。卒，吕泾野志其墓，又尝曰："薛敬之从周小泉学，尝鸡鸣而起，为洒扫、设座，至则跪而请教。"又述其言曰："李介庵，关西之豪杰也，好学守道，至死不倦，今亡矣夫。"则薛子亦见而介庵兴起者。

仲木、伯循之共相切劘兮，外夷且闻而景行。

吕泾野柟，字仲木，正德戊辰擢南宫廷对第一。少问道于薛思庵，后又闻薛文清之学，遂一衷程朱。其教人恳恳以安贫改过为言。朝鲜国尝奏称状元吕柟、主事马理为中国人材第一，乞大用，又请颁赐其文，使本国为式。后仕至南礼部侍郎。卒，隆庆初追赠尚书，谥文简。著有《四书问》《周易说翼》《尚书说要》《毛诗说序》《春秋说志》《礼问》内篇、外篇，《宋四子抄释》《南省奏稿》《诗乐图谱》《史约》《高陵志》《解州志》《文集》《别集》。马豁田，名理，字伯循，三原人，正德甲戌进士，仕至南光禄卿。弱冠时，王康僖主弘道书院，因受学。与秦西涧伟作告文告先师，共为反身循理之学。杨邃庵督学，见康德涵与吕仲木及先生，惊曰："康之文章，马、吕之经学，皆天下士也。"既游京师，与陈云逵、吕仲木、崔仲凫、何粹夫、罗整庵等交，日切劘，学益进。其仕也，崔仲凫尝以为"爱道甚于爱官"。安南使者来，愿一见之，而先生已致仕矣。著有《四书注疏》《周易赞义》《尚书疏义》《诗经删义》《周礼注解》《春秋修义》《陕西通志》《诗文集》若干卷。

秦关欲效夫和叔兮，少墟有得于文成。

王之士，字欲立，号秦关。其先咸宁人，后迁蓝田。先生嘉靖时举人，潜心理窟，毅然以道学自任，为《养心图》《定气说》自箴，闭关不出者九年。藁床枥食，尚友千古，行己必恭，与人必敬，一时执经者户外屦满。谓："居乡不能善俗，如先正和叔何？"乃立乡约，为十二会，赴会者百余人，设科条，身自率之。已，入京师，如邹、鲁，拜先师。著有《理学绪言》《信学私言》《大易图象卷》《学道考源录》《易传》《诗传》《正世要言》《正俗乡约》《王氏族谱》《正学筌蹄》《阙里瞻思》《关洛集》《京途集》《南游稿》。冯从吾，字仲好，号少墟，长安人，万历乙丑进士。垂髫即深契王文成"人心有仲尼"语，因自任圣学，出入必以理学书自随。为御史，以言事放归。建关中书院，择士朝夕讨论。里居二十六年，来学者千余，人称"关西冯夫子"。熹宗初，与邹忠介同召，以中丞佐西台，善类依两人为重，复议红丸、梃击，群小侧目。于是刺讲学者接踵，乃求罢。后二年，即家拜工部尚书，未几，削籍。阿珰者授抚臣意，辱之，毁书院，曳先师像掷城隅，遂愤恚，跌坐二百余日卒。逆党诛，复原官，谥恭定。著有《关学编》《疑思录》《少墟集》。

节至仲复而今云真隐兮，道如二曲而亦云心亨。

王建侯，后名建常，字仲复，号复斋，予邑人，侍郎之寀从侄。年二十为诸生，学使汪乔年岁试，取第一，应食廪，弃不就。三十遂绝意功名，笃守濂、洛、关、闽之传，又以朱子《小学》为入德之门，自励即以教人。学使许孙荃造门，匿不见，因题其门曰"真隐"。著有《小学句读记》《大学直解》《两论辑说》《诗经会编》《尚书要义》《春秋要义》《四礼慎行录》《太极图集解》《律吕图说》《思诚录》《复斋别录》《复斋余稿》《复斋日记》，凡五十余卷。李中孚，号二曲，盩厔人。自少弃举业，为阳明之学，于书无所不窥，然一以反躬实践为主。康熙时累征不起，著有《四书反身录》《二曲集》。

其他若大参之自励于陇西兮，伸白之同学于高陵。

张锐，字抑之，秦州人，成化中进士。仕至山东参政，专心正学，陇西称为"张夫子"。李仲白，亦名锦，号龙坡，渭南人，潜心理学，与吕泾野同学于高陵学高龙湾先生。正德中，领乡荐，为宿迁令。其没也，泾野铭之，称其"学求根本"云。

愧轩、蒙泉、石谷之授受有源兮，一时而振誉于泾。

吕潜，字时见，号愧轩，泾阳人。父应祥，嘉靖壬辰进士，仕礼科给事中，为时名臣。潜师事吕泾野，一言一动，必以泾野为法。以举人辟入京，为国子监学正，调工部司务。卒，天下皆谓"得泾野之真传"。郭郛，字惟藩，号蒙泉，泾阳人，嘉靖戊午举人，与愧轩同笔研。潜心性命，历仕获嘉学谕、国子助教、户部主事、马瑚太守。归田二十余年，读书讲学外无他事。没，门人以其德履，私谥曰"贞懿先生"。张节，字介夫，号石谷，泾阳人。父幡，官通州同知，随之任，学于湛甘泉先生。归，复学于泾野先生。为诸生四十年，以贡授训导衔。生平独与愧轩、蒙泉相切劘，读书穷理，涵养本原，至老不倦。

伤正立之死盗兮，推班爵之魁经。

李挺，字正立，咸宁诸生。学于泾野、谿田两先生，尝自诵曰："生须肩大事，还用读《春秋》。"往来三原，死于盗。尚班爵，字宗周，弘治时经魁。父衡，为浙江参议，随任从王文成公学，后令安居县，马谿田亟称之，著有《小净稿》《云林集》。

昆与季而竟爽兮，孰似子諴之与子诚。

刘子诚，字伯明，宜川人，嘉靖时举人，与温恭毅砥行明经，为一时宿儒。会试，杨启元拟元，与他房陶望龄争，因北卷置之。杨不平，曰："斯人道学渊懿，非吾曹所及。"为刊其卷布之。自是退讲于乡，随人皆有成就。一日谓弟子曰："学无体用，便分物理、性命为二。吾学缮性治世，放诸百世可也。度设施能泽斯人，便可出而仕矣。"寻卒，学者称"大刘夫子"。子諴，字伯贞，读书国学，授湖南训，教士以不欺为本，立行、艺二格，择人习容讲礼。督学董文敏闻之，聘入幕，擢盐山令，升横州，所至有治绩。后卜居青门，与文翔凤、崔尔进耆英社。著有《杖屦》三篇、《尚书遗旨》二卷,详倪元璐《志》中。

伯善、廉夫之表于先达兮,丰川、酉峰于当世而继兴。

张国祥,字伯善,临潼人,万历中进士。以理学自任,由大行历官礼垣、户垣,与杨、左诸人锐意倾否,每一谏章出,天下传之。生平不迩声伎,不作佛事,冯恭定称为"名儒"。沈自彰表之曰"理学名臣居白先生"。赵应震,字廉夫,肤施人,为少墟及门第一,督学汪乔年表其墓曰"理学真儒"。王心敬,号丰川,鄠县人,学于李中孚。为邑弟子,岁试,督学待之不以礼,脱巾愤出,除其籍,专意理学。故相国公轼督学时,数造庐问业,名始起。孙景烈,字孟扬,号酉峰,乾隆中进士。授翰林检讨。告归,潜心理窟,累主讲关中、兰山书院,日惟以四子书为教,成就多人。著有《关中书院讲义》《兰山书院讲义》,及《课解》《文集》若干卷。

此近代贤喆之亦难殚述兮,当随所就而为评。但知守夫一是兮,自尔统绪之克承。不必分夫穷达兮,要期无负于昭昭冥冥。虽属西土之所产兮,举可为天下之型。敢语一十六府、三厅、二十二州、一百二十五县之士兮,无曰学焉而未能。

陕西七府、二厅、五直隶州、五散州、七十三县。甘肃九府、一厅、六直隶州、七散州、五十二县。

续秦赋有序

〔清〕李元春撰

魏按:该文据光绪十年(1884)朝邑同义文会刊本《桐阁先生文钞》卷十一录入点校。"李元春撰"三字为录入者所加。

《秦赋》之作已十余年,永济友人姬杏农屡以节义不及杨畏知为言。当时作据省志,固有取有舍,然遗者亦多,即杨忠节,事载《明史》,新旧志皆不言也。往阅幽忠仙迹,又得真宁刘永贞,他书俱不载。用是更补前赋,略山水,止及人物,兼附将家,而挂漏仍不少矣。

系三秦之盛地,记两朝之嘉仪,向屈指而未尽,更搜简以征遗。

予祖户郎,始以才知。

讳整,洪武中以才举。

潘尚书特赐乡宴,

名友直,字孟举,澄城人。从剿陈友谅,后告归,赐乡宴终其身。

马翰林最称工诗。
名京,字子高,武功人。洪武中官刑侍,洪熙时念启迪功,赠少傅、礼部尚书,谥文简。

文易退隐,
郭良,字文易,华阴人。洪武时兵侍,永乐中征安南,加大司马,后退隐罗敷山。善诗,与解大绅竞敏。

克声济饥;
吕震,字克声,临潼人。洪武中以乡举入太学,官至佥事。永乐中,官礼尚。归省,值关中饥,即命所司赈之,还以闻,尤善荐士。

刚骨御史,同朝难犯;
杨钝,鄜州人,洪武中人称"刚骨御史"。

枕石太守,一力自随。
张毅,字宏道。洪武中官庐州知府,不挈妻子,止随一家人,布衣粝食,家人私市酒肉,竟逐之,尝枕一石块。卒官。

康郁谏削燕藩,
扶风人,由御史至臬司。

李暹使达罕儿。
长安人,永乐时使西域,历诸国,至撒马罕儿,皆得欢心,官至户左侍。

天禄之德量,过无可纪;
李锡,咸宁,永乐时解元,历仕五朝,官至通政,无过可纪。

居敬之廉介,囊无余赀。
邢简,咸宁人,景泰中进士,官至户侍。

张氏直言,箕裘自绍;
张晓,字光曙,三原人,成化中进士。官御史,论万贵妃事,同列皆缩舌。子原,字士元,正德中进士。官给事,上书凡四十余章,后以议大礼杖毙阙下。

麻家清操,弓冶永贻。
麻永吉,字庆川,庆阳人,嘉靖中进士,授庶吉士。官御史,正色立朝,不避权贵。子禧,万历中进士,庶吉士。官给事,以直言劾魏珰罢归,人服其清正。

袁、薛同传,
袁应泰,字大来,凤翔人,万历中进士。历官多善政,代熊廷弼经略辽东,后兵败死。薛国用,雒南人,应泰死,代为经略,日夜忧勤战守,卒于官。

孙、雒共时。
孙振基,字肖冈,潼关人,万历中进士。官给事,累劾汤宾尹鬻缘门生韩敬中式会试第一,又劾熊廷弼,以抗直敢谏称。子必显,亦进士,官员外。为赵南星所推崇,崇祯时擢右侍郎。时潼又有张惟任,以举人由巫山令擢御史,巡按河南、巡盐两浙,著公清,尝疏录方正学后,升大理寺卿,与太保王之臣及盛氏称四大家。雒于仁,字少经,三原世族。万历中进士,官大理评事,进神宗四箴,皆忠言。

兆坤曾称忠亮,

牛应元,泾阳人,万历中进士,历官至比部侍郎。乞骸骨,上慰留,有"素称忠亮"之语。

叔宪亦仰赈施。

解经邦,韩城人,万历中进士。经略辽东,廉约爱人,家无积而好施,人多赖之。

孰炳天烛之一炬,

袁楷,凤翔人,天启中进士。知开封府,剖决积讼无枉,人称为"袁天烛",终河北道。

畴饮江水之半卮。

王秉鑑,字儒贤,扶风人,天启中进士。守镇江、京口,有"止饮江心水"之谣,历官浙江参政。

少华古族,王、史并盛;

王振祚,字熙寰,由进士官至山东布政。时建魏忠贤祠,抗不列名,引疾归。子帷筹,本朝解元,山西祁县令,民为立祠。孙廷诚,由进士授繁昌令。曾孙文焕,由进士官归顺知州。玄孙士菜,由进士官刑部侍郎;用锷,河间知府;士萃,举人。史流芳,康熙壬戌进士,少读书勤苦,冬夜置足草笼中。子振孟,以举人官临潼教谕;昌孟,以进士官浙江于潜县。振孟子茂田,由进士官至顺天府丞。昌孟子藻,由进士官至肇庆知府。卒赠道衔,赐祭。

朝阪名吏,兵民咸治。

张召南,字仲文,朝邑新庄人,顺治乙丑进士。知安福县,民不供役,谕之皆感泣乐输,楚寇再陷安福,再复之。

此以宦业著者也。

然而功名之昭,皆由学问。无论乎穷达,人亦各有声闻。考庵之集久播,

陈祥,兰州人,成化中解元,进士,官山西按察佥事,著《考庵集》。

棕棚之疏谁进?

虎臣,麟游人,以贡入太学。宪宗于万寿山起棕棚,具疏极谏。

太白山人,风格超逸;

孙一元,字太初,庆阳人。李空同极重之,为作传。

奉天老民,著述充牣。

不传其名,有《臂僮记》。

马祥、马珵,先后共称;

祥，字文瑞，同州人，成化中进士。官至山东都运，博学能文，人称"关西夫子"。马理，字允庄，泾阳人。弘治时贡入太学，梦母病，即告归，后官吴江。著《五经正义》《四书中说》诸书。弟璠，为顺义主簿，家居，建议开北仙里二渠。

宗鲁、宗枢，交游相信。

许宗鲁，字东侯，咸宁人，正德中进士，官至辽抚。著《少华》《辽海》《归田》诸集。李宗枢，字子西，富平人，嘉靖中进士，官至佥都。著《石垒集》，许宗鲁为序之。

思齐布衣，

阎思齐，延安人。

伯直贤俊。

何栋，长安人，正德中进士，官都御史，大同巡抚。

楫与鍊，并有名德；

管楫，咸宁人，正德中进士，官文选员外。逆彬乱政，引归。世庙时升山东巡抚。母疾，还。著《平田集》。鍊，字伯淳，武功人，嘉靖中进士，官给谏，被杖几死。著《太乙稿》《经济录》《双溪乐府》。

刘若李，均能早奋。

刘序，字元礼，长安人。八岁能文，为督学杨一清所赏，正德丙子乡试第一，丙子进士，仕至太仆卿。李汝兰，字幼滋，咸宁人。七岁有才子称，嘉靖中进士，官至户部员外，著《诗文》《覆瓿集》共十四卷。

统也，彦也，一姓同辉；

赵统，字伯一，临潼人，嘉靖中进士，官户部郎，著有《骊山集》。赵彦，肤施人，万历中进士，兵部尚书，著《筹边略》。

鹤也，藉也，异才共振。

王鹤，字子皋，长安人，嘉靖中进士，官至应天府尹。博学宏词，为关中文献，著有《皇华集》。萧藉，文县人，万历时举人，泽州知府，善诗文。

西台御史，谏草闻载国书；

张邦俊，字襟黄，万历中进士，官御史，言事多载国史。史记事，字义伯，渭南人，万历中进士，官西台，敢谏，以触忌归，著有《效愚草》诸书。

太常少卿，官阀知符素蕴。

耿志炜，字明夫，武功人，万历中进士，官太常少卿，著《逸园诗集》。李应策，字成可，蒲城人，万历中进士，太常少卿，著《谏垣题稿》及《文集》。

钱来应推毓翰，

张毓翰，字廷揆，华阴人，万历时举人。学通古今，文法《左》《国》，著《钱来山房丛书》百卷。

渭上厥有光训。

　　杨光训，字汝若，渭南人，万历中进士，官至顺天府丞，著《西台疏草》。

洽阳多人，

　　康国相，字芝函，举人。崇祯时上封事，兵部尚书梁廷栋称为"文海"。车朴，字中甫，号望莘，进士，兵部郎中，有文名。李穆，字元谷，诸生，著《率意稿》。

潼水遗韵。

　　杨端中，字树滋，本朝顺治中进士，官临淄令，著《潼水阁集》。曾孙鸾，字子安，进士，尝学诗于蒲城屈悔翁，复与三原刘继贡绍敛交善。著《逸云楼集》。

此以文儒著者也。

然而文学之士更重持节，则有教谕为仙，降乩成偈。

　　刘固，字永贞，官教谕。弟国，娶景清姊。固、国并与依清，靖难兵迫，不肯去，合家受诛。后屡降乩为诗，自言死状，极悲烈。人问"公何仙?"曰"财"，入童幼宫。

赵义不屈，

　　商州人，洪武中进士，官都督府经历，死于靖难，亲族为尽，今名所居为赵峪。

韩永自决。

　　西安人，建文时兵科给事。成祖即位，逮至欲官。曰："吾王蠋耳，奚官为?"死之。

心不附珰，胆真是铁；

　　王纶，字汝言，扶风人。弘治中举人，由真定令擢御史。许襄毅督宣、大饷，刘瑾欲致其罪，令往勘，阴有嘱，纶不肯阿，瑾怒，逮，拟重典，弗惧。瑾旋败，人称"铁胆御史"。

廷杖初撄，降谪一辙。

　　王懋，字昭大，咸宁人。正德中进士，授行人。谏南巡，廷杖，寻拜御史。议礼，诸臣有杖死者，懋复论救，谪高县典史。

泾有良甫，

　　王徵，字良甫，泾阳人。天启中进士，仕至登莱监军佥事。当道荐王佐才，未展其用。京师失守，设帝位，哭于家，不食七日死。著《两理略》《奇器图》《学庸解》《士约》《历代发蒙》《辨道说》诸书，学者私谥"端节"。

潼有大烈。

　　武大烈，字海宁，天启中举人，永宁知县。李自成攻陷城，执大烈，欲活之。骂不屈，索印又不与，燔烧以死。

关佥事足继壮缪，

　　名永杰，巩昌人。会试，入壮缪庙，道士言梦神告"吾后人当登第，继我忠义"，后死陈州。永杰貌亦似世所绘壮缪像。

任监军亦堪秉钺。

名栋,永寿人,陈没开封。

骂闯者支解,

焦源溥,字逢源,三原人。兄都御史宣府巡抚源清,家居,以闯贼入关,不食,死。源溥,天启中进士,历官大同巡抚。闯贼入关,亦家居。贼欲授三边总督,骂甚厉,贼拔舌支解之。

抗孙者心竭。

杨畏知,宝鸡人。崇祯中,历官云南副使,平土官吾必奎,复楚雄,又拒沙定州。故贼将孙可望入云南,败定洲,寻西略。畏知拒,战败,投水不死。可望以同乡慰之,谓"欲共翊明"。畏知要以"去为号""不杀人""不焚舍"三事,后可望邀封秦王,畏知愤以头上冠击可望,遂被杀。时官桂王东阁大学士。论畏知者云"与瞿式耜同烈"。

其余若池阳之党,洋县之吉,肤施之冯,青涧之白,宁州王信,武功王钥,多与忠义之列,皆不可磨灭者也。

党还醇,进士,知良乡;吉孔嘉,举人,知宁津;冯登鳌,举人,知灵寿;白慧元,进士,知任邱;王鈅,举人,知文安,皆死节。清兵入,吉与党阖门尽命。王信,灵璧训导,流寇之乱,骂贼,剖腹而死,俱载《明史·忠义传》。

然而节义之著,知道乃然,是以理崇正轨,学有真传。鸡山不尚举业,

张舜典,字心虞,凤翔人,万历时举人。自少潜心理学,受知督学许孚远,后游江南,复从许讲学,遍交邹南皋、顾泾阳、冯少墟诸前辈。为开州学正,与诸生讲程朱,不以举业为先。升鄢陵令,后升兵部员外。著《明德录》诸书。

季泰无愧儒先。

杨复亨,咸宁人,庄敏公鼎后,天启中举人,学于冯恭定。官长治、昌乐,有善政,被谗归。逆闯破长安,侨居泽潞,讲正学,后归里,著《养正录》《就正录》诸书。

有怀前躅,

杨楠,盩厔人。以明经仕龙安同知,倡明心性之学。为霍州守,力请曹月川从祀。居家,日与冯恭定、张心虞、史莲勺诸人讲学古书院,秦士多从之。著有《克己药言》。

中白后肩。

刘濯翼,华阴人。从冯恭定学,以明经为武昌训导,范士以礼,大学士贺逢圣称为"有道君子"。

谭夫子大似维斗,

谭达蕴,本朝城固举人,步趋古人,人有过失动相戒,曰"无为谭夫子知也"。似元萧?

王茂才亦宗伊川。

王茂麟,蒲城庠生,从冯恭定学。营自得庵,吟诗有"洙泗源流,濂洛授受"句。子仁

成,进士。

同州多虚心之耆士,
  马械土相九、白焕采含章、党孝子两一,皆年倍二曲,而延之问业。

武功闻讲道之高贤。
  孙检讨孟扬景烈,讲程朱学,临潼王进士巡秦,为其传道弟子。

此均读书不负性命,吾儒所当勉旃也。

然而诗书以教全材,文武并归成德。自古将略,每出西北。王真忠壮,
  咸宁人,洪武中燕山右卫百户。靖难泗河之战,被围,马上自刎,封金乡侯,谥忠壮。

高恂兼职;
  恂字士信,徽州人,自少文武兼长。洪武中以父斗南荐,知新兴州,摄司马,讨平安南道,卒,年仅三十七。

杨洪威严,
  洪,字宗道,汉中卫百户,有威严,善骑射,累立边功,敌呼"杨王"。景泰时封侯。卒,赠颍国公,谥武襄。从子能,武强伯,子彰信伯。

孙鑑刚直。
  鑑,字克明,潼关卫指挥。为人刚直,典卫政,见称当道。从子以官舍从征,为游击将军,功多,封定远伯,旋封侯。

旺挂平蛮之印,
  陈旺,庆阳人,娴韬略,兼通译语,为淮安参将,挂平蛮大将军印,升右府都督,以名将称。

宏著镇藩之力。
  杨宏,西安左卫指挥使。守固原,请于总督杨一清,筑红古城,募众屯田。镇松潘,平大盗鄢本恕、廖麻子。升南京都督,改淮扬总督,称"智将"。著《漕运志》《武经类编》。

郭宗舜十事切时,
  宗舜,岐山人,有胆略,涉猎书史。正统初为生员,以计擒群盗,授巡检。岁凶,诏求直言,伏阙上十事,指斥权要。土木之变,入塞省侯,论功升后军都督。

萧如薰一门报国。
  如薰,延安人,以父荫百户,历平乐参将,平叛卒哱拜、刘东旸,佩大将军印者九,都督京营者三。持重不轻战,好学善诗文,以经术济武功。王世贞、袁宏道、陈继儒、王稚登皆相友善。祖汉,父文奎,兄如芷、如兰、如蕙皆总兵,一门号将才,忠义皆著于朝廷。

有征满俊而死战,
  兰州千户陈钟。

惟世督戎而习律。

榆林杜松、弟桐、子文焕、孙宏域，三世为本镇总兵，人望其咸为一道最。

可揭名于御座，

岳可，延安人，有大将材，富韬略，善诗，历战功，至大同副将，世宗揭其名于左曰："今之岳可，宋之岳飞也。"

芳驰誉于番域。

马芳，榆林人，少掠于北番牧羊，即阴习弹射，后归镇边城，练习家丁，战无不捷，北番皆知其名，为一代名将。

愈懋请缨，

杨愈懋，潼关人，万历末为中军都督，天启时请缨，讨蜀奢寇，遂推毂总镇四川，与贼战五捷，卒以援兵不至，授印巡抚，深入战死。事闻，赠太子太保，赠三代，荫三子。

世威奋翼；

尤世威，榆林人，官总兵。李自成陷长安，众十万掠延、绥，世威与刘廷杰、王世钦誓师约战。贼猝至，战败，又巷战两日夜，世威与弟世禄、王世钦、刘廷杰等皆被执。诱以降，胁之跪，皆不屈，遂斩之。王世钦亦榆林人，总兵。威子，山海总兵也。榆林之陷，城中妇女死义者数千人，井为之满。

化凤重臣，

梁化凤，字沣源，长安人，顺治三年武进士。初仕山西高山卫守备，五年姜瓖构逆，从征，平之。进崇明总兵，破海寇张名振。改苏州水师总兵，破郑成功，进都督。卒赠少保，谥敏壮。子鼐，由恩荫，历官浙闽总督。

非熊良弼；

张勇，字非熊，洋县人。初隶陕督孟乔芳，以标兵剿贼山间，继征临巩，克甘肃，授总兵，调隶洪承畴。平黔，提督云南，复调甘肃。吴逆乱，延、洮、岷、兰、巩悉定之，又扫宁夏、平凉、汉中，晋太子太师，封靖逆一等世袭侯。卒赠少师，谥襄壮。雍正十年入贤良祠，子云翼嗣侯，提督江南全省军务。

龙宜立祠，

李化龙，榆林人，从征黔、蜀，进游击，驻防建宁。江右贼入盘湖，出击，战死，民立祠。

鹗终进秩。

孙一鹗，富平人，中武科，官广西总兵。李定国之乱，与陈奇策战死，赠太子太保。

此其或树勋猷，或弄文墨，节或不渝，理岂有忒？要亦士林之所尚，能无搦管而续述？

卷二

陕西近代人物小志

曹冷泉 撰

魏按：曹冷泉所著《陕西近代人物小志》，是关乎陕西近代人物的一本极为重要的专著。曹冷泉(1901—1980)，安徽颍上人，原名曹赞卿。1925年参加中国共产党，1928年南京中央大学毕业。曾任东南大学党组织领导人、南京市委委员，因参加"皖北四九暴动""江苏茅山暴动"等被国民党通缉，遂易名冷泉到陕西任《中山日报》社长及西安各界讨蒋委员会主任委员等职。1931年接办《西北文化日报》并兼《西北画报》经理。1945年由民盟中央常委、西北支委主任杜斌丞发展为民盟成员，曾任西安师范专科学校、北京华北学院、安徽学院教授。中华人民共和国成立后，先后任安徽大学、安徽师院、陕西师院、陕西师范大学的中文教研室主任、教授，陕西师范大学研究生班主任，陕西省业余师范大学副校长。主要著作有：《关学概论》《陕西近代人物小志》《清初具有民族气节的诗人屈复传评》《〈孙子兵法〉注释》《楚辞研究》《〈文心雕龙〉浅释》《诗品通释》《文学教学法》《语言言教学法》《落英》。

《陕西近代人物小志》编成于1945年。关于本书的编撰缘起，据曹冷泉之子曹春芷所说："据作者解放后讲，当时政治环境非常险恶，反动派要加害自己，同志们劝自己转移，迫于家庭经济时难以行动，适值好友《大公报》西安分馆王淡如约他写一本书，他有意用古老的七言体特著此书，又用骈体文写了篇序言，写些国民政府政要人物以表示敬佩，把自己政治上装灰色些，企图暂缓解冲突，但仍未起作用。第二年，反动派即派特务来逮捕作者。"①

《陕西近代人物小志》最早由(西安)樊川出版社于中华民国三十四年(1945)八月十五日出版。原书除扉页封底外，包括凡例、目录、正文、附录、卷后语五个部分。正文分为理学(下有分为"烟霞学派"和"清麓学派"两类)、文艺、史学、事功、佛学五个门类，每个门类下面有小序，小序下面列入相应的陕西近代代表人物。附录部分收入曹冷泉所著《(刘)古愚哲学体系》一文，另有于右任《我的青年时期》回忆文一篇。书末有作者所著《卷后语》两页。目录与书中正文和附录，略有不对应之处。

数年前，曹冷泉先生之子曹春芷收集乃父散见遗作并加以注释，编成《曹冷泉诗文集》，由当代中国出版社于2012年1月出版。是书收录有《陕西近代人物小志》中各个人

---

① 见曹冷泉著：《曹冷泉诗文集》，当代中国出版社，2012年，25页。

物小志，但无分类，且题名为《咏陕西近代人物》，与原书相比，颇有不完之憾。故本次整理，仍以（西安）樊川出版社1945年版《陕西近代人物小志》为底本，收入其中凡例及正文，而删去其目录及两则附文。且为读者研究资考，对文字个别明显错讹字做了校注，并对原旧式标点做了调整。因点校者学力有限，其中不妥之处，敬请方家批评指正。

凡 例

一、本书原有传纪部分,于所叙人物生平行谊尚多记载,对于关辅文献,不无小补。惜以抗战期内,物质维艰,未能全部印出。

二、本书所志人物分理学、史学、文艺、事功、佛学诸门。非仿近年各省所辑乡贤志之体例也。

三、近代关辅人才,虽未能远继汉唐,但亦极称盛焉。如刘古愚、贺复斋之于理学,张扶万之于史学,宋伯鲁之诗书画,陈伯澜之诗,李孟符之词,皆可传之奕世而不朽者,希望读者勿贵远贱近而轻之也。①

---

① 此句下有"拙著《古愚哲学体系》已附录于后"。因不录该文,故删去此句。

陕西近代人物小志

一、理学

关辅为理学昌明之区,自横渠开宗以来,世有渊源,迄未歇绝。至清季,演为清麓、烟霞两派。清麓学派远绍三原学派之余绪,其宗师为三原贺复斋先生,笃守考亭家法,最严门户之见。复斋曰:"三代以前,应折中于孔子;三代以后,应折中于朱子。"牛蓝川先生曰:"清麓学派,门户之学也。如拜客然,必认清门户,方不致误入人家。"其旨趣概可见矣。复斋受学于朝邑李桐阁,与芮城薛仁斋(名于瑛)、朝邑杨损斋称"李门三先生"。而复斋造诣尤深,其讲学清麓书院,北方学者多从之游,或与之相通声气,如山西任安卿兄弟,山东孙仲玉兄弟,河南白寿庭、梁艮斋,朝鲜李习斋,其尤著也。在关辅从游最早者,为谢景山、杨克斋、马杨村、王石城,世称"贺门四先生"。厥后有白悟斋、牛蓝川、寇立如及张晓山、张鸿山兄弟。今惟鸿山犹健在,传其衣钵。清麓之学,一本敬诚,笃守礼教,固有足多者,惟门户之见太严,且力反时代潮流,日持敬于所谓已发未发之间,不知今世是何年,而犹以身荷道统自任,可谓迂矣。闻今日清麓书院之师徒,皆古服古冠,日咕哩考亭遗言,诚不知其何说也。

烟霞学派以经世利民为宗,其宗师为咸阳刘古愚先生。古愚治学,力反门户之见,故于古今学派,皆能博观约取,撷采英华,而自成体系。且能认识西洋科学文明之价值、时代潮流之趋势,更具满腔热诚,力行实践,以救时为己任,可谓一代之人豪矣。其讲友则为柏沣西、李敬恒先生。敬恒天才横溢,惜享年未及四十,故影响于关辅学者甚微。沣西学似永康,其笃实则未若古愚也。戊戌之际,康梁唱道维新,古愚亦遥为声援,惟维新失败之后,古愚高唱"民贵君轻"之旨,与康氏则殊异其趋,故古愚虽卒于辛亥之前,而西北革命之思想,实由古愚启迪也。若其徒朱光照、郭希仁,皆为西北革命之巨子。惟古愚殁后,烟霞学派失却中心人物,其徒鲜能秉承其遗教,不无遗憾焉。

甲、烟霞学派①

刘古愚先生

古愚先生咸阳人,清举人,讲学关中各书院。与关中学风影响至巨。古愚之学,体用兼备,巍然为清季之大儒。戊戌(1898),康有为倡导维新,古愚亦为桴鼓之应,并信服康氏公羊之学。所著《尚书微》一书,亦公羊家之言也。时会移人,贤者不免,余曾戏题《尚书微》云:"维新政理演公羊,穿凿麟经肆诪张。咸阳总被南海误,《尚书》微旨细商量。"实则古愚学行之笃实,规模之远大,非康可比也。今虽不显于世,千秋后自有能识者。

皇皇大道体兼用,耿耿象尼时与中。

独截众流应世运,巍然百代振儒风。

柏沣西先生

沣西先生长安人,曾佐左文襄剿甘匪,旋归而讲学。沣西之学,外似陈同甫、王伯厚,而内以刘念台"慎独实践"为的。其教人极重事功,尝曰:"人有三大关,有一不能打破,便非完人。三关者何?义利、毁誉、生死也。"

纵横意气陈同甫,莹澈心胸刘念台。

打破三关启妙悟,春风桃李烂漫开。

李敬恒先生

先生咸阳人,一捷南宫,即辞官归养,高风亮节,岂绝裾之士所可比哉!先生学极渊博,举凡天文、地与、农田、方技、性理、经史、词章,无不研究。少与古愚同学,古愚之学,实由先生启之。其子孟符,以文学显于世。

绮年饱学惊词林,不慕青云慕白云。

菜眼斑斑归养母,萱堂春暖丽朝曛。

---

① 此标题原在本节"一、理学"之下,根据目录及全书体例,调整于此。

乙、清麓学派①

贺复斋先生

先生三原人,清季国内程朱学派,《清史》有传。先生生于中国巨变之际,唯闭门言心言性,无一语于国计民生,富阳夏灵峰[1]于此深致讥贬,诚非苛责贤者。但先生学行深醇,笃守礼教,俨然有圣者气概。其及门之士,亦咸能洁身自好,于此浊秽末世,诚有足多者。

复斋高节配前贤,笃守程朱壁垒坚。

寂寞空山谈性理,不知人世是何年。

【注释】

[1] 夏灵峰:即夏震武(1854—1930),原名震川,字伯定,号涤庵,富阳灵峰十庄(今里山镇)人。同治十二年(1873),考中举人,次年成进士。光绪六年(1880)朝考二等,授工部营缮司主事。反对洋务运动和维新变法,为此触怒权贵,遂告病回乡。宣统元年(1909),被选为浙江教育总会会长,旋兼任浙江两级师范学堂监督。因他主张尊孔读经,鄙视科学,遭到进步教师鲁迅等人的反对,学生亦相继罢课。被迫离校转任北京京师大学堂教席。在京期间,向学生发表《勉言》五篇,散布诋毁立宪、污蔑革命谬论;勉励学生"昌明经训,扶植伦纪,守先待后,为天下倡"。辛亥革命爆发后,南归故里,束发古装,足不入城市,以华夏遗老自居。浙江都督朱瑞、吕公望以及袁世凯先后请其出山任职,均被严辞拒绝。晚年,"以孔、孟、程、朱公道为天下倡",在故里筑"灵峰精舍",聚徒讲学,先后慕名从学之士甚众。

杨仁甫先生

先生朝邑人,与三原贺复斋、芮城薛仁斋同学,时称"李门三先生"。少工诗文,见桐阁后,乃潜心为性理之学。曾屏绝人事,读书于太华数载。嗣君克斋先生,亦能世其学。

杜门华麓事钻研,绕户白云对简编。

嶔屹嗣君足济美,关西道统滋瓜绵。

---

① 此标题原阙"乙"字,根据目录补入。底本为"青麓学派",据《贺瑞麟文集》等,改为"清麓学派",全书如是,不再出注。

王铁峰先生

先生居朝邑铁山,因自号铁峰,又曾名其斋曰"祛疴",以寓自砭之意。铁峰风度严肃,桐阁目为造道之器,盖亦李门之铮铮者。

为除沈疴痛自砭,诸缘就摄道心恬。

庄严贞固尘氛表,俯视浊流峙铁镰。

魏按:以上贺复斋、杨损斋、王铁峰三先生,为李元春门下关中之佼佼者,关学之士也。

白五斋先生

先生高陵人,清翰林,官甘肃兵备道。清室既屋[1],解组[2]归高陵,年七十自营生圹,九十始归道山。先生风度伟岸,而胸怀坦夷,为清麓门下高足。

此心已破死生网,世事一任牛马风。

生圹自营还自笑,抬头浩月正当空。

【注释】

[1]清室既屋:指清朝已经被推翻了。直接的意思是清朝社稷庙上的黄幄,已经被遮盖而不受阳光了。屋,名词,指车盖,覆盖物。

[2]解组:解下印绶,谓辞去官职。

牛蓝川先生

先生蓝田人,为复斋弟子,而又师事白五斋。学行精粹渊懿[1],虽笃守考亭家法,其胸怀则似伊川,其天趣则似康节。先生诗极清丽,文则意态清穆,无语录家枯寂之弊。

蓝川气宇似伊川,清夷贞固复蔼然。

沂上春风汝南月,天机一片乐无边。

【注释】

[1]渊懿:渊深美好。

张鸿山先生

关学绵延千载,至今日已行将衰替矣。惟鸿山先生如灵光宝殿,巍然犹存,支撑清麓门户,但来学之士,已寥如晨星。寄语先生,不应徒悲,道丧学绝,深思其故也。先生兴平人,现犹讲学清麓书院。

关西道统久式微,清麓弦歌声复稀。

怅望茂陵余一老,灵光仰企为依依。

<small>魏按:以上白五斋、牛蓝川、张鸿山三先生,为贺瑞麟门下关中之佼佼者,关学之士也。</small>

二、文艺

关辅四十年来之文学,受青门萍社之影响者甚巨。该社巨子如谭西屏、万伯舒、方黝石、樊云门、李嘉绩、李勤伯诸人,率皆文宗六朝,诗学晚唐,更致力于金石书画,所谓文艺,雅士之学也。诸人于同、光之间,宦游此邦,杯酒论文,风流自赏,隐然为关辅文坛重心,一时舞笔弄墨之士,莫不仰声咳而钦余光。其时,如宋芝田诗文书画,虽皆足表现其卓异天才,而其习尚及作风,未能越乎青门萍社之畴范也。稍后陈伯澜诗宗遗山,李孟符词学梦窗,王仙洲参学唐宋,惟事清幽,于右任学放翁而参以新哲理,皆能不为青门萍社所囿,卓然有所树立。然斯时青门萍社之流风余韵,犹有存者。四十年来陕西画苑,秦子衡、司马绣谷,以客星争辉于前,其影响于画坛,不亚于青门萍社之于文学,是后宋芝田、刘春谷二公继踪竞秀,芝田以神韵胜,春谷以骨力胜,蜚声艺林,国人共仰。至于书法,陕西以碑碣林立之故,观摩有自,故书法亦极称盛。若于右任之今草,王鲁生之章草,皆为国内圣手,有足以转移一世之风气者也。五四以还,陕西之新文艺,亦随全国潮流之振幅而涌进,新兴作家,自不乏人,吾将拭目以观其成也。

宋芝田先生

先生礼泉人,清季官侍御、以同情戊戌新政,被谪戍新疆。诗宗中晚唐,以绵丽幽峭胜。字师雪松[1],画宗云林[2],澄淡秀逸,韵高意远,为晚清一大家。先生天赋高,垂年八十,犹能作工、抚秀,无萧飒之态。尤精史学,所著《新疆建置志》,为乙部[3]不朽之业。诗集名《海棠仙馆》,亦梓行。

海棠仙馆诗芊绵,花落平芜紫翠烟。

归老长安松菊冷,禅心诗意画中传。

【注释】

[1]雪松:即赵孟頫(1254—1322),字子昂,号松雪道人,又号水晶宫道人、鸥波,中年曾署孟俯。浙江吴兴(今浙江湖州)人。南宋末至元初著名书法家、画家、诗人,宋太祖赵匡胤十一世孙、秦王赵德芳嫡派子孙。赵孟頫博学多才,能诗善文,懂经济,工书法,精绘艺,擅金石,通律吕,解鉴赏。尤其以书法和绘画成就最高。在绘画上,他开创元代新画风,被称为"元人冠冕";赵孟頫亦善篆、隶、真、行、草书,尤以楷、行书著称于世。其书风遒媚、秀逸,结体严整,笔法圆熟,创"赵体"书,与欧阳询、颜真卿、柳公权并称为"楷书四大家"。谥号"文敏",故称"赵文敏"。著有《松雪斋文集》等。

[2]云林:即倪瓒(1301—1374),元代画家,"元四家"之一。字元镇,号云林,别号幼霞生、荆蛮民、奚元朗等,常州无锡梅里祗陀村(今江苏省无锡市梅里镇)人。书法天然古淡、得自分隶,有魏晋人风致。尤擅长画山水、枯木、竹石,多以水墨为之,偶亦着色。山水画初宗董源,后参以荆浩、关仝,山石树木兼师李成。崇尚疏简画法,以天真幽淡为趣,能脱出古法,别开蹊径。作品大多取材于太湖一带景色,好作疏林坡岸,浅水遥岭之景,章法极简,于简中寓繁;多用枯笔干擦,淡雅松秀,似嫩而实苍,风格萧散超逸,独树一帜,与黄公望、吴镇、王蒙并称为"元四家",对文人山水画做出了新的创造和发展。在绘画理论方面,主张作品表现画家的"胸中逸气",重视主观意兴的抒发,反对刻意求工、求似。

[3]乙部:古代群书四部分类法的第二部。隋以前称子部书为乙部,唐以后称史部书为乙部。

陈伯澜先生

伯澜三原人,为烟霞草堂高足,才气纵横。维新失败后,意兴阑珊,胸中块垒,一寓之于诗。所著《审安集》,大抵远宗唐贤,风格略似元遗山[1]。

审安风格嗣唐音,秾丽苍劲饶古芬。

衰怨声繁吐露少,郁如日暮数峰云。

【注释】

[1]元遗山:即元好问。

王仙洲先生

先生眉县人,清进士,诗宗宋贤,幽峭清隽,颇似朱秀水[1],与清季盛行之江诗,则有异也。

祧唐宗宋事清幽,模水范山纪盛游。

骨秀神寒真绝代,骚人遥在木兰舟。

【注释】

[1]朱秀水:即朱彝尊(1629—1709),清代诗人、词人、学者、藏书家。字锡鬯,号竹垞,又号驱芳,晚号小长芦钓鱼师,又号金风亭长。秀水(今浙江嘉兴市)人。康熙十八年(1679)举博学鸿词科,除检讨。二十二年(1683)入直南书房。曾参加纂修《明史》。博通经史,诗与王士禛称南北两大宗。作词风格清丽,为浙西词派的创始者,与陈维崧并称为"朱陈"。精于金石文史,购藏古籍图书不遗余力,为清初著名藏书家之一。

李孟符先生①

孟符咸阳人,以参加戊戌新政被谪,落拓有年,晚归长安,寄食军幕。狄平子《平等阁诗话》称其襟怀萧澈,诗以俊伟博洽胜。孟符又工于词,为清季一大家。朱彊村所辑清季九家词,孟符《郢云》词亦列入焉。孟符并精史学,著有《春冰室野乘》及《国史读本》。

孟符才调何翩翩,乐府幽深诗丽妍。
百日维新温宿梦,春冰一卷记当年。

于右任先生

先生书法大气磅礴,秀韵天成,为当代第一枝笔。诗亦超脱尘环,清新秀逸,更能融铸新哲理,而无生硬之弊。其风格在古人无可比拟之者,无已则略似放翁耳。吴雨僧《空轩诗话》云:"先生之诗以《民治园》二十首为最佳,以花草之色性,喻英雄志士之怀抱,融合自然人事,而又能表现自我。"

关辅骚坛久寂寞,髯公崛起振高歌。
淋漓大笔疑神助,慷慨风云呼渡河。

宋菊坞先生

先生长安人,民初曾一长陕政,颇有惠声。为人平易谦和,诗文逼肖其人。城南有别墅,颇饶花木之胜,为长安人士春秋佳日游宴之所,而先生岁时不一至也。

城南辟地结林亭,牡丹花丽翠竹青。
大好风光谁为主,闲愁园鹤自剔翎。

---

① "孟"底本作"梦",误。据李孟符相关史料及本节下"小序"改。下同。

李子仪先生

先生蒲城人,曾任陕参议会长。工诗,五律尤胜,沉郁悲壮,盖学杜而能得其神理者。今之参议,犹古之拾遗也,国破政乱,正如天宝也。论者不能谓先生之诗,亦无病之呻吟也。先生卒于民国三十三年。

苦学杜陵五字诗,悲壮沉郁吐哀思。

拾遗何惯吞声哭,国破今如天宝时。

吴雨僧先生

先生泾阳人,少游学美国,于英美诗歌造诣极深,今为海内此道权威。先生于中国旧诗好之甚笃,曾著《落花》二十首,以比兴之体,道天人之故,缠绵幽深,融哲理诗意于一炉,可称嘉构。

思密意周情更深,衷感缠绵说天人。

天人矛盾终难解,仇向落花问素因。

王陆一先生

陆一三原人,才思绮丽,诗宗六朝晚唐,微歉繁缛,亦才多为患也。不幸于今秋病逝,享年四十有七耳。

才调风怀杜牧之,建安风骨六朝思。

骖螭归去云天渺,玉宇琼楼合赋诗。

刘春谷先生

先生长安人,清孝廉,工诗文,尤精绘事。其山水确浑苍劲,如太华耸峙,骨力极胜。十五年(1926)西安围城,沪艺术界纷传先生已饿死,湖社同人影印其作品,以为哀悼,不知是时先生尚在人间也。解围后,先生卒。因饥饿困惫而云逝矣。先生为四十年来陕西艺术泰斗,扶翼后进,尤具热忱。

危城坐困日苍皇,涸辙枯鱼峋相将。

难得西江一勺水,自磨残墨写潇湘。

薛寿萱先生

先生清官侍讲学士,民初曾主修《长安志》。诗文皆远宗六朝,尤工没骨花卉。家杜曲南,所居即杜牧之旧第也。殁亦葬牧之墓傍,九泉之下,有芳邻矣。

妙笔清才谁似君,万花纸上笑靥匀。

九泉归去亦潇洒,长与牧之为比邻。

冯友石先生

先生长安人,少从日人松吕正登学画,尽得西洋绘画之法理,晚独嗜国画,尤心仪北宗大、小李将军[1]。尝谓:"吾国之画,南宗以情韵盛,平远山水,清幽林泉,固自可人。而画家之所贵者,在牢笼万态,岂能止寝馈于山水之中乎?未若北宗笔探自然之妙而无所回避者也。盖山水、人物、花卉、翎毛,皆造物灵态之所聚也,皆吾人绘画之材料也,故吾宁远师北宗,但吾不能于此也。盖图画为富有普遍性之艺术,最易受异国之感染,如吾国当六朝隋唐之时,印度之艺术随佛教而俱来,遂育成唐、宋画界之黄金时代。今西洋绘画,亦堪为吾国画界之取法,吾人应欣然接取,以形成吾国画界之新作风。"友石今犹为五十壮汉,于西洋透视学及图案、油彩、水绘、素描等画,无不工习之,可谓好学矣。友石为人,高蹇淡恬,不慕声闻,执教各校,循循善诱,未曾以画干誉。显贵求画者,必拒千里之外。吾亦病其惜墨如金,不能宏艺术之惠于斯世也。

远师大小李将军,笔探自然奇妙文。

邀我苦吟诗百首,纷纷挥洒作烟云。

【注释】

[1]北宗大、小李将军:指唐代李思训和李昭道父子。李思训曾任右武卫大将军,画作极为超绝,擅画青绿山水,受隋代绘画大师展子虔的影响,笔力道劲,题材上多表现幽居之所。画风精丽严整,以金碧青绿的浓重颜色作山水,细入毫发,独树一帜,世称"大李将军"。儿子李昭道,官至中书舍人,继承家学,并能变父之体,有所创新,造诣精深,因父得名"小李将军"。

董佛丞先生

先生名镇邻,字佛丞,家长安之杜曲。素贫,少学于薛太史寿萱,每于塾课之暇,辄背师榨花叶汁,用代丹青,学为绘事。一日太史见而谓之曰:"图画之艺,可以怡情,可以见道。汝既爱好,可肆力习之。"盖太史亦精于丹青也。

自是之后,太史即授以六法,日课无间。先生初学温纪堂[1],未有所获,继馆于咸阳李孟符家塾,李氏数世皆精鉴赏,收画九富。先生于教读之余,逐一摹临,工力遂进。后专学石谷,因得个中三昧,随意挥洒,皆饶有神趣矣。先生诗学晚唐,其幽丽处,颇类宋之四灵,盖亦环境使然也。曾咏《孤鸿》二十八首,以寄身世之感,函吾家仲谦兄云:"此诗神韵,虽未足称,然皆吾胸中实感,或有古人未道之意、未遇之境,不知与屈梅翁四十首《干蝴蝶》为何如也。君许我为樊川老才子乎?"余因赠之诗云:

杜陵原下老诗翁,萧瑟柴门不禁风。

一段高情谁会得,苍茫独立吟孤鸿。①

【注释】

[1]温纪堂:即温仪(生卒年不详),字可象,号纪堂,陕西三原人。康熙壬辰(1712)进士,陕西较有影响的画家和诗人。历任武英殿纂修、进贤知县、保定知府、霸昌道道员兼直隶按察司副使、兵部武选司员外郎。其画法宗董源、巨然、黄公望,曾师从清初著名画家王原祁,为王原祁的代笔画家之一。留存诗作二百余首,由其后人整理成《纪堂遗稿》一书。

萧筱梅先生

先生名之葆,栒邑人,清翰林,清季曾任云南考官,嗣官侍御,以劾弹宗室伊毂,其声震朝野。民国建立,即退隐三水之飞云洞,遂与决绝,不复出矣。刘镇华长陕时,曾竭诚备礼,敦其莅省,使者往返于道,迫不得已,始晋省一行。归时,刘赠之千金,却而不受,曰:"吾山居,不须此阿堵物[1]也。"刘赠土布数疋,乃受之。盖先生平居不用外货也。

【注释】

[1]阿堵物:即钱。"阿堵"为六朝时口语"这个"意。时人王夷甫因雅癖而从不言"钱",其妻故将铜钱堆绕床前,夷甫晨起,呼婢"举却阿堵物"(搬走这个东西),仍

---

① 此下有一段文字为:"相见一笑,莫逆于心。先生老益贫,居杜曲东许王窑中,凄凉阴森,往往餐飱不继,非人之所堪者。而先生萧然自得,超然遐举,逍遥乎物外,曾无嗟老叹贫之态。迩来笃信净土,终日念佛,余尝与二三知好访先生,见其所畜猫犬摇尾献情,依依其侧,客来不警。先生亦爱抚之,如老牛之添犊也。先生与客畅谈,品评古今,悠然意远,如魏晋间人,其衷情冲淡,天机清妙,又岂枯禅之徒所可比哉!先生现逾古稀,铄铄如四十许人。"

不言。

二十五年（1936），某主陕，遣使至洞礼问，先生曰："吾前朝遗民，偷息人间，尚何有贡献于善变之君子乎？"使者固请，乃授之以《乐经》。据先生自谓："《乐经》久亡，此乃文平人[1]先生得之于山岩者。"忆先生山居多暇，故为此伪经，聊以适意耳。吾闻三水多异人，在昔有文太清[2]、文平人皆妙谈象数，孤高绝尘，先生可与之参矣。现先生年逾古稀，而矍铄犹昔。近闻陕北边区×××遣使聘先生为顾问，并厚贶贻。先生曰："某山居野人，不达政理，何堪备顾问乎？"先生所居之飞云洞，去栒邑北四十里，荒凉幽僻，下临三水，绝壁峭立，石蹬万级，幢洞盘互，盗匪多钦先生行谊，不相侵扰，闻先生不下山已十数年矣。

飞云洞闷绝嚣尘，泉石犹饶太古春。

中有前朝老太史，百端感喟寄哀吟。

【注释】

[1]文平人：即文应熊，字梦叶，号平人，别号抱愧子。明代三水县半川府（今旬邑县太村镇文家村）人。性嗜学，不乐仕进，以圣学为志。著有《全孝篇》《知人鉴》《道统纪》《孔门言行录》《四书解难》《无字易义》《周易蠡测》《易经大传》《乐经注》《知行记》等。

[2]文太清：即文翔凤。

王鲁生先生

先生原籍天津，晚年爱陕南山水之佳，隐居南郑者四十年，日以摹临碑帖为事，尤工章草，为当代书法之圣，而世人不知也。后于右任先生邀赴南京，相与研讨，逐于一朝闻名天下，今人竞习章草，皆先生之影响也。

石墨摩挲四十年，贯通神理忘鱼筌。

凌云健笔草书圣，惊鸾翔凤戏九天。

三、史学

清初顾亭林先生寄居华下，关辅之士，多从之游，其时若王山史、李天生，以考据之学相与切劘。惟自是以后，考据之学风虽披靡全国，而未尝一叩关门也。近四十年来，毛子林、毛俊丞父子，以经史小学教授关中，严守古文家法,壁垒森严,此一派也。清季刘古愚与康南海志同道合,刘门之士,多东学于南海,张扶万先生独传南海公羊之学,此又一派也。晚近新史学派喜以社会科学原理研究经史,合阳党晴梵先生闻其风而悦之,因著《中国意识大纲》一书,此又一派也。

毛俊丞先生

先生之尊甫子林公,精金石之学,其世父子静公工诗文,先生皆能传其学。先生祖籍江苏,至先生始箸籍长安,老境萧条,言其所居曰"君子馆",卒于民国二十一年。

西京硕彦称毛公,寝馈六经身困穷。

萧瑟蜗居君子馆,训诗不废旧家风。

张扶万先生

先生富平人,少从学古愚先生于味经书院七载,精史学,所著《司马迁年谱》及《鱼篆魏略补遗》二书,为史学巨著。所辑《关陇丛书》,于乡邦文献关系尤巨,晚从康南海治公羊学。先生为关辅四十年来最为博洽之士,不幸于昨年下世矣。

罗织旧闻补正史,搜求遗籍阐幽光。

先生自有千秋在,何事从人说公羊?

魏按:张扶万先生于其史学建树之外,尤重视对其师刘古愚先生思想之阐发,著有《刘古愚先生之学说》长文,堪为其弘扬师说,阐扬关学之代表作。于此而外,先生又特为重视关学文献之辑佚,搜集张载门下游师雄遗文辑成《游景叔集》,又颇留心王徵遗文搜集整理,堪为关学文献传承补亡。故不可不谓先生为关学之传也。

党晴梵先生

先生合阳人,现犹健在,日埋首于寿世[1]之著述。先生少富才华,慕稼轩、同甫之为人,关山戎马,历佐军幕,盾鼻磨墨,气吐风云,可谓先生之诗歌时期也。既而悔之,深自抑敛,读尽宋、明性理之书,著有《宋明儒学案补编》,

以补梨洲①之遗。近年专攻社会科学,并以其原理著有《文字学》一书,以生产关系剖析文字发生之由,实为洨长[2]梦想所不及,汇史学、字学于一编,诚不朽之著述也。近日更以科学之成果,铸金石甲骨之材料,著为《中国古代社会意识大纲》,此先生史学之时期也。其族兄天柱,历游南北,于船头驴背之暇,读尽二十四史,诗学韦、柳[3],清俊古淡,无愧古人。

承旨家风今尚传,关山戎马诗千篇。

华云百尺老堪卧,潇洒摩挲旧简编。

【注释】

[1]寿世:造福世人。

[2]洨长:指许慎(58—147),字叔重,东汉时期著名的经学家、文字学家。"洨"乃安徽境内的地名,大致在今蚌埠一带,"洨长"则是此地的行政长官,因许慎曾任洨地长官,故后人称其为"洨长"。汝南召陵(今河南省漯河市召陵区人),许慎历三十年编撰成世界上第一部字典《说文解字》,规范了汉字的形、音、义。学术界称许慎为"许君",称《说文解字》为"许书",称其学为"许学"。许慎对汉语文字学做出了杰出贡献,被尊称为"字圣"。

[3]韦、柳:唐代诗家韦应物、柳宗元的并称。

魏按:党晴梵先生除以诗文、史学、金石、书法见长外,又著有《冯翊耆旧传略》《明儒学案表补》《陕西文化的过去与未来》《关学学案》诸著作,不惟于关学渊源有所考辨,且能借鉴新史学,以文化的观点,立足"家国"情怀,综合道德、知识与艺术为一体而重构时代需要之"新关学",尤为世人瞩目。今人欲探究关学于近代之转型,晴梵先生之建树,固不可忽视矣!亦不可不以先生为走出理学而重构关学之开先者也!

四、事功

关辅四十年来,虽亦随全国局势日在巨变之中,而陕人所受痛苦,则较全国各省为尤巨也。盖陕西为西北革命基地,又当西北道孔,每有政变,必先波及。陕人对国家供献之血肉,诚多矣。如渭北各地革命运动于民初十余年间,始终与北洋势力相抗,遥为广东声援。其间如井勿幕、胡笠僧诸先烈,丰功伟绩,自足千古。而无名志士以血肉写成革命诗篇者,又何可胜纪也。至

---

① "洲",底本为"州",误,改。

于社会事业,亦因诸先贤之努力,而在惨痛之中以迈进。如杨松轩之尽瘁教育,李仪祉之兴建水工,皆如古所谓以死勤事、以劳定国,能御大灾大祸而福国利民者,兹咸列于事功之门云。

井勿幕先生

先生少倜傥,有大志,其见总理中山先生,年才十七耳。总理既以西北之党务相嘱,辛亥西都[1]首义,实为先生领导之功,靖国军与先生任总指挥,不幸单骑误入贼窟,竟被残害,享寿仅三十有六,国人痛之!

头角峥嵘一少年,乘风破浪着先鞭。

奈何竟入豺狼窟,碧血千秋人共怜。

【注释】

[1]西都:指西安。

胡笠僧先生

先生气度宏伟,有远略。辛亥之役,不避险阻,运动新军,联络党会,奠植西北革命之基。首都革命,瓦解北洋,其功尤伟。传十三年(1924),先生率师出关,与吴佩孚会于洛阳,吴拟加残害,先生行若无事,于坐上呼鼾就睡,吴轻视之,遂信而不疑。

气度深伟莫与俦,藐兹扰攘小诸侯。

森严戟剑洛浦会,垂首呼鼾轻敌酋。

钱定三先生

先生名鼎,白河人,少肄业陕西陆军中学,即矢志革命。尝自吟云:"顾瞻禹迹陆沉象,剑作龙吟眦欲裂。"激昂慷慨,不可一世。辛亥西都首义,先生实新军倡导人物。时同志拟推先生为大督都,先生为顾全大局,推张翔初以自代。西部光复,先生率军东征,到渭南,因部下与民团发生误会,遂及于难,年才二十有六耳。

首义西都壮古今,光芒一现将星沉。

荒江何处埋忠骨,常使英雄泪满襟。

郭希仁先生

先生临潼人,为刘古愚弟子。古愚以经世之学教授乡里,徒从遍关中,而能继承其精神者,惟先生耳。辛亥(1911),西都革命,先生筹划调停其间,厥功甚伟。微先生,会党豪帅,争权夺势,已瓦解矣。民七[1](1918)后,先生历主教育、实业、禁烟及水利诸政。时革命同志占据渭北等县,与省方相抗,因是对于希仁不免生误会。先生实鉴战争频年,地方凋弊,欲献身以救吾民耳。而其高风劲节,如日月丽天,终不能为阴霾久蔽也。

利民济世原儒行,何计纷纭毁誉名。

固与俗流殊意趣,出山泉水自清清。

【注释】

[1]民七:民国七年。

朱佛光先生

先生为明秦王后裔,晚年主各校讲席,涉口成趣,隐喻革命义理,故影响西北革命思想者至巨,于右任先生即出其门。

先生系出明秦王,九世复仇隐恨长。

登坛信口陈奥义,革命思潮藉发扬。

刘允丞先生

先生富平人,蚤岁读书清麓,为贺复斋再传弟子,赋性刚毅谨严,貌清癯,器宇渊深,如清水一泓,孤松独秀。渭北革命势力与北洋相持多年,实先生为之主导也。先生精于兵法,于《孙子》十三篇,尤能发其奥蕴。

诸葛一生唯谨慎,子房相貌非魁梧。

胸藏兵甲逾千万,谁道先生一腐儒。

王诚斋先生与王伯明先生

两先生均扶风人,襟怀虽异,而节操则同。

纵论奇士逮三辅,应道扶风有二王。

伯明清怀淡霁月,诚斋劲节凛寒霜。

曹印侯先生

先生豪爽英迈,迥绝俗流,少为里胥,既而折节读书,尽通六经诸史。辛亥之役,立集志士十余万,号称"敢死军",与甘军大战于凤、宝之间,英风震国内。

一代人豪家印侯,慕仁向义志千秋。

气吞河岳风云变,敢死军挥万兜鍪。

杨松轩先生

先生华县人,刚果沉毅,热心教育,其手创之华县咸林中学,为陕西最完善之学府。先生平生视学校为家庭,爱学生如子弟。陕西教育界、医学界人士多出其门下,其遗惠陕人正未艾也。

先生一去留清芬,飘缈少华作庆云。

岁岁春风催化雨,咸林桃李日欣欣。

李仪祉先生

先生留学德国,初习土木工程。郭希仁赴欧考查政治,过德,为言西北土地高炕,非兴水利无以改造社会,福惠民生,遂改习水利工程。回国后,任教张季直①[1]所创办之河海水利工程学校,造就极宏。民国二十一年(1932),回陕任水利局长,艰苦卓绝,根据自然社会之实况,实事求是,故所计划之各水渠,得逐步实现。故其所为,功德之伟,不下于李冰父子矣。先生平生好学不倦,于英、德两国文学及数学,造诣极深,尤可敬也。

八惠渠流功德水,平畴沃野禾穰穰。

三秦父老念遗爱,俎豆关中李二郎。

【注释】

[1]张季植:即张謇(1853—1926),字季直,号啬庵。祖籍江苏常熟,生于江苏通州海门常乐镇(今江苏省南通市海门市常乐镇)。光绪二十年(1894)状元,授翰林院修撰。一生创办了20多个企业,370多所学校,中国近代实业家、政治家、教育家、书法家。

---

① "张季植","植"字误,当为"张季直",改。

张季鸾先生

先生榆林人,少从学于刘古愚先生,嗣留学日本。归国后,即矢志从事新闻事业。先生为人,精诚豪爽,故其持论,严明平恕,足动天下之听闻,而转移一世之风气也。

秉笔大书唤国魂,精诚所至即名论。

凛然大义鸣天下,无冕之王谁与尊。

王幼农先生

先生三原人,为人明达精诚,风概凛然。晚年从印光大师,受净土业。平生尤关心文献,于刘古愚、柏沣西两先生集,皆苦心搜辑梓行,有功于关学至巨。

佛心儒行两无碍,气宇风怀自皎然。

更好斯文千载业,三秦古德资流传。

王荫之先生

先生紫阳人,少负经世之才,因感其尊公误于庸医而亡,遂矢志研医学,以救世人之疾苦。垂年七十,犹不自节劳,日应病者之求,卒以传染不治之症逝世,可谓以身殉道者矣。

苦心端为活人计,医国不辞垂暮年。

殉道精神千祀在,嗣君已将青囊传。

郭蕴生先生

先生清进士,历职湖北武昌、孝感、荆州等县。长于政理,多谋善断。民国后,归寓长安,虽无意仕进,但于地方公益、社会事业,无不挺身为之。民国十五年(1926),西安围城,城内数十万军民饥寒交迫,朝不保夕,时先生任商会会长,不避险阻,调护其间,活人无算。先生文词华赡,于历代田赋征榷制度尤了如指掌,曾与修《陕西省通志》。

诗书千载经纶志,松柏四时潇洒心。

好辩孟轲非得已,痌瘝在抱悲斯民。

五、佛学

陕西为我国佛教圣地。若华严、惟识、真言诸宗,皆发源于斯。今日相教凌夷,而古寺名刹,犹为高僧异人驻锡参禅之所。近四十年来,关辅释徒,业行深纯,足绍宗风而阐发教义者,当推印光大师云。

印光大师

大师俗姓赵,合阳人,习净土宗,博通内典。圆寂后,全国缁流尊为"十三代祖师"。

尘氛俗虑化如烟,乙乙烟生朵朵莲。

莲生十三忽寂灭,光明洞澈大罗天。

卷后语

本书校印将毕,忽奉某先生书,于本书多所是正。当覆一函,爰录于此,用作卷后语,并以志感云。

骄阳当户,午睡正浓,忽绿衣使至,递来华翰。藉沈长者不弃,恳惠训诲,既感且佩。前岁之秋,病榻多暇,缅怀此邦古德,因吟诗数十章。樊川诸友,劝附以古德传纪,用助文献之传,爰定名为《陕西近代①人物小志》。今夏,诸友并出资印刷,某以盛情可感,即以稿本付之。后以印刷费太巨,仅印序录及附录二编,尚未及原书之半也。此书原分三编:第一序录,乃窃取《宋元学案》体例,叙述各学派及人物之特点,藉示读者体要。第二传纪,叙述人物事迹,唯于并世健在之人,难以定论,未为立传,仅在序录中略叙其行谊而已。今印行之本,乃将第二编传纪全都割弃,反于过去之人物详述者甚略,而于并世之人叙述反详,体例甚为不善也。第三编附录,原采载关辅近代重要文献数篇,以备参考,今已从略,仅印入《刘古愚哲学体系》及于右任先生《我的青年时期》二文。至本书所叙人物中事功一门,以道德事业为选择标准,余则本之学术以定去取,故所述人物,有前朝之遗老,亦有今世匹夫焉。

更有数事,藉此一商。

一、某以为籍贯问题,似宜从现行法令,不宜存过去封建观念。故此书未列流寓一门,即将王鲁生及毛倡杰二先生列入秦籍。二先生生活于秦者数十年,庐墓于秦,长子孙于秦,谓非秦人,诚有不可者。于右任先生铭毛先生墓,即称毛先生为长安人,今长者竟谓:"毛先生古学大师,文章宗匠,秦中不敢有此人,此固扬州甘泉籍也。"长者恐有失察矣。

二、此书所录人物,诚如长者所谓"有事功未足为昭著者"。但理学、文艺、史学、佛学诸门,其学皆有足称,非吾后辈所宜非议者。计文艺诸门所录人物,《清史》有传者二人,有著录者二十余人,唯于右任、李子逸、王陆一、吴雨僧、冯友石、董佛丞少数人,未见志乘著录。然于、李诸先生之诗,冯、董两先生之画,诚有足称者,想亦为长者所嘉许乎?

三、长者来书谓,宜加入晏海宸、宋相臣、李襄初诸先生,诚有高见,倘有

---

① 底本中"近代"二字为"现代"。然书名为"陕西近代人物小志",故改。

再印机会,当尊长者之教。惟此书所遗人物,尚不止于此数人也。

昔文中子教授河汾之间,唐初将相多出其门,而新、旧《唐书》者,皆为之立传,然并未灭其千载之声光也。某区区此书,无异野史稗乘,虽可为一时谈说之助,终当为他日覆瓯之用,长者不必以为有遗高贤而耿耿也。谨覆。

关学概论

曹冷泉撰

魏按：曹冷泉所著《关学概论》，堪称以现代学术方法对宋元明清至民国之关学进行概论的第一篇文字。此文发表于《西北文化月刊》1941年第一卷第三期，洋洋洒洒一万四千余字，不但论述了关学的意义、溯源、沿革、特色，而且对张载、吕大临、吕大钧、吕柟、杨爵、冯从吾、李二曲等关学巨子之学说，予以扼要分析论述，并以清末民初的刘古愚、朱佛光二人为"关学别子"。于今观之，此文固已摆脱传统理学道统成见，且能采用现代学术方法，借鉴国外学术成果研究关学之开山之作也。此种关学研究风格置身于七十余年前之民国时代，尤为先识卓见，置之于当今关学研究之成果中，亦堪为不乏灼见之大作。余今年倾心搜罗民国关学研究文献，于旧刊偶得此文，获益匪浅。以为故其不仅对现代学术视野下开展关学研究有开山之功，亦对当今之关学研究具有积极之借鉴价值也。然先生大文，为学者所难见，故录其全文于此，并重为标点，略校讹误，以为学者概览关学提供一参照也。数年前，余曾作《曹冷泉先生关学研究述评》（《人文杂志》，2018年第12期）一文，以专论先生于关学现代研究开拓之功，学者可参，故文中不做评注矣。

一、关学之意义

自宋张载讲学于关中后，后世学者遂以张载所代表之学派，称之为"关学"。故所谓"关学"，具有学派的意义。

关中自张载讲学后，研究性理之学者闻风兴起，代有大师，历千年而弗息，可谓盛矣。明冯从吾将关陇历代关学之传授师承与学说要旨，汇为一编，颜曰《关学编》。厥后清初王心敬（丰川）、清末李元春（桐阁）、贺瑞麟（复斋）于此书各有增续，题曰《关学续编》。于是凡关陇心性学者之言行、事功，皆萃于此书矣。惟此书于周、张、程、朱各派学者，皆兼取并录，不过皆籍隶关陇而已，若依据冯、王、李、贺诸家之见解，则所谓"关学"一名词，仅具有地域性，已不足代表一学派（School）矣。此亦不然。关陇性理学者，无论或崇程、朱，或崇陆、王，或列籍于河东，或列籍于甘泉，而其所同者，皆注重伦常日用，躬行实践，与夫遵古尚礼。——故此数点者，即可谓关学之特有属性矣。且关学因风土环境之关系，因千余年师儒递相传授之关系，而具有朴茂醇厚之色采，不同于程朱，不同于陆王，此吾人研究学术史者所应知者。惜乎关学未能蔚为全国学术主潮,不为学者之注视。

二、关学溯源

凡一学派之产生与形成,不仅历史的原因,同时更为环境的原因。考关学之产生,不仅应远溯关中历史上之人物,应知关学与国内各学派,与道教、佛教,亦皆有密切之姻缘。

冯从吾著《关学编》,于张载传前,冠以籍属关陇之孔门四子——秦子、燕子、石作子、壤驷子。此四子名不见之于经传,行无闻于后世,于关学初无关系,而冯氏以此四子为关学之祖矣。有是哉其迂也! 王丰川更欲远溯之于伏羲、文、武,其序《关学续编》云:"自念编关学者,编关中道统之脉络也。横渠,特宋关学之始耳。前此如杨伯起之慎独不欺,又前此如泰伯、仲雍之至德,文、武、周公之缉熙敬止,续绪成德,正道昌明之会,为关学之大宗。至如伏羲之易画开天,固宇宙道学之渊源,而吾关学之鼻祖也……"迂而无当,非为知言。盖迷于道统之见解,亦时代之关系,不可过非古人也。

关学为中国理学之一部,关学发生之渊源,自然亦与中国理学同一原因。兹述中国理学发生之渊源,亦可当作关学之渊源观也。

(一)儒教之固有思想

中国之理学本体论,可谓源于《易传》,(《易传》出于汉儒,非孔子所作,近人已有详明之考据,其思想可谓儒、道之第一次融合。)伦理则源于《孔》《孟》及《中庸》,方法论则源于《大学》,近代学者以有详明之叙述。近代学者每谓理学为"儒表佛骨",以理学之内容皆袭取之于佛、道矣,亦数典忘祖之类也。试观中国理学之本质,皆不过就《易》之"阴阳"、孔子之"仁"、《中庸》之"诚",加以综合深化而已。

(二)道教与儒家思想之融合

上述《易传》思想为道、儒二家思想融合之作品,虽未为学者所公认,但在汉、魏之间,如杨雄之《太玄》,王弼、何晏注解之《周易》《论语》,皆玄学与儒家思想之结合。北宋周濂溪之《太极图说》窃取于道士陈抟,朱彝尊已有切确之考证矣。

道士陈抟隐居华山,种放隐居终南,皆极蒙当道优遇,于关中社会必然有大之影响。陈抟所著《木岩文集》颇有调和道、儒之倾向,皆足以促道、儒之结合,而使关学之产生。

(三)佛教与儒家思想之融合

佛教于六朝时代盛行中国;唐代中国佛学者,更能自创学派。佛教圆融高深之哲理,自非儒家所及,儒者摄取佛学之长,以充实儒教学说,亦自为必然之趋势。如《宋史·张载传》,言"访诸释老,累年究极其说,知无所得,反而求之六经"①,《程颢传》亦言:"颢泛滥诸家,出入老释几十年,反而求诸六经,而后得之。"此不过儒家经持道统之言,更足以证明儒家袭取于佛教也。又如横渠批评《楞严经》,深入奥窍,亦足证其于佛教有深入之研究也。

余以为关学固可称为独立学派,吾人不寻关学渊源则已,若欲寻关学之渊源,不能仅限于关陇也。如道教之陈抟、种放,佛教之明教大师,(明教大师著"排韩文",斥责韩愈排佛之非。陈义高深圆融,实足使儒家自惭固陋。)儒家之二程、范仲淹,于关学之产生,皆有甚大之关系。二程不惟与张载有商量功差之益,即张载之门人,如蓝田吕氏兄弟、武功苏昞、游师雄,后皆东学于二程之门。《宋史·张载传》②云:"载坐虎皮,讲《易》京师,听从者甚众。一夕,二程先生至,与论《易》。二先生于载,为别兄弟之子,卑行也,而载心服之,次日语人曰:'比见二程,深明《易》道,吾所弗及,汝辈可师之。即徹坐辍讲,与二程论道学之要"云云。又云:"载少志气不群,喜谈兵,年十八,上书谒范文正公,公知其器远,乃责之曰:'儒者自有名教可乐,何事于兵?'因授以《中庸》一册,遂翻然志于道。"仲淹不独事功炫赫,且理学深湛,其为西帅多年,德威远播边服。其言行于宋代关中学风之影响必甚大,当不止张载一人也。

三、关学沿革

余以为研究关学,应截断众流,自张横渠始。因自横渠后,关学始有师承传授之可寻;在横渠以前,无关学之称也。横渠建树关学之基础,开发关学之风气,并著关学之特色。所谓"关学",应以横渠学说为基调。关中学者勇于从善,自横渠先生而能降心与年青后辈二程相商讨,嗣后国内凡有新学派兴起,关学皆能与之融合汇流,兹就关学递变之迹,而分为三期:第一,与洛学合流时期;第二,与闽学合流时期;第三,与王学合流时期。

---

① 此处原文为"传涉猎老释者累年,乃反而之六经",语颇不通,据《宋史·张载传》改。

② "传"字脱,补。

(一)①第一期之关学

与洛学合流时期，为北宋时代。本期以张载为开山之祖，蓝田吕大忠、吕大钧、吕大临兄弟，武功苏昞，三水范育，皆受学于张氏。少后则有华阴侯仲良，天水刘愿。黄宗羲云："横渠先生勇于造道。其门虽微有殊于伊洛，而大本则一也。"此言张、程哲学，其基调确甚相同，尤其是论性，横渠与伊川完全一致。因此所以横渠对于二程，能降心相从，（横渠与二程之关系详于后。）相互推崇，互相启发。横渠此种伟大的学者态度，自足钦佩。而张门弟子于二程，亦能拳拳服膺，无门户之见。熙宁九年，横渠过洛，与二程子论学，张门弟子苏昞录张、程三子语，题曰《洛阳议论》。又如吕大临为横渠之高足，亦"程门四先生"之一也。后在北宋时代为关学与洛学合流时期。

(二)②第二期之关学

关学与程朱二派合流时期，时间则由金元以至明之中叶。宋室南迁，关辅沦陷，关学遂为销歇。金代仅有杨天德为关学保一线之余绪。元室统一中国，关学略有复兴之势，杨恭懿、萧维斗皆以程、朱之学，号召关辅，杨恭懿与许衡（字鲁斋）齐名。萧维斗撰恭懿墓志③云："朱文公集周、程夫子之大成，其学盛于江左，北方之士闻而知者，固有其人，求能究圣贤精微之蕴，笃志于学，真知实践，主乎敬义……表里一致……粹然一出乎正者，惟司徒及公。"司徒，即谓鲁斋也。许鲁斋为元代理学唯一大师。萧维斗亦为元代杰出之学者，博极群书，凡天文、地理、律吕、算数，靡不研究。侯均④云："元有天下百年，惟萧维斗为识字人。"大德中，河东、关陇地震月余，维斗与吕域各设问答数千言，以究其理，盖元代西方科学亦渐输入中国。吕域，字伯充，其先河内人，金末父佑避乱关中，因家焉。伯充从学于许鲁斋。其时与萧维斗齐名者为同恕。恕字宽甫，奉元人。继之而兴者，为蒲城侯均、奉元韩择、泾阳第五居仁、程瑁、李子敬，率皆行高于学，堪为一乡之师表云。

有明定鼎，关学顿兴。段坚（字容思）首振宗风于皋兰。张杰秉木铎于凤翔，继之而起者，有天水周蕙（号小泉）、咸宁张鼎（字大器）、李锦（号介庵），渭南

---

① "(一)"为编者加。
② "(二)"为编者加。
③ "志"字脱，补。
④ "侯均"，原文为"余均"，误，径改。

薛敬之(号思庵)。张鼎为薛文清入室高足①,文清遗集皆由其手编;薛思庵传学于高陵吕柟(号泾野)。泾野名高位尊,造诣宏深,关学因之大显。成化中,三原王恕官吏部尚书,为一代名臣,留心理学,至其子承裕而大昌,遂演为三原学派。冯从吾序《关学编》云:"皋兰创起(谓段坚),厥力尤艰,璞玉浑金,精光含敛,令人有余裕不尽之思。凤翔(即张杰)以经术教授乡里,真有先进遗风。小泉(谓周蕙)不由文字,超悟于行伍之中,亦足奇矣。司徒(谓张鼎)步趋文清,允称高足,在中(谓李锦)、显思(薛敬之字)履绝蹈规,之死靡他。至于康僖(王承裕谥号),上承庭训,下启光禄(指马理),而光禄与宗伯(谓吕柟)、司马(韩邦奇)金石相宣,钧天并奏,一时学者歙然向风,而关中之学,益大显明于天下。若夫集诸儒之大成,而直接横渠之传,则宗伯尤为独步者也。"吕泾野之高足为吕潜(号愧轩),王承裕之高足为马理。韩邦奇之高足为杨爵(号斛山)。少后有王之士者,幼承家学,潜心理窟,学者称②秦关先生。

黄宗羲谓,明代关学,皆河东(薛文清)学派,三原又其别派云。按:河东之学,以"持敬以复本性为要旨"。正统中,安邑李昶为清水教谕,以薛文清之学教士子,周小泉从之受学,是为河东学派入关之始。其后张鼎因父为蒲州知州,受学于薛文清之门,深得文清之心传,自是河东学派遂大繁衍于关中矣。其实河东学派,亦关学之一派也。故第二期的关学,仍可谓与关学合流时也。

(三)③第三期之关学

为与王学合流时期,时间则自明正德以逮于清末。正德中,阳明崛起南东,渭南有南元善者官绍兴,从阳明受学,传其说以归,是为王学入关之始。但虚玄之王学与崇尚实践之关学格格不相入,未发生极大之影响。万历中,冯少墟剔除王学虚玄部分,而摄取其"良知"之说,王学与关学始汇流为一。柏景伟云:"恭定于姚江天泉证道之语,不稍假借,而极服膺'致良知'三字。盖合程、朱、陆、王而一之,集关学之大成者,则冯恭定公也。"冯少墟之造诣,在关学中实不能称集大成之人物,不过以其综合摄取程、朱、陆、王各家于一统系之中而已。与冯少墟同时,有凤翔张舜典者,与少墟论学宗旨不同,而交称莫逆,少墟有所著作,皆张为之序。在明末关学之可称者,更有泾阳张鑑、

---

① "足"字脱,补。
② "称"字脱,补。
③ "(三)"为编者加。

王恕①,及蒲城单允昌、王侣等。

　　清初李二曲起自孤寒,私淑少墟,为关学之大师,一时老宿后进,皆从之游。可称述者,如蒲城王化泰,朝邑王建常,同州党湛、张珥、李士璸,皆年长于二曲,而仍师事于二曲者。如天水蔡启、武功张承烈、同州马械、邠州王吉相、三原李彦珣、咸宁罗魁、泾州文佩、泾阳王承烈,皆二曲及门弟子也。二曲之门人,以王丰川为最。与二曲同时而仍笃守程、朱之壁垒者,为朝邑王建侯。建侯字复斋,著有《复斋录》,专以发明程、朱,屏斥陆、王。少后则有澄城张秉直,华阴史调,武功孙景烈,临潼王巡泰,亦皆确守程、朱者也。至嘉、道间,朝邑有李元春字桐阁者,立论博大切实,较张、史诸儒为优矣。清末柏景伟倡学,无党派之说,故于程、朱、陆、王无短长,论旨颇近二曲、丰川。同时贺复斋则力反其说,隐然为关学最后二大壁垒。更有朱佛光,学杂佛老而倾心于革命;刘古愚崇尚实学而同情于立宪,为关学之别子矣。

四、关学巨子学说论略

　　关中学者重躬行实践,故不尚虚玄之思,文词故所轻视,即著书立说,亦不愿为也。李二曲云:"著述一事,大抵古圣贤不得已而后作,非以立名也。故一言之出,炳若日星,万饮食而不尽。其次虽有编纂,亦非夸诩于时人。"固为有道之言。但因此而少博辨精审有体系之著述,如自张横渠后迄今千余载,在关学中求如横渠者亦不可见,遑论发展光大。然类皆气节凛然,威武不能屈,贫贱不能移,每逢国变,节烈忠耿之士,或忠贞所守,或慷慨赴义者,代不乏人。

　　(一)②张载

　　张载,字子厚,世居大梁。父迪知涪州,殁于官,诸子皆幼,遂侨郿县横渠之南。少有大志,喜谈兵,常欲结客取洮西之地。年十八,以书谒范文公正,公知其远器,欲成就之,乃谓之曰:"儒者自有名教可乐,何事于兵?"因劝其读《中庸》。先生读其书,遂翻然志于道,犹以为未足,又访诸释老界,尽究其说,反而求之六经。晚与二程论道,尽弃异学而一志于儒。史称:"其学以《易》为宗,以《中庸》为体,以《礼》为的,以《孔》《孟》为法。穷神化,一天人,立大

---

① 据《关学编》,"王恕"当为"郭郛"。原文误。
② "(一)"为编者加。

本,斥异学,自孟子以来未之有也。"兹略论之。

1.①学说之来源

横渠之本体论源于《周易》。横渠之所谓"太虚",即《易》之太极;横渠之"阴阳、屈伸、相感",即《易》阴阳变易生生万物之说,不过横渠更加以哲理的解释而已。日人常盘博士谓横渠之学说源于佛教,彼以为横渠的"太和"与"性",与佛教"法界""一心"相当;太和中的"虚""气",与佛教"动""静""不变""随缘"相当;太和为万物之本源,与佛教"阿赖耶识"包含无限种子相当;横渠谓万物聚散有必然之势,又和佛教华严"感应"之说相当。常盘博士之说,固自可适,究不若谓横渠本体论源于《周易》为切实有据也。至横渠对于佛教有深刻之研究,则为实事。

次,横渠之人生论,则源于《中庸》之"诚"。《中庸》曰:"诚者,天道也;诚之者,人道也。"又曰:"诚者,物之终始,不诚无物。"又曰:"天命之谓性,率性之谓道,修道之谓教。"《中庸》之"诚"而一切事物"必然至当"之原则;"诚之""率性",就是求所以实现道"必然至当"的原则。横渠之"理一殊分""知化穷神"即自《中庸》"诚"道推演而出。

2.②本体论

横渠认为,"太虚"为物质最原始的境界,为气之本体。气有阴阳,阴阳两作用,伸屈相感聚而为物。气伸屈相感无穷,故物亦无穷。气聚而为物,物散而反入太虚。太虚不是真空,而为实有之源。与莱布尼兹所谓"宇宙是一片充实"有同一的意义。

气之聚而为物,物之散而反入太虚也,又必遵顺一定之规律。所谓"皆不得以而然也"。《正蒙》云:

太虚,气之体,气有阴阳,屈伸相感之无穷,故神之用也无穷,其散无穷,故神之应也无数。虽无穷,其实湛然;虽无数,其实一而已。阴阳之气,散则万殊,人莫知其一也。合则混然,人莫见其殊也。"形聚为物,形溃反原"者,其游魂之变欤! 所谓"变"者,对聚散存亡为文,非知萤雀之化,指前后而为说也。

又云:

---

① "1."为编者加。
② "2."为编者加。

天地之气,虽聚散攻取百涂,然其为理也,顺而不妄。气之为物,散入无形,适得吾体,聚为有象,不失吾常。太虚不能无气,气不能不聚而为万物,万物不能不散而为太虚,循是出入,是皆不得已而然也。

横渠之"太虚",与《易》之"太极"意义相同。《易》云:"太极生两仪,两仪生四象,四象生八卦。"《老子》云:"一生二,二生三,三生万物。"皆言物象生生之理,似不若横渠之说为完密。横渠之本体论,可谓之为"太虚一元论"。

3.① 人生论

可分两点讨论。一、心性观。横渠以为,人性虽源于天性,但有纯正偏乱之区别。——即本然之性与气质之性的区别。《诚明篇》云:

性者万物之一源,非我得私也,惟大人惟尽其道。

《西铭篇》云:

圣其合德,贤其秀也。

盖以为惟圣人能与天地合德,保持本然之性,外此不免有偏离而形成气质之性。因此就要注重学问与礼教以克服气质之性。横渠重视礼教,就基于此理,后此形成关学特殊风气。

其次,论及横渠之伦理思想。横渠之伦理思想,最富哲学根据。横渠根据其本体论——万有一源说,将孔子之"仁"与"孝",及宗法社会之伦理道德,皆组织于完密的体系中。其伦理思想完全表现《西铭》中:

乾称父,坤称母;予兹藐焉,乃混然中处。故天地之塞,吾其体;天地之帅,吾其性。民,吾同胞;物,吾与也。大君者,吾父母宗子;其大臣,宗子之家相也。尊高年,所以长其长;慈孤弱,所以幼其幼;圣,其合德;贤,其秀也。凡天下疲癃、残疾、惸独、鳏寡,皆吾兄弟之颠连而无告者也。于时保之,子之翼也;乐且不忧,纯乎孝者也。违曰悖德,害仁曰贼,济恶者不才,其践形,惟肖者也。知化则善述其事,穷神则善继其志。不愧屋漏为无忝,存心养性为匪懈。恶旨酒,崇伯子之顾养;育英才,颍封人之锡类。不弛劳而厎豫,舜其功也;无所逃而待烹,申生其恭也。体其受而归全者,参乎!勇于从而顺令者,伯奇也。富贵福泽,将厚吾之生也;贫贱忧戚,庸玉汝于成也。存,吾顺事;没,吾宁也。

横渠不但将宗法社会各方面道德伦理皆与一解释,使之获有哲理的根

---

① "3."为编者加。

据。且将仁爱之范围推及物类,其伟大的胸怀与见解,是儒家之进步。当时传者批评横渠之《西铭》陷于兼爱之蔽,不知此正横渠伟大之处所在!程正叔批评《西铭》云:"《西铭》明理一而分殊,扩前圣所未发,与孟子性养气之论同功……自孟子后,未见此书。"杨龟山云:"《西铭》只是一个事,发明天底道理。所谓事天,循天理耳。"《西铭》中心意旨,则为万物一源,人皆上天之一体耳,人只因体天心以尽天道。无论富贵贫贱,困苦艰难,皆应"各安其分"。即是死生,亦应服从上天的自然律。故曰:"存,吾顺事;没,吾宁也。"此种宿命论的伦理观,实为宗法社会最理想之道德。

4.①横渠在宋学之地位

日人渡边秀方云:

张子的学说的特色,是其太虚一元论,他综合《易·系辞》《老子》的世界观,及佛教的思想,构成他个人的实在论。伦理方面,则将孔子的"仁"、子思的"诚",打成一炉,从其本体观出发,赋之以哲学的组织……他的《正蒙》的文章,在宋代哲学第一,其洗练的笔致和澈底的理论,比其余一切哲学家都高超,确是宋代哲学家的首班。

渡边秀芳氏又谓:

程门尹和靖说的:"张子昔在京师说《易》。一夕,闻二程子至,谓弟子曰:'二程深明《易》道,吾弗及,汝辈可师之。即徹虎皮。'的话,为程门尊师的缮造。

按:横渠在宋学中地位,确不亚于二程。其推崇二程,完全出于学者之态度。横渠所以未能与程、朱并称,盖有二因。(1)横渠深于佛学,其批评《楞伽经》,皆能深入奥窍。其早年学说,不免杂有佛学之色彩。《宋史·横渠传》云:"见二程,尽弃异学,淳如也。"又朱熹赞云:"早悦孙吴,晚逃佛老。勇撤皋比,一变至道……"此足证明,横渠早年学说,接近佛学,见二程后却有相当之修正。如吕大临为横渠及门弟子作《横渠行状》云"见二程,尽弃其学"云云。程伊川曾命吕大临加以修改,云:"表叔平日议论,谓与颐兄弟有所同,则可也。谓其学与颐兄弟,则无是事也。顷年属于叔删去,今尚存。其几于无忌惮。"故横渠之所以不为儒者重视,即因为其学所谓不"淳"的道理。(2)基于上述之原因,故横渠门庭不若二程之盛,其学不得其传授。其弟子如吕

---

① "4."为编者加。

大临等,后弃横渠之门,而东学于二程,无为之阐扬。少后,关中又沦于异族,关学消歇。未若程、朱二氏之学为世人所尊视。遂致后世言理者,以程、朱、陆、王并称,而张氏不与焉。

(二)① 吕大临

吕大临,字与叔,号芸阁,与兄大忠、大防、大钧俱学于横渠。横渠殁,乃东学二程先生。与谢良佐、游酢、杨时在程门号"四先生"。与叔博究群书,尤精于礼。每平居,危坐以养德,程、朱皆甚重之,惜年仅四十七而殁。与叔的本体论及人生观,仍承横渠"太虚一元论",论气,物我一体,应一视同仁,为万物之源。如《克己铭》云:

凡厥有生,均气同体。胡为不仁,我则有己。
立己与物,私为町畦。胜心内发,扰扰不齐。
大人存诚,心见帝则。初无吝骄,作我蟊贼。
志以为帅,气为卒徒。奉辞于天,孰敢侮予。
且战且来,胜私窒欲。昔为寇仇,今则臣仆。
方其未克,窘我室庐。妇姑勃蹊,安取其余。
亦既克之,皇皇四达。洞然八荒,皆在我闼。
孰曰天下,不归吾仁?疴痒疾痛,举切其身。
一日至之,莫非吾事。颜何人哉?希之则是。

论者谓与叔此篇与张子《西铭》同为宇宙至文。此文与《西铭》均自万有一源的宇宙观,演绎出物我一体的人生观。文之理趣和意境,亦与《西铭》有同样的伟大精澈,足以表示圣者的人格。此文将孔子之"仁",子思之"诚",皆奠植以哲学的根据。

在修养方面,与叔以为人应保持虚明纯一的"中"。何谓"中"?《语录》曾有详明之解。

赤子之心,良心也。天之所以降衷于人,人之所以受天地之中也。寂然不动,虚明纯一,与天地相似,与鬼神为一,《传》曰"喜怒哀乐之未发,谓之中",其此之谓乎?此心自正,非待人而后正。而贤者能衷,不为物欲所迁动,则如衡平不加以物。鉴明不蔽以垢,乃所谓正也。惟先立其大者,则小者不能夺,忿嚏恐惧,好恶忧患,一夺其良心,则视听食息,从而失守,欲区区修身

---

① "(二)"为编者加。

以正外,难矣。

按:与叔之所谓"中",与《中庸》之所谓"诚",《孟子》之所谓"良心"颇相似。《中庸》之"诚",含有自然法则之意义。与叔亦谓"中与天地相似,与鬼神为一"。惟与叔又云"喜怒哀乐之未发,谓之'中'",则所谓"中",又为心理之状态矣。意义不免淆乱。

在蓝田诸吕中,自以与叔造旨为高,其次和叔。和叔名大钧,初学于横渠,又卒业于二程之门。和叔于横渠为同年友,及闻学遂执弟子礼,教为学倡,后进蔽于习尚,无有和者,和叔独信之不疑。日用躬行,必依古礼。并著《乡约》以敦俗,即此所称《吕氏乡约》也。其大要为:"德业相劝,过失相规,礼俗相交,患难相恤。"自是关中风俗为之一变。横渠谓:"秦俗之化,和叔有力焉。"

(三)① 吕泾野

名柟,字仲木,高陵人。正德中,举进士第一,刘瑾以乡人致贺,却之。不为瑾所悦,引去。后起,累官国子祭酒,转礼部右侍郎。先生志行高洁,朝鲜国闻先生名,奏请其文,为式国中。

《明儒学案》云:"先生之学,以格物为穷理,及先知而后行,皆是儒生所习闻。而先生所谓穷理,不是泛常不切于身,只在语默作止处验之,所谓知者,即从闻见之'知',以通德性之'知',但事事不放过耳。大概功夫,下手明白,无从躲过也。"

泾野之学说,可谓仍保守河东学派"持敬复性"之旨,不过仍不废格物穷理之工夫。

1.② 静的修养

《语录》云:

问:"长江之上、大海之滨,风波之险,可畏也。至于风恬浪息,渔人出没其间,鸥鸟飞鸣其中,若相狎而玩者,何也?水忘机也,渔人鸥鸟,亦忘机也。若乃吾人之宅心,宜若平且易焉已矣。而反有不可测者,则其为风波之险莫大焉。此庄生所谓'险于山川'者也。是故机心忘而后可以进德矣。"曰:"只看如何平易。平易一差,恐靡然矣。"

---

① "(三)"为编者加。
② "1."为编者加。

又云：

问："静时体认天理易，动时体认天理难。故君子存静之体认者，以达乎动之泛应者，则静亦定，动亦定，其为成德，孰御焉？"曰："动时体认天理，犹有持循处。静却甚难，能于静，则于动沛然矣。

此极言静于修养之重要。能于静时体认天理，于动时即可善应无穷矣。

2.①格物的解释

泾野于格物有特殊的解释，将格物、穷理与力行视为一体。语录云：

章诏问"格物"。先生曰："这个物，正如《孟子》云'万物皆备于我'。'物'字一般，非是泛然不切于身的。故凡身之所到，事之所接，念虑之所起，皆是物，皆是要格的。盖无一处非物，其功无一时可止息得的……怎么无物可格？君子无终食之间违仁，造次必于是，颠沛必于是，亦皆是格物。"

又云：

若事事物物皆要穷尽，何时可了？故谓只一坐立之间，便可格物。何也？盖坐时须要格坐之理，如尸是也。立时须要格立之理，如斋是也。凡类此者，皆是如是，则知可致，意可诚矣。

泾野虽极言格物、穷理、力行一体之功，但不主张"知行合一"。在"良知的解释"，言之甚详。

3.②良知的解释

泾野以为，教人不能完全以"致良知"为准则。黄宗羲评述其议论云："圣人教人，每因人变化，未尝规规于一方也。今不谕其资禀造诣，刻数字（按：指致良知）以必人之从，不亦偏乎？夫因人变化者，言从人之工夫也。良知是言本体，本体无人不同，岂而变化耶？非惟不知阳明，并不知圣人矣。"盖泾野修养之工夫，故仍侧重于"道问学"。语云：

纵使周子，教人曰"静"曰"诚"。程子教人曰"敬"，张子教人以礼。诸贤之言，非不善也，但亦各执其一端。且如言"静"，则人性偏于静者，须别求一个道理。曰"诚"曰"敬"，固学之要，但未至于"诚""敬"，尤当有入手处。如夫子《鲁论》之首，便只曰"学而时习之"，言"学"，则皆在其中矣。

总之，泾野学说之心核为格物、穷理、力行打成一片，而寓于日常生活实

---

① "2."为编者加。
② "3."为编者加。

践中。固关学固有之特色也。其弟子有泾阳吕潜(愧轩)、张节(石谷)、咸宁李挺(正立)等。

(四)① 杨斛山

杨斛山名爵,《明儒学案》列《三原学案》,富平人。幼贫苦,挟册躬耕,嘉靖登进士,官御史,以直谏触当道怒,拷掠备至,血肉淋漓,频死者数。在狱,心体澄湛,神气自若,与钱绪山、刘晴川等讲学不辍。所著《周易辨录》《中庸解》二书,颇有独到之见解,惜在狱中了却一生,未获有更大之成就也。

论性命。《论学》云:

天命谓性,天人一理也。率性谓道,动以天也。修道谓教,求合乎天也。戒惧慎独,自修之功,至于中与和也。中和,性命本然之则也,能致之则动以天矣……

按:《中庸》为我国言心性学之最古典籍。《中庸》之所谓"天",为"义理的天"。天既为义理的,天命之性当然是善的。故曰:

天下万变,"真""妄"二字,可以尽之。偏蔽者,妄也,本体则真也。学,所以去偏蔽之妄,全本体之真。全本乎,纯乎天,立人之道始无愧矣。天地亘古亘今,但有此一个大道理,则亘古亘今之圣贤,不容更有两样学问也。

按:此论颇为精功,若译为今术语,即为人生唯一义务在追求真理,剔除偏蔽。

黄宗羲云:"关学大概宗薛氏,三原又其别派也。其门下多以气节著,风土之厚,而又加之学问者也。"列籍于《三原学案》,曰王恕,曰王承裕,曰马理,曰韩邦奇,曰杨爵,曰王之士。

(五)② 冯少墟

名从吾,长安人。万历进士,后拜工部尚书,以疾辞,家居讲学。少墟少受学于清德许敬庵③,(敬庵曾为陕西提学使)敬庵从学于甘泉湛若水,故《明儒学案》列少墟于《甘泉学案》中。

《明儒学案》云:

……先生受学于许敬庵,故其为学全要,在本原处透彻未发处得力,而于日用常行,却要事事点检,以求合其本体。此与"静而存养,动而省察"之说,

---

① "(四)"为编者加。
② "(五)"为编者加。
③ "许敬庵",原本为"许静庵",误。径改。

无有二也。

按：所设之"本体"者，心性未发之气象也。少墟主理性为先天的，只要知觉运动灵明，能恰到好处，即能准乎义理之规范。综合其说为：

1.①心、理一致

《辨学篇》云：

人心至虚，众理咸备。丢过理说心，便是"人心惟危"之心。即有知觉，是告子知觉运动之觉，佛氏圆觉大觉之觉，非吾儒先知先觉之觉也。"觉"之一字，亦不可不辩。知觉的是天理，便是道心；知觉的是人欲，便是人心。非概以知觉为天理、为道心也。若丢过"理"字，说心，说知，便是异端。

按：少墟此说与陆、王派"心即是理"之绝对的唯心论少异。少墟之"心理一致"，就心理（Psychology）能力之正当运用而言，非如陆、王谓"心之本体即理"也。如是则"六经皆我注脚"而无肆忌惮，天下无真理之标准矣。

2.②物、理一致

《辨学篇》又云：

夫有太极而无思为，有物则而无声臭，乃吾儒正大道理，正大议论。与佛氏不同。若丢过太极专讲无思无为，丢过物则专讲无声无臭，是无思为而并无太极，无声臭而并无物则也，有是理乎？

冯氏此论，主张"太极""物则"是普遍的存在，永恒的存在，虽然有无思、无为、无声、无息之时，必有一太极一物存也。盖即谓"有物必有则"也。

或曰："性只能是一个性，那里又是两个，以义理、气质分儒、佛？"余曰："人得天地之理以为生，此所谓义理之性也。而气质乃所以载此理。岂舍气质，而于别处讨义理哉？性原只是一个，但言义理则该气质，言气质则遗义理，故曰'气质之性，君子有弗性焉'。"

物、理一致，是少墟哲学之基调，故曰"义理则该气质"。唯将性分为义理与气质则不可。黄宗羲批评之云：

夫耳目口体，质也；视听言动，气也。视听言动，流行而不失其则者，性也。流行而不能无过不及，则气质之偏也，非但不可言性，并不可言气质也。盖气质之偏，大略从习来，非气质之本然矣。先生之意，以喜怒哀乐、视听言

---

① "1."为编者加。
② "2."为编者加。

动为虚位。以道心行之,则义理之性在其中;以人心行之,则气质之性在其中。真有两个性对峙者。反将孟子性善之论,堕于人为一边。先生救世苦心,太将气质说坏耳。

按:冯氏论性,陷于二元论的错误。凡二元论的哲学家,最终没有不陷脚登两只船之苦。如冯氏言义理之性既足以该气质,而又言气质之性则遗理义,这有不可解除之矛盾存在。

少墟主张性、理一致,故于阳明"天泉证道"则甚不以为然,而斥为陷于佛氏之说。所谓"天泉证道"者,即阳明于嘉靖六年(1527)奉命征恩田,时痰病甚剧,上述固辞不获,出发之夕,阳明高弟钱绪山、王龙溪以意见不合,求正于阳明,阳明移居于天泉桥上,倾闻其论。钱绪山即综合阳明本日教人之四句诀:"无善无恶,是心之体。有善有恶,是意之动。知善知恶,是良知。为善去恶,是格物。"

少墟于阳明良知之说则全部採纳,义理、气质之说则袭取于横渠及考亭。而其大体,仍与阳明为近。

(六)① 李二曲

二曲名颙,字中孚,学者称"二曲先生",盩厔人。九岁入小学,从师读《三字经》,私问学长曰:"性能本善,如何又说相近?"已颖慧异人。在小学仅诵《学》《庸》,以病辍读。既而父可从从汪乔年征逆闯于河南,殉义襄城。母子茕茕,至日不再食,以束修无出,母子辄相对啼泣,于是取获所读《学》《庸》,依稀认识。至《论》《孟》,则逢人问字正句。不一年,识字渐广,文理渐通,读书遂一览,辄能见其大略。年十五六时,已博通典籍。年十七,得《少墟先生集》读之,遂恍然有志于道学。借邑旧家书尽读之,因是无所不窥。远近耆儒,年长一倍者,亦往往纳贽门墙。康熙四年(1665),母丧。丧终访父骨于襄城。既而讲学于无锡、江阴、靖江等地。康熙十七年(1678),陕西当道以博学鸿辞荐,固辞不获,至自尽议始已。清圣祖西巡,召见行宫,以老病卧床恳辞。著有《全集》二十六卷(《四书反身录》八卷在内),《十三经纠谬》《二十一史纠谬》。

二曲自谓其学无门户之见,尝曰:

陆之教人,一洗支离锢蔽之陋,在儒者中最为直切;使人言下爽畅醒豁,

---

① "(六)"为编者加。

以自有所得。朱之教人也,循循有序。恪守洙泗家法,中正平实,极便初学。要之,二先生均于世道人心有大功,不可轻为低昂也,中于先入之言,抑彼取此,未可谓为善学也。

又曰:

朱子自谓:"某之学,主于'道问学'。子静之学,主于'尊德性'。自今当去两短,集两长。"某生也愚,然区区素心,则窃愿去短集长。

二曲之学,大体于陆、王为近,不过未张明旗帜以诋诽朱子而已。

唐鉴《清儒学案小识》谓"二曲确守程朱",实未能分析其哲学之体系与本之质也。按:二曲哲学之出发点为"心、理一致",自然袭取于陆子静之"此心此理",与朱子之穷理判然相别。《反身录》云:

心之所同然者,理也,义也。东海、西海、南海、北海,千百世之上,千百世之下,无不同者,理义同也。若舍理义而言心,则心为无矩之心;不是狂率恣肆,便是昏冥虚无,故圣、狂之分,吾儒、异端之分,全在于此。必然循理踏义而不为欲所蔽,斯俯仰无忻,而中心之悦无涯。

二曲又强调反对由格物以穷理之说,云:

理、义,吾心所自有,非从语言文字而得。日用平常之心上,安处便是。格物,格此也,一而不失,便是"允执厥中"。

此绝对的惟心论,与朱子就事事物物穷理致知之说,可谓针锋相对矣!

二曲以为,理、义为吾心之所自有,故在修养方面要求识"本体",二曲之所谓"本体",无明确之解释。归纳其意,盖即谓精一纯粹、清明寂静的心理状态。《反身录》云:

一念凝此,万籁俱寂,如是则"本体"清明,不至昏昧。日用寻常,无不在觉中。

又云:

默而识之谓沉潜,自认识得天命本体、自己真面。即天然一念,不由人力安排,澄然湛寂,能为形体主宰者是也。识得此,便是先立其大,便是识仁。孔门之学,以仁为宗,及门诸子终日孜孜,惟务求仁。程伯子谓"学者先须识仁",识得此理以诚敬存之,即"学而不厌"也。罗豫章令李延平静中看喜怒哀乐未发气象,而延平教学者默坐澄心、体认天理,陈白沙亦言"静中养出端倪",皆本于此,乃圣学真脉也。

二曲谓"认得本体"即是"识仁",自然出于陆子静之所谓"仁即此心也,此理也。求则得之,得此理也。"故二曲之所谓识本体,与陆子静之尊德性,又无二致也。但如何识本体?二曲以为必须如罗豫章、李延平、陈白沙等所主张之存静的工夫,不必汲汲于志记见闻之"学"。故《反身录》又云:

学问只要,全在定心。静而安,寂而不动,感而遂通,廓然大公,物来顺应,犹如照镜,不迎不随,此之谓"能虚",此之谓"得其所止"。

二曲尤以为所谓"学",为直觉底体验,伦理底修养;非知识底积蓄,理智底锻炼。故《反身录》云:

学所以约情复性,尽乎人道之当然也,非辞章之谓也;乃后世以记诵见闻为学!

此与朱子所崇尚之"道问学"根本相反。二曲对于直觉之过于重视,故于"学"及知识方法,均不免曲解。此亦陆、王学派之通病也。如《反身录》云:

问:"学所以求识本体,既识本识,则当下便是,如还学?还说不厌?"曰:"识得本体者,若不亲之以操存,则本体自本体。夫惟无之以学,斯缉熙无已。所谓识本体好做工夫,做好工夫方能不失本体,夫是之谓仁。"

二曲此论,几乎将学视如佛家之戒律,将人生未免视得太狭隘,于"学习"及知识更轻视矣。

总之,二曲以为"人人有是心,心心即是理"。能体认心之本体,则"动静悉协天则,所谓即心即矩,即心即理"也。识本体则须持之以静,静则心境清明,廓然大公,物来顺应,而达到仁的境界,故云:"识得本体,便是识仁。"

五、关学之特色

关学自张横渠后千余年间,师儒相承,义风余韵,至今弗替,为中国理学保守最后残垒,亦可尚矣。惟未能为国内学术之主潮,但因师承传授之关系,与风土环境之关系,始终保持固有之特色,兹归纳其特色如次:

(一)崇礼教

横渠以为人性不免有气质之偏,故以礼为约性之具。嗣后关中学者,皆兢兢惟礼是崇。如《关学编》吕大钧传云:"日用躬行,必取先王法度以为宗范,居父丧,衰麻敛奠比虞祔,一襄之于礼,已又推之冠、婚、饮酒、相见,庆吊皆不混俗,与兄进伯、徽仲、弟与叔,率乡人为《乡约》……先生卒时,妻种氏治先生丧,一如先生治比部公丧。"即如李二曲,学说与陆子静相近,陆谓"六经皆我注脚",可谓摆脱拘束,毫无忌惮。而二曲则云:"礼为立身之准,日日用功。'经礼三百,曲礼三千',无一可忽!《内则》《弟子职》及吕氏《四礼翼》当揭之楣间,出入则效,庶率履不迷,久自成德。"故关学学者,莫不彬彬有礼仪,因此秦俗之美,可谓关学之影响也。

(二)尚实践

关学学者,率视性理学为实践之伦理。多偏人生问题之讨论,于本体论殊少论及。且研究之动机,非为满足求知之欲望,而为修养心性之用。故关学学者,率皆志行高洁,足以矫世励俗,盖能本其所学而躬行实践之也。二曲云:"昔有一士,千里从师,师悉出经书,期在尽授,甫讲一语,其士即稽首请退,浃月弗至。问之,对曰:'未尽行初句,弗敢至也。'必如此,始可谓善读,始可谓实践!"又曰:"人肯反身实践,则人欲化为天理,身心平康;人人肯反身实践,则人人皆为君子,世可唐虞,此致治之本也。区区于读《四书》者,不能不拭目以望。"

(三)重实用

关中土厚水深,生活艰难。关学学者于伦理的实践,固所重视;于社会经济,亦甚注重。如《关学编》张载传云:"先生以为仁政必自经界始。贫富不均,教养无法,虽欲言治,皆苟而已。方欲与学者买田一方,画为数井,上不失公家之赋役,退以其私正经界,分宅里,立敛法,广储蓄,兴学校,成礼俗,救灾恤患,敦本抑末,足以推先王之遗法,明当今之可行,有志未就而卒。"即如唯心论者李二曲,亦谆谆于"体用"之义,尝云:"明体而不适于用,便是腐儒;适用而不本于明体,便是霸儒。"又云:"潜心反观,深造默成以立体;通达治理,酌古准今以致用。体用兼该,斯不愧须眉。"又如兴平杨双山、咸阳刘古愚,皆以实用之学,号召关辅,盖以西北地势高亢,灾祸频仍,实不容学者沈迷理窟,而忽视现实生活也。

(四)轻视学术

关学学者因过于重视伦理之故,于学术不免轻视。如当清代学者发达时代,国内学者竞以科学方法听理固有典籍,为中国学术作一集结,可谓极一时之盛。惟关中学者犹抱残守缺,严守理学之堡垒。李二曲曾指责顾亭林云:"友人有以日知为学者,每日凡有见闻,必随手札记,考据颇讲精详。余尝谓之曰:'知者,无不知也。当务之为急。尧舜之知而不遍物,急先务也。若舍却自己身心切务,不先求知,而惟致察于名物训诂之末,岂所谓急先务乎?假今考尽古今名物,辨尽古今疑误,究于自己身心,有何干涉?诚欲日知,须日知乎内外本末之分。先内而后外,由本以及末,得矣。'"此可谓关学向朴学之攻击,亦可见关学学者治学之精神与朴学之不同。

(五)轻视文学

关学既有"剥尽浮华,返于醇朴"之象概,故对于文学素不重视,尤崇"文以载道"之说。二曲云:"辞所以达意,或阐明道德,或敷陈经济。贵明不贵晦,贵简不贵繁。若务为藻绘以骋才华,故为涩晦以夸渊奥,滚滚不竭,以显辩博,以此达意,意可知矣。"又云:"知道者,言自简,辞无枝叶。《易》云'君子修辞以立其诚',辞苟枝叶,便非立诚,便是放心!心既放矣,纵其辞典丽敏秒,高出千古,不过辞人之辞耳,岂君子所贵乎?"所论固为有道之言,惟将抒情文学屏除文学范围之外矣。

图表录

图表一　关学史文献收录人物立传对比表

凡　例

一、本表以冯少墟《关学编》、王心敬补续《关学汇编》（王承烈参订、周元鼎刊刻）、李元春补续《关学汇编》（含刘得炯、桐阁门人所续）、柏景伟修订之《关学编》（含贺瑞麟《关学编》续补七人）、张骥《关学宗传》为基本文献编制，以上文献在表中分别简称冯编、王编、李编、柏编、张传。

二、本表所见人物，以见于文献正传、附传为主。凡虽入诸编附传，而附传标题未题名者，亦为之录入。

三、本表所列人物属地、姓名、字号、谥号，均以《关学宗传》为准，并结合《关学编》及其续补文献校订。

四、本表以不同符号表示《关学编》及其补续文献、《关学宗传》对各人物收入情况。其中：（1）冯编列入正传三十三人用"●"表示，附传十一人用"○"表示，附录四人用"◎"表示；（2）王编补续入正传十五人用"▲"表示，附传二十八人用"△"表示；（3）李编补续入正传二十一人用"★"表示，附传十六人用"☆"表示；（4）柏编续入七人，用"▣"表示；（5）张传收入正传二百三十九人用"■"表示，附传三十人用"□"表示，合传二人用"§"表示，附录二人用"⊙"表示。

五、王编、李编兼采冯编，均用与冯编相同符号表示；柏编兼采冯编、王周编、刘李编，亦采用与之相应符号表示；凡续补各编未录入人物，均用空格表示。

序号	人物	冯编	王编	李编	柏编	张传	备注
	（立传人数）	48	92	87	111	273	
1	伏羲		▲				附传疑三圣：神农黄帝仓颉
2、3	泰伯、仲雍		▲				
4	文王		▲				
5	武王		▲				
6	周公		▲				
	（以上三代）	0	6	0	0	0	
1	秦子	◎	◎	◎	◎		
2	燕子	◎	◎	◎	◎		
3	石作子	◎	◎	◎	◎		
4	壤驷子	◎	◎	◎	◎		
	（以上春秋）	4	4	4	4	0	
1	江都董先生		▲				
2	四知杨先生		▲				
3	挚恂		△				拾遗一人
	（以上汉代）	0	3	0	0	0	
1	侯无可先生					⊙	
2	申颜先生					⊙	
1	郿县张载	●	●	●	●	■	字子厚,谥明公,封郿伯
2	郿县张戬	●	●	●	●	■	字天祺,张载弟
3	蓝田吕大忠	●	●	●	●	■	字进伯,张载门人
4	蓝田吕大防	○	○	○	○	■	字微仲,谥正愍,张载同调
5	蓝田吕大钧	●	●	●	●	■	字和叔,张载门人
6	蓝田吕大临	●	●	●	●	■	字与叔,张载门人
7	武功苏昞	●	●	●	●	■	字季明,张载门人

序号	人物	冯编	王编	李编	柏编	张传	备注
8	三水范育	●	●	●	●	■	字巽之,张载门人
9	华阴侯师圣	●	●	●	●	■	字仲良
10	武功游师雄			★	★	■	字景叔,张载门人
11	关中潘拯					■	字康仲,张载门人
12	长安李复					■	字履中,字履中,号潏水,张载门人
13	邠州张舜民					■	字芸叟,张载门人
14	蓝田吕义山					■	字子居,吕大钧子
15	武功游蘏					■	游师雄子
16	天水刘愿	●	●	●	●	■	
17	同州王湜					■	
18	蒲城郭绪					■	字天锡
	(以上北宋)	10	10	11	11	20	
19	高陵杨天德	●	●	●	●	■	字君美,谥庄敏
20	华阴景覃					■	字伯仁
21	蒲城张建					■	字吉甫
22	高陵张鼎					■	字君实
23	奉天杨奂	●	●	●	●	■	字焕然,号紫阳,谥文宪
24	长安宋规	○	○	○	○	■	字汉臣,号鉴山
25	同州员炎					■	字善卿
26	高陵杨恭懿	●	●	●	●	■	字符甫,号潜斋,谥文康
27	高陵杨寅	○	○	○	○	■	字敬伯
28	秦人刘季伟					§	号存斋
29	秦人刘安中					§	
30	朝邑王楫					■	号济川
31	鄠县贺胜					■	字贞卿,谥忠宣

序号	人物	冯编	王编	李编	柏编	张传	备注
32	高陵雷禧					■	
33	关中吕域	○	○	○	○	■	字伯充,谥文穆
34	韩城郝鼎臣					■	字巨卿
35	合阳岳崧					■	号景山
36	奉元萧㪍	●	●	●	●	■	字维斗,号勤斋,谥贞敏
37	奉元同恕	●	●	●	●	■	字宽甫,号榘庵,谥文贞
38	奉元韩择					■	字从善
39	泾阳第五居仁	●	●	●	●	■	字士安
40	泾阳程瑁	●	●	●	●	■	字君用,号悦古
41	三原李子敬	○	○	○	○	□	字恭甫
42	京兆石伯元					■	
43	蒲城侯均	●	●	●	●	■	字伯仁
44	富平唐堃					■	
45	富平第五昌言					■	
46	咸宁董立					■	字植夫,谥文定
47	泾阳冯珵					■	字允庄
	（以上金元）	12	12	12	12	29	
48	同州尚志					■	字士行
49	蒲城赵晋					■	一讳寅,字孟旸
50	蒲城马巨江					■	
51	三原马贵					■	字尚宾,号靖川,马理祖父
52	三原雒守一					■	字执中
53	兰州段坚	●	●	●	●	■	字可久,号容思,薛瑄私淑
54	凤翔张杰	●	●	●	●	■	字立夫,号默斋,薛瑄门人
55	山丹卫周蕙	●	●	●	●	■	字廷芳,号小泉,段坚门人

序号	人物	冯编	王编	李编	柏编	张传	备注
56	秦州王爵					□	字锡之,周蕙门人
57	咸宁张鼎	●	●	●	●	■	字大器,别号自在道人,薛瑄门人
58	秦州张锐	○	○	○	○	□	字抑之
59	韩城王盛					■	字懋德,号竹室,薛瑄门人
60	韩城孙辅					■	薛瑄门人
61	长安宋玉					■	字廷珍
62	咸宁李锦	●	●	●		■	字在中,号介庵,周蕙门人
63	渭南李锦	○	○	○	○		字仲白,号龙坡,吕柟学友
64	咸阳姚显					■	字微之,在中讲友
65	临潼李仑					■	字世瞻,号静庵,在中门人
66	咸宁刘玑					■	字用齐,号近山,在中门人
67	渭南薛敬之	●	●	●	●	■	字显思,号思庵,周蕙门人
68	肃州郑安					■	号处善,周蕙门人
68	长安吉人					■	字惟正,思庵门人
70	高陵周尚礼					■	字节之,吕柟师
71	高陵周绍					□	号克述,周尚礼子、吕柟学侣
72	高陵孙昂					■	字廷举,吕柟学友
73	高陵程吉					■	字汝修,号东轩,吕柟学侣
74	延安卫赵章					■	字俊宇
75	三原王恕					■	字宗贯,号介庵,谥端毅
76	三原王承裕	●	●	●	●	■	字天宇,号平川,谥康僖,王恕子
77	三原李伸					■	字道甫,平川门人
78	三原赵瀛					■	字文海,平川门人
79	三原雒昂					■	字仲俛,号三谷,平川门人
80	三原秦伟					■	字世观,平川门人

序号	人物	冯编	王编	李编	柏编	张传	备注
81	高陵吕柟	●	●	●	●	■	字仲木,号泾野,思庵门人
82	白水廉介					■	号清夫,吕柟门人
83	肤施杨本源					■	字叔用,吕柟门人
84	高陵吉士					■	字廷藹,吕柟门人
85	高陵权世用					■	号仲行,吕柟门人
86	高陵高玺					■	号国信,吕柟门人
87	高陵张云霄					■	号伯需,吕柟门人
88	宜君韦鸾					■	字仲禽,吕柟门人
89	高陵李洙					■	号师鲁,吕柟门人
90	高陵崔官					■	字仲学,吕柟门人
91	高陵墨达					■	字时显,吕柟门人
92	蒲城原勋					■	字次放,吕柟门人
93	米脂艾希醇					■	字治伯、西麓,吕柟门人
94	泾阳吕潜	●	●	●	●	■	号时见、愧轩,吕柟门人
95	泾阳张节	○	○	○	○	■	字介夫,号石谷,吕柟门人
96	咸宁李挺	○	○	○	○	■	字正立,吕柟门人
97	三原马理	●	●	●	●	■	字伯循,号谿田,谥忠宪,平川门人
98	河州何永达	○	○	○	○	□	字成章,号拙庵,马理门人
99	高陵杨守信					□	字大宝,号对川,马理门人
100	三原任舜臣					□	字承华,马理门人
101	三原周廷					□	字公所,马理门人
102	三原张原					■	字士元,别号玉坡,平川门人
103	朝邑韩邦奇	●	●	●	●	■	字汝节,号苑洛,谥恭简
104	朝邑韩邦靖	○	○	○	○	□	字汝庆,号五泉,苑洛弟
105	朝邑张世荣					□	字仁亨,苑洛外孙

359

序号	人物	冯编	王编	李编	柏编	张传	备注
106	朝邑樊得仁					□	字恕夫,苑洛门人
107	朝邑赵天秩					□	字仲礼,苑洛门人
108	朝邑赵瓘					□	字汝完,号西河子,苑洛门人
109	同州马自强					■	字体乾,号乾庵,谥文庄
110	潼关盛讷					□	字敏叔,谥文定,乾庵门人
111	富平杨爵	●	●	●	●	■	字伯修,号斛山,谥忠介,苑洛门人
112	富平由天性					□	字纯夫,杨爵门人
113	富平纪中夫					□	杨爵门人
114	富平张本礼					□	杨爵门人
115	渭南南大吉	●	●	●	●	■	字符善,号瑞泉,阳明门人
116	渭南南逢吉					■	字符真、符命,号姜泉。瑞泉弟、阳明门人
117	同州尚班爵	○	○	○	○	■	字宗周,阳明门人
118	三原昝如心					■	字子推
119	韩城张士佩					■	号濠滨
120	泾阳郭郛	●	●	●	●		字惟藩,号蒙泉
121	韩城薛亨					■	字道行
122	蓝田王之士	●	●	●	●	■	字欲立,号秦关
123	泾阳张鑑		▲		▲	■	字孔昭,号湛川,王徵舅父
124	西安樊天叙					■	字敦夫,号看山,与枫
125	中部刘儒			★	★	■	字以聘
126	韩城卫王道					■	字宗极
127	韩城解惟一					■	字守中,号健吾
128	宜川刘玺			★	★	■	字廷节,号一轩,少墟外祖父
129	宜川刘子诚			★	★	■	字伯明

序号	人物	冯编	王编	李编	柏编	张传	备注
130	宜川刘子諴			☆	☆	■	字叔贞,刘伯明弟
131	长安冯从吾		▲	★	▲	■	字仲好,号少墟,谥恭定,浙江许敬庵门人
132	富平孙丕扬					■	字叔孝,号立山,谥恭介
133	西安周传诵		△		△	■	字淑远
134	岐山杨楠					■	字伯直
135	三原杨春芳					■	字伯盛
136	延安姚衍中					■	字钦印
137	肤施赵应震			★	★	■	号廉夫,少墟门人
138	潼关盛以弘			★	★	■	字子宽,少墟门人
139	三原党还醇		△		△	■	字子真,少墟门人
140	同州白希彩		△		△	■	少墟门人
141	陇州刘波		△		△	■	字澄源,少墟门人
142	临潼张国祥			★	★	■	字百善,号居白,少墟门人
143	咸宁杨复亨			★	★	■	字季泰,少墟门人
144	富平李映林					■	字晖天,少墟门人,李因笃父
145	韩城高愉					■	字泰吾,少墟门人
146	高陵吴多瑜					■	字昆毓,少墟门人
147	蒲城王茂麟			★	★	■	字仁苍,少墟门人
148	华阴刘濯翼			☆	☆	■	字中白,少墟门人
149	韩城晋宾王					■	字德明,号龙蟠,少墟门人
150	华州张本德					■	少墟门人
151	西安朱蕴奇					■	字子节,少墟门人
152	华阴王之良					■	号虞卿,少墟门人
153	安定史赞衮					■	字星烂,少墟门人

序号	人物	冯编	王编	李编	柏编	张传	备注
154	泾阳杨梧					■	字凤阁、峄珍,号念劬,少墟门人
155	临潼周祚水					■	少墟门人
156	长安祝万龄					■	少墟门人
157	三原焦源博					■	字涵一,少墟门人
158	三原乔巖					■	字维岳,少墟门人
159	三原房建极					■	字秉中,少墟门人
160	凤翔张舜典		▲	★	▲	■	字心虞,号鸡山,许敬菴门人
161	三原温纯					■	字希文,号一斋、亦斋,谥恭毅
162	三原温予知			★	★	■	号无知,温纯长子
163	三原温日知			☆	☆	■	字与恕,温纯仲子
164	同州马朴					■	字敦若,号淳宇,马自强侄孙
165	同州马嗣煜		▲		▲	■	字符昭、空明,号二岑,马朴子
166	三水文翔凤					■	字天瑞,号太青
167	泾阳王徵		▲		▲	■	字良甫,号葵心、了一道人,谥端节,张鑑甥
168	蒲城单允昌		▲		▲	■	字发之,号元洲
169	蒲城单允蕃		△		△	□	字茂之,单允昌弟
170	蒲城王侣		△		△	■	字仲襄,号再复,王茂麟子
	(以上明代)	22	34	36	46	123	
171	盩厔李颙		▲	★	▲	■	字中孚,号二曲
172	郿县李柏					■	字雪木
173	富平李因笃					■	字子德、天生
174	同州白焕彩		△	☆	△	■	字含章,号泊如,二曲门人
175	蒲城王化泰		△	☆	△	■	号省庵,二曲门人
176	同州党湛		△		△	■	字子澄,二曲门人

序号	人物	冯编	王编	李编	柏编	张传	备注
177	同州张珥		△	☆	△	■	号敦庵,二曲门人
178	临潼周灿					■	字澹园,号星公,二曲门人
179	盩厔惠思诚					■	字含真,二曲学友
180	朝邑李楷					■	字叔则、岸公,时称河滨夫子
181	朝邑王建常		△	★	△★	■	字仲复,号复斋
182	朝邑郭肯获			☆	☆	■	号稚仲,王建常讲友
183	朝邑关中俊		△	☆	☆	■	字逊伯,号独鹤,王建常讲友
184	朝邑雷于霖					■	字午天,少墟门人
185	三水文应熊					■	字梦叶,号平人、抱愧子
186	合阳康体谦					■	字受之,号立斋
187	蒲城杨仕显					■	字明卿
188	高陵刘余儆					■	字子元
189	咸宁王宏度			★	★	■	号文含
190	城固谭达蕴			★	★	■	号士奇
191	南郑龚廷擢			☆	☆	■	字若晦
192	华阴王宏学			★	★	■	号而时
193	华阴王宏嘉			☆	☆	□	字玉质,号云隐,王宏学弟
194	清润白补宸					■	字衮五、慈安
195	华阴王宏撰			☆	☆	■	号无异,字山史,王宏学、宏嘉弟
196	兴平杨屾					■	字双山,二曲门人
197	长安郑世铎					□	杨屾门人
198	临潼齐倬					□	杨屾门人
199	富平刘梦维					□	杨屾门人
200	鄠县王心敬		▲	★	▲★	■	字尔缉,号丰川,二曲门人
201	同州马稷土		△	★	△	■	字相九,二曲门人、马嗣煜长子

序号	人物	冯编	王编	李编	柏编	张传	备注
202	邠州王吉相		△		△	■	字天如,号豳州病夫,二曲门人
203	同州李士璘		△	☆	△	■	字文伯,号玉山逸史,二曲门人
204	天水蔡启允		△		△	■	字绍元,二曲门人
205	天水蔡启贤					□	号琴斋,二曲门人、蔡启允弟
206	武功张承烈		△		△	■	字尔音,号澹庵,二曲门人、张承烈子
207	武功张志垣		△			■	号伯钦,二曲门人
208	洛南杨尧阶		△	☆	△	■	二曲门人
209	洛南杨舜阶		△	☆	△	□	二曲门人、杨尧阶弟
210	三原李彦珣		△		△	■	字重五,二曲门人
211	咸宁罗魁		△		△	■	字仲修、文灿,二曲门人
212	泾州文佩		△		△	■	字鸣廷,二曲门人
213	泾阳王承烈		△		□	■	字逊功,号复庵,王心敬友、王徵曾孙
214	富平孙长阶		△		△	■	二曲门人
215	韩城贾缔芳		△		△	■	字怀伯,二曲门人
216	韩城高世弼					■	字五弦,二曲门人
217	韩城程伊藻					□	二曲门人
218	韩城强岳立					□	二曲门人
219	宝鸡李修		△		△	■	字汝钦,二曲门人
220	富平惠龙嗣			☆		■	字少灵,二曲门人
221	合阳康乃心					■	字孟谋,号太乙、耻斋,二曲门人
222	临潼刘曾					■	字鲁如,号省庵,二曲门人
223	同州马逢年					■	字仲足,二曲门人
224	同州马栐			☆		□	字栗若

序号	人物	冯编	王编	李编	柏编	张传	备注
225	蒲城宁维垣					■	字静默,二曲门人
226	蒲城屈琚					■	字佩玉,二曲门人
227	武功康履赐					■	字复斋,号一峰
228	淳化宋振麟					■	字子桢
229	蒲城原钟河					■	号六一
230	蒲城原永贞					■	字芥夫,号荩州
231	韩城文岐丰					■	字西周
232	合阳秦镐					■	字宅五,号澹安
233	蒲城刘鸣珂			★	□	■	字伯容
234	乾州上官章					■	字闇然
235	城固田种玉					■	
236	澄城张秉直			★	□	■	字含中,号萝谷
237	华阴史调				□	■	字匀五,号复斋、云台山人。
238	鄜州缑燧					■	字高举、拙庵,丰川门人
239	鄜州缑山鹏					■	号息园,丰川门人、缑燧子
240	临潼周梦熊					■	
241	高陵党思睿					■	
242	宝鸡李梦弼					■	字符辅,号渭村居士,丰川门人、从世父李彦颽
243	合阳康无疾					■	字百药,号复斋,二曲门人、康乃心子
244	武功孙景烈			★	★	■	字孟扬、竞若,别号酉峰
245	三原刘绍攽					■	字继贡、九畹
246	临潼王巡泰			★	★	■	字岱宗,号零川,史调、酉峰门人
247	洛南薛韫					■	字叔芳,号尺庵,酉峰门人

序号	人物	冯编	王编	李编	柏编	张传	备注
248	秦州胡瑞					■	字子敬,酉峰学友
249	武功张洲					■	字莱峰,号南林子。酉峰门人
250	韩城王杰					■	字伟人、惺园,谥文端,酉峰门人
251	大荔李法					■	字维则,号南槐,酉峰门人
252	吴堡贾天禄					■	酉峰门人
253	武功张德润					■	酉峰门人
254	乾州杨桥					■	字汉升,酉峰门人
255	乾州马友兰					■	字素天,酉峰门人
256	朝邑李元春				□	■	字仲仁、又育,号时斋,人称桐阁先生
257	盩厔路德					■	号闰生
258	蒲城李石					■	字友摈
259	蒲城王凤翔					■	字云衢
260	鄜州罗焜					■	
261	鄜州缑家骏					■	字子涡,号环谷。缑燧曾孙、缑山鹏从孙
262	凤翔郑士范				□	■	字冶亭、伯法
263	长安寇守信					■	字允臣,号潜溪
264	朝邑杨树椿				□	■	字仁甫,号损斋,桐阁门人
265	大荔赵凤昌					□	字仲丹,号宏斋,桐阁门人
266	大荔张元善					□	号葆初,桐阁门人
267	华阴李蔚坤					□	号匪莪,桐阁门人
268	朝邑王会昌					■	字炽侯,号铁峰,桐阁门人
269	三原贺瑞麟					■	字角生,号复斋,桐阁门人
270	长安柏景伟					■	字子俊,号忍庵、沣西老农

序号	人物	冯编	王编	李编	柏编	张传	备注
271	咸阳刘光蕡					■	字焕唐,号古愚、薏鱼
	(以上清代)	0	23	24	38	102	

图表二　关学编补续刊刻源流略图

（见彩插）

图表三　关学源流概略图

读图小识

关学源流关系复杂,常人多不明就里。本图立足关学之时间、空间及属性三重维度,以历史顺序为经,关学流变为体,辅以关学与异地域外之学术交往,略示关学源流之梗概与始终。为便学者使用,兹略述图中基本标识意义如下：

一、额上两栏为经,恒定不变,以表示理学之属性及关中与异地之分割。关中加理学,即关中理学,关学也。异地加理学,异地之理学也,程朱陆王是也。惟西学不属理学,故于右侧单开一列昭示。（关学之常,由此可见。）

二、左侧两列为纬,随时而迁,表示关学流变之基本分期及朝代更迭之关系。关学自北宋而下以至金末,潜隐百年。故以此百年潜隐期为界,仿照西藏佛教流传之例,略分为前弘、后弘两期。紧侧一列,为朝代更迭之序,更以黑色单虚线化界,庶几两相对照,不至淆然。（关学之变,于此了然。）

三、表中右侧三列,以关学流变为主,异地理学之相关者为辅,并及域外西学一列。关学一列,分别用框栏列出四部,即前弘期关学之根本张子学派,及后弘期关学流变中所呈现之朱子学、阳明学、西学体貌者也。每部略举关学干城,胪列其中。外部则以双虚线勾栏箭头,略示三期流变。异地一列,以时期列入与关学相关之理学流派代表,凡横跨关中、异地两列者,皆有入关授学之实。(关学之大体,略在于此。)

四、表中所列人物,凡学术关系有明确师承者,以深红色实线箭头标示;未有明确师承但有学问渊源者,以深蓝色虚线标示。有交往而各成派系者,如张载与二程、三原与河东,则以双色双向箭头标示。(关学承传,有依师承而受业自得者,有无师承而读书自求者。有相尚以友而互成者。)

五、关学面貌虽与时代潮流更迁,然其基本精神则恒定不变,此关学之所以为关学之根本也,故以竖向灰色箭头标示,自张子而下民国,其宗风承继不绝也。(关学之精神,尽在于此。)

六、辞不达意,以图示之。图虽秩然,于人物则仅举其要,于学问则难昭其奥,又岂能尽学术之精微？未然也。所在纰漏,诚可汗颜,学者自察以教之也。

2018年戊午初夏,关中孺子魏冬谨识

图书在版编目(CIP)数据

新订关学编 / 魏冬新订;〔明〕冯从吾原编. --西安:西北大学出版社,2020.11

ISBN 978-7-5604-4636-3

Ⅰ.①新… Ⅱ.①魏… ②冯… Ⅲ.①关学—研究 Ⅳ.①B244.45

中国版本图书馆 CIP 数据核字(2020)第 219954 号

新订关学编

XIN DING GUAN XUE BIAN

〔明〕冯从吾　原编

〔清〕王心敬　〔清〕李元春　〔清〕贺瑞麟等　补续　魏　冬　新订

责任编辑	朱　亮　李奕辰		
出版发行	西北大学出版社		
地　　址	西安市太白北路 229 号	邮　　编	710069
网　　址	http://nwupress.nwu.edu.cn	E - mail	xdpress@nwu.edu.cn
电　　话	029-88303593　88302590		
经　　销	全国新华书店		
印　　装	陕西博文印务有限责任公司		
开　　本	710 毫米×1020 毫米　1/16		
印　　张	24.75		
字　　数	380 千字		
版　　次	2020 年 11 月第 1 版　2020 年 11 月第 1 次印刷		
书　　号	ISBN 978-7-5604-4636-3		
定　　价	98.00 元		

如有印装质量问题,请与本社联系调换,电话 029-88302966。